陕西师范大学一流学科建设基金资助

陕西师范大学西北历史环境与经济社会发展研究院学术文库

秦国历史与北方历史地理研究

The Study on Qin State History and Historical Geography of North China

刘景纯 ◎ 著

中国社会科学出版社

图书在版编目（CIP）数据

秦国历史与北方历史地理研究/刘景纯著 . —北京：中国社会科学出版社，2017.7

ISBN 978 - 7 - 5203 - 0190 - 9

Ⅰ.①秦… Ⅱ.①刘… Ⅲ.①中国历史—研究—秦代 ②历史地理—研究—华北地区 Ⅳ.①K233.07②K928.6

中国版本图书馆 CIP 数据核字（2017）第 080986 号

出 版 人	赵剑英
责任编辑	张　林
特约编辑	文一鸥
责任校对	张依婧
责任印制	戴　宽

出　　版	中国社会科学出版社
社　　址	北京鼓楼西大街甲 158 号
邮　　编	100720
网　　址	http://www.csspw.cn
发 行 部	010 - 84083685
门 市 部	010 - 84029450
经　　销	新华书店及其他书店

印刷装订	北京君升印刷有限公司
版　　次	2017 年 7 月第 1 版
印　　次	2017 年 7 月第 1 次印刷

开　　本	710×1000　1/16
印　　张	22.75
插　　页	2
字　　数	363 千字
定　　价	99.00 元

凡购买中国社会科学出版社图书，如有质量问题请与本社营销中心联系调换
电话：010 - 84083683
版权所有　侵权必究

目　录

第一编　秦国历史与文化研究

秦对关中的经营和开发 …………………………………………（3）
春秋时期秦国的手工业 …………………………………………（14）
秦市场发展述论 …………………………………………………（26）
从商鞅及其学派的思想看秦国的抑商 …………………………（35）
试论秦献公、孝公、惠文王时期东伐诸侯国的战争 …………（41）
论宣太后与魏冉的专权 …………………………………………（54）
秦昭王杂论 ………………………………………………………（64）
秦区域文化的形成及其基本特征 ………………………………（71）
秦文化意象与秦文化精神 ………………………………………（84）

第二编　《水经注》研究

《水经注》流域地理的发现与撰述 ……………………………（95）
《水经注》祠庙研究 ……………………………………………（104）
《水经注·漳水》记载的区域山水地理 ………………………（114）
《水经注》札记三则 ……………………………………………（122）

第三编　历史城镇与聚落研究

统万城布局结构及其相关问题的探讨和推测 …………………（133）
古都声闻：明人定都关中的思想与情结 ………………………（145）
黄土高原地区清代城镇化发展的途径与方式 …………………（153）
清前中期黄土高原地区沿边军事城镇的变迁 …………………（160）
清代黄土高原地区城镇书院的分布与选址 ……………………（172）
清代西安、兰州和太原的书院分布与选址 ……………………（192）
清代西安的祠祀景观与民间信仰 ………………………………（205）
清代黄土高原地区市镇及其相关的几个问题 …………………（216）
清代陕甘黄土高原区市镇的分布及其变化 ……………………（227）
宝鸡10县城镇近代化的过程与城镇空间格局的变迁 …………（244）
历史时期宁夏居住形式的演变及其与环境的关系 ……………（256）
人民公社时期咸阳原上农村聚落池塘景观的兴废与重建 ………（297）

第四编　其他历史地理问题研究

明代延绥镇二题释证
　　——兼说万历《延绥镇志》整理本的几个问题 ……………（309）
明清时期陕西的织造局与铸钱局 ………………………………（323）
沿革地理学向历史地理学的变革
　　——史念海先生的主要思想与实践 …………………………（336）
历史军事地理采访问答 …………………………………………（352）

后　　记 …………………………………………………………（357）

第一编

秦国历史与文化研究

秦对关中的经营和开发

秦本是西周时期活动于今甘肃一带的附庸部族，周平王东迁时，因秦襄公帮助周平王东迁有功，被周封为诸侯国，并被"赐以岐西之地"①，约相当于今岐山县以西的地区。自此，秦人首次拥有了关中西部的经营权。此后，秦人的政治和社会发展非常缓慢。从襄公七年（前771年）到成公四年（前660年），前后八世，共110年时间，向关中东部的拓展仅到北洛河一线以西，而向关中周边地区几乎没有多少发展。秦穆公时期，秦虽号称"独霸西戎"，但向关中东部的发展也没有完全控制黄河西岸。直到秦惠文王十年（前328年），随着魏国退出河西，秦人才取得了关中的全部经营权，此时距秦人初入关中已经443年了。此后，直到秦王朝灭亡（前206年），还有122年。这样，秦人由对关中部分经营，到完全取得关中经营权的经营，总共经营与开发关中达565年。在这565年里，关中始终是秦国的政治中心所在，关中平原也始终是支撑秦国生存和发展的最重要的农业经济核心区。对关中的经营与开发凝结着秦人不尽的情思，铭刻着秦人伟大而不朽的智慧。

一 农业的经营与开发

秦人进入关中，并日渐取得关中部分和全部农牧业经营权的发展过程中，对于关中农业的经营和发展大约经历了三个重要的历史阶段。第一个

---

① 《史记》卷5《秦本纪》：平王封襄公为诸侯，赐以岐西之地。曰：戎无道，侵夺我岐、丰之地，秦能攻逐戎，即有其地。又，秦文公逾陇，"收周余民有之。地至岐，岐以东献之周"。中华书局1959年版，第179页。

阶段，从秦襄公立国（前771年）到秦简公六年（前409年）；第二阶段，从秦简公七年（前408年）到秦庄襄王三年（前247年）；第三个阶段是秦始皇即位（前246年）到秦灭亡（前206年）。

第一阶段前后360余年，秦人保持、整合关中农业，为关中农业的一体化发展作了充分的准备。秦人从事农业的历史很久，早在西周晚期，秦人就在陇东地区过着定居农业为主并兼有牧业和狩猎的经济生活[①]。进入关中初期：一方面西戎各部纷纷内侵，所谓"戎无道，侵夺我岐、丰之地"；另一方面，周王室东迁洛邑，全国的政治中心东移，周王将这一带的保卫和治理任务交给了秦国。当时，这一带生活的人群除了对农业会构成威胁和破坏的戎人外，尚有旧京之畿的"周余民"，其中也包括自周文王以来归属于周的一些部族方国。这些人群中，戎人是关中社会与农业经济秩序的破坏者，而"周余民"或以部族为单位，或以野人的形式从事着以农业为主，又不同程度地兼具一定的畜牧业的生活。面对周人留下的这个烂摊子，在政治上，周王室希望"秦能攻逐戎，即有其地"。所以秦人首要的任务：一是驱逐戎人，保卫旧周业已形成的农业文化区；二是重整、整合各种农牧业力量，作为秦国社会经济发展的基础。第一项任务，在秦文公十六年（前750年）初步完成，秦人真正获得了"岐以西"之地，也因"收周余民尽有之"，而重新恢复了当地的农业。

此后，秦人日渐向关中东部发展，开拓疆土，一方面驱逐久住关中的一些戎人部族，如瓜州之戎，据说就被秦人驱逐而迁向伊洛流域[②]；另一方面消灭和占领旧的关中戎人部族与旧的方国之地，整合各种部族力量，使之成为秦国的组成部分。它们包括：禹的后裔缯氏，地在丰镐以西，西周末年曾与犬戎合作，攻杀周幽王；西申国，传为伯夷之后，地在今周至、眉县一带；散国，地在申国以西；矢国，地在汧渭之交；郿国，地在户县县城附近；丰戎，地在镐京附近，秦襄公元年（前777年）以女弟缪嬴为丰王妻；商的后裔亳王，居荡社，地近丰镐，秦宪公三年（前713

[①] 考古工作者在甘肃东部甘谷县毛家坪、董家坪发现西周时期秦文化遗址，其中出土诸多陶鬲、陶盆、陶豆、陶罐，反映了秦人已经进入定居或半定居的农牧业时代。

[②] 顾颉刚：《史林杂识初编》"瓜州"条，中华书局1963年版，第50页。据该文，瓜州在今关中秦岭一带。

年）灭荡社，亳王逃奔戎人，又在十二年（前704年）"伐荡氏，取之"；彭戏氏，地居今白水县附近，武公元年（前697年）为秦所伐；梁国，周封国，地在今韩城县，秦穆公十九年（前641年）灭梁；允姓之戎，穆公二十二年（前638年），自瓜州迁于渭汭（渭水入黄河处）；骊戎国，地在今临潼县附近；大荔戎，地在今大荔县，厉公十六年（前461年）为秦所灭。① 这些方国或戎人部族，多以部族为单位，长期稳定地生活于关中地区，过着以农业生活为主，并具有一定的牧猎业的经济生活。经过这一过程，大约在战国前夕，诸部族经济已经纳入秦国的统治，从而为关中农业经济的一体化发展奠定了基础。

第二阶段，从简公七年（前408年）开始，一直到秦庄襄王三年（前247年），约160年时间。这一期间，关中的农业开发经历了巨大的变革，表现在两个主要方面：一是进行广阔的封建化变革；二是经济开发的重心移向关中中东部地区。封建化过程从秦简公七年（前408年）开始，后经过商鞅变法，实现了深刻的政治、经济和社会变革。主要的政策有：（1）简公七年"初租禾"，实行按亩征收租税制度；献公七年（前378年）实行"初行为市"政策。（2）商鞅变法，实行重农战政策，"废井田，开阡陌"；重农抑商政策；"初为赋"政策。与此相适应，在社会管理上，实行县制，加强政府对地方的管理和领导。关中建县最早在厉共公二十一年（前456年），"初县频阳"，献公六年（前379年）"初县蒲、蓝田、善明氏"。商鞅变法以后系统化推行县治，建县四十一（一说"三十一"），其中关中地区基本上都实现了县级管理，从而加强了对于农业生产的管理和领导，为农业的大发展奠定了良好的制度基础。至于农业经济开发的重心向关中东部转移，表现在三个方面：一是都邑的东移。秦人进入关中后，最初的根据地在关中西部，都城以雍城最为重要，持续时间也最长，经济开发的重心自然在西部。随着对东部的基本占领，东部宽阔的渭河平原（南北约80公里），日渐成为开发的重心地区。秦灵公元年（前424年）徙居泾阳，首开东移之先河。此后，献公迁都栎阳（今临潼东北），孝公迁都咸阳，并最终形成战国以后秦国乃至于秦王朝时期全国

---

① 参见马非百《秦集史》（上）《国君纪事》，中华书局1982年版。另就各相关研究、考古资料加以补充。

的政治中心。二是县制自东部率先推行。如上所说，商鞅变法之前的县——频阳、蒲、蓝田、善明氏都在中东部地区。三是商鞅在咸阳推行重农政策，号召大力开垦荒地，《商君书·垦令》法令的颁布充分地显示了这一点。这一政策虽然从商鞅变法以后在秦国统治区域内全面推行，但因都城在咸阳，又关中东部地域面积广大，开发力度更大则是可以推知的。《商君书·徕民》被认为是秦昭王末年的作品①，其中提出招徕三晋人民，着力开垦关中地区的荒地，借以进一步扩大农地面积，从而将秦人从土地上解放出来，专事打仗的主张，如果实行，在一定程度上对于推动关中东部的农业开发具有积极的作用。所以，有学者说：秦人"针对关中东部人不称土，地固泽卤不宜作物生长的特点，徙都于此，以畿辅所在，加快其开发进程。他们招徕三晋之民，利其田宅。以三世不服兵役，耕垦硗埆瘠薄、丘陵下隰之地者，十五年不起征，鼓励人们着力于关中东部土地资源的改造与开发，逐步改善了当地农业生产条件"。②《徕民》实施的时间在秦昭王末年，也就是商鞅变法后一百多年。在这一百多年中，关中平原的农地开发，技术进步，在政策指导下基本上实现了一体化的发展。农地的进一步开发，在商鞅变法一百年后也开始向平原周边的台塬、硗埆瘠薄、丘陵下隰之地发展，显示了农地开发的基本进程大概并不是很快。这与关中地区人口稀少（见《徕民》）的现状有关。另一方面，这期间对于农田水利的开发，尚没有大型的水利工程出现，平原的相当部分，以及周边的台塬、丘陵主要还是靠天吃饭的自然状态。因此，对于这一时期关中农地的开发进程以及农业的深度开发不宜估价过高。

第三阶段，由秦始皇即位（前246年）到秦王朝灭亡（前206年），共40年时间。关中农业开发在深度上进一步发展。最主要的表现是对于泾河以东、渭河以北、洛河以西广大地区灌溉农业的开发。秦始皇元年（前246年），韩国水利专家郑国被派往秦国策划修建郑国渠，借以实现"疲秦"而不伐韩国的目的。在这种阴谋之下，秦国开始了郑国渠的修建。虽然这个阴谋后来败露，以至于郑国险些被杀，但郑国渠的修建终于没有停止，而是最终修成了。秦始皇之所以能够接受郑国的建议，并命他

---

① 郑良树：《商鞅及其学派》，上海古籍出版社1989年版，第59页。
② 樊志民：《秦农业历史研究》，三秦出版社1997年版，第155页。

主持修建郑国渠，本身就表明秦国对于进一步开发这一带灌溉农业重要性的认识。郑国渠的修建及其灌溉，开启了区域性大面积规划，并深度开发关中地区灌溉农业的革命性变革。郑国渠从"瓠口"（今泾阳县王桥乡船头村西北）开渠口引水，由此向东南修建250里的灌溉渠道，渠水最后流入北洛水。这样，西自泾水下游，东到洛水之间四万余顷（今约合280万亩）农田得到了灌溉[①]，这在关中农业开发史上是个里程碑的大事，标志着历史时期以来关中农业开发所达到的最高水平。

其次，秦统一后，"徙天下豪富于咸阳十二万户"，即约五六十万人到咸阳。虽然，这十二万户不都是来到咸阳从事农业的，但也绝不都是生活于都城的都市消费者，以他们的"豪富"身份，必有相当一部分购置土地，并对当地的农业发展起到一定的积极作用。秦始皇三十一年（前216年），又在全国范围内实行"使黔首自实田"的政策[②]，以法律的形式促进和保护私人占有土地的制度，在政策层面上保证了农人对于土地开发和利用的积极性，对于关中农业尤其是农地的进一步开发具有积极的推动作用。

二 工商业的经营与开发

在早期社会发展的过程中，工商业的经营较农业为晚，这是学术界的共识。但工商业一经产生，就与生民的生活紧密地联系在一起，成为其不可或缺的组成部分。套用今天的划分，农业属于第一产业，手工业属于第二产业，而商业则属于第三产业。春秋时代，秦人的工商业也有了相当的发展，一如先秦时代出现的士、农、工、商一样，秦国社会也存在着这几种行业，对于工商业的经营与开发也是关中社会经济开发的重要内容。

秦国对于关中工商业的经营与开发大约经历两个主要阶段：第一阶段，从秦人进入关中，到秦孝公时期的商鞅变法之前，约410年时间；第二阶段，从商鞅变法起，到秦王朝灭亡，约150年时间。第一阶段的410年间，秦人比较重视工商业的经营与开发。就手工业而言，开发当地自然

[①] 《史记》卷29《河渠书》，第1408页。
[②] 《史记》卷6《秦始皇本纪》，第251页。

资源，大力发展统治者所需要的各种手工业。秦人立国后，适应诸侯国发展的需要，发展起了以官营手工业为主的众多行业，如木器业、青铜器制造业、制陶业、冶铁业、丝麻业、漆器业等。从文献记载和考古资料看，这些行业在春秋时代都已经出现，且具有相当的规模。如木器业，就是利用关中周边的原始山林，生产了类型多样、数量庞大的木器制品，从宫室营造所需的各种建材，到军用战车、舟船以及一般的生活用具，无不体现了木器行业的作用。秦穆公十三年（前647年）秦国救援晋国饥荒，"秦于是乎输粟于晋，自雍及绛相继，命之曰泛舟之役"①。"以船漕车转，自雍相望至绛"②。绛，在今山西侯马市。秦国粮船、车队从雍城自渭河及其沿岸而下，浩浩荡荡，"自雍相望至绛"，其车、船数量相当庞大自是可以想见。又，秦景公的弟弟公子鍼，秦桓公时被封于徵衙（今白水县东北60里），景公时流亡晋国，"其车千乘……后子（鍼）享晋侯，造舟于河，十里舍车，自雍及绛，归取酬币，终事八返"③。作为秦国的一个分封公子，竟有如此数量庞大的车、船，可见当时车船制造行业的发达了。再有，随着秦国的日益强大，建立了强大的军队，秦穆公时有"革车五百乘""三百乘"之说④，显示了车战对于车的需要，以及促进木器业发展的需要。

制陶业在秦国发展很早，此不必说。进入关中以后，秦人的制陶业发展很快，种类繁多，尤其是建筑材料——砖瓦业的发展更为突出，后人所说的"秦砖汉瓦"，与秦人早期这方面制造的基础有关。关中地处黄土高原地区，黄土的黏性和质地的优良，为秦人开发这一行业提供了良好的自然条件。春秋前期，与其他诸国一样，秦国的制陶业主要围绕礼器及日常生活用器加工制作。中后期，建筑材料成为开发的重要内容，对此尚志儒、呼林贵、徐卫民等几位先生均有专门研究⑤。通过这些研究，我们看

---

① 杨伯峻编著：《春秋左传注》（一）"僖公十三年传"，中华书局1990年版，第345页。
② 《史记》卷5《秦本纪》，第188页。
③ 杨伯峻编著：《春秋左传注》（四）"昭公元年传"，第1214页。
④ （清）孙楷：《秦会要订补》，徐復订补，中华书局1959年版，第286页。
⑤ 尚志儒：《秦瓦研究》，《文博》1990年第5期；呼林贵：《试论秦建筑材料的发展与演变》，《秦陵秦俑研究动态》1990年第3、4期；徐卫民、呼林贵编著：《秦建筑文化》，陕西人民教育出版社1994年版。

到，这一阶段制陶业规模日渐扩大，种类多样。手工业行业专业分工日益细化，并实行勒名制度，以保障质量。手工业生产在各个方面日渐向深度开发发展。除此之外，对于铁矿业的开发也有一定的成绩，但规模和实际的应用尚比较有限，至于其他诸行业也有不平衡的发展，在此不再赘述。

商鞅变法之前，秦人在商业方面是不加限制的自由发展形态，政府在这一过程中起到了组织、管理和推动的作用。比较而言，秦人进入关中以前，关中是一个典型的农业发展区，商业发展相当薄弱。司马迁讲：这里的人民"犹有先王遗风，好稼穑，殖五谷"，秦人进入关中后，"孝文、德、缪居雍，隙陇蜀之货物而多贾"①，说明秦人在关中商业发展中有积极的贡献。当时的主要贸易是与今四川和甘肃的长途贩运。这对于改善关中商品的多样性以及丰富人民生活具有积极的作用。随着秦人向关中东部的日渐发展，东部的商业往来也开始扩大，沿泾河而北与戎人贸易的通道，沿渭水及其沿岸与东方诸国的贸易日渐开发出来，秦穆公"使贾人载盐，征诸贾人。贾人买百里奚以五羖之皮，使将车之秦"②，证明了这一点。政府在国都雍城建有固定的交易市场，在地方一些交通要道也可能出现了定期市场。如文献记载说，秦文公（前765—前716年）造"直市，在富平津西南二十五里"。富平津，当是一渡口，地在今高陵、咸阳一带，因"物无二价，故以直市为名"。③ 秦献公七年（前378年），政府"初行为市"，进一步加强市场管理，显示了政府在商业开发方面的积极作用。正是由于这样的政策，商鞅变法前，秦国的商业，如粮食商人、酒肉商铺、私人旅馆以及专门供应军事必需品的"军市"在都市都相当活跃。④

第二阶段，自商鞅变法以后到秦王朝灭亡，计150多年。其间涉及秦国和秦王朝两个时期，这两个时期，都是长期一贯实行"重农抑商"政策，即对于商业和作为商业生产的手工业实行抑制，以及在一定程度上打

---

① 《史记》卷129《货殖列传》，第3261页。
② （汉）刘向：《说苑》卷2《臣术》，诸子百家丛书，上海古籍出版社1990年版，第17页。
③ 何清谷：《三辅黄图校释》卷2，中华书局2005年版，第96—97页。
④ 高亨：《商君书注译》"垦令第二"，中华书局1974年版，第19—30页。

击的制度。在这种背景下，在前一阶段自由发展基础上成长起来的私营工商业受到了来自政策层面的很大打击。但这绝不是说，这一时期工商业就没有发展。事实上，官营工商业在前一阶段发展的基础上进一步发展，特别是在管理机构、行业发展规模、生产技术以及相关制度上，都是以前所无法比拟的。

这一时期，官府手工业建立了较为完备的管理机构体系。从现有的考古资料和相关文献看，上至皇室，下至基层县级行政建置，一般都建立了手工业管理机构和生产机构。都市有少府、属邦下设的工室或作坊，秦始皇修建陵墓和都城时，还增设有都司空、左司空、右司空、大匠、寺水、宫水、大水、左水、右水、北司等具体机构。县级单位也有相应的机构，如制陶作坊，据研究"杜县""栎阳""芷阳""骊邑"等县都建有市，制陶作坊设在市中。

官府手工业的从业人员，这时也日益增多，管理人员包括啬夫、工师、丞、工大人、曹长等。其中，啬夫是主要的行政管理者，工师以下负责技术监督和生产管理。工是主要的直接从业人员，包括刑徒和自由民两部分。

这一时期官府手工业建立了较为完备的管理制度。据《吕氏春秋》《睡虎地秦墓竹简》以及其他相关考古资料，这些制度包括：国家定额制度，标准化管理制度，物勒工名制度，公器标识制度，质量评比及奖惩制度，产品上交制度，府藏制度，产品使用制度，公器维修及处理制度，公休制度等[①]。

在商品流通领域，私营商业受到来自政策层面的重大打击，不能够像前一阶段那样自由地发展，但官营商业却有了很大的发展。表现在：（1）从都城咸阳到基层县城基本上建立了商品交易市场，形成较为完备的三级市场体系。这种体制大概从商鞅变法以后，特别是秦王朝时代郡县制的全面推行后逐步建立。上文提到，已经发现关中几个县建立有市场，并经《云梦秦简》之《关市律》《金布律》《厩苑律》的相关记载得到证明。市场由官方进行较为严格的管理，市场内设有市楼，管理机构市亭设在市楼上。市内店铺按规划建制，"百工居肆"。"列肆"内的商贾要编入

[①] 拙作《秦工商业述论》，陕西师范大学硕士学位论文油印本，1991年。

市籍，并建立五户一组的组织，相互监督等①。市场内设有官府市，由官府派人经营。(2) 官府管理的市场允许"邦客"进入市场交易，不过要经过官府批准，并发给通行证②。私营工商业虽然在总的政策上是受到限制和打击的，但民间副业的市场出售似乎一直没有停止。这大概是商鞅变法以后，适应社会发展的需要，私营商业被控制在一定范围内的商品交易。所以被认为是秦惠文王时期作品的《商君书·农战篇》说："今境内之民皆曰：'农战可避，而官爵可得也。是故，豪杰皆可变业，务学诗书，随从外权，上可以得显，下可以求官；要么事商贾，为技艺，皆以避农战。'"③ 显示了商业经营者在社会上的实际地位要高于农业经营者。在官、私营商业发展的基础上，关中的商业贸易日渐形成较为完备的管理制度，如，市籍制度，货币制度，税收制度，物价管理制度，定期整治关市制度，度量衡制度，官吏不得经商制度，禁止珍珠宝玉走私制度。这些制度保障了政府对于关中商业的经营与管理，同时，私营工商业作为一种"暗流"也在一定范围内有所发展。

三　都城区的开发与建设

秦人经营与开发关中的另一个重要表现是对都城区的开发经营。从秦人进入关中，到完全控制关中，以至于秦王朝最终灭亡，秦人对于都城区的开发和经营集中在雍城和咸阳两个城区。前者从秦德公时起，为都城320多年；后者自秦孝公十二年（前350年）到秦灭亡（前206年）150年。雍城的整体布局包括两大部分，即城与陵园区，其中城的主体部分在今凤翔县城南，城址平面呈方形，坐北朝南，东西长3300米，南北宽3200米。内部构造主要由宫城和市场构成，"前朝后市"。自秦德公时营建并入住，到秦穆公时期规模已经相当庞大，建筑也非常豪华。穆公时，戎族部落人由余曾看到雍城，发出"使鬼为之，则劳神矣，使人为之，

---

① 何清谷：《秦史探索》，(台北) 兰台出版社2004年版，第331—332页。
② 《睡虎地秦墓竹简》整理小组编：《睡虎地秦墓竹简》"法律答问释文注译"："客未布吏而与贾，赀一甲"（文物出版社2001年版，第137页）。布吏，就是持有官方发给的通行证让市吏检查。
③ 郑良树：《商鞅及其学派》，上海古籍出版社1989年版，第145页。

亦苦民矣"的感叹。城西南郊是规划庞大的陵园区,据考古勘察,陵区范围 21 平方公里,陵墓中先后围绕"公墓制度"和"陵园制度"进行设计和建造①,其建造过程持续到战国前期。不论是雍城还是陵园建造,主要的原料是土木、砖瓦,尤其是木料主要来自对周边山林(包括岐山、陇山和南面的秦岭)的采伐。

咸阳的营建始于商鞅变法后期,整个营造过程分为两个时期三个阶段:前期包括秦孝公和秦惠文王时期,主要的工作是选择今咸阳城东窑店镇咸阳塬上作为宫城址,并以此为中心展开咸阳都城的建设,这实际上也是秦都咸阳营建的第一个阶段。后期,从秦昭王时期开始,将都城营建的重心移向渭河以南,兴建一些大型的离宫,而这些离宫中的一些承担起了"朝宫"的职能,如章台宫中多次接见外国使节的朝见,这是第二阶段②。秦始皇时期,在继续扩大旧的宫城的基础上,大力营建渭河以南宫室和其他更多的离宫别馆,是为第三阶段。围绕咸阳城的开发和建设有两个特点:(1)一开始,在布局上是以渭河以北咸阳塬为依托建造都城,陵墓区分为两个区域,一是城西北以秦武王和秦惠文王陵为标志的一个陵区;二是城东南远郊,今临潼县西南骊山西麓(今韩裕乡境内)的"芷阳"陵区,这个陵区范围相当广大,占地约 24 平方公里,是战国中后期的主陵区。(2)秦昭王时代,都城建设重心南移,后被秦始皇所继承,并在此基础上有所发展。首先,秦始皇时期围绕都城的建设,有一个庞大的规划。城区范围不但比原来要广大得多,而且有一定的圈层布局特点。按《三辅黄图》的记载:"咸阳北至九嵕、甘泉,南至鄠杜,东至河,西至汧渭之交,东西八百里,南北四百里,离宫别馆,相望联属。木衣绨绣,土被紫朱,宫人不移,乐不改悬,穷年忘归,犹不能遍。"《三辅旧事》称:"秦都渭北,渭南作长乐宫(即兴乐宫),桥通二宫之间,表河以为秦东门,表汧以为秦西门。二门相去八百里。"由此可见,秦都咸阳的建设规划基本上是以关中平原及其周边台塬山地为范围来营造的。在如此大的范围之内,秦始皇采用卢生的建议,"令咸阳之旁二百里内宫观二百七

---

① 徐卫民、呼林贵:《秦建筑文化》,陕西人民教育出版社 1994 年版,第 88 页。
② 刘庆柱:《论秦咸阳城布局形制及相关问题》,《文博》1990 年第 5 期。

十，复道甬道相连，帷帐钟鼓美人充之。"① 也就是说，以咸阳为中心，200里范围以内为较为密集的离宫别馆区。而在此之外，属于稀疏的离宫分布区。司马迁所说的"关中计宫三百"，其中270个离宫别馆当分布在200里范围内，其余30所大概在周边分布。所以，秦始皇时期是咸阳都城区开发和建设最为辉煌壮观的时期。唐朝大诗人杜牧所说的，"蜀山兀，阿房出，覆压三百余里，隔离天日"，虽然是就阿房宫而言的，却从一个侧面反映了都城开发建设的辉煌与壮丽。这些离宫别馆类型多样，有纪念消灭六国功绩而仿造的"六国宫室"，有处理朝政的朝宫，有避暑用的梁山宫，还有供皇室游乐的宫观亭苑……由此造成"咸阳北至九嵕、甘泉，南至鄠、杜，东至河，西至汧渭之交，东西八百里，南北四百里，离宫别馆，相望联属。木衣绨绣，土被朱紫，宫人不移，乐不改悬，穷年忘归，犹不能遍。"② "离宫别馆弥山跨谷，辇道相属，木衣绨绣，土被朱紫"③ 的景观。这样的景观，将中国古代都城区开发和建设发展到了极致，在中国古代都城建设史上是极为罕见的。

围绕都城的开发和建设，过度地开发了当地的自然资源和社会资源，对于关中地区自然环境和社会经济的可持续发展具有一定的消极影响。而秦王朝之所以二世而终，与这种不合理的开发和建设有密切的关系。秦始皇时期围绕咸阳的都城区开发和建设，在一定程度上说是极为荒诞的，也是第一个专制主义中央集权的皇帝制度造就的一个败笔。虽然它分明地体现了人类改造自然和营造"家园"的辉煌成就，却也典型地反映了无尽的欲望与有限的资源开发之间深刻的矛盾。它启示我们：只有坚持可持续发展，才能真正地实现推进和保护文明，并造福人类。

（原刊《唐都学刊》2010 年第 3 期）

---

① 《史记》卷 6《秦始皇本纪》，第 257 页。
② 何清谷：《三辅黄图校释》，第 25 页。
③ 张澍（辑）：《三辅旧事》引《北堂书钞》，长安史迹丛刊，三秦出版社 2006 年版，第 6 页。

春秋时期秦国的手工业

近年来，随着考古资料的日益丰富，秦史界在春秋时期秦国手工业的个别行业研究中取得了突出成就。但总体而言，春秋时期秦国手工业的研究还相当薄弱，直到今天，有关这一时期的手工业状况对于我们仍很模糊，为了获得一个完整的轮廓，很有必要对这一时期手工制作业的发展作一整理和总结。

一　手工业的构成

众所周知，春秋伊始，秦才由一个活跃于西部的部族发展为诸侯国家。在此之前，独立的手工业似乎还没有完全出现。随着诸侯国的建立和逐步地向外扩张、向东发展，整个春秋时期，秦国已经控制了渭河流域的关中大部分地区，建立了强大的奴隶制国家，与此相适应，手工业作为物质生活需要的主要生产行业在各地不同程度地发展起来，就整个春秋时期而言，活动于秦国的手工业至少由以下四部分构成。

（一）公室为代表的国中手工业

公室，指秦公居住的单位，公室手工业指主要承担公室各种物质生活需要的手工生产行业。从周秦文化的继承关系看，春秋时期，秦基本上是按周的一套手工业体系来构建自己的手工业的。据学者研究，周王室的手工业制作由两部分构成，一部分居于周王宫室，在王室管家的监督和管理下，从事王室的手工业生产①。这部分人是王室的奴隶。另一部分以家庭为单位，居于宫室之外，在不脱离农业的前提下，为王室提供手工业制品或定期到王室作坊去服役。这部分人属于国人，所服的手工业劳役"属于贵族对国人的正常剥削"②。

秦国建立后，作为周的诸侯国，承袭周制"以诗书礼乐法度为政"③。公室手工业也分为相应的两部分。近年来，考古工作者在秦都雍城马家庄宗庙遗址发现了诸多春秋中晚期秦瓦（包括板瓦、筒瓦和瓦当）。证诸周王室手工业生产，可以认为，雍城秦瓦的制造者甚至雍城范围内的各种公室大型建筑的匠人，都是以家为单位，居于国（包括郊）的"工家"，穆公三十四年（前626年），由余入秦，"秦穆公示以宫室、积聚。由余曰：使鬼为之，则劳神矣，使人为之，亦苦民矣"④。在由余眼里，如此巍峨壮观的宫室不是奴隶而是"人为之"的。这里的"人"即指"国人"。这种情况在春秋时期是普遍存在的。

至于公室内部所需的衣服、用器、丧葬棺具、明器等仍多由公室家奴承担。另外，居于国中的卿大夫或其他贵族，在国中也有其财产"室"，"室"包括人⑤，其中也包括部分手工家庭，他们是居国贵族必需品的生产者。

（二）以封君为代表的都邑手工业

周代实行国野制度。国，指周王或诸侯国的国都，国外（不包括郊）的广大国土称为野，在野中分布着一些邑落，称为都或邑，它们是一般贵族的封地。春秋时期，诸侯国地位上升，各诸侯国纷纷实行分封和颁赐大夫采邑（都）的制度，比起中原诸国，分封制在秦国似乎微弱，颁赐卿大夫采邑还没有出现。文献记载，整个春秋时期，秦分封的贵族只有两位，一位是武公之子公子白，封于平阳⑥（今宝鸡市平阳镇）。另一位是

---

① 沈长云：《金文所见周王室经济》，《人文杂志丛刊》1984年第2辑。
② 赵世超：《周代国野制度研究》，陕西人民出版社1991年版，第58页。
③ 《史记》卷5《秦本纪》，第192页。
④ 同上。
⑤ 童书业：《春秋左传研究》，上海人民出版社1980年版，第156页。
⑥ 《史记》卷5《秦本纪》，第183页。

桓公之子，大名鼎鼎的后子鍼，封邑有徵（今陕西澄城县南22里）、衙（今陕西省白水县东北60里）①。尽管如此，应该说都邑手工业还是存在的。平阳，为秦故都。从宪公二年（前714年）徙居于此至德公元年（前677年）的37年间，这里为秦公室所在，是秦政治、经济、文化的中心，手工业肯定有其基础。国都北移雍城后，这里失去了昔日的规模和统治地位。但作为公子白的封邑，手工业当仍在发展。宝鸡阳平镇秦家沟两墓所出青铜器或即其产品。

封于徵的公子鍼，可谓新兴富贵，景公三十六年（前541年），"适晋"（亦云"仕晋"），"其车千乘……后子享晋侯，造舟于河。十里舍车，自雍及降，归取酬币，终事八反"②。又屈原《天问》言及景公兄弟事说，"兄有噬犬，弟何欲？易之以百两、卒无禄"。宋洪兴祖《补注》引柳宗元《天对》注说，"百两，盖谓车也"，于省吾亦谓"两"本意为车③。从拥有大量车乘和舟船来看，后子鍼拥有属于自己的都邑手工业，似无疑问，虽然这些车船未必尽为其手工业作坊所制作。他自己之所以在当时被人称"富"和"如二君于景"④，没有强大的手工业作为基础，恐怕也不会如此。

（三）亡国或亡国后裔部族都邑手工业

春秋时期，在秦国境内居住着若干亡国后裔部族。如禹后裔缯氏，地或在沣镐以西，西周末年曾与犬戎攻杀幽王。商后裔亳王居荡社，宪公三年（前713年）为秦所灭，另外作为西周时的方国，有郘（在今陕西户县）、申国（周至、眉县一带）、散国（申国以西）及汧渭之交的矢国⑤。在这些国中，除矢国在平王东迁后渺无踪影，或为秦人所灭外，其余几国在岐沣之地归秦后，成了秦国的附属国，并在春秋初仍以一个

---

① 徐元诰：《国语集解》（修订本）"楚语上第十七"，王树民、沈长云点校，中华书局2002年版，第498页。
② 杨伯峻编著：《春秋左传注》（四）"昭公元年传"，第1214页。又见徐元诰《国语集解》（修订本）"晋语八第十四"，第435页。
③ 于省吾：《释两》，《古文字研究》第十辑，中华书局1983年版。
④ 杨伯峻编著：《春秋左传注》（四）"昭公元年传"，第1214页。又见徐元诰《国语集解》（修订本）"晋语八第十四"，第436页。
⑤ 卢连成：《西周矢国史迹考略及相关问题》，《人文杂志丛刊》1984年第2辑。

相对独立的附庸国存在着。这些部族或附属国居于地方都邑，其原来的结构并未瓦解，所以仍然保留着旧有的手工制作。随着秦的征服，以及时间的推移，它们逐渐融合于秦，手工业也自然成为秦手工业的一部分。陕西户县南关发现的两座春秋秦墓是"鄀国"诸侯和大夫墓。"鄀国作为一个地方小国，一直没有形成自己独立的文化体系，从地域和文化的概念分，两墓仍属于秦文化范畴"①。这两座公墓内出土的大批文物包括青铜礼器、车马器、陶器以及玉石、骨、贝等436件手工制品，其中大部分当是其都邑手工作坊制品。这或即是秦境内附庸方国都邑手工业的反映。

另外，还有一部分较统治中心区域鄙远的戎人部族，如武公时的彭戏氏（今陕西白水附近）、邽（今甘肃天水市南）戎、冀（今甘肃甘谷南）戎。秦后来在此置县，进行统治，及至穆公"益国十二，开地千里，遂霸西戎"。这些戎族或国，或即周故方国，或即商周后裔部族，春秋时期，它们或以属国而归服，或被伐灭。但大多仍以附庸的形式居于边地。由于这种特殊的存在，旧有的手工制作，当仍然发挥着作用。考古资料表明，早在新石器时代，这些地区的手工业文明就已显出其较高的成就，商周时期墓葬和青铜器的多次发现，以及春秋时墓葬、车马坑和青铜器②，充分体现了其手工文明的成就。随着时间的推移和秦对这些地区统治的巩固，它们自然也构成了秦手工业的一部分。

（四）民间手工业

民间手工业主要指平民的农业与手工业相结合的家庭纺织业，和适应自己日常需要的简单物品制作。《诗·秦风》所谓"交交黄鸟，止于桑""阪有桑"便是当时桑蚕种植的反映。西周时期，关中的桑蚕已经很普遍，这在《诗经》中有诸多记载。秦人占据关中后，秦属周故地蚕桑业继续发展。至于日常所需物品，当有农具、实用器皿和丧葬用物等，1984年发现于铜川枣庙的秦低爵或平民墓，墓内有一棺一椁葬具，随葬器物以

---

① 曹发展：《陕西户县南关春秋墓清理记》，《文博》1989年第2期。
② 当时戎部族多散居黄土高原南缘一带，多年来这里包括甘肃庆阳、宁夏固原、甘肃天水、陕西清涧等地发现诸多石器时代、青铜时代和春秋战国时代墓葬品。

陶器为主，多为日常生活中的实用器①，便是居于广大野中平民手工生产物品的反映。春秋时期是一个剧烈的变革时期，中晚期民间自由小手工业者或许已经出现。枣庙平民墓葬随葬物虽还难以认定出于哪部分人之手，但应该说有些平民家庭，有些物品（包括丧葬用品）是通过买卖得来的。因为早在西周时期"氓之蚩蚩，抱布贸丝"就已常见，春秋时期民间日用品的间或买卖也当是可能的。《三辅黄图》记载，秦文公造直市，在富平津南二十五里，说是当时市场管理得好，"物无二价，故以直市为名"。"直市似在今高陵县境"，文公时期秦人统治并没有达到这一带②。但这并不意味着这儿不曾有贸易市场。《周礼·地宫》曰"凡国野之道，十里有庐……三十里有宿……五十里有市……"在周代除王城和诸侯城邑中有固定的市场，在国的交通要道，也有固定的市场，方便民间贸易。证诸《周礼》，富平津作为一个交通渡口，有一个贸易市场则是无疑的。秦人控制这一地区后，富平津市场继续沿用，至于何以言为秦文公所造，"可能出于秦人为夸大祖先功业而炮制的一个传说"③。民间市场的存在和发展是民间部分手工业制品商品化的反映，它必然促使手工业的逐渐分离。

以上四方面，构成了春秋时期秦国手工业的主要部分，从整体上反映了这一时期手工业的状况。当然，这种划分并不是严格的，有些部分在内容上互有交叉。本文之所以这样做，也只是为了得到一个比较清晰的轮廓。到战国时期，春秋时期这四部分手工业，实现了转化或部分转化，有些都邑手工业转化为国家地方县邑官府手工业，国都公室手工业转化为王室手工业和官府手工业。民营手工业作坊也在国都大量出现。这已超出了本文所阐述的范围，故置不论。

二　手工业发展概说

欲从整体上了解春秋时期秦国手工业的发展，从总体上对当时的手工

---

① 陕西省考古所编：《陕西配合基建考古主要收获》（1979—1991），三秦出版社1992年版。
② 何清谷：《三辅黄图校释》，第96—97页。
③ 同上书，第97页。

业做一行业划分是很有必要的。我们还是从以下行业谈起。

1. 木器制作业

西周时期，秦人还生活在甘肃东部地区时，适应比较稳定的生活需要①，可能已制作了简陋的木质农具和手工业用具。西周中后期，随着地位的上升和与周的关系密切，木车作为交通用具、军用工具和游猎用具，经册命赏赐抑或战争赏赐，在附庸秦国出现，公元前820年左右的不期簋（盖）铭曰："汝以我车宕伐严允于高陶，汝多折着执讯""弗以我车函（陷）于艰"②。周王命词明确称"我车"，说明庄公时秦人用车还来源于周。《秦本纪》记载，周王曾予庄公兵七千，使伐西戎，期中"兵七千"中应当包括一些车。至于《诗经·秦风》所言"有车邻邻，有马白颠"，以及《毛诗序》所言"秦仲始大，有车马、礼乐、侍御之好"，其中的"车"也应是周车。

正因为如此，春秋前夕，车在秦国的使用并不普遍，日常生活中主要用于秦公贵族中间。记载秦襄公狩猎事的《石鼓文》曰："避车既工，避马既同，避车既好，避马既驺""田车孔安""宫车其写"③。《诗经》所谓"有车邻邻，有马白颠""驷铁孔阜，六辔在手，公之媚子，从公于狩"④。即其例证。

春秋早期起，随着秦人政治地位的上升，在地域上也渐据有岐丰之地，秦国有了自己的木器制车行业，从原因上讲，这应该主要归功于周故地"余民"的归服，包括散布于其中的旧方国和部族的归服。户县南关春秋早期"郜国"墓地的82M（侯墓）和74M（卿大夫墓）中均有铜车马器的出土，共47件，其中侯墓32件，卿大夫墓15件，计有车惠、车辖、马衔马镳、铜泡、铜铃、铜管等10种，均为青铜制作，车惠内有木质车轴⑤。反映了该国手工业的状况。据此可以看出，它不仅能够生产

---

① 袁仲一：《从考古资料看秦文化的发展和主要成就》，《文博》1990年第5期。
② 关于不其簋，李学勤《秦国文物的新认识》认为，"不其"可能指庄公（《文物》1980年第9期），王辉《秦器铭丛考》认为，伯氏为秦仲（《文博》1988年第2期）。不论秦仲还是庄公，车均为周车。
③ 林剑鸣：《秦史稿》注释附录《石鼓文》释文，中国人民大学出版社2009年版，第85页。
④ 周振甫译注：《诗经译注》卷3《国风·秦风》，中华书局2005年版，第176—177页。
⑤ 曹发展：《陕西户县南关春秋墓清理记》，《文博》1989年第2期。

车，而且能够铸造大量的青铜礼器和实用器。也正是这一时期，木器制车业在秦国发展起来，以至于卿大夫一级已开始普遍使用车了。陇县边家庄一号墓为大夫级贵族墓，出土有车马器①，陇县边家庄五号墓，墓主为贵族，随葬器有木车一辆，同时发现诸多车马器②，户县宋村春秋早期卿大夫墓出土有车马器 14 件③。贵族用车的普遍，说明木器制车业的确已经存在。

秦占据关中后，木器业在传统的基础上，适应秦社会需要承担了各种必要的木器生产，从交通工具、军用战车、军用舟船到日常生活所需以及丧葬棺椁用品，无不起着重要作用。特别是军用战车的生产，为秦国的争霸称雄做出了巨大贡献。公元前 647 年，晋国发生粮荒，求救于秦，秦穆公采纳百里奚和公孙枝的建议，给晋国发放救济粮，"以船漕车转、自雍相望至绛"④。就征战车而言，"公（穆公）因起卒，革车五百乘"⑤，送公子重耳入晋，公元前 626 年伐郑，"超乘车三百乘"⑥，公元前 623 年伐晋，"济河焚舟"⑦。如果没有一个木器制车业的普遍发展，要造就如此庞大的运输队伍是难以设想的。

除此之外，考古资料还显示了木器制作业的日常功用。马家庄宗庙遗址表明，当时建筑中的梁、柱、门、窗均为木器制作。至于棺椁葬具的发现就更多了，几乎所有的秦墓中都有发现，不但如此，某些秦公或奴隶主贵族的人殉人牲也用棺椁。景公一号大墓的 182 个人殉人牲棺椁，说明其规模是相当可观的。以上所述表明，春秋时期木器制作业，成为秦国最基本普遍的手工行业。

2. 青铜制造业

在秦国青铜制造何时出现，还是一个有待研究的问题，但就目前发现的最早一件青铜器来看，至少庄公时，秦的青铜手工制作还没有发展起

---

① 陕西省考古所编：《陕西配合基建考古主要收获》（1979—1991），三秦出版社 1992 年版。
② 《陕西陇县边家庄五号春秋墓发掘简报》，《文物》1988 年第 11 期。
③ 《陕西户县宋村春秋秦墓发掘简报》，《文物》1975 年第 10 期。
④ 《史记》卷 5《秦本纪》，第 188 页。
⑤ 《韩非子》卷 3《十过》，诸子百家丛书，上海古籍出版社 1989 年版，第 28 页。
⑥ 杨伯峻编著：《春秋左传注》（一）"僖公三十三年传"，第 494 页。
⑦ 杨伯峻编著：《春秋左传注》（二）"文公三年传"，第 529 页。

来。这件青铜器叫不其簋（仅存盖），从其形制、纹饰、文字和其他西周晚期青铜制品相同看，它显然不是秦人的手工制品，很可能是隶属于秦的周人的制作品。

秦国的青铜手工制作是文公"逾陇"之后逐步发展起来的，文公"逾陇"，"收周余民，尽有之"。"周余民"就是平王东迁后遗留在西部的周人，其中当包括曾活跃于西部的郜国、申国以及与此相类的一些部族，这些人曾经创造了世界上无与伦比的青铜文化。高超娴熟的技术，足以使他们成为青铜器制作发展的基础和条件。秦人对周文化的仰慕和吸收则使这一发展成为可能。这一特殊的发展方式，必然使秦的青铜制作，在早期呈现出类周的特征。宝鸡西高村春秋前期墓中出土一组青铜器，其中有铜豆一件，豆盘有铭二行十字曰："周生乍尊豆用享于宗室"。显然为西周遗物，另有甬钟一件，舞部饰云纹，篆部每边有三排枚，排之间饰窃曲纹，隧部饰云纹，近乎西周风格①。边家庄五号春秋早期墓出土一组青铜礼器，鼎、簋、篆、壶、盉、盘的组合形式，与西周晚期青铜器组合形式极相近②。即其反映。

随着时间的推移和秦国强盛，国内青铜制作技术有了一些新发展，表现在逐步摆脱西周风格，而形成秦青铜文化的特征，据学者研究，户县宋村春秋早期青铜器已经部分地摆脱了西周的风格，如鼎，腹部特浅，有粗糙的蹄足"开创了东周秦鼎一贯的独特形式"。宝鸡太公庙出土的秦武公钟、镈，字体有秦篆意味，宝鸡阳平镇秦家沟出土青铜器在纹饰上有创新，纹饰由细密转入疏散③等。这些情况表明，至这一时期，真正的秦国青铜手工制作才诞生并发展起来。

与中原诸国相较，秦国青铜手工制作起步稍晚，但特殊的结合方式和构成，使得其产品不管在数量上还是制作水平上都不显得逊色，甚至有些制品是他国所没有的，1973—1974年凤翔姚家岗城址出土的三坑精美的建筑饰件共64件，便典型地说明了这一点。至于其他方面的制作，从已出土青铜器看，有礼器、乐器、车马器和兵器等，它本身就表明了青铜制

---

① 李学勤：《东周与秦代文明》，文物出版社1988年版，第176—177页。
② 《陕西陇县边家庄五号春秋墓发掘简报》，《文物》1988年第11期。
③ 李学勤：《东周与秦代文明》，第176—177页。

作在秦国社会生活中的作用。

3. 陶器制作业

陶器制作，早在西周时期，即秦人以部族形式活动在甘肃东部甘谷地区时就有生产，而且就其陶器器形和组合看，秦人已经受了周文化的影响①。不过，这时期的陶器制作恐怕还是在自然分工基础上制作的，陶器制作可能还没有因社会分工而分离出来。

春秋时期，秦人占据西周故地，制陶业在此基础上才确立和发展起来。据考古资料，西周时期周原就有适应建筑和生活需要的岐山流龙嘴制陶作坊，其中发现有1、2号两窑，窑内出土有筒瓦、板瓦、瓦坯、陶缸、陶豆、陶盆，目前周原发现建筑基址，表明西周早期房屋建筑已部分用瓦。西周中期，屋面已全部用瓦②。秦人占据周原后，积极吸收了这一文明成果，才建立了自己的制瓦作坊。这也说明了为什么至今为止，在文公迁居汧渭之会和宪公徙居平阳这一时间段中，从未发现早期陶瓦，而只在雍城发现了秦瓦的原因。

秦陶质制瓦直接吸收了周人的制瓦技术，瓦亦分为板瓦和筒瓦两大类，但秦人没有完全仿制，而是以自己的独特形体——槽形板瓦，表明了秦人的手工制造，从凤翔马家庄的发现看，春秋时期秦瓦有绳纹槽板瓦，三角几何纹槽形板瓦。凤翔翟家寺采集的板瓦，更是一种特殊的形式③。就技术而言，这时的制陶业多以轮制为主，原料有澄泥、细砂和夹砂。细砂灰陶和夹砂灰陶的数量较大。制作产品有礼器和实用器两大类，主要有陶鼎、簋、甗、壶、盆、豆、罐、匜、鬲和瓦等。

随着陶器制作业在原料和技术上的发展，在美观上也有了新的追求，这就是在陶器上着彩，宝鸡平阳镇秦家沟 M4 出土泥胎甗着彩，由朱、白二色构成；凤翔八旗屯一期墓、宝鸡福临堡和凤翔高庄春秋早、晚期墓都出土有陶礼器和实用器着彩，由朱、白二色构成。可见当时彩绘主要有朱、白二色。彩绘的出现，反映了制陶工素质的提高。

以上所述，多为王公贵族制陶的反映，至于民间制陶，可能更多的是

---

① 赵化成：《寻找秦文化渊源的新线索》，《文博》1987年第1期。
② 徐锡台：《周原考古工作的主要收获》，《考古与文物》1988年第5—6期。
③ 尚志儒：《秦瓦研究》，《文博》1990年第5期。

人人自为器的，但也不能否认，少数专门制陶工或家的出现。春秋中后期，瓦在民间已经使用了，所谓"坟以瓦，覆以柴"① 即其反映。

4. 丝麻纺织业

西周时代，关中蚕桑麻业种植已十分普遍，《诗经》中的《豳风》《周南》《召南》《秦风》和《大雅·桑柔》《小雅·隰桑》《小雅·南山有台》等都有明确记载。蚕桑和麻的种植，为丝麻织业的发展提供了原料，所以西周时期，这里就已经诞生了精美的丝织品，如"衮衣绣裳"②"成是贝锦"③"丝衣其紑，载弁俅俅"④，甚至上面还绣有花纹图案。考古发现表明，不但有平纹丝织，而且有斜纹丝织和提花图案丝品⑤。至于麻织品，泾阳早周墓中出土的麻布片，纱线粗细均匀，经纬结构紧密，脱胶良好⑥，确切地反映了那时麻丝品的水平。平王东迁后，关中地区逐渐被秦人占据，秦国丝麻便在周的基础上发展起来，《秦风·车邻》曰："阪有桑，隰有杨"；《黄鸟》曰："交交黄鸟，止于桑"。都反映了秦地蚕桑种植业有了一定的发展。《秦风·终南》所谓"君子至止，锦衣狐裘，君子至止，黻衣绣裳"，则是秦手工丝织品的成就，从这里可以看出，它显然是对周"贝锦""绣裳"的继承和发展。1987 年凤翔县秦公一号大墓发掘，发现丝织品，凤翔八旗屯秦墓出土一片麻布，每平方厘米有经线 10 根、纬线 9 根。同时在车马坑的马骨架上也发现有麻布纹样的印痕，可能是缠裹马身的织物⑦。这些考古实物证明当时丝麻制品的生产水平是相当高的。

5. 髹漆业

《诗经》曰："阪有漆，隰有栗。"⑧ 秦立国初年，漆树在秦地就有种植和发展，只是吸收周漆业生产的结果，考古工作者在今陕西长安普渡

---

① 《春秋别典》卷三，转引自林剑鸣《秦史稿》，第 73 页。
② 周振甫译注：《诗经译注》卷 3《国风·豳风》，第 225 页。
③ 周振甫译注：《诗经译注》卷 5《小雅·巷伯》，第 323 页。
④ 周振甫译注：《诗经译注》卷 8《颂·丝衣》，第 523 页。
⑤ 《有关西周丝织和刺绣的重要发现》，《文物》1979 年第 4 期。
⑥ 《泾阳高家堡早周墓葬发掘记》，《文物》1972 年第 7 期。
⑦ 《陕西凤翔八旗屯秦国墓葬发掘简报》，《文物资料丛刊》3。
⑧ 周振甫译注：《诗经译注》卷 3《国风·秦风》，第 176 页。

村、陕西岐山贺家村、陕西西安张家坡都发现有西周漆器①，说明那时这一带漆的生产和髹漆业是普遍存在的。秦人占据这一带后，在原来的基础上，发展起自己的髹漆业。所以自春秋早期起，在秦人的生活中出现了漆器，陕西户县宋村春秋早期墓棺，外漆红色，盛人殉的木匣漆为黑色②。宝鸡陇县边家庄五号春秋早期墓木棺为彩绘朱勾漆木棺，除此之外，兵器也被髹漆。春秋晚期髹漆已相当普遍。当时的漆色主要有黑、红、褐三种，就用途言，已普及于礼器、兵器和日用器各个方面。

除上述几个行业外，这时期其他一些行业也都有较大的发展，如铁器制造业，春秋中后期发展起来。秦公一号大墓出土的10多件铁铲、铁插均为生产工具，便充分说明了这一点。另外，骨器、石器、玉器制作业都有一定程度的发展，在此不再一一详述。

三　手工业发展的特征

上述表明，秦国的手工业不是完全在其固有的部族中发展起来的，诸侯国的确立、岐西之地的赏赐以及新的军事征服和称霸，使秦的手工业在构建时便呈现出并存和过渡的二重特征。春秋前期，应该说始终存在着周手工制作、方国附庸国和亡王后裔部族、戎族手工业制作的并存。其中，周手工业的成就是秦国手工业构建的基础，亡王后裔部族或戎族属国手工制作或作基础，或作补充。伴随着秦对关中地区统治的巩固和发展，周秦手工业逐步融合并实现手工业制作品由分离、并存或简单组合到融合的过渡。从考古材料看，青铜制作和陶器制作业表现得最为典型，如有的陶器、青铜器个体，上身具有周器形态，下部保留秦的特征，与此同时，附庸方国、亡王后裔部族或戎族属国，在过渡中也逐渐融合，成为秦手工业的有机组成部分。

像中原诸国一样，春秋时期秦国"以诗书礼乐为政"。礼制在秦的变革，引导着部分手工业制作的发展，使秦国手工业制作出现新的特征，仿铜陶礼器在春秋中后期流行和模型明器的出现，表明制陶手工业的某些制

---

① 王魏：《关于西周漆器的几个问题》，《考古》1987年第8期。
② 《陕西户县宋村春秋秦墓发掘简报》，《文物》1975年第10期。

作动向。平民墓中普遍使用礼器石圭和平民礼观念的淡漠，也必然引导民间手工制作的部分礼器化发展。

另外，适应军事征服和称霸战争的需要，军用战车、舟船和兵器制作成为各级手工制作的重要内容。国家的强大和政治独立相适应，农用工具、建筑材料及各种日用器的制作不仅成就显著，而且越来越显得重要。

（原刊《秦文化论丛》第三辑，西北大学出版社1994年版）

秦市场发展述论

受秦始皇时期"上农除末"政策和"重农抑商"观念的影响,学术界对于秦国市场与商业发展的历史,过去存在一些偏见,或者说存在一些简单化的认识。随着"睡虎地云梦秦简"的发现以及相关研究的深入,有必要就秦(包括秦国和秦王朝)市场和商业发展加以重新认识,以还历史的本来面目。

一 市场发展的历程

秦的市场是在其国家建立以后逐步发展起来的,那时,我国历史已步入春秋时期。在此之前,秦被中原国家称为西戎,居于西陲边地,过着部落式的生活。为了生活的需要,边地各部落之间进行着简单的物物交换,其中长途贩运是其主要的贸易形式。

公元前770年,秦因助周平王东迁有功,被封为诸侯,从此作为一个诸侯国,秦开始按照中原诸侯国的模式建设自己的国家,不但建有都城,而且在都城里建立了秦国最早的市场。史书记载,"及(孝)文、德、缪居雍,隙陇蜀之货物而多贾"。雍,在今凤翔故雍城,为秦早期的国都。1987年雍城考古队在故雍城遗址发现了当时的市场遗址,证明了这点。据考古发掘知,雍城市场分布于雍城后部,市场面积近3万平方米。四周以厚1.5—2米的土围墙封闭。南北宽160米,东西长180米,平面呈长方形。四面墙中部各开"市门"一座。考古人员说,市门上有四坡式大建筑，围墙内是封闭的露天市场①。雍城市场建制表明，它与周"前朝后市"制度一致，是模仿周市场而建立的。

市场的出现为商品交易提供了集中的场所，不但秦国国内，就是周边一些小国或部落的商品也有可能进入秦市场。上述秦文公、秦德公、秦穆公在雍时期"隙陇蜀之货物而多贾"，就是和蜀地通商的。不但如此，秦人也还保持着与其故地旧户继续商业往来的传统。

随着秦人的东进和发展，原关中地区的商品贸易集结地（一般形成于交通要道及渡口）也被秦利用和管理了。《三辅黄图》记载，秦文公造"直市"，在富平津南25里，由于当时市场管理得好，"物无二价，故以直市为名"。"直市"在今天高陵县境，据何清谷先生研究，秦文公时代，秦人的势力范围只及岐西之地，还没有发展到今陕西高陵、咸阳一带，所以他认为这是秦人炮制的一个传说②。显然，"直市"并非文公所造，但就文献记载的具体性和"传说"一般都有其历史的影子看，它可能是秦人入关东进途中，对原有的商品交易集结地进行利用和管理的反映，表明国家管理的市场不仅在都城，而且在地方上也发展起来了。

秦穆公时开疆拓土，"益国十二，开地千里"，独霸西戎，使"天子致伯，诸侯并贺"，秦国奴隶制发展到了辉煌的鼎盛时期。国家的强大和昌盛为经济的发展奠定了坚实的政治基础。及至秦简公七年（前408年），以"初租禾"③ 为标志，秦国跨入了封建社会。

新的封建制，在一定程度上解放了生产力，进一步促进了社会经济的发展，从而也为市场的扩大和市场商品的丰富奠定了基础。献公七年（前378年），"初行为市"④，秦国首次推行市场制度。此后，市场在各大城市甚至各县、地相继出现，新都栎阳（今临潼区栎阳镇东北）建立了市场，孝公迁都咸阳，在咸阳同样建有市场。惠王时，蜀守张若在成都建有市场。《华阳国志》记载说，惠王二十七年（前311年），蜀守张若治成都，"置盐铁市"，"修整里阓，市张列肆，与咸阳同治"⑤。另外，近

---

① 《凤翔发现秦都雍城市场》，《中国历史年鉴》，1987年。
② 同上书，第97页。
③ 《史记》卷15《六国年表》，第708页。
④ 马非百：《秦集史》（上）引《秦记》，中华书局1982年版，第44页。
⑤ 任乃强：《华阳国志校补图注》，上海古籍出版社1987年版，第128页。

些年来考古发现了许多秦战国中后期漆器、陶器，其中刻有"咸亭""安亭""郑亭""许市"等铭文、陶文。据学者研究，它们分别是"咸阳市亭""安陆市亭""郑市亭"的省称①。今四川青川、荥经发现的秦漆器上刻有"成亭"，也是"成都市亭"②的省称。陕西长安县张堡村③和陕西清涧李家崖④分别出土刻有"杜市"陶文的陶器，"杜市"即杜县之市。所有这些发现，表明市场在这些地方都已建立。不同市场器物的异地发现，也表明当时市场商品流通的范围是相当广泛的。与此相类的陶文，在栎阳、芷阳、丽邑、焦等地县也多有发现⑤。因此，可以说至战国中后期，秦国市场在各地普遍发展起来。

二 市场的活跃与社会的商业性趋向

随着市场的普遍建立，市场贸易逐渐繁荣起来，特别是进入封建社会后，政治经济的大发展，市场商品交换日益社会化，商品消费的对象由以前的少数贵族逐步转向一般的社会阶层。社会一般阶层的投入市场，为市场的繁荣打下了坚实的基础。所以到商鞅变法前夕，秦国的市场贸易出现了历史上的第一次活跃。

粮食商是当时相当活跃的商人，这些人以贩卖粮食为生，通过季节变换，年岁凶丰，以购买与出售粮食，谋取高额利润。其中粮食的销售对象是缺粮的普通百姓⑥。酒肉商在市场上叫卖声不断。由于这种生意利润丰厚，所以从业人员较多。酒肉商的增多，一是会助长社会奢侈之风，二也是对农业劳动力的剥夺。这就是为什么商鞅在变法中要"贵酒肉之价，重其租，令十倍其朴"⑦，对其加以限制的原因。市场上有专门的"军

---

① 袁仲一：《秦代的市、亭陶文》，《秦始皇兵马俑博物馆论文选》，西北大学出版社1989年版，第71—75页。
② 《青川县出土秦更修田律木牍——四川青川县战国墓发掘简报》，《文物》1982年第1期。
③ 《陕西长安张堡秦钱窖藏》，《考古与文物》1987年第6期。
④ 《陕西清涧李家崖东周秦墓发掘简报》，《考古与文物》1987年第3期。
⑤ 袁仲一：《秦代的市、亭陶文》，《秦始皇兵马俑博物馆论文选》，第76—78页。
⑥ 高亨：《商君书注译》"垦令第二"，第21页。
⑦ 同上书，第24页。

市"。它是一个特殊的专业市场,只用来供应军事武器。秦法规定,军市从业商人既是商人,又是战士,平时自备武器,遇到国家有战争,即听令调遣,参军作战①。另外,一些家禽家畜也可能经常投放市场,所谓"夫卖兔者满市"②即其证明。

像春秋时期东方诸国大商人一样,秦国的大商人为了追逐高额利润,他们不择手段,依恃钱财"去来赍送之礼""于百县"③,公行贿赂,交通百官。有些腰缠万贯的商人因此在百官的保护下不服官役,造成了严重的社会问题。对此,在变法中,商鞅严正地提出"以商之口数使商",使私家奴仆"厮、舆、徒、童者必当名"。以法律明文规定商人家奴仆要按人数、按规定服官役,对不法商人给予一定的打击。

商鞅变法前夕商品市场的活跃,是在新的封建制建立和发展过程中发生的,它本身反映了封建制的历史进步。

战国中后期,随着秦封建经济的发展和政治的日益强大,市场在各地普遍发展起来,市场贸易出现了第二次活跃。商鞅变法时,由于推行了农战政策,对商人给予一定的限制,通过"重赋税"和"壹山泽",不但限制了商人的继续发展,而且政府加强了对市场的干预管理,市场一度萎缩。商鞅死后,秦法虽然未败,但整个社会气氛却有所松缓,一些旧有的私商大贾重操旧业,市场依然缓慢发展。至战国中后期,政治军事上的强大和经济的发展,在社会发展的不断需要下,市场再度活跃。可以看到,这个时期市场上有官府市、牛马市、奴婢市等。市场上的商品来源也有了新的变化,不但有官府手工作坊的产品、官府除够用外的剩余物品或废旧物品,也有大量的民间农副产品或商品。那些长途贩运商和别国商人在秦市场更是屡见不鲜。

官府市,是指官府在市场上出售产品。国家在官府市设有专门官吏,前文提到张若在成都市设有盐铁官、长、丞,其他城市概莫能外。国家对官府市的管理相当严格,所谓"为作务及官府市,受钱必辄入其钱缿中,

---

① 高亨:《商君书注译》"垦令第二",第27页。
② 高亨:《商君书注译》"定分第二十六",第190页。
③ 高亨:《商君书注译》"垦令第二",第29页。

令市者见其入，不从令者赀一甲"①。官府市的商品主要由官府作坊即"为作务"提供。另外，官府不用的其他器物，如旧工具、废铜铁等也投放市场②。官府的"猪、鸡之息子不用者，买（卖）之，别计其钱"③，多余的家禽家畜也在市场上出售。就连公家的马牛死了，经诊断若没有病也要卖掉④。

牛马市，就是专门买卖牛马的市场。《汉书·王莽传》记载："秦置牛马市，与奴婢同兰。"兰，颜师古释为栏圈，牛马和奴婢当时是在一块儿的。

奴婢市，战国中后期，奴婢在秦国的市场上是当作商品买卖的，其市场，正如《王莽传》所说，是和牛马圈在一起的。奴隶买卖中，国家规定有一定的价格，当时称为"市正价"。《秦简·告臣》讲到一次奴隶买卖即以市正价成交。奴隶的具体价格，有人研究说，当时一个奴隶值365石粟，值199匹布⑤。奴婢买卖一直延续到汉代初年，所谓"今民卖童者，为之绣衣丝履，偏诸缘，内之闲中"⑥，"闲"即"卖奴婢栏"。

当时的秦国市场上，不仅有秦本地的商人，就是一些外地的富商大贾也经常出没于其中。这类"商人之四方，市贾信（倍）徙，虽有关梁之难，盗贼之危，必为之"⑦。所谓"雍隙陇蜀之货物而多贾"，"栎阳，北却戎翟，东通三晋，亦多大贾"，正是这些长途贩运商的反映。在这些贩运商中，经常有些别国大商富贾，当时叫"邦客"。"邦客"进入秦国市场，必须有秦官方发给的经商许可证，当时叫"符"，如果没有许可证，这些商人是不得进入秦国市场的。秦法规定，外国商人进入秦国市场前必须拿出"符"，经管理人员检查，不经检查而擅自进入市场进行交易者，要予以物质处罚⑧。总体来说，当时秦国市场上占主流的商品是来自民间的商品，包括三个方面：（1）个体小农或中小地主的部分农副产品；

---

① 《睡虎地秦墓竹简》整理小组编：《睡虎地秦墓竹简》"秦律十八种释文注释"，第42页。
② 同上书，第40页。
③ 同上书，第35页。
④ 同上书，第24页。
⑤ 于砚奇：《秦汉奴价考辨》，《中国经济史研究》1987年第1期。
⑥ 《汉书》卷48《贾谊传》，第2242页。
⑦ （清）孙诒让：《墨子闲诂》卷12《贵义》，光绪三十三年刻本。
⑧ 《睡虎地秦墓竹简》整理小组编：《睡虎地秦墓竹简》"法律答问释文注释"，第137页。

(2) 民间小商贩贩运的商品；(3) 私营大工商业主的商品。

个体小农或中小地主部分农产品投入市场，主要是从商鞅变法以后开始。商鞅变法后，秦确立了以个体小农和中小地主为主的个体家庭。个体家庭虽然以男耕女织为主，过着自给自足的生活，但这种自给自足的自然经济与商品经济有着必然的联系①。除过基本的生活生产资料外，许多生产生活资料依然依赖市场，这正是民间商品成为市场商品主流的根本原因。从史料记载来看，商鞅变法时就有"夫卖兔者满市"，到战国中后期，秦简里的信息就更多了，有牛、衣、丝、猪、鸡，等等。

私营小商贩是随着市场的发展而发展起来的。这些人本小利少，平时务农，农闲时跑跑生意。从云梦秦简《日书》有关内容看，《日书》时代（秦昭王—秦始皇时期），经商已经是一般百姓非常向往的事情。其实，自商鞅变法以来，秦国虽然实行重农抑商的经济政策，经商致富的思想在人们的心目中并没有完全动摇。"今境内之民皆曰：'农战可避，而官爵可得也'。是故豪杰皆可变业，务学诗、书，随从外权，上可以得显，下可以求官爵；要么事商贾，为技艺，皆以避农战"②。即便在商鞅变法最激烈的时代后不久，"事商贾，为技艺"仍被视为优于务农的职业，至《日书》时代，这种思想就更加普遍。

从《日书》看，当时的人们不但热衷于商，就是对生育儿女亦非常注重日子的选择，看在什么日子生子女，将来会在商业上有成就。所以"庚寅生子，女为贾，男好衣佩而贵"③ 成为一个基本的"准则"。与此相类的"准则"还有："宇，南方高，北方下，利贾市"④。"宇"即房屋，按当时人的习俗和信仰，要使自己将来在市场上顺利营利，房屋建造时就应当南高北低。这两条材料告诉我们：是否有利于自己、自家或子女在市场上营利的观念，已成为人们物质文化建设的一个重要"坐标"。

如果说以上史实反映了人们对经商的向往，那么怎样才能更好地获利呢？人们又以天干地支来推算上市或进货的好日子，当时称为"市日"

---

① 经君健：《试论地主制经济与商品经济的本质联系》，《中国经济史研究》1987 年第 2 期。
② 高亨：《商君书注译》"农战第三"，第 32 页。
③ 《睡虎地秦墓竹简》整理小组编：《睡虎地秦墓竹简》"日书甲种释文注释"，第 203 页。
④ 同上书，第 210 页。

或"市良日"。如"市良日，戊寅、戊辰、戊申戌，利初市，吉"。"金钱良日，甲申、乙巳。申不可出货，午不可入货，货必后绝"①；"己亥、己巳、癸丑、癸未、庚申、庚寅、辛酉、辛卯、戊戌、戊辰、壬午，市日以行有七喜"。另外，还有上暮市（可能是当时的夜市）的好日子："辛亥、辛巳、甲子、乙丑、乙未、壬申、壬寅、癸卯、庚戌、庚辰。"②这些经占卜推算的日子，或者告诉商贩什么日子上市大吉大利，或者告诫他们什么日子不可出货、入货。虽然它们未必能真正带给他们厄运或吉利，却告诉我们，当时的商贩为了获利是何等地绞尽脑汁。

从《日书》里还可以看到，人们把星象的观察及其变动也与市场联系起来。所谓"斗，利祠及行贾、贾市，吉"，"房，取（娶）妇、家（嫁）女，出入货及祠，吉"③。就是说星在"斗""房"位置时，出门经商上市或者进货，大吉大利。

总结以上述析，可以看出，向市场要利，以市场求富，成为一般社会的价值取向。商贩们不但以经商做生意改变着自己，也在急切地盼望着改变自己后代的命运，他们是市场上自由的活跃分子。

私营工商业主是市场商品的主要供给者。战国中后期至秦始皇时代，私营工商业发展很快。据考古资料，仅在咸阳就发现有诸如"咸郦里驵""咸郦小颖""咸郊里奢""咸亭当柳昌""咸亭芮柳婴""咸沙里壮""咸阳安新"等印文陶器60多件。其中"咸"指"咸亭"，为秦地方行政组织的亭名。郦里、郊里、当柳、芮柳、阳安等均为里名。驵、小颖、奢、昌、婴、壮、新等均为作器人名。他们是咸亭管辖下的居住在不同里的私营工商业者，陶器上的印文都是陶工自己打印上的④。这些陶器是为市场而生产的商品。类似器物在湖北云梦秦墓也有发现，这里发现的主要是漆器，文字为烙印或针刻。其中里有"宦里、舆昌、昌武、路里、钱里"，标明作器人有"大女子、士伍军、包、李、张"⑤。另外，云梦秦墓还发现有"咸亭""咸市"烙印文漆器，确切地反映了这些器物是作为商品而流通的。

---

① 《睡虎地秦墓竹简》整理小组编：《睡虎地秦墓竹简》"日书甲种释文注释"，第194页。
② 同上书，第222页。
③ 同上书，第191—192页。
④ 袁仲一：《秦代陶文》，三秦出版社1987年版，第61—64页。
⑤ 《云梦睡虎地秦墓》附录《漆器、烙印文字与符号》，文物出版社1981年版。

除了这些居于亭里的私营工商作坊外，一些经营盐铁的大私营工商业主，也为市场提供了必要的大宗生产和生活资料性质的商品。当时著名的大私营工商业主有：南阳孔氏、蜀卓氏、临邛程郑氏、巴寡妇清等。这类人世代为工商，"大鼓铸，规陂池，连车骑，游诸侯"，"田池射猎之乐，拟于人君"①。不同阶级，不同阶层，包括官府的投入和参与市场，促进了市场贸易的空前活跃。

三 市场管理

市场贸易是秦经济发展的重要组成部分。随着市场的普遍建立和发展，秦对市场的管理亦愈来愈严格。总体来看，秦市场里设有市楼，其中有的设在市中心，有的设在市门上。市楼上设有市亭，它是市场的管理机构。其职能有二：一是防止盗贼，维持治安；二是管理市场事务，征收赋税。市亭里设有啬夫，担任市政长官，具体负责市场事务。市内店铺按门类排列，称为"列肆"，百工居肆，其中有官府的，也有私营的。"列肆"内的私营工商业者编入市籍，建立五户一组，互相监督的"列伍"制，设有列伍长负责监督不法行为②。战国中后期，市场内因商品性质不同形成不同区域的市，诸如牛马市、奴隶市、官府市以及早期的军市等，由"市吏"具体巡视、监督和维护市场秩序，"吏徇之不谨，皆有罪"③。

国家对市场实行定期整治，所谓"易关市，来商旅，入货贿，以便民市"。这里的"易关市"就是"整理关市"，目的使"四方来杂，远乡皆至"，保障市场的正常运行。④

实行限价、定价制度。秦律规定：市场商品"各婴其贾（价）；小物不能各一钱者，勿婴"⑤。"婴"即"系"的意思，上市商品除小物不值

---

① 《史记》卷129《货殖列传》，第3277—3278页。
② 何清谷：《秦始皇时代的私营工商业》，《文博》1990年第6期。
③ 《睡虎地秦墓竹简》整理小组编：《睡虎地秦墓竹简》"秦律十八种释文注释"，第36页。
④ 陈奇猷：《吕氏春秋校释》（上），学林出版社1984年版，第422、428页。
⑤ 《睡虎地秦墓竹简》整理小组编：《睡虎地秦墓竹简》"秦律十八种释文注释"，第37页。

一钱以外,都要挂上或贴上标签,实行明价销售。前文提到"市正价",就是对一些大宗商品的规定价格。

市场流通的货币,国家也有规定,以法定钱币为准,主要包括秦半两钱和布币。秦律规定,"布袤八尺,福(幅)广二尺五寸。布恶,其广袤不如式者,不行"①。布币的长宽及质量有严格规定,否则不得通行。当时钱布的比价是"钱十一当一布"②,"百姓市用钱,美恶什之,勿敢异"。只要是法定货币,只要合格,不论新旧都当顺利通行,列肆商贾及府吏"毋敢择行钱、布;择行钱、布者,列伍长弗告,吏循之不谨,皆有罪"③。

市场实行严格统一的度量衡制度。为此,国家有关部门在每年二月和八月对度量衡进行严格检查,所谓"一度量,平权衡,正钧石,齐斗甬(桶)"④。

市场内严禁官吏私营经商。秦律规定,"吏自佐、史以上负从马、守书私卒,令市取钱焉,皆迁"⑤。就是说,这些人进行贸易以取私利的话,都要加以流放的处置。

市场禁止珍珠宝玉走私,走私者一经抓获,珠玉等上交内史,内史根据所获赃物给予抓获罪犯者一定的奖励⑥。

严格的市场管理是专制主义中央集权制在市场发展上的反映。一方面,它保证了市场的正常秩序和稳定,维护了市场的正常运行。增加了国家的财政收入,促进了国家的繁荣和富强。另一方面,严格的管理限制了市场的自由性、灵活性。从而使市场贸易总是在各种束缚中沉重地运行,缓慢地发展。这既是秦,也是中国封建制时代市场生存的基本特征。

(原刊《唐都学刊》1994 年第 3 期)

---

① 《睡虎地秦墓竹简》整理小组编:《睡虎地秦墓竹简》"秦律十八种释文注释",第 36 页。
② 同上。
③ 同上。
④ 陈奇猷:《吕氏春秋校释》(上),第 422 页。
⑤ 《睡虎地秦墓竹简》整理小组编:《睡虎地秦墓竹简》"秦律杂抄释文注释",第 82 页。
⑥ 同上书,第 126 页。

从商鞅及其学派的思想看秦国的抑商

商鞅变法前,秦国的商业发展曾经是比较活跃的。早在秦人入关中时,关中由于周代的经营,人民"犹有先王之遗风,好稼穑,殖五谷"①,是个典型的农业地区。自秦文公逾陇进入关中地区,给这里开始带来了商业的气息。所以司马迁说:"及孝文、德、缪居雍,隙陇蜀之货物而多贾"。时至商鞅变法前夕,由于封建经济五十余年的发展,商业一度相当活跃,不但市场在各地涌现,市场上的商品也相当丰富②,由此也在一定程度上影响农民对于农业的投入。

一　秦国抑商始于商鞅变法

商鞅变法时秦国开始实行重农战政策,之后该政策一直作为秦国的一项基本国策,延续至秦始皇的统一。也正是从商鞅变法时起,抑商开始出现。最初的抑商是作为重农战政策的手段而提出的,其对象是所有的私营工商业者。《商君书·垦令》,学界普遍认为它是商鞅为秦孝公草拟的变法草案之一。在这份草案中,涉及二十条法令,全部都是开垦荒地和旨在发展农业的设想。其中只有四条令中涉及了抑商的内容,可以反映变法时抑商的基本情况。(1)禁止农民出卖粮食,禁止商人收购粮食并以季节差异出售从中牟利。也就是通过断绝粮食商的商品来源以达到"商怯""欲农"的目的。(2)提高酒肉价格,对商人重税,"令十倍其朴,然后

---

① 《史记》卷129《货殖列传》,第3261页。
② 拙作《秦市场发展述论》,《唐都学刊》1994年第3期。

商贾少"。(3)"重关市之赋,则农恶商,商有疑惰之心,农恶商,商疑惰,则草必垦。"即通过重征关市税,使有从商念头的农民感到无利可图,从而放弃经商;使商人感到疑虑和懈怠甚至放弃经商。(4)"以商之口数使商,令之厮、舆、徒、童者必当名,则农逸而商劳。"即通过役使商人及其奴仆,免除农民部分劳役达到抑商。以上四项内容分别从断绝商品来源、重税和役使三个方面抑制商人,其目的归结到一点,就是重农并把商人拉入农业领域。由此可见,抑商仅仅是重农的一个手段。《史记·商君列传》所言,"事末利及怠而贫者,举以为收孥",也当是在这种背景下提出的法令,其基本精神与此一致。

说到重农抑商政策时,有一种观点认为,"重农当抑商并不是两个相互分离各自孤立的政策,而实是一个政策的两个方面,两者是互成为条件的:重农是为了彻底抑商,抑商是为了保证重农,彼此缺一不可"①。以商鞅变法时秦国的抑商重农看,这一说法是不大妥当的。因为,抑商固然是为了重农,但重农绝非为了彻底抑商。对秦国而言,当时的主要矛盾是争霸逞强和六国之间的矛盾,表现在国内则是国家富强和农业落后之间的矛盾。就逻辑而言,重农是为了富国强兵,国富兵强是为了能够在对外争战中占据主导地位,所以重农绝对不是为了抑商。再者,除前文提到抑商是在重农前提下提出外,《垦令》还涉及许多不利于农业发展的因素,诸如"邪官私利于民""民贵学问,贱农""淫惰之民""大夫家长建善取庸""奸伪、躁心、私交、疑农之民""恶农、慢惰、倍欲之民""巧谀恶心之民""余子游事之人""博闻、辨慧、游居之民"等,而商人只是与这些因素并列的一种因素。所以不能将重农与抑商平等看待,二者也不是互为条件的,抑商只是重农的一个手段。一期商学派后来继承了这一思想。

二 从一期商学派思想看秦抑商

郑良树先生在其专著《商鞅及其学派》② 中提出《商君书》各篇分

---

① 傅筑夫:《中国封建社会经济史》第 1 卷,人民出版社 1981 年版,第 352 页。
② 郑良树:《商鞅及其学派》,上海古籍出版社 1989 年版。

别是由商鞅及其一、二、三期学派作成,其中论证确凿,可成定论。下文即以此为依据,从各期学派的思想看其活动期秦国抑商的特点。

一期商学派活动于秦惠文王元年至惠文王七年(前337—前331年),著作有《农战》《算地》两篇。此时,商鞅车裂,一期商学派成员继续坚持商鞅农战思想,力陈农战的重要,《算地》说:"为国之数,务在垦草。用兵之道,务在壹赏",《农战》则着重强调重农战政策对国家的重要,其中也提到要限制、压抑商人。《算地》说:"故事诗、书谈说之士,则民游而轻其君;事处士,则民远而非其上;事勇士,则民竞而轻其禁;技艺之士用,则民剽而易徙;商贾之士佚且利,则民缘而议其上。故五民加于国用,则田荒而兵弱。"在这里,商贾是与儒生、处士、勇士、技艺之人并列而言的"五民"之一,如果这五民用则"田荒而兵弱"。可见,抑商仍然被作为农战政策的一个手段。

商鞅以后,抑末手段在实际运用上是不得力的。《农战》篇说:"今境内之民皆曰:'农战可避,而官爵可得也'。是故豪杰皆可变业,务学诗、书,随从外权,上可以得显,下可以求官;要么事商贾、为技艺,皆以避农战","今民求官爵,皆不以农战"。这种情况表明商业在当时的实际地位仍然是较高的。《农战》篇说当时最受青睐的职业是通过"学诗书"而当游谈之士,求得高官厚禄。其次是"事商贾,为技艺",而最下贱的职业仍然是农业,是人人希望"避"之的。与商鞅时期比较,所以会发生这样的变化,最根本的原因在于随着私有制的发展,商业成为最有效的致富途径之一。在一定程度上可以说这是一种难于抑制的潮流。其次,商鞅死后,为严刑酷法所打击的旧贵族、大商人重新抬头,抑商在一定程度上有所松动。所以到二期商学派时期,商业便被作为一种常职而肯定了它存在的必要性。

三 从二期商学派思想看秦抑商

二期商学派活动于秦惠文王八年至庄襄王三年(前330—前247年),前后83年。著述主要有《去强》《说民》《徕民》《外内》《弱民》诸篇。面对商鞅死后私营工商业抬头的社会现实,《去强》篇提出"农、商、官三者,国之常官也"。《弱民》篇亦说"农、商、官三者,国之常食官也。

农辟地,商(致)物,官法民"。这实际上是肯定了商业的常职地位和存在的必要性。在这一前提下,两篇作品都认为商业有二害"曰美曰好"。高亨先生说,"美,指商人贩卖华丽的物品","好,指商人贩卖玩好物品"①。可见,二期商学派是主张在商业为常职的同时,要抑制奢侈品的生产和贩卖,也就是人们常说的抑奢。

除此之外,二期商学派在一定程度上认识到商业和农业从业人员应保持一定的比例关系。《去强》篇说:"农少商多,贵人贫、商贫、农贫。三官贫,必削","本物贱,事者众,籴者少,农困而奸劝,其兵弱,国必削至亡"。农少商多会造成"三官削",从事粮食生产的人多,收买的人少,会造成"农困"。显然,作者已模糊地注意到了其间应保持一定的比例关系。

这一时期,商学派成员也有"禁末"的提法。《外内》篇说:"末事不禁,则技巧之人利,而游者众……农之用力最苦,而赢利最少,不如商贾、技巧之人。苟能令商贾、技巧之人无繁,则欲国无富,不可得也。"但此时的"禁末"正如引文所示,是"令商贾、技巧之人无繁",亦即减少商人和手工业者的数量的意思。这与前文所述两点是一致的。

恩格斯说,"一切理论观点,只有理解了每一个与之相应的时代的物质生活条件,并从这些物质条件中被引申出来的时候,才能理解"②。二期商学派思想观点的这些变化,是当时社会物质关系变动的反映。商鞅死后,严酷的唯法论思想及政策束缚下的社会关系、物质利益关系有所松动,社会重新回到现实国情的基础上,作为统治阶级的物质利益,被重新提出来,并现实地发生着作用,这是其阶级本性决定的。另外,私有制的发展已深入社会各阶级、阶层和社会各个角落。求富已是无法抑制的社会需要。只是严酷的政治、军事形势使统治者又不得不考虑自己的生存和长远统治,因而在这种情况下,一方面继续坚定不移地坚持农战政策,另一方面又承认商人的地位和作用,并针对商业的消极影响提出抑奢、限商的思想。

---

① 高亨:《商君书注译》,第44页。
② 《马克思恩格斯选集》第2卷,人民出版社1972年版,第117页。

四 从三期学派、《吕氏春秋》、《尉缭子》的记述看秦抑商

三期商学派、《吕氏春秋》作者和《尉缭子》作者俱活动于秦始皇统一以前的始皇时期,他们的记述当是这一阶段历史的反映。三期学派仍然围绕重农战政策,主张抑制工商业。《壹言》篇说:"事本抟,则民喜农而乐战","故民之喜农而乐战也,见上之遵农战之士,而下辨技艺之民,而贱游学之人也"。又说:"治国能抟民力而壹民务者,强;能事本而禁末者,富"①。《靳令》篇说:"物多末众,农驰奸胜,则国必削"②。从"物多末众"看,其作者仍主张限制工商业从业人员的数量,这与二期学派思想是一致的。

《吕氏春秋》有些部分也涉及抑商问题,《上农》篇说:"凡民自七尺以上,属诸三官,农攻粟、工攻器、贾攻货"。这里提到的"三官"指农、工、贾,是对二期商学派"三官"说的继承和发展。与前者相比,它突出了工、贾的地位和作用。又说民"舍本而事末",则民"不令",国"不守""不可战",再者易造就奸人,以及户籍不定。因此,作者也是主张抑工商的。不过抑末的内容只是指从事农业的人员舍弃农事而专门从商。因为作者主张"男女贸功以长生",即提倡一夫一妻男耕女织的小农式自然经济,而不反对农民在农闲时做买卖。"农不敢行贾,不敢为异事,为害于时也",表明农闲时农民是可以做生意的③。《仲秋纪》说,每年八月"易关市,来商旅","四方来杂,远乡皆至","以便民事"④。这一切表明,《吕氏春秋》作者只反对农民弃农专职经商,这也是当时现实的反映。《云梦秦简》及其他历史文献有关当时商业活跃的大量记载,其精神是与此相一致的⑤。

同样的情形,在《尉缭子》中也有反映,《原官》篇认为,"职分四

---

① 高亨:《商君书注译》,第81页。
② 同上书,第103页。
③ 陈奇猷:《吕氏春秋校释》卷26《上农》,第1710—1712页。
④ 陈奇猷:《吕氏春秋校释》卷8《仲秋纪》,第422页。
⑤ 拙作《秦市场发展述论》,《唐都学刊》1994年第3期。

民，治之分也"①。就是说当时社会上的恒常性职业有四，即士、农、工、商。又《武议》篇说："兵之所加者，农不离其田业，贾不离其肆宅，士大夫不离其官府"②。这里的"贾"不是指行贾，而是居住在"列肆"中的"有市籍"者，这种商人当时社会是肯定的，不予抑制。

五 结论

以上商鞅及其学派思想的发展过程，以及秦国后期《吕氏春秋》和《尉缭子》的思想表明，秦国抑商思想前后是有所变化的，这种变化是时代变化的反映，也是秦国抑商政策变化的反映。大致说来，从商鞅变法到一期商学派时期为秦国抑商的前期。这一时期对工商业的认识是比较模糊的，只是从重农战政策为出发点，认为私营工商业者与其他非农业人员一样是有害于农战、有害于强国的，因而采取经济、政治手段给予打击，抑商只是重农战的一个手段。

从二期商学派到秦统一为秦抑商的后期。这一时期，在认识到商业或工商业为社会常职的前提下，模糊地注意到农商之间的比例关系，提出抑奢和限制工商业者人数。但不反对农民农闲时间经商或从事农副产品贸易，也不抑制有市籍居"列肆"中的从业商人。富商大贾，像蜀卓氏、程郑、南阳孔氏、巴寡妇清等，可能是被承认的常职范围内者，他们的经营规模是一般民间农民不敢奢想的，加上这些人住址固定，既不会对农民造成实际的诱惑，也对封建国家兵役、徭役无妨，因而也不在抑制之列。这样，实际上抑制的只是中小专职商人。前期抑商反映的是春秋战国以来私营工商业与农业之间争夺劳动力的矛盾，后期抑商反映的是战国中后期巩固农业劳动力和防止其外流与经济全面发展之间的矛盾。

（原刊《西安联合大学学报》2001 年第 1 期）

---

① 《尉缭子》卷2《原官第十》，诸子百家丛书，上海古籍出版社1990年版，第10页。
② 《尉缭子》卷2《武议第八》，诸子百家丛书，第8页。

试论秦献公、孝公、惠文王时期东伐诸侯国的战争

秦献公、孝公、惠文王时期东伐诸侯国的战争是战国时期秦国对外战争的重要组成部分，是战国时期秦国兼并战争的初级阶段。这些战争，一方面反映了秦人在政治上的觉醒和开始对外扩张，另一方面为秦昭王时的大规模兼并战争乃至秦始皇时的兼并统一战争奠定了基础。那么，这一时期东伐战争的状况怎样？不同时期的战争在秦国整个兼并战争中的地位如何？本文拟就这几个问题，对这一时期的东伐战争作一初步的探讨。

一　献公时期：揭开东伐序幕

太史公曰，"秦始小国僻远，诸夏宾（摈）之，比于戎翟，至献公之后常雄诸侯"①。秦献公时，秦人在政治上觉醒，开始积极向外发展。向外发展主要围绕以收复秦穆公时占据的河西地区为中心。所以秦孝公元年（前361年）令说，"献公即位，镇抚边境，徙治栎阳，且欲东伐，复穆公之故地，修穆公之政令"②。那么，秦穆公的"河西故地"具体包括哪些地方？这些地方又是何时丢失？这里有必要先予述及。

孝公元年令曰："昔我穆公自岐雍之间，修德行武，东平晋乱，以河为界，西霸戎翟，广地千里，天子致伯，诸侯毕贺，为后世开业，甚光美。会往者厉、躁、简公、出子之不宁，国家内忧，未遑外事，三晋攻夺

---

① 《史记》卷15《六国年表》，第685页。
② 《史记》卷5《秦本纪》，第202页。

我先君河西地，诸侯卑秦，丑莫大焉"①。据此，穆公时东端边境与晋"以河为界"。这里的"河"，据张守节《正义》指黄河一段，"即龙门河"一带。又，穆公十五年（前645年）十一月，晋君（夷吾）"献其河西地"，"是时秦东地至河"。这里的"河西地"，按《正义》为"龙门河"②。结合穆公九年晋君（夷吾）曾答应给秦而后来背约未给的晋"河西八城"来看，穆公十五年晋君（夷吾）所献的河西地即指九年曾答应给秦的"河西八城"。如果《正义》注释不误，则河西八城在今陕西省韩城市以南至华县一带。再从秦穆公及秦康公时秦晋在河西地区争夺地看，穆公占据的河西故地当包括北部的梁（梁伯故地）、少梁（今陕西韩城市南）、汪（今陕西澄城县西）、祁（今陕西澄城县西南）和新城（今陕西澄城县东北）等地。这时晋在河西还占据着一些地方，如彭衙（今陕西白水东北）、北徵（今陕西澄城县西南）和南部的武城（今陕西华县以东）及其东诸地。康公及其以后，继穆公之后在这一带仍有战事，夺取了武城③、北徵（今澄城县）④ 二地。献公欲收复的穆公故地，当主要指这些地方。

穆公占据晋的河西地，自康公四年（前617年）开始部分地被晋攻取。这一年晋伐秦，取少梁⑤。此后，灵公六年（前419年）魏修筑少梁城，秦曾出兵干涉。灵公八年（前417年）魏再次修筑少梁城，少梁已成为魏国的河西重镇。

秦河西地全部丧失，主要在魏文侯时期。魏多次对秦发起了大规模的战争，秦人多次被击败，并丧失了临晋（今陕西大荔东南）、元里（今陕西澄城县东）、洛阴（今陕西大荔县西南）、合阳（今陕西合阳县东南），南部一直攻到郑（今陕西华县）。魏文侯以吴起为将，击秦，拔五城⑥。因此，秦的河西地区全部被魏夺取。之后，秦国的东部防线不得不退守洛

---

① 《史记》卷5《秦本纪》，第202页。
② 同上书，第189页。
③ 同上书，第195页。
④ 杨伯峻编著：《春秋左传注》"文公十年传"，第575页。
⑤ 同上。
⑥ 《史记》卷65《吴起传》，第2166页。

水以自保①。

献公即位后,在政治上进行了一些改革:元年(前384年)"止从死"②,七年(前378年)"初行为市",十年"为户籍相伍"③,加快了秦国封建化的进程。与此同时,秦还发兵攻灭了渭河上游的狄獂戎④,将西部边疆拓至今甘肃省临洮县、渭源县一带。在这些基础上,为了便于东伐,十一年(前374年)将国都迁至栎阳(今陕西临潼东北)。这些工作,为东伐作了初步的准备。从十一年开始,拉开了东伐战争的序幕。

纵观献公时的战争,从十一年到二十三年(前374—前362年),共有六次。这些战争以十九年(前366年)为界,分为前后两个阶段。战争呈现出以下三个特点:

(1)十九年前为第一阶段。只有两次战争,即十一年使苏胡伐韩和十四年(前371年)与赵战高安。战争年限间隔较长,次数少,而且目标没有直接指向魏,没有指向穆公河西故地。战争结果均以失败告终。由于史文简缺,两次战争具体原因不明。但从献公欲东伐收复穆公故地的理想和愿望来看,这两次战争可能是伐魏战争的检阅战。其意图可能在于检阅行将伐魏军队的作战能力和实力,同时也在试探魏对其战争的反应,以便作出积极的调整。所以胜败不是目的,间隔长,可能也是调整的原因。

(2)十九年至二十三年(前366—前362年),有四次战争。这时,秦几乎连年用兵,进攻目标以魏河西为主,兼及魏国他地。其中最后两年主攻魏少梁,夺取庞⑤(即繁庞,今陕西韩城县东南)地。说明这个时期才真正开始了东伐收复河西地的战争。最后两年之所以重点进攻少梁,是少梁的战略位置决定的。从地理状况看,少梁在梁山以北,黄龙山以东,东北通禹门口(渡口)与魏河东相连。如果少梁失守,禹门口将不保,魏的上郡也将与河东的联系切断。所以战略位置十分重要。从历史上看,这里是秦与晋(包括后来的魏)多次激烈争夺的地区。《左传》文公二年

---

① 杨宽:《战国史》,上海人民出版社1980年版,第270页。
② 《史记》卷5《秦本纪》,第201页。
③ 马非百:《秦集史》(上),第44—45页。
④ 《后汉书》卷87《西羌传》,第2875页。
⑤ 马非百:《秦集史》(上),第45—46页。

(前625年),"晋侯及秦师战于彭衙,秦师败绩"①。文公四年(前623年)"晋侯伐秦围邧、新城"②。文公十年(前617年)"晋人伐秦,取少梁"③。秦灵公六年(前419年)"魏城少梁";八年(前417年)"魏复城少梁"。以上诸地均在少梁及其周围。历史上两国屡屡在此争夺,也说明该地战略位置是举足轻重的。

(3)第二阶段四次战争中,遇到韩、魏或赵、魏联军达三次:十九年秦败韩、魏于洛阴④,二十一年(前364年),使章蟜伐魏,赵救之,与战石门⑤;二十二年(前363年),攻魏少梁,赵救之⑥。三晋这种相互救援和联盟必将给献公东伐造成巨大障碍。如何克服三晋之间的联盟和救援,将成为决定东伐进程的重要因素。然而献公还没来得及解决这一问题就去世了。

从攻城略地方面看,献公时期东伐战争的成效并不大,除史载明确收复庞一地外(该地可能也没保住),几乎没有攻夺什么地方。另外,二十一年的石门(《赵世家》作石阿)一战,秦大败魏、赵联军,斩首六万,算是取得一定胜利。秦国消灭了六万敌军有生力量,在一定程度上削弱了敌军实力。造成成效不大的原因:其一是秦国落后弱小;其二是魏国过分强大,且有赵、韩相助。可见,要实现东伐收复河西地的理想,秦国必须从根本上改变其落后和弱小的状况,实现富国强兵,从综合国力上压倒魏国。其次,如上文所言,要瓦解三晋间的联盟救援。

据此,献公时的东伐战争拉开了秦国东伐诸侯国战争的序幕。

二 孝公时期:东伐态势初步形成

孝公即位时的形势是这样的:"河山以东疆国六,与齐威、楚宣、魏惠、燕悼、韩哀、赵成侯并。淮泗之间小国十余。……周室微,诸侯力

---

① 杨伯峻编著:《春秋左传注》"文公二年传",第519页。
② 杨伯峻编著:《春秋左传注》"文公四年传",第534页。
③ 杨伯峻编著:《春秋左传注》"文公十年传",第575页。
④ 《史记》卷15《六国年表》,第719页。
⑤ 《史记》卷5《秦本纪》,第201页。
⑥ 《史记》卷43《赵世家》,第1799页。

政，争相并。"秦国与楚、魏两国为界。魏西界与秦相接，南自今陕西华县，西北过渭水，沿洛水东岸，向北有上郡、鄜州之地，皆筑长城防御秦国。楚国"北自梁州汉中郡，南有巴、渝，过江南有黔中、巫郡"，与秦接壤。献公时虽开始东伐，但成效不大。秦在诸侯国的地位仍很低微。所谓"秦僻在雍州，不与中国诸侯之会盟，夷翟遇之。……诸侯卑秦，丑莫大焉"。① 历史和现实表明，要继续献公的东伐战争，改变秦国的卑微地位，必须富国强兵，从根本上解决问题。

孝公的富国强兵理想是通过商鞅变法实现的。商鞅变法从孝公三年（前359年）开始，终孝公一世。变法的结果，秦国在经济、政治、军事和社会习俗诸方面得以全面变革。变法达到了富国强兵的目的，为秦人后来大规模的东伐战争奠定了坚实深厚的基础。

孝公时的东伐战争有两个显著特点：（1）征战次数少。24年里只有7年有战事，次数为11次。（2）战争与变法密切相关。从战争分布看，整个战争可分为四个阶段。下面分别作一说明。

第一阶段，包括孝公元年至四年（前361—前358年）。对外进攻有4次，目标分别为魏国陕城（今河南三门峡市西）、獂戎（元年）、郑国（二年）和韩西山（四年）。东攻陕城和"西斩戎之獂王"之战，是旨在表明孝公奋发图强，师法穆公，"修德行武"的战争，充分体现了元年"求贤令"的基本精神。所以《秦本纪》载求贤令下达后，紧接着写道"于是乃出兵"，即发动了这两次战争。其次从战争目标看，一东一西，也更能体现其扩张精神。

二年（前360年）的伐郑和四年攻韩西山是孝公东伐战争的开端，除一方面体现元年战争的特征外，应当说还带有试探性战争的性质。因为孝公时期东伐的目标是魏国及其河西地区，特别是河西地区是献公以来收复的重点地段。但这两次战争未指向河西，也没有针对魏，而是攻打国力较弱的韩和郑。这显然是国力尚弱情况下对外扩张的反映。这类战争可以检阅自己，锻炼自己，也可以试探敌军，同时又体现其扩张的精神。

再者，东部的三次战争均集中在函谷关的外围。应当说这与秦占据着

---

① 《史记》卷5《秦本纪》，第202页。

函谷关有密切关系。杨宽先生说函谷关自战国初年以来一直控制在秦人手中①，史念海先生以为函谷关大概是秦献公所建②。贾谊《过秦论》直言"秦孝公据崤函之固"。长期以来，秦人控制的函谷关为秦以此向外发动战争提供了便利的条件。这三次战争可能是以此为根据地而发动的。因为通过函谷关的谷道，北可以"由陕西渡黄河而过中条山以至于河东"，东可以"由灵宝越崤山而至于（南）洛河上游"③。但此时秦人把持的函谷关也有其缺陷：一是魏河西长城及其所控制的河西地把秦与函谷关隔断；二是函谷关谷道的几条岔路皆不适于使用较大的兵力④。所以秦人不可能从此发动大规模的战争。如果这三次战争真的是从这儿发动的，则不应当是大规模的东伐战争。说它们是小规模的试探性的、旨在体现扩张精神的战争当是合理的。

第二阶段，包括孝公八年至十一年（前354—前351年），有5次战争，其中对魏战争有3次，目标以攻取河西地为主。对赵、郑各1次。这一阶段是秦孝公重点东伐魏国、收复河西失地战争的开始。战争之所以从八年开始，有两个基本原因：（1）至孝公八年，商鞅在秦国变法已有五年，初步取得成效，综合国力有所增强；（2）孝公五年（前357年）"楚右尹黑来迎妇"，秦楚和亲，结为友国。这样就克服了东伐魏国的旁顾之忧。但是仅凭这两个条件，秦是不足以与魏展开正面争夺河西地的战争的。因为当时的魏国仍为战国最强大的国家。商鞅曾对孝公说："夫魏氏，其功大而令行于天下，有从十二诸侯而朝天子，其与必众。故以一秦而敌大魏，恐不如……"⑤商鞅说孝公这件事发生在马陵之战前，亦即秦孝公十二年（前350年）以后。那时的魏国秦尚不足以对付，何况这时，秦的发展刚刚起步，就更难与之抗了。那么孝公何以还要急于发动这一系列战争呢？除以上两个原因外，孝公的急功近利思想不能不说是个重要因素。历史记载，商鞅初来秦国，为探知孝公心理，先后以"帝道""王道"和"霸道"游说，只有"霸道"孝公"意欲用之"。"帝道""王

---

① 杨宽：《战国史》，第271页注。
② 史念海：《河山集》（四集），陕西师范大学出版社1991年版，第165页注。
③ 同上书，第388—389页。
④ 同上书，第389页。
⑤ 诸祖耿：《战国策集注汇考》卷12《齐五》，江苏古籍出版社1985年版，第639页。

道"之所以不用,据孝公说是"久远,吾不能待。且贤君者各以其身显名天下,安能邑邑待数十百年以成帝王乎!"① 说明他在一定程度上有急功近利的思想。另外,元年"求贤令"所反映的紧迫意识和激奋情感,也多少带有这种思想的印痕。

由于条件不完全具备,决定了战争的特点,在进攻点上不连接,目标分散,一些战争有突击进攻的特点。从总体目标看,这时秦国的进攻重点在河西。但除八年与魏在元里(今陕西澄城县南)打了一仗,并夺取了少梁②,此后十年和十一年的战争都没有再围绕这一带来进攻。况且,前文已述,少梁是个战略地位非常重要的地方,对夺取河西有着举足轻重的作用。十一年的三次战争:一次围魏固阳(魏长城北端要塞);一次攻赵蔺(今山西离石县西);一次伐(韩)郑,围焦城(今河南省尉氏县西北)③。也反映了这个特点。这种打一仗换一个地方式的战争正是秦实力不足的反映。

突击性战争是整体实力弱小的国家针对强大的敌国常用的战争方式。其特点是突然、迅速并在某一点上造成战争优势以打击敌人,为整体战争进攻服务。孝公十年围魏安邑的战争④显然具有这一特点。首先,孝公八年和十一年的对魏战争在河西;其次,安邑为魏国都,和秦之间不但有河西地阻隔,且有黄河作为天然屏障;最后,同年魏增筑长城,塞固阳,河西地区更难攻打。这就决定了这次战争以突击形式进行,越过敌占区,打击敌军意想不到的心脏地。这次战争的意义在于迫使魏国东徙国都,从而为秦收复河西地创造条件。从效果看,孝公二十二年(前340年)"魏遂去安邑,徙都大梁",可能与这一仗有间接关系。

第三阶段,包括孝公十二年到二十一年(前350—前341年)。秦对外没有战争记载。说明秦暂时停止了东伐战争。因为从第二阶段看,秦对

---

① 《史记》卷68《商君列传》,第2228页。
② 《史记》卷15《六国年表》,第722页。
③ 方诗铭、王修龄撰:《古本竹书纪年辑证》(修订本),上海古籍出版社2005年版,第128页。
④ 《史记》卷15《六国年表》,第723页。此战学者多有怀疑,史念海先生以为这些怀疑无必要。理由是:(1)史载确凿,(2)春秋战国这种远距离征战并非少见。笔者赞同史念海先生的看法。

魏战争和收复河西地实力尚弱，战争再进行下去，除不断消耗国力外，无多大益处。战争结果表明，只有进一步发展国力，才是夺取河西和东伐魏国的根本之策。所以第三阶段秦停止战争，为第四阶段的东伐作准备。这一阶段主要做的工作如下：

（1）孝公十二年，迁都咸阳，再次下令变法。变法的主要内容：并诸小乡聚，集为大县，实行县制；制辕田，为田开阡陌封疆，平赋税；平斗、桶、权衡、丈、尺。经过这次变法，秦国进一步加速了封建化进程，拓展了封建化的深度和广度，促进了国家综合国力的极大发展和富国强兵目标的基本实现。所以蔡泽说，"是以兵动而地广，兵休而富强，故秦无敌于天下，立威诸侯"①。班固说："及秦孝公用商君，坏井田、开阡陌，急耕战之赏……倾临国而雄诸侯"②。又说，"孝公用商君，制辕田，开阡陌，东雄诸侯"③。

（2）以政治谋略削弱魏国。马陵之战前，商鞅游说孝公并在孝公许诺下，东去游说魏惠王，要魏惠王"先行王服，然后图齐、楚"。魏王听了商鞅的话，造成"齐、楚怒而诸侯奔齐"④ 的局面，在外交上形成弱魏的效果。同年齐、魏之间发生马陵之战，魏国大败，太子申被俘，将军庞涓被杀，魏国逐步衰落。

（3）外交方面，与韩国搞好关系。十四年（前348年）韩昭侯来朝；与赵、齐结盟；十八年（前344年）大会诸侯于周；十九年（前343年）天子致伯。

经过这些准备，再次东伐的条件日渐成熟。

第四阶段，包括二十二年及其以后的战争。这一阶段，秦国以伐魏为中心，"东地至河"，东伐态势初步形成。这时秦国已经确立了兼并魏国，"东乡以制诸侯"，成就帝王之业的理想。二十二年，商鞅对孝公说："秦之与魏，譬若人之有腹心疾，非魏并秦，秦即并魏。……今以君之贤圣，国赖以盛。而魏往年大破于齐，诸侯畔之，可因此而伐魏。魏不支秦，必

---

① 诸祖耿：《战国策集注汇考》卷5《秦三》，第335页。
② 《汉书》卷24《食货志》，第1126页。
③ 《汉书》卷28《地理志》，第1641页。
④ 诸祖耿：《战国策集注汇考》（中）卷12《齐五》，第639页。

东徙。东徙，秦据河山之固，东乡以制诸侯，此帝王之业也。孝公以为然。"① 同年，秦与赵、齐联盟，分别从西、北、东三面攻魏。商鞅以欺诈手段俘虏魏公子，打败魏军。也是在这一年，魏国因兵数败于齐、秦，国内空虚，于是割河西之地（部分）献于秦国，并将国都迁至大梁。从此，秦"东地至河"。二十四年（前338年）（《六国年表》作二十三年）秦再次攻魏，两军战于岸门（今河南许昌县西北），俘虏魏将魏错，取得胜利。正当秦大举伐魏之时，二十四年秦孝公卒，孝公时期东伐战争遂告结束。

从孝公东伐战争的过程看，（1）具有"吞并八荒之心"的意向和"成帝王之业"的理想；（2）战争目标以魏国为主，兼及诸侯别国，取得了很大的胜利和初步战果；（3）东伐战争具有一定的足以发动战争的国力基础；（4）战争由总体防御转入局部战争的总体进攻。所以，第四阶段的东伐战争，标志着战国时期秦国东伐战争态势初步形成。

三 惠文王时期：东伐态势全面形成

秦惠文王时期，秦国继续秦孝公时期东伐魏国的战争并在这个基础上有所发展，最后促成东伐诸侯国战争态势的全面形成。和孝公时期相比，这一时期的战争更加频繁，28年间东伐有22次，其中攻魏10次、赵4次、韩5次、楚3次。整个战争过程以惠文王十年为界，分为两个阶段。

第一阶段，包括元年到十年（前337—前328年）。战争共有7次，其中对魏5次，赵1次，韩1次。对魏战争次数占整个战争阶段攻魏次数的一半。这说明这一阶段战争进攻的主要目标是攻打魏国。攻打魏国，即继献、孝二世以来收复和夺取河西失地。这一工作从惠文王五年（前333年）开始，经七年、九年、十四年等战争，结果：六年（前332年）"**魏以阴晋为和，更名宁秦**"，八年（前330年）"**魏纳河西地**"，十年（前328年）"**魏纳上郡十五县**"。② 至此，魏的河西地全部被秦人夺取。自献公以来收复和夺取河西失地的目标实现。

---

① 《史记》卷68《商君列传》，第2232页。
② 《史记》卷5《秦本纪》，第206页。

河西地和上郡十五县入秦后，秦惠王调整了战略进攻的目标，即不再以魏为比较单一的进攻点，而是兼并和蚕食东部几个主要的诸侯大国——魏、赵、韩、楚。战争进入第二阶段。

第二阶段，从惠文王十一年到惠文王后元十四年（前327—前311年）。对以上四国发动战争共15次，其中对魏5次，韩3次，赵3次，楚4次。从年代分布看，后元九年及其以前共4次，其中对魏2次、赵1次、韩1次。所以以后元九年为转折，第二阶段可分为前后两个部分。结合第一阶段的战争，这里有两个问题首先需要回答：第一，河西地及上郡十五县入秦后，魏逐步衰落，秦为什么不趁势消灭魏国，实现孝公时所定的兼并魏国的理想，而要调整战略进攻目标以攻打四国？第二，为什么后元九年后秦人开始更为频繁地兼并四国的战争？

先回答第一个问题。从战国的总形势看，（1）魏经桂陵之战、马陵之战之后开始衰落，至秦惠文王十年又尽失河西地区。至魏惠王末年，诚如惠文王对孟子所说："东败于齐，长子死焉，西丧地于秦七百里，南辱于楚，寡人耻之。"① 但衰落不等于行将灭亡。此时魏国尚有一定的实力。魏襄王时，有"武力二十余万，苍头二千万，奋击二十万，厮徒十万，车六百乘，骑五千匹"，"人民之众，车马之多，日夜行不休已，无以异于三军之众"②。苏秦估计，"大王之国（魏国），不下于楚"③。就是说它的国力不比楚国差。（2）此时，魏国抓住"合纵"击秦的机会，与其邻国弃嫌修好。"合纵"活动虽然失败，这一和平政策却一直继续下去④，给秦国兼并制造了障碍。（3）就秦国来讲，如果在条件还不完全成熟时过早地暴露其灭国兼并的意图，会产生如司马错后元九年伐蜀所言的另一层意思，即"天下以为暴，以为贪"，从而造成诸侯合力击秦或离散的后果。前文所述马陵之战前，商鞅献魏惠王之言，不正是抓住了诸侯国的这一心理，而造成魏国的惨败吗？基于以上三点，秦没有趁势全力兼并魏国，而是调整战略目标。之所以调整后以四国为目标，除上述三点理由

---

① 朱熹注：《孟子》卷1《梁惠王章句》，上海古籍出版社1987年版，第4页。
② 诸祖耿：《战国策集注汇考》卷22《魏一》，第1154页。
③ 同上。
④ 史念海：《河山集》（四集），第350页。

外，还因为，(1)"合纵"诸侯国之间充满矛盾。秦惠文王曾对寒泉子说"连鸡不能俱上于栖"①，就已充分地看到了这一点。(2)这时，秦已与四国接壤，秦可以利用四国之间的矛盾，分化瓦解，实施蚕食兼并为战略的军事进攻。

再回答第二个问题。应该说，秦自惠文王初年以来就已有图谋伐诸侯的意向。史载，张仪于惠文王五年入秦，为客卿，惠文王"与谋伐诸侯"。但如前文所述，前期的重点是孝公以来的夺取河西地。河西地入秦后，秦的战略目标移向四国。对四国的蚕食需要强大的国力为基础，并且连年对魏战争对于秦国国力的消耗本身就很大。秦惠文王十年至后元九年（前316年），秦对外征战并不多，正反映了这一点。这一时期，一方面利用张仪"连横"谋弱诸侯，另一方面恢复国力并准备后面的大规模的兼并战争。这期间，由于苴、蜀相攻，秦抓住机会，于后元九年灭亡了蜀国。蜀地自古为天府之国，农业文明程度很高，"得其地足以广国，取其财足以富国缮兵……利尽西海"②。随着蜀地入秦，"秦以益强，富厚，轻诸侯"。这就为此后大举蚕食兼并提供了保障。

总括惠文王时期东伐诸侯国的战争，有以下三个特点：

(1) 征战更加频繁，且从惠文王十年后将战略重心移向四国。说战争频繁，是与秦孝公时期比较而言的，其次数之多上文已述。需要说明的是，与频繁的战事相适应，秦与诸侯国的朝会亲约亦更为繁多。终惠文王一世，诸侯来朝等相会至少有九次之多，这其中除了后元五年（前320年）齐国"迎妇于秦"这一次以外，其余均在四国与秦国之间进行。

(2) 外线作战，攻城略地，消灭敌人的有生力量。除了夺取魏河西地及上郡十五县外，秦人东渡黄河，夺取魏汾阴（今山西万荣县西南）、皮氏（今山西河津县西）、焦（今河南三门峡市西）、曲沃（今河南灵宝东北）、蒲阳（今山西隰县）、陕（今河南三门峡市）、平周（今山西介休县西）。其中焦、曲沃在九年夺取，后又归还魏国，此后又相继攻取。攻取赵国蔺（今山西离石西）、离石（今山西离石）、中都、酉阳。其中蔺在十年（前328年）攻取，后又归还赵国，后十二年（前313年）再

---

① 诸祖耿：《战国策集注汇考》卷3《秦一》，第139页。
② 《史记》卷70《张仪列传》，第2283页。

次攻取。攻取韩国宜阳、鄢、石章。攻取楚国上蔡、汉中六百里、召陵等。至于消灭敌人的有生力量，七年（前331年）与魏战雕阴，俘虏将官龙贾，斩首8万人；后七年（前318年）迎击五国之师于修鱼，斩首8.2万人；后元十一年（前314年）败韩岸门，斩首1万人；后元十三年（前312年）攻打楚，斩首8万人。初步统计，这些战役斩首敌军25.2万人。军事家克劳塞维茨说："占领敌人一部分国土的利益如下：可以削弱敌人的国家力量，从而也削弱它的军队，另一方面则可以增强我们的国家力量和军队；可以把我们进行战争的负担部分地转嫁给敌人。此外，在签订合约时可以把占领的地区看作是一种纯利，我们或者可以占有这些地区，或者可以用它换到别的利益。"① 外线作战，攻城略地和消灭敌人的有生力量，大大地削弱了四国的实力，壮大了秦国的力量。

（3）"散纵""连横"外交与战争进攻相配合。魏国衰落后，六国间以魏、赵、韩为中心，实施"合纵"政策，阻碍秦人东伐。为此，秦国任用张仪从后元三年（前322年）开始实施"连横"和破纵策略，目的是实现"欲令魏先事秦而诸侯效之"的目标。张仪做这一工作时，秦以战争相配合。如后元三年张仪相魏，劝说魏王事秦，"魏王不肯听仪"，"秦王怒，伐取魏曲沃、平周"。魏哀王时，张仪复游说哀王，哀王不听，于是张仪"阴令秦伐魏。魏与秦战败"②。可以看出，这些战争在某种程度上也是为"连横"而进行的。前文所述曲沃等地取而复归，恐怕多与和议等特殊目的有关。由于战争与游说相配合，魏"乃倍纵约而因仪请成于秦"③。除此之外，惠文王后元十二年张仪又相楚，"破齐、楚纵亲"，为此秦、楚之间还发生了丹阳之战、蓝田之战，结果是楚国被打败，"破两城以与秦平"。这就实现了破齐、楚纵亲的目标。在此基础上，秦国还间接地攻打齐、燕，以破纵，并为连横创造更好的条件。韩国曾于惠文王后元七年追随吴国攻打秦国，失败以后，又经历了后元十年、十一年几次和秦国之间的战争，也被秦国打败，于是派"太子质于秦以和"。齐国也曾参加七年攻打秦国的战争，失败后，秦于后元十二年曾"使人使齐，

---

① ［德］克劳塞维茨：《战争论》第3卷，商务印书馆1978年版，第903页。
② 《史记》卷70《张仪列传》，第2285页。
③ 同上书，第2287页。

齐秦之交阴合"。为了进一步削弱诸侯国，秦惠文王后元十三年，"使庶长疾助韩东攻齐"，又"助魏攻燕"，且"与韩攻楚"。通过这一系列活动，后元十四年，张仪游说楚、韩、齐、赵、燕等国连横，从而在一时间实现了"散六国之纵，使之西面事秦"的目的。

秦惠文王时期的东伐战争，已经具备强大的攻伐诸侯国的国力基础，战争次数频繁，初具全面进攻的特点。战争目的以蚕食兼并和削弱诸侯为主。从总体上看，战争已经由孝公时期的局部进攻转向初步的全面进攻。所以，这一时期的战争标志着东伐诸侯国战争态势的全面形成。

秦献公、孝公、惠文王时期东伐诸侯国的战争，与秦国的社会发展是基本一致的，战争过程是曲折的。战争结果是，秦人不但收复和夺取了魏河西地区，而且将战争引向敌国，并沿边拓土，初步形成对东方诸侯国的进攻蚕食，东伐态势全面形成。这一时期的东伐战争，为后四世的兼并统一战争奠定了良好的基础。

（原刊《秦文化论丛》第五辑，西北大学出版社1997年版）

论宣太后与魏冉的专权

宣太后和魏冉专权是秦昭王时秦国政治史中人所共知的事,长期以来,一些相关史著也都不同程度地论及此事,并都不同程度地做了一些有益的探索。但由于史料缺略,各家论说都相当简略,未能比较全面地反映其专权的全貌,有些评价,现在看来也未尽妥当。这些都说明对该问题仍有进一步探索的必要。

一 宣、魏专权的集团特征

宣太后和魏冉的专权是以血亲关系为联系的集团专权。该集团萌生于秦惠文王时期,形成于秦武王死后的王权之争过程中,成长于秦昭王时期。秦惠文王时,宣太后还只是惠文王的王妃,在与惠文王生活中有三子,即嬴稷(又名嬴则)、嬴市和嬴悝①,这可以说是该集团的王系人物。宣太后是楚国人,本名芈八子,在她为惠文王王妃时,她的有些族人也可能先后来到秦国。这些人据史书提到的有魏冉(芈八子的异父弟)、芈戎(芈八子的同父弟)和向寿(芈八子的外族)。魏冉聪明智慧,从惠王、武王时就在朝任职用事,在太后的亲族中号称"最贤"②。芈戎虽曾在这一期间入秦,但以后不知什么原因又回到楚国(见献则言)③,秦昭王即位后不久将其召还秦国。向寿,应该说也是早期入住秦国的。史载他与秦

---

① 《史记》卷 5《秦本纪》"索隐",第 210、214 页;马非百:《秦集史》(上),第 121 页。
② 《史记》卷 72《穰侯列传》,第 2323 页。
③ 诸祖耿:《战国策集注汇考》卷 7《秦五》,第 431 页。

昭王"少与之同衣""长与之同车"①可以为证。不但如此,武王时,他已用事于朝,并曾作为武王的"亲幸"②,在宜阳大战前夕,随同甘茂出使魏国缔"约伐韩"③。从来源看,它们可以称作"后"系人物。不管"后"系、王系,在芈八子还只是个王妃以及武王时代,他们始终是合二为一的一个亲缘集团。在这个亲缘圈子中,王妃芈八子是个核心,尤其对于外族来说,王妃的命运可能敏感地决定着他们的沉浮,所以,他们不能不很好地呵护她。从后来魏冉的活动看,他应当说是这个圈子的中坚。总之,秦惠文王时,这个亲缘圈子已初具集团雏形。

武王死后的王权之争为该集团提供了争夺最高统治权的机会。这种机会的出现有两个原因:一是武王无子;二是武王因举鼎折胫突然死亡。无子,王位没有直接继承人;突然死亡,又无法对王位的继承者有个安排。一时间,宫中各派,有条件、无条件者都卷入其中。所谓有条件者,指宫中诸后妃之子;无条件者,指无子后妃及朝中诸大臣有倾向性者,如武王后就无子,但也参与了这场斗争。史料缺略,我们尚无法确知各家各派的详细情况,但也可以想见各种派别集团会应运而生,其中宣太后集团就是强有力的一个,与之对立的则有惠文王后、武王后(二者为一派还是二派不得而知)集团。王权斗争的结果是以宣太后集团的胜利而告终,太后长子嬴稷坐上了王位,这就是秦昭王。而与其对立的派别,有的人被杀,如"昭王诸兄弟不善者皆灭之"④,惠文后亦"不得良死",武王后即被驱逐出秦国,回到娘家魏国⑤。从王权争夺的结果看,这一事件加强了该集团内部的紧密团结,也为他们赢得了至高无上的地位和权力。

这个集团真正够得上专权,乃是秦昭王王朝的事。昭王刚即位,母亲芈八子即为太后,又因昭王"年少",由宣太后临朝称制,《史记》称为"太后自治"⑥。魏冉先被封为大将军,镇守咸阳,既而又被委以朝政,真

---

① 《史记》卷71《甘茂列传》,第2318页。
② 郭人民:《战国策校注系年》,中州古籍出版社1988年版,第91页注。
③ 诸祖耿:《战国策集注汇考》卷4《秦二》,第230页。
④ 《史记》卷72《穰侯列传》,第2323页。
⑤ 《史记》卷5《秦本纪》,第210页。
⑥ 《史记》卷72《穰侯列传》,第2323页。

可谓至高无上！芈戎虽未参与王权之争，但也考虑到他是"太后之所亲"①，于昭王八年（前299年）后，被从楚国召还秦国，委以将军重任②。向寿于昭王元年（前306年）被派往镇守宜阳重镇③，玄即任为左相（从昭王元年至七年）④。至于太后的另外两个儿子，嬴市被封为泾阳君，嬴悝被封为高陵君⑤，两地俱是京畿要地，用以拱卫王室。可以看出，该集团成员没有一个漏封的，这可以说是该集团专权的嚆矢。

以此为基础，在以后长达40年的时间里其权力（除向寿以后不明外）不断膨胀。主要表现为长期地占据相权、军权和肆无忌惮地牟取私利。史料记载，魏冉从昭王七年（前300年）至四十一年（前266年）曾五度为右相，总揽军政大权25年⑥，占专制集团存在时间的三分之二以上。芈戎先为将军，后来先后被封为新城君、华阳君⑦，并于昭王三十二年（前275年）起任左相，长达九年⑧。另外，泾阳君公子市、高陵君公子悝先后改封宛、邓⑨，以及魏冉先后封穰、封陶⑩，都是这一过程中权力膨胀的反映。尤其值得指出的是，在该集团覆灭的前九年里，左、右丞相分别为芈戎、魏冉把持，标志着其权力已达到登峰造极的地步。时人范雎说："穰侯相，三人（指华阳君芈戎、泾阳君市、高陵君悝）者更将，有封邑，以太后故，私家富重于王室。"⑪ 真实地反映了这一切。从专制集团的发展看，这可以看作是它的成长期。

二　专权集团与昭王的关系

宣太后与魏冉专权集团和秦昭王的关系大致可分为两个时期来认识：

---

① 诸祖耿：《战国策集注汇考》卷7《秦五》，第431页。
② 《史记》卷5《秦本纪》，第210页。
③ 《史记》卷71《甘茂列传》，第2313页。
④ 马非百：《秦史集》（下），第861页。
⑤ 《史记》卷72《穰侯列传》，第2323页。
⑥ 马非百：《秦史集》（下），第861—864页。
⑦ 《史记》卷79《范雎列传》，第2404页；《史记》卷72《穰侯列传》，第2323页。
⑧ 马非百：《秦史集》（下），第864页。
⑨ 《史记》卷5《秦本纪》，第212页。
⑩ 《史记》卷72《穰侯列传》，第2329页。
⑪ 《史记》卷79《范雎列传》，第2404页。

前期是宣太后"自治"魏冉"为政"；后期则为"自治""为政"结束以后。宣太后"自治"，魏冉"为政"，是司马迁在《史记·穰侯列传》里提出的概念，也是所有有关昭王新立时政治状况最为明确的唯一说明。为清楚地说明同题，兹录其完整的描述如下：

> 武王卒，诸弟争立。唯魏冉能立昭王。昭王即位，以冉为将军，卫咸阳。……昭王少，宣太后自治，任魏冉为政。

由此可以看出，"宣太后自治""魏冉为政"的原因是"昭王少"。类似的情况，也见诸秦始皇即位时，秦始皇13岁即王位，因年少，"初即位，委国事大臣"①。可见，这是秦国国王即位的惯例。君王到什么时候才能亲自执政？按照当时的制度，需要到举行"冠礼"后，至于"冠礼"的年龄如何，因与本文关系不大，兹不讨论。按《秦本纪》记载，秦昭王"三年，王冠"②。"王冠"，就是举行冠礼，这就标志着这一年秦昭王要亲自执政了。史籍包括《史记》虽没有昭王亲自执政的明确说明，但既然举行了冠礼，其亲自执政也就不言自明了。这也就是说，"宣太后自治"，"魏冉专政"的时代结束了。宣太后"自治"的事实还可以从有关文献中找到例证。《战国策·秦策五》："献则谓公孙消曰：'公，大臣之尊者也，数伐有功。所以不为相者，太后不善公也。芈戎者，太后之所亲也，今亡于楚，在东周。公何不以秦、楚之重，资而相之于周乎？楚必便之矣。是芈戎有秦、楚之重，太后必悦公，公相必矣。'"③ 按鲍彪注，献则，楚人，为芈戎的说客。公孙消，秦人。顾观光附此事于周赧王九年（公元前306年）④，也就是秦昭王即位的第二年，正是宣太后"自治"时期。楚人献则为芈戎游说公孙消，可能就是甘茂出走后，左相位未定之时，所以献则要公孙消取悦宣太后，以便谋到相职。可见当时宣太后时确实行使"自治"的权力。

---

① 《史记》卷6《秦始皇本纪》，第223页。
② 《史记》卷5《秦本纪》，第210页。
③ 诸祖耿：《战国策集注汇考》卷7《秦五》，第431页。
④ 诸祖耿：《战国策集注汇考》卷7《秦五》引顾观光说，第431页。

宣太后"自治"，魏冉"为政"共三年，其间行使王权，为最高王权者。三年后，秦昭王亲自执政，但他并没有像后来的秦始皇那样，搞得大刀阔斧、轰轰烈烈，而是一切都在平稳中实现，所以史书也没有这方面的特别记述。这一方面说明昭王本来就是宣太后、魏冉集团中的一员，他们的根本利益是一致的；另一方面说明他们在很大程度上是相互依存的。这正是后期专权集团和王权关系的基础。王权的平稳交接再次反映了该集团的团结和成熟。

在后期一个相当长的时期，昭王为一国之主，万民至尊，但却始终是该集团的政治代表，当然也是秦国整个地主阶级的政治代表。另外，宣太后和魏冉专权集团也始终没有对王权构成威胁，更没有显示出夺取王权的野心。整个统治层的最高统治（以宣太后、魏冉和秦昭王为代表）带有亲族集团统治的特色。具体表现在施政过程中，太后、魏冉等有时不但参与重大问题的决策，而且处理重大的各国间问题。兹举例说明如下。

例一：《战国策·韩策二》载：

> 楚围雍氏五月。韩令使者求救于秦，冠盖相望也，秦师不下崤。韩又令尚靳使秦，谓秦王曰："……愿大王之熟计之。"宣太后曰："使者来者众矣！独尚子之言是！"召尚子入，宣太后谓尚子曰："……今佐韩，兵不众，粮不多，则不足以救韩，夫救韩之危，日费千金，独不可使妾少有利焉！"尚靳归书报韩王，韩王遣张翠……秦王曰："善"。果下师于崤以救韩。

这件事发生的年代虽尚有争议，不过从尚靳见昭王的情况看，昭王已亲政无疑。尚靳游说昭王时，宣太后也在场，不但在场，而且她还是非常重要的决策人。从引文看，她先肯定尚子说的话有道理，接着又"召尚子入"，单独与尚子谈，后又以她不能得到实惠而拒绝出师。又从她说"使者来者众矣，独尚子之言是"我们推测，此前众多使者入秦未果，也是她的原因。这件事的全过程，非常清楚地说明她与昭王共同掌理朝政的情况。再者，从这件事的最终结果看，还是昭王的决定具有权威性，因为秦最终还是出师救韩了。这表明，在后权和王权发生冲突时，后权还是最终服从王权的。

例二：

秦昭王即位后，义渠国君来朝，宣太后即与之私通，两人以后并生有二子，且这种关系保持了三十多年①。义渠虽为少数民族部落方国，但在秦国以往的历史上长期与秦为敌，对秦国构成不小的威胁。和义渠国君的私通是关涉各国关系的大事，但宣太后能与之这样相处，不能不说与该集团，包括秦昭王在内的呵护有关。这种情况持续三十余年，竟没有引起朝臣非议，可能也与该亲缘集团的权力强大、统一和集团成员间的团结有关。

例三：

魏冉从昭王七年（前300年）至四十一年（前266年）先后5次任左相，时间长达25年。华阳君芈戎也于昭王三十二年（前275年）至四十一年任左相。这种权力的高度集中，在战国史上，特别是中央集权和王权日益集中的中后期，是很稀见的。

以上诸例充分说明当时范雎所说"今秦国，华阳用之，穰侯用之，太后用之，王亦用之"②的情况是真实的。

三 专权集团政治命运的结束

诚如上文所言，宣、魏集团确实在一个相当长的时期处于一种"和平"执政局面，双方没有发生过激烈的权力对抗。但王权毕竟是王权，它不同于相权、后权，所以，其间矛盾的存在自当不可避免。严格地说，这种对立在昭王初年就表现出来，前文所述宣太后干权可以说明这一点。这种情况发展到后来，特别是魏冉、芈戎为右左相时期，逐渐明显化。主要表现为：

1. 对王权的制约

这种情况集中体现为对昭王广纳人才的限制上。秦昭王是个很重视任用诸侯各国贤能之士的人。他在位期间，先后重用了许多诸侯国人，有名的如孟尝君薛文、赵人楼缓、客卿寿烛等。特别是请孟尝君一事，足见其求才心切。据史载，当他听说孟尝君为天下名士，在齐国一度不得志时，

---

① 《后汉书》卷87《西羌传》，中华书局1964年版，第2874页。
② 诸祖耿：《战国策集注汇考》卷5《秦三》，第312页。

立即决定邀请,为此他采纳冯骥建议,"乃遣车十乘,黄金百镒,以迎孟尝君"①。此次邀请虽未成功,但昭王八年(前299年),孟尝君还是来了②。总之,在他的一生中,始终注意搜罗异国人才,为秦所用。这种用人思想,对魏冉、芈戎兄弟占据的相权,显然是一个威胁,因为,从历史上看,贤能客卿入秦多是任相职的。正因为这样,在最后一次任相期间,魏冉是不愿意昭王延纳异国人才的。范雎说他听说穰侯"专秦权,恶内诸侯客"③,正是这一反映。

魏冉"恶内诸侯客"与昭王搜罗人才发生了明显的矛盾,虽然还没有发展到表面冲突,但已是各有对策了。秦昭王的对策是秘密搜求,魏冉的对策是恃权严加防范。试以范雎入秦的过程反映的事实分析说明。范雎入秦事,《史记·范雎列传》和《战国策·秦策》都有记述,《列传》本于《战国策》,所述过程详于《秦策》。兹以《列传》为本,参证《秦策》讨论如下:

范雎入秦的过程人所熟知,其中可注意者有二:一是王稽入魏;二是魏冉东巡县邑。王稽出使魏国是秦昭王派去的,去干什么?史文没有记载。但从王稽于魏的活动看,只有他问郑安平"魏有贤人可与俱西游者乎",此后便是与范雎接触和"载范雎入秦",这是其一。其二,昭王派王稽使魏恰逢范雎于魏"伏匿",《列传》说"当此时",也就是范雎"伏匿"之时,若说,不是冲着范雎去的这未免有点太巧合了。其三,范雎当时已知穰侯魏冉"恶内诸侯客",而藏匿他且为其寻找机会的郑安平亦当知之,既知之,偏偏又"诈为卒,侍王稽"准备伺机推荐,若非不知王稽来头,恐亦不会轻易这样做。再证诸以王稽对他不问别事,偏问"贤人"。可见双方是多少有些了解的。其四,王稽车载范雎路遇魏冉,魏冉问是否有"诸侯客子俱来",他回答说"不敢",足见他明知魏冉不纳诸侯客。若昭王也像魏冉一样不纳诸侯客,他何必费此周折?此亦说明《列传》所言"为是时……(昭王)厌天下辨士,无所信"是不大可信或为昭王故意放的"烟幕弹"。若此分析不差,可以推断,昭王派王稽使

---

① 《史记》卷75《孟尝君列传》,第2361页。
② 杨宽:《战国史料编年辑证》,上海人民出版社2001年版,第672页。
③ 《史记》卷79《范雎列传》,第2403页。

魏是在范雎事有传闻的情况下的一次秘密性人才搜访。范雎入秦后与昭王会面的情形，亦可反证他对这次活动成功的重视。这种情形值得注意者有二点：（1）"寡人宜以身受命久矣，会义渠之事急……寡人乃得受命"；（2）"秦王跽而请曰：'先生何以幸教寡人？'……秦王复跽而请曰：'……若是者三。'"前者似可理解为客套说法，但义渠事却也是实情。这后者"秦王跽而请"，绝非一般客卿所受之礼，况且还有"若是者三"。"跽"，《索引》释作"长跪，两膝枝地"，《战国策·秦策》又作"跪""跽"两个动作，先"跪"后"跽"。鲍彪释"跽""长跪也"，与《索引》同。不管两字是二还是一字之讹，意思应该都差不多。作为一国君王，对一客卿如此"跽请"，其切盼可想而知。

再说魏冉"东行县邑"。丞相东巡是一国之大事，为什么恰好就在昭王派使者王稽入魏之时？更巧的是，在王稽车载范雎入秦的路上，正遇着魏冉东巡车骑。还有，魏冉路遇王稽"立车而语"，有两句话：一曰"关东有何变？"二曰"谒君得无与诸侯客子俱来乎？无益，徒乱人国耳"。前者似在表明王稽使魏为考察"关东"变故，若结合前文分析，可以推知，这可能是昭王派王稽使魏的借口，抑或两种意图都有。后者似表明魏冉对此次行动略有觉察或过分敏感，特别是车行十里后，又"使骑还索车中"，更是最好的证明。此次事件也说明魏冉这次"东行县邑"实在是用心良苦！同为朝中大臣，丞相巡查地方要搜查君王使臣车辆，可见王与相之间的矛盾已比较明朗。

2. 集团利益与国家根本利益的矛盾表面化

如果说前期和后期的前段，集团利益和国家利益的矛盾还没有表面化，那么至集团专权的后期的后段，亦即魏冉、芈戎任右、左相时期，这种矛盾越来越突出。集中体现在专权集团后来的对外战争多围绕自己的利益进行，这与秦对外战争的主旨是相违背的。

《战国策·魏策四》："穰侯攻大梁，乘北郢，魏王且从。谓穰侯曰：'君攻楚，得宛、穰以广陶；攻齐，得刚、博以广陶；得许、鄢陵以广陶，秦王不问者，何也？以大梁之未亡也，今日大梁亡，许、鄢陵必议，议则君必穷。'"[①] 穰侯为相后期的许多战争是围绕自己的封邑"陶"进

[①] 诸祖耿：《战国策集注汇考》卷25《魏四》，第1306页。

行的,其目的就是"欲广其陶邑"①。以上魏人所言也无不说明此点。另就魏人对魏冉所说"秦王不问者,何也"看,他们也清楚地看到魏冉的这些做法与秦国的根本利益是矛盾的,是和国家利益的最高代表昭王有矛盾的。至于昭王暂时不过问此事,乃是还有些问题需要魏冉等解决而已。范雎说,"今太后使者分裂诸侯,而符布天下;操大国之势,强征兵,伐诸侯;战胜攻取,利尽归于陶;国之弊帛,竭入太后之家;竟内之利,分移华阳(芈戎)。古之所谓危主灭国之道,必从此起"②。更全面地反映了集团争利的情况。

集团专权的结果不但造成王权"果处三分之一"③的王权分割,而且发展到限制王权和危害秦国根本利益的地步。在君主专制集团日益发展的战国中后期,其将必然被取替,是毋庸置疑的。所以范雎入秦后与昭王一拍即合,"四贵"权力被削,专制集团政治命运遂告结束。

四 简略的评价

宣太后和魏冉是专权集团的核心和中坚,以往史著的评价亦多集中到这两人的身上,特别是对宣太后,论述得更突出。涉及的问题有分封问题、女人干政问题、宣太后个人作风问题,等等。对此,本文不打算作过多分析,而是想就这个集团与秦国政治的发展作几点说明,姑且算作简略的评价。

首先,该集团控制大权后,亦即宣太后"自治"和魏冉"为政"时期,正确地处理了王朝交替的关系,维持了昭王朝初年的政治稳定,从而为秦国自商鞅变法以来的持续稳定发展提供了保障。反映在两个方面:(1)尽快消灭了反对派;(2)在相职任用上,继续使用武王朝左右相樗里疾和甘茂(甘茂虽于昭王元年即出走,但不是太后等所为),保证了武王朝内外政策的延续性。

其次,正确处理了王权和相权以及太后权力的关系,使得在一个相当

---

① 《史记》卷72《穰侯列传》,第2329页。
② 诸祖耿:《战国策集注汇考》卷5《秦三》,第313页。
③ 同上。

长的时期内，国家政局稳定。整个昭王朝，虽有人所共知的专权存在，但始终没有发生激烈的变乱和冲突。特别是昭王对掌有左右相大权的宣、**魏**集团清除时，完全具备发生冲突条件，但也没有武装冲突，而是在和平中完成了这一过程，应该说，它本身对秦国的发展就是一大贡献。

再次，集团专权期间，能够立足秦国发展，继续坚决执行自商鞅变法以来的对外政策，积极扩张，加速推进了秦国兼并、统一战争的进程。在魏冉任相的 25 年里，秦先后对楚、魏、韩、齐等国发动了一连串的战争，夺取城邑数十座，兼并了大量的土地，这是人所共知的事实。特别值得一提的是，他提拔和重用的著名军事家白起，更是南征北战、屡建奇功。楚国的弃郢东徙陈城，就是白起的杰作①。总之，这一时期的战争，大大削弱了诸侯国的实力，将秦孝公以来对外战争推进到了一个前所未有的阶段。司马迁说："穰侯，昭王亲舅也。而秦所以东益地，弱诸侯，尝称帝于天下，天下皆西向稽首者，穰侯之功也。"② 这一评价，**魏冉**当之无愧！

义渠是秦西北强大的戎族部落国家。太后专权时与义渠君私通三十余年。其间，秦与义渠友好相处，保障了秦东伐战争无后顾之忧。至于义渠的最后被消灭，一个重要原因是宣太后诱杀了义渠君，从秦国发展看，它无疑加速了兼并统一战争的进程。这一点谈的人较多，兹不赘述。

最后，专权集团重要人物的分封，对巩固政权、巩固新征服地和促进兼并统一战争也有一定的积极作用。过去有些人认为**魏冉**专权大搞分封是复辟旧制度，从而大加挞伐。这种看法是错误的。因为分封不光魏冉搞，昭王也在搞。不但秦国搞，各国都在搞，不能仅怪罪于魏冉。另外，当时的分封制并不是专制主义中央集权完全建立后的产物，而是在这个过程中的产物，它的出现只会促进兼并统一战争的进程，而不是妨害这一进程。至于说他最后围绕"陶"而进行的战争，乃是与秦兼并统一战争的主旨相违背的，与分封制关系不大，所以最终被驱逐。当然，专权集团活动期间的消极影响也很显著，因此，最后被清除自在情理之中。

（原刊《秦文化论丛》第八辑，西北大学出版社 2001 年版）

---

① 《史记》卷 73《白起列传》，第 2331 页。
② 《史记》卷 72《穰侯列传》，第 2330 页。

秦昭王杂论

秦昭王名则，一名稷，公元前306年到公元前251年为秦国国王，共在位56年时间，是秦国历史上在位时间最长的国王。《史记·秦本纪》关于秦昭王的记述很简略，马非百先生的《秦集史》虽然有专门的"秦昭王纪事"，也还是很简略，且主要集中在重大的国事活动上。上述简略的记载给予我们的秦昭王是较为模糊的，也是不具体的，应该结合其他材料，并在分析的基础上，进一步深入认识秦昭王，认识这个对秦国历史具有重大影响的人物及其时代。

一 秦昭王前期执政是自由的

秦昭王在位前半期的历史，因为母亲宣太后、舅舅魏冉的专权，而往往被想象为处在一个不大自由的地位，所以对于他个人的政治才干也相应地具有不全面、不正确的认识。如马非百先生说：

> 夫昭王以质子自燕入王，大臣诸侯公子不服，国内大乱。赖魏冉之力，得以平定。然自是遂又为魏冉一派之贵族所包围。且拥太后训政，昭王之一举一动，皆不得自由。……当此之时，昭王之于穰侯，外虽信之甚笃，而内心未始不极忌之，而欲收回政权，自亲万机。但自度势孤，犹豫未决耳①。

---

① 马非百：《秦集史》（上），第80页。

固然，秦昭王执政的大部分时间，是处在宣太后、魏冉一派实权派的"包围"中，但昭王并不是孤立的，也不是"一举一动，皆不得自由"。不自由的情况有没有呢？回答是有，但这只是在一定时期，在一些方面才有的现象，绝不是整个时间都是如此。首先，秦昭王初即位就是最高统治集团的重要成员，且在很大程度上行使着一定的王权。秦昭王即位时年龄是19岁，按照制度规定，尚不到"行冠礼"的年龄，不"行冠礼"就意味着不能亲自执掌王权，所以司马迁说，当时由宣太后"自治"，魏冉为政，这些记述都是正确的。但我们不能因此认为昭王的"一举一动，皆不得自由"。实际情况是，秦昭王一开始就是宣太后集团的核心人物，他不但与母亲宣太后，而且与舅父魏冉等关系紧密，相互团结，共同应对了当时王位交替特殊时期的一系列重大的政治问题，在这一点上他是自由的。其次，在这一特殊环境下，虽然他未能亲政，但也实际上跟随母亲参与和决策了重要的朝政大事，甚至在很大程度上不同程度地行使了王权。《战国策》记载，秦昭王元年（前306年），韩公仲（《史记·甘茂列传》云"苏代"）为韩而游说时在秦国任职的向寿说："王之爱习公也，不如公孙郝；其智能公也，不如甘茂。今二人者皆不得亲于事矣，而公独与王主断于国者，彼有以失之也。"① 这一段文字表明三点：一秦昭王刚一即位就在秦国的地位很高，权力很大；二在主要人事权上，王权具有重要的作用；三当时向寿和昭王"主断于国"。如果考虑到当时的历史背景，至少可以说，他们在宣太后集团中具有重要的权力。另外，各国使节入秦，主要接见的是秦王，不少重要事务实际上都是秦王决策的，就是在秦国内，涉及国家重大利益问题也要秦王最终决策。如司马迁讲，昭王初即位，甘茂游说昭王"以武遂复归之韩"②，虽然向寿、公孙奭争取，但昭王还是将"武遂"归还韩国。如果秦昭王执政的大部分时间，是处在宣太后、魏冉实权派的"包围"中，没有什么实际权力，那么身为重要大臣的甘茂何以要专事游说昭王呢？因此，正反两方面的事实表明，秦昭王执政之初和执政期前期的政治活动和权力都是自由的。

---

① 诸祖耿：《战国策集注汇考》（下），第1395页。
② 《史记》卷71《甘茂列传》，第2316页。

二 城府颇深，富有政治才干和素养

秦昭王是一位城府颇深，并富有政治才干和素养的杰出君王。首先，早在即位初年，他就对天下形势和秦国的国情具有清楚的认识，在一些重大问题上决策睿智、果断，据此可以看出，他的政治素养还是很高的。秦昭王元年（前306年），苏秦以连横之术游说昭王说：

> 大王之国，西有巴、蜀、汉中之利，北有胡、貉、代马之用，南有巫山、黔中之限，东有肴、函之固。田肥美，民殷富，战车万乘，奋击百万，沃野千里，蓄积饶多，地势形变，此所谓天府，天下之雄国也。以大王之贤，士民之众，车骑之用，兵法之教，可以并诸侯，吞天下，称帝而治。愿大王少留意，臣请奏其效。秦王曰：寡人闻之，毛羽不丰满者，不可以高飞；文章不成者，不可以诛罚；道德不厚者，不可以使民；政教不顺者，不可以烦大臣。今先生俨然不远千里而庭教之，愿以异日。①

从秦昭王与苏秦的对话知，秦昭王并没有被苏秦的一番动听的游说轻易打动，而是对自己国内的现状有非常清醒的认识。他的回答富于哲理，又能很好地、委婉地道出秦国当时的实际情形，尚不足以按照苏秦所设想的理想主义规划去进行。同时，他也没有直接否定苏秦的主张，而是巧妙地回答以"今先生俨然不远千里而庭教之，愿以异日"。可见，年轻的秦昭王已经是一个政治上比较成熟，且富于思想的政治家，他对于当时的国间形势和秦国国内的实际情况具有清醒的认识。与辩士苏秦的第一次接触，以他的胜利而告终，苏秦败归。由此事我们推测，秦昭王之所以在诸王争立中能够脱颖而出，固然有宣太后、魏冉的极力帮助，但他的政治才能卓越恐怕也是一个重要原因。

其次，"秦王明而熟于计"。这是秦昭王三十四年（前273年）苏代

---

① 司马迁以此事为苏秦说秦惠王事。杨宽结合《战国策》，以为此事是苏秦游说秦昭王事，且定此事在秦昭王元年。《战国史料编年辑证》，第618—620页。

给魏冉书信中的话①,虽然也是辩士之言,但绝不是简单的恭维之词,而是基于事实的认识。秦昭王的"明",首先在于他的头脑清楚,对于国内、国外的政治形势认识清楚,这一点上文已经有所说明。其次在于,他能够继续秦孝公以来大力任用关东贤能之士,使之为秦国的发展出谋划策。这一时期任用的客卿很多,既有直接在秦国执掌大事的客卿,又有在他国为秦国暗地里服务的士人。

再次,作为太后专制集团的核心领导人,他能够很好地处理他与该集团的关系,并使之长期维持相对"和谐"的局面。也正是因为这些,秦国长期保持政治安定,团结一致,向外发展。正因为这些,他能够深思熟虑地接受诸多士人和谋士的正确建议,将秦国的发展,特别是蚕食关东诸侯的事业推向一个更大的发展。秦昭王的"明",还表现在他是一个精明细心的人。秦昭王八年(前299年),赵武灵王"欲从云中、九原直南袭秦,于是诈自为使者入秦。秦昭王不知,已而怪其状甚伟,非人臣之度,使人逐之,而主父驰已脱关矣。审问之,乃主父也"②。主父,是赵武灵王之号。在此之前,两人并未见过面,秦昭王能够从"使者"身上所表现的气质,断定他不是一般人臣,可见,他是一个非常细心、敏感的人。秦昭王十一年(前296年),齐、韩、魏三国攻秦函谷关,秦昭王曾咨询当时用事于秦国的楼缓和公子池:

> 三国之兵深矣,寡人欲割河东而讲。对曰:割河东,大费也;免于国患,大利也,此父兄之任也,王何不召公子池而问焉。王召公子池而问焉,对曰:讲亦悔,不讲亦悔。王曰:何也?对曰:王割河东而讲,三国虽去,王必曰:惜矣,三国且去,吾特以三城从之。此讲之悔也。王不讲,三国入函谷,咸阳必危。王又曰:吾爱三城而不讲。此又不讲之悔也。王曰:均吾悔也,宁亡三城而悔,无危咸阳而悔也,寡人决讲矣。卒使公子池以三城讲于三国,三国兵乃退③。

---

① 诸祖耿:《战国策集注汇考》(上),第254页。
② 《史记》卷43《赵世家》,第1812—1813页。
③ 杨宽:《战国史料编年辑证》,第686页。

如果学者所定纪年不错，秦昭王当时只有30岁，正当人生壮年时期，在国家面临重大危难时刻，能够在楼缓、公子池所提问题的基础上，权衡利弊，舍轻就重，果断地做出决断，从而实现讲和退兵的结果，可见，他在重大国事上深思熟虑，决断坚决果断。

最后，他具有强烈的忧患意识，并将这一意识贯彻于自己的政治实践中。刘向在《说苑》中说："秦昭王中朝而叹曰：'夫楚剑利，倡优拙。夫剑利则士多剽悍；倡优拙则思虑远也。吾恐之谋秦也。'此谓当吉念凶，而存不忘亡也，卒以成霸焉。"①"当吉念凶、存不忘亡"是刘向评价秦昭王的话，也是刘向认为秦昭王"卒以成霸"的原因。对于此与昭王"成霸"之间的关系姑且不论，但就对昭王的认识这一点看，应该说是有根据的。如果此说不错，那么秦昭王就是一个具有强烈忧患意识的政治家，他能够预察事体，防事于未萌。古人云："谋有二端，上谋知命，其次知事。知命者预见存亡祸福之原，早知盛衰废兴之始，防事之未萌，避难于无形。若此人者，居乱世则不害于其身，在乎太平之世，则必得天下之权。彼知事者亦尚矣，见事而知得失成败之分，而究其所终极，故无败业废也。"② 比照秦昭王行事，实际上就是这样的人。

三 重视阴阳理论，不完全信从阴阳理论

战国时期，阴阳五行观念盛行，在很多方面影响着人们的生活，尤其是政治、军事活动，也常常受阴阳五行观念的支配。秦昭王是一个很有主见的人，在一些重大事件上，能够超越该观念的束缚，独立自主地坚持自己的决定。文献记载，楚王罢免淖齿的柱国一职，游腾为淖齿对楚王说过一段话：

> 秦有上群午者，重丘之战，谓秦王曰："必无与楚战。"王曰："何也？"对曰："南方火也，西方金也，金之不胜火赤必矣。"秦王不听，其战不胜。今午又请秦王必与楚战，南方火，西方金也，楚正

---

① 刘向：《说苑》卷15《指武》，诸子百家丛书，上海古籍出版社1990年版，第125页。
② 刘向：《说苑》卷13《权谋》，诸子百家丛书，第108页。

夏中年而免其柱国，此所谓内自灭也①。

上群午，杨宽先生以为"当为阴阳家，或为尊信阴阳家言之史官"②。其实，说上群午是史官未必正确，说他是阴阳家或奉行阴阳相克理论的谋士，应该是没有疑问的。此秦王指秦昭王，杨宽先生《编年辑证》列在秦昭王六年（前301年）《附编》下，大致没有什么问题。秦昭王既然以上群午为谋士，而此人确实在重大的对外战事上有重要的参谋作用，说明秦昭王还是很重视阴阳理论的，否则，就不会任用上群午为谋士，也不会采纳他的意见，发动第二次征伐楚国的战争。但秦昭王并不是阴阳理论的迷信者，他也在一定时候不相信阴阳相克理论，所以有不听从上群午意见，而发动重丘之战的事情。另外，从上群午先阻止，后请求秦伐楚的情况看，阴阳理论并不是一成不变的，在一定条件下会发生转变，上群午明了这一点，秦昭王也明了这一点，他们都是辩证地使用阴阳家理论的实践者。

四　奉行孝道，以孝治闻于天下

秦昭王二十一年（前286年），秦国攻取魏国河内，魏被迫献安邑，诸侯恭贺，赵辩士谅毅使秦，言于昭王曰：

> 大王以孝治闻于天下，衣服之便于体，膳啖之嗛于口，未尝不分于叶阳君、泾阳君。叶阳君、泾阳君之车马衣服，无非大王之服御者③。

这是仅见的关于秦昭王奉行孝道的文字，虽然属于辩士之言，也是秦昭王痛恨赵豹、平原君多次"欺弄"自己而不见赵使者称贺背景下，赵辩士谅毅的说法。但既然能够说秦昭王"以孝治闻于天下"，当不是空穴

---

① 杨宽：《战国史料编年辑证》，第654页。
② 同上书，第655页。
③ 同上书，第781页。

来风的随意妄说,是具有一定的史实为依据的。从谅毅所依据的史实看,秦昭王之所以"以孝治闻于天下",是因为他能够以王者的身份,对他的两个弟弟叶阳君、泾阳君尽孝道,这确实是事实。也正因为如此,他的这两个弟弟能够成为当时所称的"四贵"①。当然,秦昭王能够在36年的时间里,很好地处理了他与母亲宣太后、舅舅魏冉、芈戎,以及两个弟弟之间的关系,维系着相对"和谐"的君臣关系、母子关系、兄弟关系,也是"孝道"良好的表现。至于在三十七年(前270年)以后,"免相国(魏冉),令泾阳之属皆出关就封邑",完全是"四贵"权力过分膨胀,所谓"权倾诸侯","太侈,富于王室",从而对于秦国的进一步发展造成一定的消极影响所致。即便如此,秦昭王对于"四贵"的处理还是很温和的,只是让他们离开京邑,各就封国,以至于魏冉就国,"辎重千乘有余"。从另一个角度讲,这完全是一个政治问题,不能因此而看不到其"孝治"的一面。朱几对魏王所说:

> 秦与戎翟同俗,有虎狼之心,贪戾好利而无信,不识礼仪德行。苟有利焉,不顾亲戚兄弟,若禽兽耳。此天下之所同知也,非所施厚积德也。故太后母也,而以忧死;穰侯舅也,功莫大焉,而竟逐之;两弟无罪,而再夺之国。此于其亲戚兄弟若此,而又况于仇雠之敌国也②。

这段话完全是站在敌国立场上的一种污蔑和理解,它只看到这样一种结果,并没有历史的、全面地看待这一问题。我们认为秦昭王"以孝治闻于天下"是符合历史事实的。

(原刊《秦汉研究》第六辑,陕西人民出版社2012年版)

---

① 关于叶阳君学术界有分歧,此处从马非百说,以为魏冉、芈戎、泾阳君市、高陵君悝为四贵。见《秦集史》(上),第179页。
② 诸祖耿:《战国策集注汇考》卷24《魏三》,第1266页。

秦区域文化的形成及其基本特征

秦区域文化是指周秦时期日渐形成的以甘肃陇东和陕西关中地区为地域范围，以秦人生产和生活活动为主体的特定时代、特定区域的一种地域文化。20世纪以来，秦文化区的概念就已经为广大学者所接受，并用以说明春秋战国时期区域文化的形成。80年代以来，在区域文化研究及地方文化研究和开发热潮的推动下，秦文化研究也迎来了前所未有的研究热潮，其主要成就，以秦始皇兵马俑博物馆主办的《秦文化论丛》定期出版物为标志。近年来，《西安财经学院学报》专辟秦文化专栏，旨在推动秦文化的进一步研究，不过，其"秦文化"概念，除了反映历史上特定时期秦文化外，更多的是一种地域文化，即秦地文化，与传统的理解有所不同。在这些研究机构和部门刊物的推动下，秦文化的研究正在进一步发展。

一 秦核心文化区的形成

秦文化区形成于春秋战国时期。就区域形成的渊源看，它肇始于甘肃陇东地区，后由此而东，到战国时期已经形成陕西关中和甘肃陇东一体的秦文化区。从区域形成的历史过程言，秦文化区的形成大约经历了三个阶段：附庸部族时代、诸侯时代和王国时代。

附庸部族时代，是指西周孝王时代将秦人的一支非子分封于秦（今甘肃秦安县秦川），从而开始的一个时代。"附庸"是西周封土的一个等级，封地不超过50里[1]，就地域文化区的规模言，这只是秦文化的一个

---

[1] 何清谷：《嬴秦族西迁考》，《秦史探索》，第25页。

原点。非子以后，历经五世，到秦襄公前期，在周朝则经历了周穆王、宣王、幽王和平王初年，大约近百年的时间，秦人基本上以附庸部族和大夫的身份，居处西周西陲边地，过着农牧并举的生活，其主要地域在今甘肃天水一带。当然，这一时期，由于西戎的多次侵犯，秦人长期处于和西戎的战争中。在开发和利用自然的生产活动中，在与西戎部族的长期征战中，秦人养成了坚毅、凶悍、古朴的民族性格。

诸侯时代，从秦襄公八年（前770年）开始，由于周平王东迁，秦襄公辅助平王东迁有功，被"赐以岐西之地"，封为诸侯，由此秦人名正言顺地得以越过大陇山，并在驱逐占据的"岐西之地"的戎人的过程中，巩固和拥有了较为广阔的领地，进入诸侯时代。襄公以后，秦文公正式越过陇山，建都于"汧渭之会"，秦德公又营建雍城大郑宫，由此，秦人将政治中心确定在雍城，并以此为中心，向渭河下游发展。当然，这个过程是相当漫长的，从秦文公以后，历经文公、宪公、出公、武公、德公、宣公、成公，到穆公时期，共八代144年，秦人基本上占领了关中以及黄土高原南缘地区，特别是秦穆公时期，积极向外拓土，"伐戎王，益国十二，开地千里，遂霸西戎"①。聂新民以为，秦穆公所征伐的戎人主要分布在豳地以北的泾河上游地区②，是正确的。也是在这一时期，秦人的势力向东已经到达黄河西岸，以甘肃陇东和陕西关中为中心的秦文化区已经基本形成。

秦穆公之后，历经康公、共公、桓公、景公、哀公、惠公、悼公、厉公、躁公、怀公、灵公、简公、惠公、出子等十四代，共235年，秦人在对外发展上建树不多，反而在魏文侯时期丧失了洛河以东、黄河以西的广大地区。这种情况，到秦献公时代才立志改变，试图"兴复穆公故业"，但由于国力衰微，直到秦惠文王初年尚没有实现。不过，秦孝公时期，在商鞅的主持下实现了较为彻底的变法革新，秦国国力日渐上升，到惠文王时期，又开始了新一轮的向外发展，并取得了大量的领土，这已经进入王国时代了。

---

① 《史记》卷5《秦本纪》，第194页。
② 聂新民：《秦霸西戎地域考——秦国势力在黄土高原地区的扩张过程》，《秦始皇兵马俑博物馆论文选》，第397页。

进入王国时代的秦国，继商鞅变法之后，国力大增，积极向外发展。秦惠文王时期，向南夺取成都平原、汉中，向北夺取魏国上郡，向东收复魏河西地区。秦昭王时期，更是将主要的战略目标确定在向黄河以东六国的进攻上，至此，秦国统一六国的态势初步形成。秦始皇时期，"续六世之余烈，振长策而御宇内"，于公元前221年统一了全国。秦的领土，西至临洮羌中，东至大海暨朝鲜，南至北向户，北以长城为界至辽东。

秦人领土的扩张以及最终统一全国局面的出现，并不意味着秦核心文化区的相应变化。从历时久远和相对稳定的文化区特征上讲，真正的秦文化区，或者说秦文化核心区始终是以渭河为轴的今甘肃陇东到陕西关中地区这一范围。在这一轴线上，秦人的都邑、都城虽历经多次迁移变化，却始终没有离开过这里，因而，这里是秦族的集中活动区，是秦始终一贯的都畿之地。在这一区域以外，是秦文化的外播区，并且主要是政治制度、社会制度等制度文化的传播区，秦文化的特点和精神应该主要围绕秦人及其核心区来探索。

二 秦文化的渊源和构成

秦文化是以秦人为主体形成的文化，同时也是秦国和秦王朝时期秦核心文化区文化的反映。要明确秦文化的源流，应当从这两个方面综合认识。首先，秦族属于东夷人的一支，传说时代生活于东夷文化区，即今山东、江苏以及河南东部一带。商、周时期，历经坎坷，逐渐西迁，西周时期，一支西迁周的西陲，也就是建立秦国的秦人的先祖①。从秦族自传说时代的居址以及西迁的历史过程知，秦部族文明很早就打上了东夷文化和夏商周文化的烙印。西迁到今甘肃境内的秦人，虽然适应当地的自然环境和社会生产方式，主要从事农牧业，甚至狩猎生产活动。在长期的生产、

---

① 何清谷：《嬴秦族西迁考》，《秦史探索》，第13—29页。关于秦人的渊源，过去有三种观点：第一种观点认为秦人源出东夷，后西迁；第二种观点认为，秦人来自西部，是西戎的一支，后向东发展；第三种观点认为，秦人源出北方。目前，以东来说为主流，文献资料和历史线索更明确。

生活过程中，由于地缘关系，这支秦人也不能不受到西部诸部族文化的影响，但不能因此就认为秦文化的基础原本就是相当落后的。在漫长的边地生活过程中，特别是长期与西戎征战，秦部族逐渐被边缘化，也是在这一过程中，秦人长期远离中原中心文化区域较高农业文明和社会文化的影响，逐渐形成了与这一特定区域生产、生活方式相适应的秦部族文化。学术界一些学者提出秦人西来说，其中的一些证据就是西陲秦部族早期文明与其西部诸文化有一定的联系，如果能结合文献资料，并结合秦人的生活环境及其与西戎的关系，这样的关系大概就不一定与秦人西来相关联，而是秦部族文化的必然部分。因此，早在部族时代，秦文化的渊源里就流淌着东夷文化、夏文化、商文化、周文化以及西戎文化凝聚的血液，在漫长的边地生活以及边缘化过程中，由于生产、生活方式更接近西戎，而中原地区历史文化经过不同王朝的变迁和发展，早已发展到了一个新的形态，两者之间的分别也日益鲜明，因此秦人后来被称为"西戎"。其次，秦文化区不是秦人在一个荒芜无人的土地上开拓出来的秦部族独立生活的区域，而是秦人不断壮大发展过程中，对于历史时期以来业已存在，并在商周王朝统治区及其边缘生活的众多部族不断占领，并不断融合过程中形成的一个特定时期、特定区域的文化区域。因此，它的成长和形成，必然地融入了众多部族文化的因子。广义的西戎文化自不必说，就是文献见载的戎人部族，就有义渠戎、绵诸戎、獂戎、邽冀之戎。其中，义渠戎活动于洛水中上游，"其西南以子午岭为界；西北可能越过子午岭达环县、华池、庆阳；北界以白于山为限。南达甘泉口；东隔劳山、黄龙山与魏上郡为邻"①。绵诸戎分布于六盘山、陇山以西，天水盆地以北的葫芦河上游，即今甘肃静宁、通渭、庄浪等县一带。獂戎分布在绵诸戎以西到洮河流域一带。至于邽冀之戎乃在天水以东。② 除此之外，秦人进入关中后，"收周余民尽有之"，原属周畿之地的部族也都归属于秦国，如活动于汧水流域的矢国，活动于宝鸡一带的散国，户县的郝国等，这是考古发现的诸古部族。至于见诸文献的虢国、亳国、彭戏氏、梁国、芮国、西郑等都是夏

---

① 聂新民：《秦霸西戎地域考——秦国势力在黄土高原地区的扩张过程》，《秦始皇兵马俑博物馆论文选》，第396页。
② 同上书，第396—397页。

商周以来的亡王后裔部族小国。这些众多的部族方国长期以来虽然在政治上从属于不同的国家政权，但大致上都保持着自己较为独立的部族生活。当然，随着时代的变迁，它们的文化也不能不发生些许的变化，但基本的生产、生活方式大概没有太大的变化，与此相应，文化的基本形式在相当长的时间是基本稳定的。因此，秦文化，特别是秦核心文化区的文化是由源远流长的多元文化构成的。

随着秦人长期而稳定的统治，秦核心文化区的多种文化构成因素逐步融合，并向一体化的目标演化。这一过程是漫长的，其一体化的方向却必然更多的是秦统治者的意志反映，包括各种制度、教化，以及在这一过程中的养成。最典型的表现，是秦孝公时期的商鞅变法及其对于这一过程的推进。所谓变法，是在全国推行一种统一的制度，并通过这些制度试图实现统治者所期望的理想政治和社会治理。这对于在渐变过程中日渐"浸润"的一体化过程是一个极大的推进。如，在土地制度方面，废除名存实亡的"井田"制度，推行新的土地分配和划分制度，以"五尺为步，二百四十步为一亩，任其所耕，不限多少"，鼓励农民开垦荒地，"尽地力之教"①。实行县制，将全国划分为41县（又说31县），将过去部族邦国为单位的分散独处纳入县治的统一管理之下；破除旧的氏族遗制，别男女之分，推进个体小家庭从大家族中分出；加强法制，严酷刑罚；实行二十等军功爵制等。这些制度的推行，极大地改变了过去"秦戎翟之教"的传统做法，促进了旧的氏族、方国制的瓦解，增强了国民的一体意识、国家意识，唤起了潜藏在意识深处的功名意识和杀敌立功的欲望。在秦文化逐渐走向一体化的过程中，严格意义上的秦地域文化才得以以秦核心文化区为单元，而与其他地域文化相并列，称为秦文化区。至于秦文化核心区以外的秦国领土，虽然在政治上属于秦国，但仍旧在相当长的时间里，是戎族部族或其他历史时期沿袭下来的旧部族生产、生活的区域，因而，是秦文化的弱影响区，并且随着地域距离核心区越远，秦文化的影响越弱。

---

① 马非百：《秦集史》（上），第140页。

三　秦文化的基本特征

如上所述，秦文化是以秦人为主体而形成的，以多种文化相互融合而最终实现的地域文化。由于这样的关系以及漫长的形成过程，欲在一个断面上综合谈论秦文化的特点是不大符合历史事实的。所以，这里所谈论的秦文化，主要是指战国时代以来，秦核心文化区文化基本一体化背景之下的秦文化特点，它和早期部族时代，甚至春秋时代的诸侯国文化总体上是有区别的，虽然期间也具有不可分割的联系。

（一）开放性。在秦区域文化形成的过程中，秦文化所表现的开放性是相当突出的，一个明显的特征就是兼容并蓄各种文明，尤其是广泛吸纳东方中原地区高级文化，从而一次次开创了秦国发展的新局面。前文已述，创造秦文化的秦人，本是承载着较高文化发展程度的东方文化的秦人后裔，后来迁居并长期居处西周西陲之地，被中原文化"边缘化""西戎化"，甚至到商鞅变法时期，商鞅还说"秦戎翟之教"。但它在向东发展的过程中，广泛吸收先进的中原文化，早期的西周礼乐文明、丧葬文明，自不必说，考古工作者有不少的研究充分地证明了这一点。在人才的任用和引进上更为大胆、开放。秦穆公时期，先任用戎人政治家由余，后又从关东引进的宛人百里奚，宋人蹇叔，晋人丕豹、公孙枝。所以，李斯《谏逐客书》说："昔穆公求士，西取由余于戎，东得百里奚于宛，迎蹇叔于宋，求丕豹、公孙枝于晋。此五子者，不产于秦，而穆公用之，并国二十，遂霸西戎。"① 战国时期，秦人第二次崛起时，其第二代君主秦孝公即位年就下"求贤令"，具体内容说：

> 昔我穆公自岐雍之间，修德行武，东平晋乱，以河为界，西霸戎翟，广地千里，天子致伯，诸侯毕贺，为后世开业，甚光美。会往者厉、躁、简公、出子之不宁，国家内忧，未遑外事，三晋攻夺我先君河西地，诸侯卑秦，丑莫大焉。献公即位，镇抚边境，徙治栎阳，且欲东伐，复穆公之故地，修穆公之政令。寡人思念先君之意，常痛于

---

① 《史记》卷87《李斯列传》，第2542页。

心。宾客群臣有能出奇计强秦者,吾且尊官,与之分土①。

这个《求贤令》是在充分总结秦国以往历史经验的基础上作出的,体现了秦人在国家发展上的一种高度自觉。求贤的对象虽然针对的是秦国,但明确指出"宾客群臣",实际上也向六国的贤能之士打开了大门,甚至是真诚的呼唤。由于秦国文化落后,一直没有出现执国家牛耳的士人政治家,所以时在魏国的商鞅应令入秦,后任为相。自此以后,终战国之世,几乎每一朝都有相当数量的东方客卿在秦国做事,甚至位为相国者也多有其人。马元材先生作《客卿表》,其中列有张仪(魏人)、通(未详)、寿烛(未详)、司马错(魏少梁人)、胡伤(卫人)、造(未详)、范雎(魏人)、蔡泽(燕人)、韩侈(汉人)、李斯(楚人)等客卿。他指出这些只是狭义的客卿,广义的客卿,实际上还很多②,著名者如张仪、魏冉、甘茂、楼缓、吕不韦、尉缭、蒙骜、韩非,等等。这些士人、军事将领,甚至军事家,是在关东文化背景中成长起来的,他们之用于秦国的,不仅仅是个人的才能和技艺,也是关东先进的文化理念、文化精神。如商鞅变法,直接源于李悝变法。而《商君书》《尉缭子》《吕氏春秋》等在秦国出现的著作,都是开放带来的成果,也充分证明了这一点。可以看出,正是这种开放的态度、开放的精神、开放的意识以及开放的制度,秦国吸引了大量的来自他国的士人、策士,以及治世能臣,他们往往为秦国的发展制定蓝图,为重大的战事出谋划策,为骁勇善战的秦人领航引路,他们的作用加速了秦国统一六国的进程,总体上也促进了秦国历史、文化的快速发展。

(二)实用性与功利性。这一点,已故著名秦史专家林剑明先生也曾多次论及。其最为主要的特点,就是秦文化重实践而轻视文化教育。在秦国发展的历史上,几乎找不到与文化教育相关的材料③,只有来自国家的法令和教化,所谓官学在这里根本谈不到,而春秋以来关东地区私学的日益兴起,也没有在秦文化区有明确的反映,虽然其中也有个别秦人前往关

---

① 《史记》卷5《秦本纪》,第202页。
② 马非百:《秦集史》(下),第941—944页。
③ 马非百说:"秦僻处西陲,教育之事无闻",《秦集史》(下),第732页。

东求学,成为儒家弟子、墨家弟子,但秦人本身在各种学术研究和传承方面都非常贫乏,因而在当时的十三家学问方面很少看到秦人①。至于秦文化重实践、实用的特点,表现在社会制度的各个方面,如商鞅变法的各种政策和制度,秦始皇时期"以吏为师"的制度,以及手工业、商业经营和管理制度,学界多有论述,此不赘述。这样的文化精神得自历史时期以来秦人的边地生涯,以及在以后发展中的特殊环境。在边地,秦人农牧业兼营,甚至伴以一定的狩猎、采集活动,加上不断地与活动于农牧边界地带的西戎部族交战,难得有发展教育的环境。这样简单的生产、生活方式,也难得产生对于文化教育的迫切需要。进入关中后,虽然说已经进入农耕区,但作为统治阶级,秦人又迎来了诸侯争霸的时代,直到战国时期,诸侯国之间兼并更为激烈,秦人又积极投入这场旷日持久的兼并统一战争之中。因为没有一个"和平"的环境,又急于为求生存和发展而争战,也就没有可能实现向文化教育以及相应的建设的转变。在这样的社会和军事实践中,实用主义和简单的文化"拿来",就成为它的基本特点。尤其表现在贯彻战国始终的重农、重战政策,以及客卿人才使用上更为显著。对于前者,只要有用,就积极推行;对于后者,只要有用,并在实践中证明有效果,就委以重任,甚至位至卿相,如果没有达到期望的目标,也很快就被弃用,所以,士人朱己说:"秦与戎、翟同俗,有虎狼之心,贪戾好利而无信,不识礼义德行。苟有利焉,不顾亲戚兄弟,若禽兽耳。此天下之所同知也。"②

(三) 尚武风气浓厚。《汉书·地理志》说:

> 天水、陇西,山多林木,民以板屋。及安定、北地、上郡、西河,皆迫近戎狄,修习战备,高上气力,以射猎为先。故《秦诗》曰"在其板屋";又曰"王于兴师,修我甲兵,与子偕行"及《车邻》、《驷驖》、《小戎》之篇,皆言车马田狩之事。

---

① 参见严耕望《战国学术地理与人才分布》,《严耕望史学论文集》(上),中华书局2006年版,第27—44页。

② 诸祖耿:《战国策集注汇考》卷24《魏三》,第1266页。

这是黄土高原地区陕甘地段汉代的文化景观和文化特点的反映,其中引用《秦诗》,说明了自秦以来这一区域文化特点的历史延续性。事实上,在秦国统治时期,这里的农业文明影响总体上要弱于汉代,而狩猎、游牧的生产、生活更为普遍,并且在日常生活中的意义可能更大。尤其是,这里处在农牧文明的交接地带,战争时有发生,"修习战备,高上气力"风气更浓,而所谓"修习战备,高上气力",就是尚武风气,尚武精神。战国时期,商鞅变法,在秦国推行二十等军功爵制,进一步推动了尚武精神的发展。其结果是,秦人嗜杀,重吞并,所以被关东士人称为"虎狼之国"[①]。在对外战争中,我们也能够屡屡看到,秦人常常一次战役,伤亡敌军动辄上万,而数万、十数万、数十万的死亡人数也不乏记载,正是这一文化精神的外在表现。文献所谓"关西出将,关东出相",以及唐人所说"自古秦兵耐苦战",都是这一区域文化精神的延续和反映。而真正奠定其基础的应该是秦文化。

(四)落后性。与关东相比,秦文化总体的发展是落后的,主要的原因,就是它长期以来的"戎翟之教"与"戎翟之俗"影响深远,也是由于这样的原因,春秋时期诸侯之间"通使聘享",没有秦国的份。战国时期,秦人虽然经过了一系列的变革,特别是商鞅变法,较为彻底地革除旧俗,但已经融入秦文化之中的"戎翟"因素,以及与关东文化中心区文化的差异,始终是关东士人鄙视秦国的重要原因。秦孝公《求贤令》中所谓"诸侯卑秦,丑莫大焉",实际上也包括了文化落后,以遭关东诸侯国蔑视的意思。前文所引朱己的话:"秦与戎、翟同俗,有虎狼之心,贪戾好利而无信,不识礼义德行。"也反映出秦文化在关东士人心目中的地位是不高的。这样的情形还可以就一些具体的事例加以明确:

(1)春秋时期尚实行殉葬陋习。《诗经·秦风·黄鸟》清楚地记述了秦穆公用人殉葬的残忍场景,并通过这首诗深刻地揭露和斥责了秦人对于人性的践踏和蔑视。其诗云:

---

① 战国中期,"秦为虎狼之国",已经成为关东较为普遍的认识。除了上文所引朱己之说外,《战国策》卷14《楚一》苏秦、楚王,《战国策》卷20《赵三》虞卿,卷2《西周》游腾,卷24《魏三》朱己等都有类似言论。

交交黄鸟，止于棘。
谁从穆公？子车奄息。
维此奄息，百夫之特。
临其穴，惴惴其栗。
彼苍者天，歼我良人！
……
交交黄鸟，止于桑。
谁从穆公？子车仲行。
维此仲行，百夫之防。
临其穴，惴惴其栗。
彼苍者天，歼我良人！
……
交交黄鸟，止于楚。
谁从穆公？子车针虎。
维此鍼虎，百夫之御。
临其穴，惴惴其栗。
彼苍者天，歼我良人！

诗中记述了随秦穆公从葬的三位良臣奄息、仲行、鍼虎，并多次发出"彼苍者天，歼我良人"的哀叹！以人殉葬的习俗起源甚早，商王朝时期，人祭、人殉制度盛行，西周以后日趋衰落。东周时期，随着社会生产力的发展，这种落后的社会制度逐渐被历史所抛弃，仅有秦、晋尚存遗制，秦晋二国中，秦国兴起晚，规模甚大。《史记》记载，秦武公死的时候，"初以人从死，从死者六十六人"。穆公死，"从死者百七十七人，秦之良臣子舆氏三人名曰奄息、仲行、鍼虎，亦在其中"①。这种制度直到秦献公元年（前384年）才被禁止。

（2）没有出产本土具有影响的文人学士与作品。春秋战国时期，诸子百家争鸣，成为中国学术思想界的佳话，但作为关西大国，也是著名的战国七雄之一的秦国却显得相形见绌，几乎没有什么建树。这从根本上

---

① 《史记》卷5《秦本纪》，第194页。

讲，是源于秦国文化教育的落后，以及秦地域文化的落后所致。至于说：

> 吕不韦入秦，有宾客三千人，皆号称智略士。不韦"乃使其客人人著所闻，集论以为八览、六论、十二纪二十余万言，以为备天地万物古今之事，号曰《吕氏春秋》"。今观其书，有儒、墨、名、法、道、农、兵、阴阳、小说家言，于是东方显学，所谓九家者流，乃尽会聚于关中①。

固然，《吕氏春秋》是在秦国产生的著作，由此推测，当时咸阳也确实汇聚有儒、墨、名、法、道、农、兵、阴阳、小说家等诸多人才，但这些大概都不是秦本土出产的文人学士，因为"乃使其客人人著所闻"，清楚地说明《吕氏春秋》的作者群体不是秦人，而是"客人"。它是关东文化移入后的产物。

（3）简单、古朴、自然，受关东先进文化影响较为薄弱。秦昭王时期，荀子到过秦国，就其所见所闻，谈到自己的观感说：

> 入其境，观其风俗，其百姓朴，其声乐不流污。其服不挑，甚畏有司而顺，古之民也。及都邑官府，其百吏肃然，莫不恭俭、敦敬，忠信而不楛，古之吏也。入其国，观其士大夫，出于其门，入于公门，出于公门，归于其家，无有私事也；不比周，不朋党，倜然莫不明通而公也，古之士大夫也。观其朝廷，其朝间，听决百事不留，恬然若无治者，古之朝也。故四世有胜，非幸也，数也。是所见也。故曰：佚而治，约而详，不烦而功。治之至也，秦类之矣②。

荀子的所见所闻，所谓"古之民""古之吏""古之士大夫""古之朝"，表明秦文化具有显著的简单、古朴、自然的早期部族文化特点。与关东相比，其文化具有鲜明的落后性。之所以形成这样的特点，在荀子看来是因为"其殆无儒邪"，实际上不光是无儒，而是因为秦文化发展的总

---

① 马非百：《秦集史》（下），第732页。
② 张觉：《荀子译注》卷11《强国十六》，上海古籍出版社1995年版，第339页。

体水平落后所致。落后文化和先进文化的功用是辩证的,在一定的时期,在一定的事情上,落后的文化所产生的功用并不一定比先进文化所产生的功用差,相反亦然。这样的例子在世界文化发展史上屡见不鲜,秦文化虽然落后,却能够最终消灭六国,统一天下,并不是什么特例。

(五)浓郁的原始宗教崇拜。与其他诸侯王国文化和秦帝国时期的其他地区文化相比,秦区域文化中的自然崇拜和多神信仰的类型和规模都相当的突出,显示了秦区域文化强烈的原始宗教精神。

春秋战国时期,举凡各种奇异的自然现象、物象,在秦区域文化中都是神明的物现,因而要加以祭祀。如秦文公时期"获若石",在陈仓北阪城祠之。文公"梦黄蛇自天下属地",后作"鄘畤"。怒特祠,"神本南山大梓也",传说秦文公时伐故道县大树,"树断,化为牛,入水"因立祠祭祀等。据史籍记载,春秋战国以来,秦先后作西畤(秦襄公作,在陇西,祠白帝)、鄘畤(秦文公作,在汧渭之汇,祠白帝)、伏祠(德公作,在雍城,御蛊)、密畤(宣公作,渭河南,祭青帝)、吴阳上畤(灵公,雍附近,祭黄帝)、吴阳下畤(雍附近,祭炎帝)、畦畤(献公作,在栎阳,祀白帝)、怒特祠(故道县,秦文公作,祀树神)、虎侯山祠(在蓝田,秦孝公置,祀蓝田山玉神)、土羊神祠(秦始皇置)、湘山祠(湘山南,秦始皇置)等众多祠祭之所[1]。自秦德公以雍城作为国都,"雍之诸祠自此兴",雍城发展成为秦文化区最大的宗教圣地和中心。秦时这里有各种神祠一百余所,到汉代发展为203所[2]。汉承秦治,不但在政治制度上如此,在宗教文化上也表现了鲜明的继承和发展的特征,反映了秦原始宗教文化的深远影响。

秦统一全国后,一方面继续以前的各种祭祀,又崇尚方士神仙学说,既封禅,又祭祀名山大川及原齐国的八神庙。与此同时,"令祠官所常奉天地名山大川鬼神可得而序",也就是对全国范围的名山大川的祭祀秩序加以调整。其结果是:崤山以东名山五,大川二。分别是:嵩山、恒山、泰山、会稽山、湘山,济水、淮水。华山以西名山七,名川四。分别是:

---

[1] 参见马非百《秦集史》(下)"宗教志",第705—715页。
[2] 周振鹤:《秦汉时期宗教文化景观的变迁》,《中国历史文化区域研究》,复旦大学出版社1997年版,第53页。

华山、薄山、岳山、岐山、吴岳、鸿冢、渎山，河水（祠临晋）、沔水（祠汉中）、湫渊（祠朝那）、江水（祠蜀）。灞水、产水、长水、沣水、涝水、泾水、渭水等，虽然不是名山大川，因为地近都城咸阳，都比照山川加以祭祀。汧水、洛水、鸣泽，以及蒲山、岳嵩山等小山川，也都每年进行祭祷。至于雍城日、月、参、辰、南北斗、荧惑、太白、岁星、填星、辰星、二十八宿、风伯、雨师、四海、九臣、十四臣、诸布、诸严、诸逑等百有余庙，以及以西数十祠，周天子祠，下邽天神祠，沣滈昭明、天子辟池，杜亳三社主之祠、寿星祠等每岁按时奉祀。另外尚有大量的宗庙、人神祠祀，此处不再一一列举。

综观秦人的宗教生活和相应的制度，很清楚地表明，秦人是一个崇尚自然崇拜和多神崇拜的民族，从早期的上帝崇拜，到后来的天、地、人、鬼、自然现象，无不在一定程度上影响着秦人的政治生活、经济生活与文化生活。这些观念、意识、行为、景观、制度，以及持续、稳定、长期的延续和发展，形成了秦民族和秦文化区其他部族人民共同的民族心理，它们是秦区域文化重要的组成部分，是秦文化精神的重要表现。长期而较为稳定发展的自然崇拜和多神信仰，使得秦区域文化具有非常浓郁的原始宗教精神。

（原刊《秦汉史论——何清谷教授八十华诞庆祝文集》，三秦出版社2009年版）

秦文化意象与秦文化精神

春秋战国以后,随着地方诸侯王国势力的日益膨胀,以主要诸侯国为代表的地域文化的分野日渐明朗化,形成了各自文化特征鲜明的地域文化,秦文化就是其中的一个。与其他诸侯国不同的是,秦文化伴随着秦国的统一全国而发展为秦帝国文化的核心组成部分,并由此而影响全国,就这一点而言,这是其他地域文化难以相比的。但秦文化究竟是一个什么样的文化?秦文化的精神内涵是什么?多年来始终是一个仁者见仁、智者见智的问题。下面就文化意象和秦文化精神,谈点体会与浅见。

一 《诗经》意象与早期自由奔放的人性化文化精神

秦从殷商至西周时期一直是一个部族集团,并以部族集团的形式长期生活在西周文化的边缘地带,即所谓的"在西戎,保西陲"。这一时期的文化在文献记载中几乎是空白,与此相应,关于秦人这数百年的边陲生活及其文化精神,就难有一个明晰的把握。《诗经·秦风》是春秋时期秦人,特别是秦贵族生活的写照,在一定程度上体现了早期秦人文化精神的内容。所收《秦风》10篇,表现的生活情景是简单的、自然的、单纯的,总体上给人的意象是一个部族的自然主义的农牧和狩猎生活。在这一生活背景中,秦人的文化精神主体上是简单的、自由的、自然的和富于人性化的。表现在:(1)情感表达上显得无拘无束,反映了人性自然的、原始的精神。如《小戎》多次大胆而真实地表达了一个妇人对于君子的恋念之情。所谓"言念君子,温其如玉。在其板屋,乱我心曲。……言念君子，温其在邑。方何为期，胡然我念之？……言念君子，载寝载兴。厌厌良人，秩秩德音。"《晨风》篇，朱熹认为是"妇人之歌"，抒写妇人对于自己钟爱的君子的思念，"未见君子，忧心钦钦。如何如何，忘我实多。……未见君子，忧心如醉。如何如何，忘我实多。"这些都是非常写实的人性化的抒写，它没有一丝一毫的人性压抑，也没有明显的周礼约束，只是符合人性的、自然的情感表现和抒发。就《黄鸟》而言，这既是一首纪事诗，也是一首表达诗人愤慨之情的抒情诗。它通过"三良"殉葬穆公的生动描写，表达了对于"彼苍者天"（人殉制度）的诅咒。人殉制度盛行于商代，春秋时代已经衰微，但在秦国却才兴起。《黄鸟》作者能够如此大胆地谴责刚刚在秦国发展起来的人殉制度，也体现了秦文化人性化的一面。（2）道德判断和价值追求甚为质朴、简单。它没有复杂的哲学思辨，也没有复杂的逻辑推演，就是日常生活中的质朴的简单判断或人生的感悟与体验。如《车邻》表达作者追寻贵族公子"鼓瑟""鼓簧"的愿望，以及由此而提出"及时行乐"的思想①。日常生活中，秦人崇尚性情温和、合群、智慧、德行这些品性，崇尚重情感、重恩情的君子品行。至于说贵族崇尚玉石在当时也是一种普遍的文化追求。这些在《秦风》诸篇中都有明确的体现。实际上也是当时一般社会的道德观念和价值追求。（3）积极进取、朝气蓬勃、奔放豪迈的文化气质。无论是《秦风》还是反映秦襄公时事的《石鼓文》②，屡屡出现威武雄壮的狩猎场景和表现秦人"修我甲兵，与子偕行"的积极进取的战斗精神。这是秦文化中最鲜明的文化特质。马元材先生说："秦本起于西戎，为一新兴民族，于诸国中最为后起。故秦风中便无厌世观念，随处皆有犷野意味。此故时代不同有以使然，而民族性之悬殊，以其一大原因也。"③ 这里所说的"无厌世观念"和"随处皆有犷野意味"，实际上就是积极进取、朝气蓬勃、奔放豪迈的文化气质的意象表现。对于这种文化精神产生的原因，马先生归结为两点：一是秦国最晚立国，与其他诸侯国相比最为年

---

① 《诗经·秦风·车邻》篇有："既见君子，并坐鼓瑟。'今者不乐，逝者其耋'。……既见君子，并坐鼓簧。'今者不乐，逝者其亡'。"（周振甫《诗经译注》，第176页）

② 关于《石鼓文》的年代与纪事，学界认识上有分歧，此处据郭沫若说。参见郭氏《石鼓文研究》，《沫若文集》第16卷，人民文学出版社1962年版。

③ 马非百：《秦集史》（下），第521页。

轻；二是与民族性有关。这民族性，是说秦人长期生活于农耕民族与游牧民族的夹缝地带，特殊的边陲生涯和农牧、狩猎生活，以及和中原文化的差异，使得秦国在当时被视为西戎。而正是这种西戎特征的生产、生活环境造就出勇武、强悍、奔放豪迈的秦文化气质。因此，所谓的"无厌世观念"从根本上讲与这种文化精神有关，而与秦立国最后，与诸国相比最为年轻关系不大。

总之，《诗经》时代，秦人文化是基于简单的生产、生活方式之上的一种简单、质朴的部族国家文化。文化精神表现出鲜明的自然主义人性化特征。人的精神是比较自由的，无论是"载寝载兴"的男女思念之情，还是"所谓伊人，在水一方"①的理想寻觅，都在这里得到无拘无束的自由表达。而这样的表达几乎都是人性的自然的反映。另一方面，与原始的、野性的简单的生产、生活相适应，秦文化充满了自然主义的、自由奔放的品质与精神。

二 战国时期秦文化意象与文化精神的新发展

（一）《荀子》的秦文化意象与早期秦文化精神的延续和变化。荀子是战国中期大思想家，一生游历过不少国家，秦昭王时期西游秦国，深切地感受了秦文化，并留下了珍贵的观感意象和文化认识。兹录如下：

> 入其境，观其风俗，其百姓朴，其声乐不流污，其服不挑，甚畏有司而顺，古之民也。及都邑官府，其百吏肃然，莫不恭俭、敦敬、忠信而不楛，古之吏也。入其国，观其士大夫，出于其门，入于公门，出于公门，归于其家，无有私事也；不比周，不朋党，偶然莫不明通而公也，古之士大夫也。观其朝廷，其朝间，听决百事不留，恬然如无治者，古之朝也。故四世有胜，非幸也，数也②。

通过荀子的观感意象和认识，我们看到，荀子对秦文化最主要的意象

---

① 周振甫译注：《诗经译注》，第180页。
② 张觉：《荀子译注》卷11《强国第十六》，第339页。

是它的"古",即所谓"古之民""古之吏""古之士大夫""古之朝"。这种"古"文化意象道出了秦文化与其他国家文化的明显不同,也将秦文化与遥远的部族国家文化联系起来,这固然不能简单地说是秦文化的落后,却分明地揭示了秦文化简单、质朴的精神。这种简单、质朴的文化精神一方面是《诗经》时代文化精神的继续,另一方面却也表现出一些不同,这就是早期自由奔放的性格、气质不再突出。而民"甚畏有司而顺","百吏肃然,莫不恭俭、敦敬、忠信而不楛",士大夫"偶然""明通而公"等蕴含着高度的秩序性和严肃认真的国家主义精神。这是伴随着农业生产方式的主流发展和国家社会意识日益膨胀在文化精神上的变化。这种变化在很大程度上源自商鞅变法及其以后以关东诸子文化对于秦文化的影响和改造。

(二)商鞅变法以后的东学西渐与国家主义、功利主义等较为复杂的文化精神的确立。商鞅变法前,秦文化主体精神是简单、质朴的地方部族文化的扩大和延续。这种文化的最大特点是君主、贵族和平民的一体化,部族国家政治文化与世俗文化的一体化。社会成员共同遵守长期以来形成的习惯法或共同认定的社会法规,而对这种既成的文化要进行变革,就不是君主个人或少数集团的事,在一定程度上要受贵族包括平民的影响。所以秦孝公说"更礼以教百姓,恐天下之议我也"①。在文化发展的表现上与关东地区显得格格不入,所以有"秦僻在雍州,不与中国诸侯之会盟,夷狄遇之"以及"诸侯卑秦,丑莫大焉"②的说法。商鞅变法以后,一方面这种简单、质朴的文化精神依然延续,另一方面随着变法的进行,国家主义文化和功利主义精神通过商鞅变法被引入,并在以后的社会实践中大肆张扬。这种文化,特别是在政治生活上的实践在一定程度上造成国家政治文化与民俗文化的日益分离。《商君书》引用《郭偃之法》说,"论至德者不和于俗,成大功者不谋于众"③,就是这种分离的理论基础。郭偃是春秋时期晋国人,曾辅佐晋文公变法,著有法书。④ 这种政治与世俗相

---

① 高亨:《商君书注译》"更法第一",第14页。
② 《史记》卷5《秦本纪》,第202页。
③ 高亨:《商君书注译》"更法第一",第14页。
④ 高亨:《商君书注译》附《商君书新笺》,第212页。

分离的思想以及各种理论学说通过各种方式与秦孝公以后谋求霸政的政治理想相结合，演绎了一场强烈的国家主义和功利主义为核心精神的社会变革。这种社会变革的结果是强烈的国家主义意识和功利主义文化精神在秦国的确立。

所谓国家主义，就是强化国家意识，调动一切因素，以实现富国强兵的文化精神。与这种文化精神相适应，是各种法规的建立，以及对与之相背离的自由精神的法律约束或制度引导。这种自由精神体现在既往社会发展过程中形成的社会秩序以及各种社会职业适应社会需要的自由发展。国家主义文化的发展，就是通过变法，将一切自由的因素与富国强兵的总目标联系起来，尽可能地实现自由因素最大化的服务于国家富国强兵总目标的要求。这样，当国家意志和个体意志、国家利益和个人利益发生矛盾的时候，一切要服从国家利益。由此，自由的人性化的精神在一定程度上得以削弱，各种形式的强制将人变成了国家的机器，甚至连日常的生产、生活也成为与国家发展密切相关的政治行为。如变法中最主要的农战政策，将农业视为国家发展的根本，发展农业实际上就成为国家发展的重要政治任务。一切不利于农业发展的因素都将是政府要加以打击或引导的。由此而建立了一种新的道德准则和评价体系，即贵农人、尚功利（优指战功，下文详述）而贱商人及其他职业。这样礼乐诗书、仁义等儒教，以盈利为目的的商人，各种游惰之民、疑农之民、巧谀之民、怠惰之民、恶农之民、奸伪之民、辩说之民、智慧之人、窳惰之农都是反对或打击的目标。在这种文化下，一切不直接生产或服务于国家发展需要的职业都将是政府抑制的对象，也是在道德上遭到下视的。这种文化造就的社会是高度秩序化的社会，民众是较为单一化的缺乏个性化的质朴的民众，是服务于国家意志的机器。荀子说："秦人其生民也陿阸，其使民也酷烈，劫之以执，隐之以陋，忸之以庆赏，䲡之以刑罚，使天下之民所以要利于上者，非斗无由也。"① 这就是说，在这种国家主义政策下，秦人的谋生之路很窄狭，生活很窘困，而要获利就只有按照国家指引的道路去做，为国家杀敌立功从而获得爵赏，舍此别无他途。可以看出这种文化的乏人性化特征至为明显。由于国家主义目标的单一化，由此造成社会文化精神的简单化。上文

---

① 张觉：《荀子译注》卷10《议兵第十五》，第300页。

提到荀子到秦国看到的情形，实际上是这种虽然秩序但非常简单、质朴的文化精神的体现。不过，这样的简单、质朴已经不是《诗经》时代自然主义的简单与质朴，而是强烈的国家主义文化改造后的"简单"和"质朴"。这种文化具有强烈的抑制自然主义的人性自由化发展的精神，具有强烈地抑制社会自由化发展的精神，深切地体现了为国家意志而人为地培植和改造社会的特征。这种文化是这一时期秦文化精神的集中表现，它在战国时期秦国长期的存在和发展，成为专制主义中央集权政治与社会发展的文化基础。

所谓功利主义精神，是建立在国家主义发展基础之上的、以崇尚功实为目的的文化精神。在秦国，这种精神首先发端于政治层面，并通过一系列制度推行于社会。秦孝公元年（前361年），为了实现秦献公以来"兴复穆公故业"的理想，摆脱"诸侯卑秦，丑莫大焉"的现实，开始积极推行功利主义文化精神的措施。《求贤令》说，"寡人思念先君之意，常痛于心。宾客群臣有能出奇计强秦者，吾且尊官，与之分土"，反映了急切的功利主义心态和做法。商鞅入秦后与秦孝公有几次谈话，分别以"帝道""王道""霸道"和"强国之术"游说，其中"帝道""王道"，孝公均不感兴趣，而对"霸道"，"意欲用之"，至于"强国之术，君大悦之耳"。商鞅曾对他的介绍人景监说："吾说君以帝王之道比三代，而君曰：'久远，吾不能待。且贤君者，各以其身显名天下，安能邑邑待数十百年以成帝王乎？'"[①] 这些话语及其所反映的意愿鲜明地表现了秦孝公地地道道的功利主义思想和观念。迎合这种思想和观念，在秦国阐扬旨在富国强兵的功利主义文化精神自应是商鞅变法的基本精神。

商鞅变法在秦国推行的功利主义文化，具体表现在三个方面：（1）是"尚功利"。一切以社会成员对于旨在富国强兵的政策的执行的功实为标准加以衡量。最典型的是"上（尚）首功"[②]，就是以军功，主要是斩杀敌人的首级为晋爵升迁的凭据。《商君列传》说，"宗室非有军功

---

① 《史记》卷68《商君列传》，第2228页。
② 诸祖耿《战国策集注汇考》卷20《赵三》云："彼秦者，弃礼义而上首功之国也。权使其士，虏使其民。"（第1038页）。

论，不得为属籍。……有功者显荣，无功者虽富无所芬华"①。《韩非子》说："商君之法曰，斩一首者爵一级，欲为官者为五十石之官；斩二首者爵一（二）级，欲为官者为百石之官。官爵之迁与斩首之功相称也。"②其次是鼓励农业，官爵也与民众交纳粮食的多寡挂钩。所谓"民有余粮，使民以粟出官爵"③。（2）抑制工商业，反对礼乐、诗书、仁义等儒学。认为这些人不直接从事社会财富的创造，是有害于国家的"虱子"④。（3）广泛推行法制，抑制人治。这种文化认为，只有第一产业才是有利于富国的产业，只有第一产业才是真正地创造社会财富的产业。在战争方面，光将人力投入战争还远远不够，只有功实，也就是斩杀敌人的首级才算是对国家的贡献，才能够晋爵升迁。因此，正如前引荀子所说，国家将国人的其他谋生之路几乎断绝，而只给他们从事农业和为国家打仗的谋生机会。这样的文化是极端国家功利的、简单的、狭隘的文化，在一定程度上也是缺乏人性化的富国、强国而贫民、弱民的文化。它崇尚的是利用民力，民尽其力，而不是仁义理智、智慧等。所以有"任功则民少言""官爵必以其力，则农不怠"⑤，"明君之治也，任其力不任其德，是以不忧不劳，而功可立也"⑥等说法。这种国家功利主义文化将秦文化的发展引向三个方向：一是简单、单一的农业文化趋向；二是简单残暴的军事文化；三是严刑酷法、律条琐细的法制文化。崇尚单一的农业文化，造成生产结构总体上的单一化。残暴的军事文化，战国时人意象中屡有道及，而秦国对外战争的大规模杀伤更是屡见不鲜。至于秦末的"伐无道、诛暴秦"和汉以后屡屡为人称道的"暴秦""暴政"等意象，都是这方面的明证。残暴的军事文化以崇尚力量为精神，以嗜杀、暴虐、少恩、寡惠、薄礼等为特征，贯穿于整个战国时期的秦国历史。

总结以上三点，我们认为，这种国家功利主义文化及其制度运作总体上体现了一种简单、功利和强制的文化精神，体现了文化教化上的社会人

---

① 《史记》卷68《商君列传》，第2230页。
② 《韩非子》卷17《定法》，诸子百家丛书，第138页。
③ 高亨：《商君书注译》"靳令第十三"，第103页。
④ 同上书，第105页。
⑤ 同上书，第103页。
⑥ 高亨：《商君书注译》"错法第九"，第90页。

"工具化"特质，而这些正是专制主义中央集权政治产生并发展的文化基础。

这样的文化后来通过关东游说家文化的输入和政治实践不断得到强化。"东学西渐"主要是指商鞅及其以后众多的关东"客卿"所输入秦国的各种思想、观念和制度，并在"客卿"的政治实践中融入于秦国的文化当中。关东客卿是战国时期适应当时社会需要而产生的政治说客，他们的价值观以苏秦为代表，以谋求个人价值与君权意志的结合，追求个人利益至上和君主意志部分实现为目的。不论是就某个方案的实施，还是较为长远的政治运作，都是具有鲜明的功利主义色彩。而事实上，秦国对于客卿的任用也像客卿本身一样是非常功利的。表现为客卿任用上的变化较快，往往因某一个目标或某一种主张就会任用一客卿，目标实现或没有实现就要更换。

需要说明的是，秦人是一个崇尚自然崇拜和多神崇拜的民族，从早期的上帝崇拜，到后来的天、地、人、鬼、自然现象无不在一定程度上影响着秦人的政治生活、经济生活与文化生活。长期而持久的自然崇拜和多神信仰，使得秦文化具有非常浓郁的原始宗教精神。这一点前文已述，此处不必赘述。

三　结论

秦文化经历了早期边疆部族文化到诸侯王国文化的发展，在地域上以陇东和关中及其周围地区为主要范围而形成。秦王朝时期秦文化虽然有所发展并向外传播，但其核心依然在这一带。在这一漫长的历史过程中，早期简单、自由、奔放的人性化精神，经历了战国时期山东文化的输入与改造，形成了新的以国家主义和功利主义为精神特征的文化。简单、秩序的外观虽然依然存在，自由、奔放的文化精神却为强制、残暴的文化精神所取代，精神文化不发达，人民日渐被"教化"为国家的工具。自然崇拜和多神信仰伴随着国家的发展而发展，在景观意象上愈演愈烈，所以，秦文化还充满了浓郁的原始宗教精神。

（原刊《西安财经学院学报》（社会科学版）2008年第3期）

第 二 编

《水经注》研究

《水经注》流域地理的发现与撰述

"流域"(drainage basin)是现代自然地理学的概念,是对河流的干流和支流所流过的整个区域的总称。对于河流的关注和记述,在我国历史地理知识系统发展上有着悠久的历史,但从流域这一意义上来关注河流及其所流经的区域的地理状况,直到《水经注》出现以前还没有系统的著述。《水经注》首次发现了河流流域系统,并以此为对象来系统阐述一个流域的地理状况,开创了我国地理编撰学的新时代。而流域观念的出现,标志着我国古代地理学思想的新进展。

一 流域地理的发现

我国古代最早关注河流的地理著作是《禹贡》和《山海经》两部著述。它们的成书时代一般认为是在战国时期,前者被认为是"征实派"的作品,后者被认为是"幻想派"的撰述①。不论是前者还是后者,对河流的关注与记述其实都只是一种必要的附属品,而不是全书的重点所在。《禹贡》的重点在于描述"九州"的疆域、山水、土壤、田地的等级和贡物及其贡道等地理,所涉及的河流和其他水体只是某一州的众多地理要素中的一个要素。对于这个要素,在记述上首先关注的是几个较大的河流,或者与当时人们生活关系较密切的河流。而在关注点上,有的是不得不说的方面。如关于相关河流的治理及其所形成的区域,其重点在九州的形成

---

① 中国科学院地理研究所编辑,侯仁之主编:《中国古代地理名著选读》第1辑,学苑出版社2005年版,第6页。

和划分上。而作为九州疆界的标识的河流,虽然也被计入州中,但其重点在标识的意义,不在河流本身。如济、河之间为兖州,淮、海之间为扬州,黑水、西河之间为雍州等,都是疆界的标识意义上来计入的。至于作为贡道的河流,其重点在"贡道",只是贡道的有些部分走的是水路,或者相当部分的陆路是傍水而行的,所以不得不记述这些河流。因此,它关注的并不是河流本身。正是在这些意识和观念下,它所关注的河流既是有限的,也在一定程度上是有选择性的。如雍州主要有弱水、泾水、渭水、漆水、沮水、沣水等水,豫州主要涉及洛水、涧水、瀍水、伊水等。由于《禹贡》记述的重点在于九州的地理,对于各州内部的水系除了以上几种功能意义上的关注外,对相关河水的流经关注甚少。大概除了"导水"部分关注的若干条河流,大致记述其流经和入海外,其他言之甚少。在这一点上,它甚至还不如《山海经》的记述。

《山海经》是以自然地理为主体的地理著述,虽然其中夹杂不少神话和想象的成分,但对于河流的源头和流入(或归属)的记述非常到位。这在记述上几乎形成了一种公式,即××山—××水出焉—所流方向—流入×水或×泽。如《南次二经》所记几条水:柜山……英水出焉,西南流注于赤水;浮玉之山,……苕水出于其阴,北流注于具区;成山……水出焉……而南流注于虖勺;会稽山……勺水出焉,而南流注于湨……①等。都是这样的记述模式。显然,在这一模式中,山是首要的记述对象,水只是依附于山的附属要素。它虽然对于个体河流的发源和流入某河流的关系的记述是清楚的,但对于流经地区和城镇几乎不予关注,这就难以涉及河流干流、支流及其相互之间的联系问题,因此对于一个流域的整体性状况的描述就无从谈起。

《汉书·地理志》是继上述两种地理著述之后的又一部地理学名著,在思想上它继承了《禹贡》的基本精神,以行政区划为对象,记述郡一级区划内的自然、人文地理现象,同时也兼及历史地理的描述。其中对于水体的记述,分别吸收了《禹贡》和《山海经》的成就,既有部分河流发源和流入另一河流的记述,也有相当一部分河流只叙述其在该郡所属诸

---

① (晋)郭璞注:《山海经》,(清)郝懿行笺疏,沈海波点校,上海古籍出版社2015年版,第9—14页。

县的大概位置,甚至流经的大致行程和地区。如弘农郡卢氏县下记载:"伊水出,东北入雒,过郡一,行四百五十里。又有育水,南至顺阳如沔。又有洱水,东南至鲁阳,亦入沔。皆过郡二,行六百里。"① 由于分区记述本身的原因,它在河流的选择和具体记述上自然就大体上承袭了《禹贡》的一些做法,既有所取舍,也在具体流经上较为空泛。这大概是自然河流依附于行政区划的著述的常规性表现形式。

总之,直到汉代,我国古代地理著述虽然出现了以自然为主体和以人文为主体的著述体例和思想,但对水体的关注总体上只是体现在一种附属的、必要的地理要素的意义上而已,以水体和水域为主体的水文地理并没有出现。这种状况直到三国时期出现的《水经》才有所改观。

《水经》是第一部以水为主体的水文地理著述。从学术史上看,它继承了《山海经》为代表的自然地理撰述的一脉,将此前著述中把水作为从属或附庸地位的情况,转变为以水为主体的撰述,也就是说,第一次将自然河流作为主要对象加以系统描述,这是一次新的超越。正因为如此,它在借鉴了以前关于河流记述成就的基础上,第一次明确地阐述了河流干流及其较大的支流的发源、流经地区、流经城镇,以及流入河流或入海情况。虽然文字很少,记述也非常简略,并且只记述了137条主要河流,但这也是对于以往河流记述的创新。从这个意义上说,它开创了河流流域地理撰述的先河,在中国地理学史上有着重要的地位。

《水经注》是在"注释"《水经》的基础上形成的一部伟大的地理学著作。它的伟大之处并不主要表现在所谓的"以水证地",也不在于它的与此相关的"开创"之功,而在于它对于《水经》所表现出的流域地理学观念的系统完善和发展。这种发展主要表现在,它从总体上摆脱了以河流为主体的、重点关注河流及其流经的思想,而是将流域作为一个整体,较为全面地反映一个流域的整体的自然、人文以及现实环境与历史的联系。虽然其中一些著述的表现形式,继承了《禹贡》《山海经》和《汉书·地理志》的记述方式和成就,但在一个相对完整的流域里来系统地组织和撰述这些地理内容,这是对以前地理学成就的集大成,更是在一个新的流域框架下整体反映流域地理的伟大创造。如果说《水经》开创了

---

① 《汉书》卷28《地理志》,中华书局1962年版,第1549页。

河流流域地理撰述的先河的话,《水经注》则较为系统地创立了流域地理学的撰述形式,这是郦道元的伟大贡献。

二 重建流域地理的自然山水秩序

流域地理的基础,首先在于明了一个流域的河流山川,以及分布于其中的其他自然景观要素,从而较为全面、清晰地反映人类活动"舞台"的基本结构和面貌。《水经注》是早期地理学著作中首次深入、全面认识到这一点的。不但如此,它之所以首先关注水,是因为在作者看来,"水为万物之先",水对万物的意义至高至大,"神莫与并"①。这也是我国古代地理著作中,第一次在自觉意义上高度认识和评价水的意义与价值的论述。正是在这个意义上,他看到以前地理著述和历史著作的缺陷,即记述较为简略,着眼点较为零碎,水系各组成部分之间的联系涉猎得不全,即缺乏流域地理所要求的要素的完整性、关联性和结构性。《水经注原序》讲:"昔《大禹记》著山海,周而不备;《地理志》其所不录,简而不周;《尚书》、《本纪》与《职方》俱略;都赋所述,裁不宣意;《水经》虽粗缀津绪,又缺旁通。所谓各言其志,而罕能备其宣导矣。"② 清楚地说明了这一点。在这种学术史背景下,他吸收《大传》"大川相间,小川相属,东归于海"的河流之间相互联系的思想,在一种全新的观念和思想指导下,系统整理和补注《水经》,借以建立一种流域山水相互关系的流域自然地理新秩序,郦道元称为"脉其枝流之吐纳,诊其沿路之所躔"③,也就是把一个全面的流域河流山川的相互联系及其分布的结构表现出来,作为人地关系的自然地理基础,这是他的理想目标。

这种新秩序的重建工作是通过对《水经》的注释来实现的。而《水经》是三国时期的作品,如何能通过对它的注释来实现他的目标呢?这一点郦道元没有告诉我们,但从他的工作方法来看,他的潜意识里存在着这样的意识,即河流不像历史那样有着严格的时间概念,河流是一种客观

---

① 陈桥驿:《水经注校释》"水经注原序",杭州大学出版社1999年版,第5页。
② 同上。
③ 同上。

存在，任凭岁月的流逝，它们都不会有太多的变化。所以不必像当时的学人注释古史那样，将事实严格地限定在特定的历史时期。正是基于这一点，他采取了当时甚为流行的"集注"的方法，把古往今来的众多资料收集起来，同时结合自己的实地考察——"访渎搜渠"——以补充完整各主要河流的水系的发源、流经及其流变，从而建立起相比于以往众多撰述的河流山川及其相互联系的流域地理新秩序。从他所依据的 300 多种资料的性质来看，这些资料主要是历史资料和历史地理资料，另有一部分是他所在的时代的资料，但往往都不同程度地包含和描述历史地理的内容。因此，这种注释既不完全是对三国时期的河流水系的表现，也不是对于他所在的时代的流域水系的全面表现（这需要系统地勘察，当时人是做不到的），而是运用北魏及其以前的历史地理资料，对于前北魏时代全国流域水系的一种总结性描述或复原。从这个意义上说，它的性质应当是历史地理学性质的撰述，涉及河流水体这一部分，应当说是通代全国历史水文地理学性质的著述。王成组先生说："《水经注》一书，在体例上是一部说明水道源流的专著，在实质上它也是一部历史地理的资料。后一个特点历来所起的作用，可能超过前一个特点，但是在评价这部著作的时候，往往偏重于前者而忽视后者。"① 这一认识总体上是正确的，但将它只放在"历史地理的资料"的位置上，似乎还是不够的。

《水经注》对流域自然山水地理秩序的重建，首先在于它对当时已经认识的河流水系的系统描述上，所以它将《水经》记述的 137 条河流补充到 1252 条，并在描述这些河流的过程中，详细地描述了河流的发源地、流经的具体地区，以及沿途"吐纳"的支流、支津，以及这些支流、支津所"吐纳"的支流的情况。这是以前任何著述都没有做到的成就，当然，由于资料本身的限制，《注》中对于所述河流的详细程度存在着明显的不平衡，特别是对于长江流域、珠江流域若干水系的记述颇为简略，充分地说明了这一点。这些情况前人多已指出，这里无须烦叙。其次，对河流发源与其发源地关系的描述往往比较细致，这一点也是在早期地理著述基础上的新发展。它一方面反映了我国古代社会对于河流认识的不断深入，也客观地展示了那一时期对于河流的认识成就。如渭水发源问题，

---

① 王成祖：《中国地理学史》（先秦至明代），商务印书馆 2005 年版，第 312 页。

《山海经》和《禹贡》都只简单记述渭水发源于"鸟鼠同穴"山,《汉书·地理志》加上行政建制"陇西郡首阳县西南(山)",《水经》又附加说"首阳县渭谷亭南鸟鼠山",虽然一次比一次清晰,但其源头情况终究还是模糊的。到《水经注》则记述得就比较清楚:"渭水出首阳县首阳山渭首亭南谷,山在鸟鼠山西北。此县有高城岭,岭上有城,号渭源城,渭水出焉。三源合注,东北流迳首阳县西与别源合,水南出鸟鼠山渭水谷,《尚书·禹贡》所谓渭出鸟鼠者也。《地说》曰:鸟鼠山,同穴之枝干也。渭水出其中,东北过同穴枝间,既言其过,明非一山也。又东北流而会于殊源也。渭水东南流,迳首阳县南,右得封溪水,次南得广阳溪水,次东得共谷水,左则天马溪水,次南则伯阳谷水,并参差翼注,乱流东南出矣。"① 又如关于"河水"(黄河)发源问题,虽然从现在角度看,《经》文和《注》文在这一问题上的记述很多是极为荒诞不经的,但作者花了大量的篇幅,引用了春秋、战国到魏晋南北朝间约 40 种相关文献②,对于昆仑山、河水起源及其相关的神话传说加以论述,虽然没有达到比较科学地描述河水发源的高度,却比较全面地反映了这一时期及其以前我国对于这一问题以及这一地区的认识状况。这一成就和这种探索精神都是值得充分肯定的。再次,结合水系的系统描述和探讨,《注》文中还记述了流域内不少其他特征的各种水体、山水景观以及它们的具体位置,如湖泊、瀑布、温泉、伏流、山峡、季节性河流等,陈桥驿先生对此有专门的研究,可参见其《水经注研究》③ 一书以及《郦学札记》的相关部分。

通过这些工作,《水经注》较为系统地建立了以流域为基础的河流、水体的分布,以及它们之间的相互联系的自然基础工作。它虽然没有画出相应的流域地图,但却为后来相关地图的绘制奠定了坚实的成果基础。流域自然山水秩序的重建,为流域综合地理的撰述,特别是人文地理要素的

---

① 陈桥驿:《水经注校释》,第 312 页。
② 这些文献包括:《昆仑说》《禹本纪》《山海经》《穆天子传》《外国图》《春秋说题辞》《考异邮》《元命苞》《管子》《庄子》《孝经援神契》《新论》《齐都赋》《风俗通》《白虎通》《尔雅》《物理论》《述征记》《括地图》《河图》《命历序》《盟津铭》《淮南子》、释氏《西域记》、郭义恭《广志》、康泰《扶南传》《法显传》、支僧《外国事》《佛图调传》《竹书(纪年)》、东方朔《十洲记》、张华《博物志》、东方朔《神异经》《遁甲开山图》《西河旧事》《汉书·西域传》、竺枝《扶南记》《凉土异物志》《史记》等。
③ 陈桥驿:《水经注研究》,天津古籍出版社 1985 年版。

"落点"奠定了基础。

三 流域人文现象的撰述

　　《水经注》对流域人文地理内容的记述是依附于水道流经的路径这一主线的。虽然他将这一部分内容在本书中的地位定格为"附其枝要"[①]，但实际上这一部分内容所占篇幅相当多，所记述的人文地理内容非常丰富，其价值远远超出了所谓"枝要"的意义。这一点前人多已不同程度地指出过。从记述的思想方法和体例特点看，它和早期的《山海经》以山河为线索，借以记述流传于其中的神话、怪异故事的记述方法略相一致；也和汉晋以来出使西域使者的西域见闻，或西行求法高僧所撰的《行纪》（如《法显传》[②]）一类撰述的思想方法相一致。在这一点上，这种记述体例是对以往地理学传统方法的继承和发展。这种发展，一方面体现在它比较系统地按照水系中的河流流经来反映人文现象；另一方面体现在它涉猎的内容比较广博，不但有当时地理现象的描述，而且涉及历史时期以来的历史地理现象。以往学术界在评价其学术价值的时候，过分看重其"以水证地"的方法，并且对此评价过高，实际上这种认识方向是值得商榷的，它没有也不可能真正揭示这部著作的价值所在。

　　基于这样的思想方法与著述体例，《水经注》在写入的人文要素的选择上，没有按照行政区域的范畴来取舍，而是把着眼点放在河流所经过地区人类活动所造成的地物现象，以及与这些现象相关的人类历史故事上。这无疑是朝着流域人文地理记述和研究的方向迈出了重要的一步，虽然从其所依附于河流这一点看，它还不大像严格的流域地理学著述，而更像一本"水经行记"。但它记述的河流水系比较齐全（虽然存在不平衡问题），如果将这些河流水系及其相关的人文地理要素统一起来看，实际上又构成了一个个较为完整的流域地理面貌。这正是其流域地理撰述的特点。

　　流域诸水系所经过地区的人文地物现象多种多样，如何选择所记入的对象？又如何记述这些对象？郦道元在《水经注》中并没有明确的"凡

[①] 陈桥驿：《水经注校释》"水经注原序"，第6页。
[②] 章巽：《法显传校注》，中华书局2008年版。

例"说明,但从《水经注原序》的相关思想和《水经注》的实际内容来看,作者所记述的对象主要是一些重要的城市、城市遗迹、其他地名以及与此相关的历史事件、历史人物、历史流变和文化景观等。涉及的时间范畴,包括远古时期到郦道元时代。对于如此漫长的历史时期的人文地理现象的记述,在我国地理学史上还是第一次,当然,作者也清楚地认识到它的艰难性和挑战性,他说"绵古芒昧,华戎代袭,郭邑空倾,川流戕改,殊名异目,世乃不同",对此只能采取"自献迳见之心,备陈舆图之说,其所不知,盖阙如也"①的态度。这样的陈述和研究态度无疑是科学的,但也难免存在着采录对象标准不一、时间尺度不一,资料庞杂,体系上显得支离破碎,以及解释上深浅不等一系列问题。在撰述形式上,如果撇开河流对象本身,但就人文对象看,这样的编纂形式在某种程度上有点像历史人文地理词典的撰述。这大概是当时地志撰述和已经蔚为风气的注释性著述的基本属性,上述问题往往也是这种体例所固有的问题。对此,郦道元没有多少实质性的超越,所以他对这本著述的期望也不是很高。所谓"所以撰证本《经》,附其枝要者,庶备忘误之私,求其寻省之易(耳)"②,正可想见他的用心。另一方面,这种撰述体例的优点也是显而易见的。这就是,它能够保存大量人文地物现象的历史资料和历史研究资料(即学术史成果)。特别是在其中所引述的一些地志资料已经亡佚的情况下,其资料价值就显得更为重要。这些情况,文史学家、历史地理学家和郦学家都有过充分的论述与评价,此处就不再赘述了。

《水经注》所记述的人文地理内容,总体上偏重政治、军事和文化景观的记述和讨论,如郡县城镇的沿革变迁,重要军事设施的分布与辨认,重要社会文化景观等;其次是地名以及与地名相关的历史事件、人物故事等。而对事关社会民生的人口地理、农业地理、商业地理、交通地理等内容虽然不同程度地有所涉及,但既不全面,也不系统,更不完整,总体上显得较为薄弱。这是《汉书·地理志》以后沿革地理的传统和精神的典型表现,同时也是汉晋时期地理撰述的传统,其影响广大而深远。以至于到了民国前期,我国地理学的编纂依然主要停留在沿革地理学撰述的水平

---

① 陈桥驿:《水经注校释》"水经注原序",第5页。
② 同上书,第5—6页。

上，没有实现根本性的突破。

对于文化景观的描述，除了记述有大量河流沿岸的佛教、道教寺庙和相关遗迹外，对于本土固有的原始宗教祠庙、陵墓、陵庙景观，以及其他文化遗迹、传说的记述非常丰富。这些内容虽不能说是作者的特意选择，但其中夹杂大量的神秘文化要素和"奇闻异事"，在一定程度上反映了作者的一些偏好。对此，以往学界多持批评意见。现在看来，这种批评是不完全妥当的。因为，这些资料真实地表现了不同流域、不同时空的社会集团的一些基本意识和观念，对于研究不同历史时期流域社会文化、意识和民俗信仰具有重要的参考价值。

（原刊《西夏研究》2011 年第 2 期）

《水经注》祠庙研究

祠庙是古人祭祀祖先、神仙、先贤人物和自然神灵的场所，是前人留下的重要的人文地理现象。我国古代典籍很早就有关于祠庙的著录，历朝正史自不必说，专门的地理著作更多不例外。如，《三辅黄图》有"宗庙"一篇，专记汉及王莽朝诸词庙；《庙记》① 一书虽已久佚，亦以记述庙宇无疑。《水经注》是一部伟大的地理著作，其目的虽非记载各地祠庙，但它以水为纲兼记地理，许多自然、人文景观都入注中，所以其中记述了大量的祠庙。这些祠庙因水流所经而记，遍布当时全国各地，基本上反映了我国早期祠庙分布的空间特征。通过这些祠庙若干内容的探讨，亦可发现祠庙发展的一些特征。下面就祠庙的称谓、石庙的地理分布与庙前石兽的转变，以及祠庙（不包括佛寺道观）的空间分布等几个问题作一初步探讨。

一　祠庙的称谓问题

祠与庙最早是两个含义不同的词。按《古汉语常用字字典》② 解释，祠有两层基本意思：一曰春祭，与夏祭、冬祭和秋祭并称"祠尝"。这一意义后来引申为两重含义：一为动词，释为"祭祀"；二为名词，释为"祭神的地方"。祠的另一层含义指"祠堂"，是"封建制度下同姓族人供奉祖宗或生前有功德的人的房屋（后起意义）"。庙与本文有关的也有两

---

① 《隋书·经籍志》史部地理类列有《庙记》第 1 卷；《梁书·文学传》的《吴均传》载吴均著《庙记》第 10 卷。
② 《古汉语常用字字典》，商务印书馆 1985 年版，第 40、173 页。

层意义：一指"宗庙"，是供奉祭祀祖先的处所；二指"封建时代供奉祭祀所谓有才德的人的处所"。在这一意义上又引申出"迷信的人供奉祭祀神佛的处所"这层意义。由释义不难看出，这两个词的最初意义迥然有别，后来由于都有祀神或有才德的人的处所这一意义而出现互称，即祠可称庙，庙亦称祠，索性又称祠庙。祠、庙互称的具体时间出现于何时，笔者没有研究，不敢妄言，不过，《水经注》著录的大量祠庙似有助于这一问题的进一步认识。

1. 祠庙互称

《水经注》所载祠庙基本上有两种称谓：一称祠，二称庙。就统计的两百余祠庙看，有一百二十多个是以庙相称的，有七十余个是以祠相称的。无论是称祠还是称庙，在行文中郦道元都有以祠释庙或以庙释祠的现象。如二子庙，"犹谓之为孝祠矣"①。董仲舒庙，"世谓之董附君祠"②。又，伍子胥庙，"河水又东北，迳伍子胥庙南，祠在北岸顿丘郡界，侧临长河"③。此为以祠释庙例。以庙释祠者，如介子推祠，"祠前有碑，庙宇倾颓，惟单碑存矣"④。汉光武帝铜马祠，"汉光武庙也"⑤。原泉祠，"水源南侧有一庙，栝柏成林，时人谓之原泉祠"⑥。诸如此类的例子还很多，恕不赘举。可见，《水经注》时代祠、庙是可以互称的。

2. 称谓的多样性

除祠、庙互称外，《水经注》里祠庙的称谓还相当多，说明当时祠庙的叫法并没有制度化。首先，庙亦称寺。见于记载的有神马寺、石桐寺、胡越寺、铜马刘神寺、白杨寺等。

神马寺，是奉祀白马山神的处所。郦道元注说："有神马寺，树林修整……疑即《开山图》之所谓白马山也。山下常有白马群行，悲鸣则河决，驰走则山崩。"⑦应当是因此而立寺的。石桐寺，就是介子推

---

① 陈桥驿：《水经注校释》，第87页。
② 陈桥驿：《水经注校释》，第189页。
③ 陈桥驿：《水经注校释》，第79页。
④ 陈桥驿：《水经注校释》，第99页。
⑤ 陈桥驿：《水经注校释》，第184页。
⑥ 陈桥驿：《水经注校释》，第445—446页。
⑦ 陈桥驿：《水经注校释》，第79页。

祠①。胡越寺，为华山中一神祠②。铜马刘神寺，即前文提及的汉光武帝铜马祠，寺是"俗老耆儒"的称呼③。白杨寺，奉祀"白杨山神"④。

寺，本义为廷，引申为官署机构⑤，后来又具有"寺庙"的意义。按《古汉语常用字字典》辨庙、寺、观所说，"上古时期这三字的区别很大。庙是祖庙，寺是官府，观是台观。后来，庙是一般的庙宇，其中奉祀的是'神'；寺是佛教的，其中奉祀的是'佛'；观是道教的，其中奉祀的是'仙'"⑥。这里说的"后来"不知后到何时，不过，从以上庙称寺的材料看，至少《水经注》时代这种颇具一般化的情况还未形成。其次，祠亦称观。如前所说，后来观是道教的，仙人祠又称仙人观⑦，正是这种称谓的反映。但郦注所载大部分奉祀神仙的祀所并未称观而是称祠。这种例子很多，兹不赘举。似说明这种转变才刚刚开始。仙道一家，现在是大家的共识，但在郦道元时代，特别是《水经注》中道家修道的处所多不称观，而是称为"精庐""精舍"。如，记青山的道士精庐说"泉侧多结道士精庐焉"⑧，同类者尝有道士范侪精庐⑨，无名氏三精舍⑩，陆道士解南精庐⑪。"精庐"也非道家专有，有个别佛寺也称"精舍"。龙泉精舍，"太元中，沙门释慧远所建也"⑫，即为沙门所建，当然应是奉祀佛的处所。道家也非尽称精庐、精舍，也有称庙者，如"大道坛庙，始平二年，少室道士寇谦之所议建也"⑬，即是。

这种混称现象，是儒释道三家文化共生发展，在早期阶段的反映，它既反映了三家祀所的共性特征，也反映着各自称谓欲区别的趋势。从这个

---

① 陈桥驿：《水经注校释》，第 100 页。
② 陈桥驿：《水经注校释》，第 58 页："又至一祠，名曰胡越寺，神像有童子之容"。
③ 陈桥驿：《水经注校释》，第 184 页。
④ 陈桥驿：《水经注校释》，第 201 页。
⑤ （清）朱骏声：《说文通训定声》，武汉古籍书店 1983 年版，第 158 页
⑥ 《古汉语常用字字典》，商务印书馆 1985 年版，173 页。
⑦ 陈桥驿：《水经注校释》，第 273 页。
⑧ 陈桥驿：《水经注校释》，第 565 页。
⑨ 陈桥驿：《水经注校释》，第 598 页。
⑩ 陈桥驿：《水经注校释》，第 701 页。
⑪ 陈桥驿：《水经注校释》，第 563 页。
⑫ 陈桥驿：《水经注校释》，第 686 页。
⑬ 陈桥驿：《水经注校释》，第 233 页。

意义上讲，这是一个过渡时期。

再次，祠庙的其他异称。除与释道祀所称谓有混同外，其他的异称还有一些。如，"子夏石室"①，"孔子石室"②，"司马子长石室"③，"尧神屋"④，"代夫人神屋"⑤，王次仲"山屋"⑥。与称祠、称庙相比，这些叫法似更具民间特征，但也是时人对祠庙的称谓无疑。它说明当时人们的祠庙称呼并不严格，而是比较自由、宽泛。

二　石庙的地理分布与石像生的转变

熊会贞释弘农太守张伯雅石庙说："《宋书·礼志》二汉以后，天下送死奢靡，多作石室、石兽。此见于汉者也。"⑦ 按此，作石室、石兽应是两汉以后的风尚。《水经注》记载的石庙、石像生更进一步证明了这一说法。

1. 石庙的分布

《水经注》明确记载的石庙和从其行文看应是石庙的庙宇，见表1。根据表1中资料，《水经注》所记载的石庙，除司马子长和子夏庙在左冯翊外，其余庙宇都在关东地区，关东地区又以山阳郡、梁国、定陶国和南阳郡稍多。最北有雁门郡的北魏文明太皇后冯氏永固堂，最南为南阳郡诸庙，最西似不超出左冯翊的黄河西侧。如果据司马迁在《史记·货殖列传》中划分的四大区域⑧看，可以说这些石庙主要分布于长江以北，龙门碣石线以南的关东地区。

---

① 陈桥驿：《水经注校释》，第56页。
② 陈桥驿：《水经注校释》，第469页。
③ 陈桥驿：《水经注校释》，第55页。
④ 陈桥驿：《水经注校释》，第102页。
⑤ 陈桥驿：《水经注校释》，第239页。
⑥ 陈桥驿：《水经注校释》，第241页。
⑦ 杨守敬、熊会贞疏：《水经注疏》，江苏古籍出版社1999年版，1835页。
⑧ 《史记·货殖列传》划分的四大区域是山东、山西、江南与龙门碣石以北。

表1　　　　　　　　　　　《水经注》所见石庙

名　称	卷数	属郡（西汉）	备　考
司马子长墓前庙	卷四	左冯翊	遂建石室，立碑树垣
子夏石室	卷四	左冯翊	河水又南迳子夏石室东，南北有二石室，临侧河崖，即子夏庙也
般祠	卷五	东郡	今见祠在东崖，临河累石为壁，其屋宇容身而已
汉平狄将军扶沟侯朱鲔冢北石庙	卷八	山阳郡	墓北有石庙
汉荆州刺史李刚墓前庙	卷八	山阳郡	有石阙、祠堂、石室三间，椽架高丈余，镂石作椽……
汉司隶校尉鲁峻冢前石祠、石庙	卷八	山阳郡	冢前有石祠、石庙，四壁皆青石隐起……
弘农太守张伯雅庙	卷二十二	河南郡	冢前有石庙，列植三碑……
魏冯太后庙	卷十三	雁门郡	堂之四周隅，雉列榭、阶、栏、槛，及扉、户、梁、壁、椽、瓦，悉文石也……
汉鸿胪桥仁祠	卷二十三	梁国	城东百步有石室，刊云：汉鸿胪桥仁祠
汉司徒盛允石庙	卷二十三	梁国	延熹中立墓，中有石室，庙宗顷颓，基构可寻
中山夫人祠	卷二十四	定陶国	石壁阶墀仍旧……
仲山甫庙	卷二十四	定陶国	冢西有石庙，羊虎倾低，破碎略尽……
徐庙	卷二十五	楚国	山上有石室，徐庙也
孔子石室	卷二十六	北海郡	水东有孔子石室，故堂庙也
桂阳太守母石祠	卷二十九	南阳郡	珍之孙桂阳太守，以延熹四年遭母忧，于墓次立石祠
无名氏石庙	卷二十九	南阳郡	又有石庙数间，依于墓侧……亦不知谁之胄族矣
汉安邑长尹俭庙	卷三十一	南阳郡	冢西有石庙，庙前有两石阙……

说明：1. 该表据陈桥驿《水经注校释》制作。

2. 因《水经注》述地以西汉版图为主，故庙宇属郡为西汉郡国，参见谭其骧主编《中国历史地图集》。

又据表1中统计，石庙的主人大多数是皇亲国戚、贵族官僚，因此，二者联系起来自非偶然。正如前文引《宋书·礼志》所言，石庙是在"奢靡"之风下产生的人文现象。它大约开始于西汉中期，盛行于东汉，上表中有一半以上为东汉官僚贵族庙，也证明了这点。

石庙多分布于关东地区有三个基本原因：一是自古以来关东地区黄河中下游南北是全国主要的经济区，经济文化发达，先贤人物荟萃，是本区以后发展的基础。二是东汉、曹魏、西晋、北魏先后定都洛阳，加速了本区的经济文化发展，也使这一地区成为全国的经济文化中心，贵族官僚人物较多。三是南阳为东汉帝乡，又是南北交通要地，国戚贵胄集中，官僚士人云集。东汉王符《潜夫论》说："今京师贵戚，郡县豪家，生不极养，死乃崇丧，或至刻金镂玉……造起大冢，广种松柏，庐舍祠堂，崇侈上僭。"[①] 从一个侧面说明了这种情况。石庙的这一分布，在一定程度上也为现今发现的画像石所证实。据说，西汉画像石，在全国已发现数千石之多，而以山东、河南、四川等地最多[②]。画像石和庙宇、陵墓常是分不开的，《水经注》载鲁峻庙、寿光县孔子庙、淮南王刘安庙等刻画图像，正是这一表现。由于种种原因，《水经注》中虽未见到今四川一带有石庙的记载，但据此不能否认画像石与石庙的一致性。

2. 石像生与石兽的转变

石像生亦如石庙，是在"奢靡"之风下广泛发展起来的，从《水经注》记载看，汉代以来的皇亲国戚、贵族官僚墓前庙前常有石像生。兹就所见，列为表2。

表2　　　　　　　　　　《水经注》所见石像生

庙　名	石像生	卷次	备　考
北魏冯太后庙	石兽	卷十三	庙前镌石为碑、兽
郦食其庙	二石人	卷十六	庙宇东向，门有两石人对倚，北石人胸前有铭云：门亭长

---

① （汉）王符：《潜夫论笺校正》卷3《浮侈第十二》，（清）汪继培笺，中华书局1985年版，第137页。

② 韩养民：《秦汉文化史》，陕西人民教育出版社1986年版，第249页。

续表

庙　名	石像生	卷次	备　考
张伯雅庙	二石人；诸石兽	卷二十二	冢前有石庙，列植三碑……碑侧树两石人，有数石柱及诸兽矣
桥玄祠	石虎	卷二十三	城北五里有石虎、石柱，而无碑志
桥玄庙	二石羊；二石虎；石驼；二石马	卷二十四	庙南列二柱，柱东有二石羊，羊北有二石虎。庙前东北有石驼，驼西北有二石马，皆高大不甚彫毁……
仲山甫庙	石虎；石羊	卷二十四	冢西有石庙，羊虎倾低，破碎略尽……
尹俭庙	二狮子；二石羊	卷三十一	庙前有两石阙……阙南有二狮子相对，南有石碣二枚，石柱西南有两石羊，中平四年立

从表2来看，庙前石像生还没有完全制度化。表现在有的庙前只有石人，有的只有石兽，有的则是二者并有。石人，一般称石翁仲，正如郦食其庙前门旁二石人，其中"北石人"胸前有"门亭长"铭所示，它们是看庙门的。石兽除二庙不知兽名外，以石虎、石羊居多，且多成对，说明它们是庙前常置之物。

石虎除置于庙前外，还见于墓前甚至路旁。汉桂阳太守赵越墓前碑北有石牛、石羊、石虎[①]，湖阳县东隆山"南有一小山，山坂有两石虎，相对夹隧道，虽处蛮荒，全无破毁……"[②] 人之所以看重石虎，并以之侧于仪卫兽之列，是因为虎以威猛著称，可威服百兽。《水经注》记霍太岳庙说："庙甚灵，鸟雀不栖其林，猛虎常守其庭。"[③] 正是这种情形的反映。正因为对虎的这一观念，虎就成为瑞兽，甚至被神化了。《水经·沔水注》记孝子墓下说："河南秦氏性至孝，事亲无倦，亲没之后，负土成坟，常泣血墓侧……于墓所得病，不能食，虎常乳之，百余日卒。……号曰孝子墓也。"[④] 又《江水注》载，汉和帝时，为荆州刺史的王子香死后，

---

① 陈桥驿：《水经注校释》，第520页。
② 陈桥驿：《水经注校释》，第153页。
③ 陈桥驿：《水经注校释》，第101页。
④ 陈桥驿：《水经注校释》，第502页。

"常有三白虎出入人间,送丧逾境"① 的传说。这些都说明虎作为瑞兽进入时人的观念中,列于庙前亦有这一意义。

东汉中后期开始,庙墓前的石兽开始转变,主要表现在石狮开始作为仪卫兽并逐步取代石虎侧列墓庙前。表2中汉安邑长尹俭庙前有二石狮而无石虎即其反映。狮子本不是中国出产的猛兽,而是汉章帝及其以后西域诸国进贡给中国的瑞兽②。也就是说,从汉章帝时起,中国人才开始认识狮子。这种认识经历了一个相当长的过程,直到北魏,人们对狮子与虎的勇猛关系仍不十分明确。《洛阳伽蓝记》记载:"狮子者,波斯国胡王所献也。为逆贼万俟丑奴所获,留于寇中。永安末,丑奴破灭,始达京师。庄帝谓侍中李彧曰:'朕闻虎见狮子必伏,可觅试之'。于是诏近山郡县捕虎以送。巩县、山阳并送二虎一豹。帝在华林园观之。于是虎豹见狮子,悉皆瞑目,不敢仰视"③。以虎与狮子比试高下,可见对其关系的认识是有限的。但不管怎么说,自东汉以降,有人开始于庙前置石狮子,到底是以其威猛还是祥瑞抑或二者皆有,无法确知。但中国虎与外来狮的墓庙前地位争夺是开始了,而且最后以石狮的胜利而告结束。有人说,陵墓前的石兽中以狮子排头。因为狮子凶猛,吼声洪大,可威服百兽,所以陵前甚至官府衙门前都置石狮,以象征威严④。这种情况若针对明清陵庙言,自然不错,若就中国古代社会陵庙一并言之,显然就不对了。因为东汉以前墓庙前石虎独霸,根本没有石狮子。

总之,汉章帝以后乃至《水经注》时代,是陵庙前仪卫兽石虎与外来石狮的斗争时期,是个转变时期,也是个过渡时期。

三 祠庙的地理分布

《水经注》载及的祠庙有两百多个,涉及郦道元以前的诸多朝代,诸

---

① 陈桥驿:《水经注校释》,第598页。
② 蔡鸿生说:汉章帝章和元年(87年),月氏国献狮子,是狮子入中国的最早记录,以后历代多有贡入(《唐代九姓胡与突厥文化》,中华书局1998年版,第197页)。
③ (魏)杨衒之:《洛阳伽蓝记校释》卷3《城南》,周祖谟校释,中华书局2010年版,第118—119页。
④ 金世绪、任洪:《十三陵导游》,中国旅游出版社1986年版,第8页。

多自然、祖先、先贤人物祀所乃至佛道寺观（本文不涉及佛道寺观）。按理，应从时间与空间两个方面探讨其分布与变迁。但遗憾的是，郦注所录祠庙具时间者极少，使这种探讨难度极大，故于此暂不涉及时间，只从空间角度论其分布的大概。

陈桥驿曾说，《水经注》记述地理事物是以西汉版图为基础的①。为在一个统一的版图中清楚地看其分布，兹据西汉政区郡国为纲，将前后相当于西汉某郡国的祠庙统归一起，制为表3。

表3　　　　　　　　　　《水经注》祠庙分布

右扶风 17	京兆尹 15	左冯翊 3	河东郡 7	太原郡 3	河内郡 3	东　郡 5
魏　郡 4	山阳郡 3	定陶国 6	陈留郡 5	河南郡 14	淮阳国 3	梁　国 3
楚　国 3	沛　郡 3	鲁　国 5	泰山郡 3	上谷郡 6	弘农郡 4	南阳郡 10
南　郡 4	长沙国 6	会稽郡 5	九江郡 3	汉中郡 7	汝南郡 5	计：27郡国，155祠庙

说明：1. 表中郡、国为西汉后期区划，参见谭其骧主编《中国历史地图集》（西汉）。
2. 表中数字为《水经注》所载三个庙宇以上的数目。

由表3来看，《水经注》记载的祠庙，有三个以上的集中在27个郡、国。这个郡、国数目几乎占西汉后期地方郡、国数目103个②的四分之一，说明祠庙分布具有相当集中的特征。

司马迁在《史记·货殖列传》中将西汉王朝直接统治的疆域分为山东、山西、江南和龙门碣石以北四个大区。以上27个郡、国，除会稽郡在江南外，其余均在江南和龙门碣石线之间，包括山西的关中平原和关东地区。这种分布格局当不是偶然的。因为，祠庙是中国传统人文景观的组成部分。关中与黄河中下游南北地区是中国传统文化的发祥地，是早期中国经济文化最发达的地区。秦汉以后，以农业文明为基础的华夏文明基本

---

① 陈桥驿：《郦道元》，谭其骧主编《中国历代地理学家评传》第一卷，第222页。
② 谭其骧主编《中国历史地图集》第二册《西汉时期图组编例》。

上稳固地控制了这一地区，并在此区形成了比较稳定、共同的民族心理与文化。而龙门碣石以北则与此不同，这里是游牧民族的天下；江南亦与此不可相比，它是逐步开发地区。华夏文化虽然不断南北传播，但毕竟仍处在这个过程中。所以自然、历史、文化的多重因素铸造了祠庙景观的这一分布特征。

从表3又可看出，有10个祠庙以上的郡有右扶风、京兆尹、河南郡和南阳郡。就是说这四郡是祠庙最多的地区。这种情况的出现，除有上述的一般原因外，还有其独特的历史和现实原因。京兆尹、右扶风、河南郡长期以来为历朝国都腹地，这里政治、经济、文化发达，先贤人物云集。历代帝王的各种祀祭，从天地崇拜、自然崇拜、灵异崇拜，到祖先崇拜、仙道崇拜乃至先贤人物祭祀，无不于此打上烙印。历史的积累与王朝的更迭，使这里不但祠庙多，而且呈现出多样性的特点。

就京兆尹、右扶风所在的关中地区来说，周秦汉先后定都于此。所以有反映周祖崇拜的稷祠、姜女原祠、周天子祠（两所）。秦人控制这一区域后，又先后有雍五田寺祠、凤女祠（秦穆公女祠）、怒特祠。另外，还有秦昭王庙、阳侯祠、白起祠等。西汉定都长安后，皇室的各种庙宇也先后落脚这里，加上其他的神异祠庙就更多了。当然《水经注》记载的祠庙还只是庙宇的一部分，而不是全部，但据此已可见其王畿腹地的非同一般。

南阳郡虽非都畿之地，却是东汉帝乡，国戚皇亲众多，官僚贵族亦复不少。加上，它北与都城所在河南毗邻，又是古来南北要冲，既有历史积累，又有东汉新建，为祠庙集中区亦自在情理之中。

《水经注》记载祠庙的地理分布，反映了中国早期祠庙空间分布的基本特征。它不只集中在华夏文明的中心区域，也随着京师的迁移发生着微弱的变动，这多少又反映着它和皇家乃至政治文化中心的密切关系。于此也多少可以看出国人及统治阶层的信仰和愿望。而祠庙名称的多样、混称乃至石兽的变化是外来文化（佛教、瑞兽狮）与中国祠庙文化交流、冲撞乃至斗争的真实记录。它表明中国的祠庙正经历着名称上的过渡和景观上的变迁。

（原刊《中国历史地理论丛》2000年第4辑）

《水经注·漳水》记载的区域山水地理

清人刘继庄说:"郦道元博极群书,识周天壤。其注《水经》也,于四渎百川之原委,支派出入分合,莫不定其方向,纪其道里,数千年之往迹故渎,如观掌纹而数家宝。更有余力铺写景物,片语只字,妙绝古今,诚宇庙未有之奇书也。"①《水经注》是一部宏伟的历史地理著作,其成就早已见誉人口,且为当世所称道,尤其是它运用历史文献和实地考察相结合的方法,开创了历史地理学发展的一个新阶段②。但由于主客观原因,郦道元实地考察的足迹并没有到达《水经注》记述的很多地方,南方且不必说,就是北方一些地方,他也没有到过,加上文献搜集往往有详有略,致使各篇章成就不尽平衡。《浊漳水·清漳水》篇所记漳水流域距郦道元的家乡不远,又是他入仕后的主要活动区域之一。所以,他"访渎搜渠"的成就必于此有更集中的体现。然而,遗憾的是,尚传至今的《水经注》有颇多的缺佚,其中"浊漳、清漳二篇,脱失最甚"③,这就为我们全面准确地论述其成就设置了很大的障碍。尽管有这些缺陷,现存残篇有相当篇幅,据此仍可窥见其厥功至伟的成就。

---

① (清)刘献廷:《广阳杂记》卷4,汪北平、夏志和点校,中华书局1957年版,第197页。

② 史念海:《论班固以后迄于魏晋的地理学和历史地理学》,《中国历史地理论丛》1990年第1期。

③ (清)全祖望:《全祖望集汇校集注》卷45,朱铸禹汇校集注,上海古籍出版社2000年版,第1709页。

一 对山的记载

山是自然地理的要素，自古以来凡言地理的著述，几乎没有不记载山的。《水经注》以前记山的著作有两种：一种以志山为目的，如《山海经》山经和魏晋时若干志山的著作（如释慧远《庐山记略》、王珣《虎丘记》等)[①]；另一种虽不以志山为目的，但兼记或涉及若干志山的载述，如《尚书·禹贡》《汉书·地理志》等。《水经注》对山的记载显然属于后者。而《浊漳水·清漳水》是《水经注》中的一篇，自然也是兼记或涉及山的著述。

《浊漳水·清漳水》（以下简称《漳水篇》）所记载的山有以下几个特点。

(1) 数量多，且大多数有具体名称。与以往记述漳水流域山的著述相比，《漳水篇》记载的山最多，有 29 座。这些山中，除有 5 座山称"西山"和 1 座称"东山"，可能因位置而泛称外，其余 23 座山均有具体名号（参见表1）。

(2) 位置比较准确。《漳水篇》所记山是因水而记的，其中 26 座分别是漳水及其支流乃至支流的支流的发源地，另外 3 座山为其所经。而这些山从漳水源头记起，依流经顺序依次向下，且往往有县址定其方位，所以，位置比较准确。可以说，据此可以比较准确地画出一幅山脉方位图。这就比《山海经》某山北（或西等）数百里（这些数字多为臆测）和《汉书·地理志》等书某县有某山的记述准确多了。

(3) 大部分山是漳水及其支流的发源地。与以前同类记载不同的是，以前著作所载河流发源地多是名山大川，而《水经注》除名山大川外对大部分支流发源山都有记述。这对了解漳水水文状况有重大的意义。

(4) 对山得名和异名的著录。对山的得名的记述，现属于地名学的内容，它往往是山的自然特征或人们对之认识情况的反映。《水经注》中有诸多地理要素得名的著录，山就是其中之一。《漳水篇》载有两个山岭

[①] 史念海：《论班固以后迄于魏晋的地理学和历史地理学》，《中国历史地理论丛》1990 年第 1 期。

的得名：一曰望夫山；二曰张讳崖。前者因"山之南有石人竚山上，状有怀于云表，因以为名"；后者因此崖"世传崖赤则罹兵害，故恶其变化无常，恒以石粉污之令白"，所以"俗目之为张讳崖"。无论是前者还是后者，都反映了山、崖本身的特征和人们的认识，为今人了解当时山岭的自然、人文提供了宝贵的资料。当然，《漳水篇》记载的山大部分都没有得名记录，说明包括郦道元在内的时人多已没有了这些知识，也说明这两处山崖得名的著录相当珍贵。

岁月交替，人事沧桑，山名的变更或亦是常有之事。但任何变更恐怕都不是无缘无故的，《漳水篇》对有些山名异称的著录正是这一情况的反映。如《水经》"发鸠山"，郦道元注引《淮南子》称发苞山，又承《汉书·地理志》称鹿谷山，并就此解释为一山"异名互见"。这种解释固然不错，但何以至此，郦氏没有交代原因，恐怕他也不知道了。尽管如此，异名互见记载于此，总比不载要好，就这一点讲，它的记载就是值得称道的。与此相类的还有"少山"，又称谒戾山（《淮南子》）、沾山（俗称）、鹿谷山，是清漳水的发源地。谒戾山，《山海经》称"谒戾之山"，并说它是沁水的发源地①，其距"少山"有数百里之遥②，怎以此时混而为一？又鹿谷山，既为浊漳水源地，又怎么为清漳水源地？而《山海经》称"少山"在鹿谷山东北数百里③，怎么这时也称起了鹿谷山？现存郦注残篇俱未说明。或者这种矛盾现象正是当时人们地理知识的真实记录。

总之，《漳水篇》对漳水流域诸山的记载是相当具体而清楚的。可以说，它首次提供了该流域比较详细准确的山脉记录。之所以能取得这样的成绩，一方面固然由于郦氏个人的艰苦努力，即实地考察和参阅大量前人著录；另一方面也是当时人们对山脉的认识水平以及山人关系有了更进一步发展的反映。

---

① （晋）郭璞（注）：《山海经》"北山经"，（清）郝懿行笺疏，沈海波点校，上海古籍出版社 2015 年版，第 114 页。
② 同上书，第 118 页。
③ 同上书，第 114—118 页。

表1　　　　　　　　　　《漳水篇》所记山与水关系

山　名	方位及与水的关系	山　名	方位及与水的关系
鹿谷山	长子县西，[浊]漳水出~	覆甑山	涅水出~
西山	长子县故城西南，尧水自~东北流	西山	西汤溪出涅县~汤谷
南梁山	长子县故城南，梁水出~北流径长子县故城南	西山	白鸡水出县之~
鹿台山	漳水历~，与铜鞮水合	武山	武乡水源出~西南
发鸠山	绛水西出谷远县发鸠之谷，谓之滥水也；冻水西出~，东径余吾县故城南	长山*	清谷水源出东北~清谷
石隥山	铜鞮县西北，铜鞮水出~	隐室山	隐室水出~，东南注黄水
八特山	专池水出~，东北流入铜鞮水	邯山	邯水出~，东南注黄水
好松山	女谏水西北出~	钦口山	白渠水出武安县~
望夫山	漳水东北历~	武始东山	拘涧水导源于~白渠
张讳崖	黄须水出台壁西~下	堵山	牛首水出邯郸县西~
井径山	井陉水出~	石鼓山*	滏水源出~南崖下
沾山	清漳水出~	襄国县西山*	㵽水出~
大嶵山	梁榆水出梁榆城西~	干言山*	汦水又东南径~
西山	南水亦出~，东径文当城北	黄崖山*	长山清谷水，亦云辽山县西南黄崖山畛流出
辚山	辚水出辚阳县西北~		

说明：①本表据陈桥驿《水经注校释》制作。
②有*号者是陈桥驿《校释》提供的佚文中的山。

二　对漳水及其支流的记载

漳水流域是水网相当密集的地区，《水经注》以前的地理著作对此记述相当简略，《漳水篇》首次详细地著录了漳水的流经及其沿途接纳的支流，清晰地反映了它们之间的相互关系。

1. 首次清晰地记述了浊漳水、清漳水及漳水的流经全程，这是以前任何著作都没有做到的。在这个过程中，从漳水的发源地、沿途支流、途经郡县城邑、山川分合以及故渎变迁等与河流相关的地理要素都如实地依次著录，是人们第一次全面、清晰认识漳河的标志。

2. 详细地记述了漳水支流的流经以及与漳水流域水网的关系。《漳水篇》记录支流有三个特点：（1）尽可能详细地全部著录支流水系。对有些支流的著录，从其水系构成看，已著录到次四级，也就是支流的支流，往下依次类推。如，浊漳水的支流涅水，有三条支流：西汤溪水、白鸡水、武乡水，其中武乡水有两条支流：清谷水、黄水。而这两条支流又各有支流。前者有鞞鞻水和白壁水，后者有隐室水。至于次二级、三级支流就更普遍了。除支流外，对支流的支津有分合及其消失也都有详细说明，这是以前有关该流域著述从未有过的。（2）对许多支流的发源及水的性质记述相当具体。如前所述支流流出山有具体山名。有些源头的水系相当清楚，如"黄水三源，同出一壑"，而西汤溪水，出涅县西山汤谷，"五泉俱会，谓之五会之泉"，更说明了该支水的泉水特质。《河水注》曾引《管子》说："引它水入于大水及海者，命曰枝水，出于地沟，流于大水，及于海者，又命曰川水也。"又引《庄子》说："秋水时至，百川灌河，经流之大。"说明郦道元非常注意水的特性及来源，很注意"枝水"与"川水"的不同，因而，才有《漳水篇》如此详细的支流、支津及水源水性的记载。这种意识和思想标志着水文地理认识的重大进展。（3）记载了支流与漳水，支流之间交汇处的名称。主要有：黄须水口、清谷口、黄水口、交漳口、石虎口、交津口、张平口、合口（衡漳左会滹沱故渎处）、向氏口、柏梁口、杨津口、合口（衡漳水左会滹沱别河故渎，东北入清河处）、瀛口、梁榆水口，另外尚有沙河口、滏口[①]。这些名称位置相当清楚，它们是当时漳水及其支流相互关系及其变迁的重要证据。《漳水篇》以前对该流域水系著录的著作没有如此精细全面，从这个意义上讲，其价值不可轻量。

3. 对一水多名或一水流经不同地段的不同称谓的记载。前者有浊漳支流绛水（又称滥水）、仓谷水（亦称仓溪水）、白渠水（又称拘河）、牛首水（又称渚水）；衡漳故渎支流有长芦淫水（又称绛水）、堂水（又

---

① 陈桥驿：《水经注校释》，第196、191页。

称长芦水)、井陉山水(俗称鹿泉水)、白渠枝水(俗称泜水);后者有:漳水在利漕渠以下,"故渎水断,旧溪东北出,涓流潆注",称为衡漳水,或称"衡漳故渎",也称"衡水"。清漳水在涉县处称涉河,大白渠于关县故城东有成郎河之称,以下宋子县故城北一段,又称宋子河等。这些不同称谓,关涉水质、水系变迁及民间认识等自然和人文地理诸多问题,是今人研究该流域区域地理的基本资料。

郦注于此区域之所以有如此精详的记述,是精细考察的结果,以前所有关于该流域水系状况著录均难以与之比拟。当然,《漳水篇》有关漳水及其支流的记述也不是完美无缺,表现为有些支流不但没有记载,就是记载了,也还有很多不清楚或没有交代的问题。例如,《魏书·地形志》所载的下列支流,就不见于《漳水篇》,它们是:羊头山水(与陶水合流入浊漳水)、长湾水(东流至梁川,北入浊漳)、阳水(出三穗山,东南入绛水)、车台水(为阳水支流)、蒲谷水(为绛水支流)等①。《地形志》虽晚出于《水经注》,但水流的形成当不是率尔出现的。应该说郦道元时就已有这些水了。《水经注原序》曾称,"非经水常源者,不在记注之限",可这些水多出山谷,多非尽是季节性支流。又从前文所述看,有些支流已著录至次四级,二、三级至为常见。按此,这些水是应当载入的。如果此说不诬,则可以断言,《漳水篇》对支流的记载仍存在不平衡的问题,这或许与作者未尽一一踏查有关,此事已不得确知。

另外,有些水流尚有不清楚的地方,如牛首水在邯郸城西分为二水,东入邯郸城。问题是一支入城还是二支入城?在城中先后经流诸宫殿的是哪支水?这些问题都不清楚。前文曾引全祖望说《漳水篇》脱佚甚多,这种情况可能因脱佚所致。诸如此类的例子还不少。当然,指出这些问题并非苛责作者,只是想说,《漳水篇》亦不是尽善尽美的。

三 对漳水流域泽薮及水利工程的记载

漳水流域的泽薮相当多,这一认识唯有赖于《漳水篇》才能得出。这些泽薮有的称泽,有的称湖,有的称池,有的称渊,还有的称陂、渚或

---

① 《魏书》卷106《地形志》,中华书局1974年版,第2467页。

淀。除鸡泽、大陆泽等个别见诸记载外，其余大多是首次见载。它们是：澄湖（鸡泽东北）、无名泽渚（在信都城东）、博广池（武阳城东）、扶泽（在扶柳县）、汇率泜湖（在历乡东南）、阳縻渊（贳城东北）、武强渊（在武强县故治东北）、郎君渊（在武强渊东南）、张平泽（在郎君渊东北）、从陂（又称桑社渊，在脩县西北）、故池（在乐城陵县城中），另外还有两个无名淀和一个渚（在邺城东）。

郦道元不只著录泽薮名称，其于泽薮的形成也尽可能予以说明。如邺城东的无名渚是牛首水分合后向东"澄而为渚"的，郎君渊为武强水向东南"结而为湖"的，阳縻渊是斯水泫津"积而为陂"。另外两个无名淀和一个无名泽渚均是支水散流而形成的。

有些泽薮有清楚的大小范围和泽水特征。如桑社渊，也叫从陂，"南北十里，东西六十步"，"子午潭涨，渊而不流"。"子午潭涨，渊而不流"到底是一种什么现象，原因虽然不明，但这一特征却是清楚的、神奇的。故池是个不大的池沼，"方八十步，旧引衡水北入城注池"，显示为人造湖泊。而博广池，"池多名蟹佳虾，岁贡王朝，以充膳府"，更是独有的记载。

《漳水篇》记载的这些泽薮为我们了解当时该流域的自然环境和民生条件提供了重要资料。

《漳水篇》记载的水利工程有四种：灌溉工程、漕运工程、城市供水工程和军事工程。灌溉工程自来受到人们重视，从西门豹引漳溉邺，史起的"堰漳水以灌邺田"，以及魏武王的"遏漳水"工程，到钜鹿太守张导等"修防排通"控制漳水泛滥的防汛工程，都有说明和叙述，如实地反映了历史时期人们利用水利、兴利除害的成就。值得特别指出的是，郦注对魏武王利用漳水工程的记载："二十里中，作十二墱，墱相去三百步，会互相灌注，一源分为十二流，皆悬水门。"应该说，这是有史以来保存到现在的漳水流域引水灌溉的最详记录。

漳水流域漕运工程，按郦道元对"巨桥"地名的研究和实地考察，说是应始于商王朝时。后来曹操又开通了利漕渠，以资漕运。说明早期漳水流域部分河段经过改造航运的史实。

至于城市引水工程及军事工程，则是人类利用水正反两方面成就的反映，前者是在解决城市供水和美化环境。如魏武王引漳入邺工程，后来人引牛首水入邯郸的乐城县，引衡水故池。后者意在攻破城池，以水淹城，魏武王引漳水围攻邺城，汉景帝时曲周侯郦寄围邯郸以及引牛首水灌城而取胜的记载，都是这一史实的反映。郦道元不只叙述这些史实，而且具体记载了工程修建的情况，魏武拔邺引漳溉城时，"司空一夜增修（工程），广深二丈"，即是其中一例。所有这些工程的著录绝非因事而记，对它们的记载实际上归结到一点，就是郦道元对人水关系的重视。

总之，《漳水篇》对漳水流域山水地理的记载是翔实、科学的。它不但提供了该流域自然地理不可或缺的资料，也提供给人们一种科学反映山水及其相互关系的方法；它不但反映了作者对该流域的思想、感情，也真实地反映了当时人们对该流域山水的认识。

（原刊《陕西师范大学继续教育学院学报》2001年第3期）

《水经注》札记三则

一 "乱流"浅释

"乱流"的用法在《水经注》以前已见诸文献。郦道元引《魏土地记》曰:"盟津河别流十里与清水合,乱流而东,迳洛当城北,黑白异流,泾渭殊别,而东南流注也。"① 这是目前所见最明确的例子。《水经注》里"乱流"极为常见,据初步统计,四十卷注中有二十八卷中都不同程度有"乱流"的说法,总数 80 余处。可见,"乱流"是《水经注》载述水流的普通用语。但"乱流"的含义是什么?什么样的流水形态称为乱流?注释家解说得很少,包括今人的理解在内,大致可概括为二说:

1. 熊会贞释漯水条"乱河枝流而入于海"云:"《尔雅·释水》:正绝流曰乱。《注》:直横流也。此谓漯水绝河枝流而入海也。"② "乱河枝流"或可简称为"乱流",其中的"乱"即《尔雅》所释的"正绝流",亦即"直着横渡江河"③的意思,熊氏理解为"绝",意思当没有什么变化。如果按着"乱"的这一含义,那么,漯水"乱河枝流而入海"就应当解释为:漯水直着横渡河水支流而入于大海。漯水怎么会横渡河水支流?终究是个难于理解的问题。可见,这种解释并没有说清楚"乱流"问题。其实《水经注》中绝大部分"乱流"的用法,若按此解释都是违背常理的。

---

① 陈桥驿:《水经注校释》,第 138 页。
② 杨守敬、熊会贞:《水经注疏》,江苏古籍出版社 1989 年版,第 492 页。
③ 胡奇光、方环海撰:《尔雅译注》,上海古籍出版社 1999 年版,第 278 页。

2. 释作"散流"或"失去主河道而注入类沼泽地的水流"的形态。这一解释不见文献，是笔者征询部分人员的解说。可以看出，其解释本于对"乱流"的望文生义的理解。乱，释为散乱或派乱，乱流自然就成为丧失主河道而散乱流去了。这一解释更悖于郦注的本义。事实上，《水经注》里有诸多此类形态的水流，但郦道元没有一处称为"乱流"，而径称为"散流"或类似说法。如："绛渎又北迳信都城东，散入泽渚，西至于信都城……"①；"博水……又东迳阳城县，散为泽渚。渚水潴涨，方广数里……"②；(新沟水) 东入泽渚而散流入细（水）"③；"洵（水）与之（漠水）过沙，枝流派乱，互得通称。"④；"（砀）陂中有香城，城在四水之中，承诸陂散流，为零水、怀水、清水也"⑤；"散流咸所会合，积以成川"⑥ 等。

以上两种解释均不符合"乱流"本义，不符合《水经注》"乱流"的流水形态。那么"乱流"到底是一种什么样的水流形态呢？笔者以为当从《水经注》的实际运用中寻找。

《水经注》所出现的"乱流"几乎都出自两水或两水以上支流相会以后，约有以下几种形式：

（1）某水注于某水，乱流……如，"定水又东注于黑水，乱流东南入于河"⑦。

（2）某水入（于）某水，乱流……如，"（福禄）水出西山……东入广阳水，乱流东南至阳乡县，右注圣水"⑧。

（3）某水会某水，乱流……如"流水……而东会绝水，乱流东南入高都县，右入丹水"⑨。

（4）某水合某水，乱流……如，"济水又东迳原城南，东合北水，乱

---

① 陈桥驿：《水经注校释》，第 185 页。
② 同上书，第 209 页。
③ 陈桥驿：《水经注校释》，第 389 页。
④ 同上书，第 396 页。
⑤ 陈桥驿：《水经注校释》，第 420 页。
⑥ 陈桥驿：《水经注校释》，第 506 页。
⑦ 陈桥驿：《水经注校释》，第 50 页。
⑧ 陈桥驿：《水经注校释》，第 223 页。
⑨ 陈桥驿：《水经注校释》，第 157 页。

流东南注……"①

以上四种常见形式散见于注文诸多卷中，除此之外，郦道元还用水"相得"乱流，某水"历"某水乱流，某水"与"某水乱流②，数条水"左右参差翼注，乱流"或"翼带"数条川、溪乱流③等反映"乱流"形态的水流。

宋人蔡沈解释《禹贡》记水的几个概念说："小水合大水谓之入，大水合小水谓之过，二水势均相入谓之会。天下之水莫大于河，故于河不言会。此《禹贡》立言之法也。"④ 上述四种常见形式或即郦注的"立言之法"，包括其他几种形式，或又为其述水汇合的变称，这些笔者另外著文讨论，此处暂不烦释。所可注意的是，所有这些均反映一个实质性内容，即"合流"，也就是诸水流相合为一的水流状态，这就是郦注所说的"乱流"。不过郦注所述水流交汇极多，绝大部分的水流相汇虽然也使用了"会""合""过""入""注""相得"等用法，却并没有称为"乱流"，这应当视为其行文的变化。从逻辑上讲，若"乱流"释作"合流"。那么所有较大的河流均由支流汇聚而成，似都可以称为"乱流"，但从郦注的行文看，这一理解是不正确的。因为"乱流"是针对"会""入""注于""相得"的交汇状态而言的，"乱"只是表示支流注入主河对原有水流"秩序的破坏"的形态，因而"乱流"在很大程度上特指水流交汇处及其交汇后有限的一段，它是有一定的特指意义的。

二 李白《望庐山瀑布》诗与《水经注》

李白《望庐山瀑布》诗云：

日照香炉生紫烟，
遥看瀑布挂前川。

---

① 陈桥驿：《水经注校释》，第119页。
② 陈桥驿：《水经注校释》，第536页。
③ 陈桥驿：《水经注校释》，第312页；卷10，第177页。
④ （宋）蔡沈：《书经集传》，中国书店1994年版，第56页。

飞流直下三千尺，

疑是银河落九天。

　　这首诗是脍炙人口的千古名诗，后世品评和鉴赏者不乏其人，当今文化繁荣，出版业发达，相关著录、介绍、研究、鉴赏作品何止数十百部，但于诗中发明仍然不够，该诗与《水经注》的渊源关系便是其中之一。

　　《水经注》引《庐山记》云："白水在黄龙南，即瀑布也。水出山腹，挂流三四百丈，飞湍林表，望若悬素，注处悉成巨井，其深不测。其水下入江渊。庐山之南有上霄石，高壁缅然，与霄汉连接。"又引《寻阳记》曰："庐山之北有石门水，水出岭端，有双石高竦……水导双石之中，悬流飞瀑，近三百许步，下散漫十许步，上望之连天，若曳飞练于霄中矣。"① 上引《庐山记》和《寻阳记》述瀑布用词有："挂流""三四百丈""飞湍林表""悬流飞瀑""与霄汉连接""上望之连天，若曳飞练于霄中"。其中"挂流"当是李诗"遥看瀑布挂前川"的"挂"的来历。而"飞湍""飞瀑""飞练"则是"飞流"的渊源。至于"与霄汉连接""上望之连天，若曳飞练于霄中"，与银河和九天也相距不远，很可能是启发李白成其"疑是银河落九天"诗句的素材。明人唐汝询《唐诗解凡例》云："（瀑布）泉自峰顶而出，故以香炉发端；从天际而下，故以银河取譬。"② 其解说虽然不误，但仅具分析之理。若以"霄汉"即是银河，那么，"与霄汉连接""上望之连天，若曳飞练于霄中"，岂不就是银河落天之象吗？"三千尺"有人认为是李诗的夸张说法，如林庚先生说："李白有一首经常为人们所称道的《望庐山瀑布》，诗中说'飞流直下三千尺，疑是银河落九天'。这瀑布仿佛是一道银河自天而降，也不过才夸张到三千尺，而白发从头上算起，却竟能达到三千丈（按，此指'白发三千丈'句夸张言）。"③ 其实，这固然是有些夸张，但不是首创于李白，而是李白依据地志资料的实写，具体说就是《庐山记》的"三四百丈"，若

---

① 陈桥驿：《水经注校释》，第 686—687 页。
② 裴斐、刘善良主编：《李白资料汇编》第二册（金元明清之部），中华书局 1984 年版，第 528 页。
③ 林庚：《唐诗综论》，人民文学出版社 1987 年版，第 219 页。

以一丈为十尺算，"三四百丈"就是三四千尺，李白取三千尺以成诗。李白《望庐山瀑布》的另一首诗有："西望香炉峰，南见瀑布水。挂流三百丈，喷壑数十里。"用的是"三百丈"，当也是取自"三四百丈"的数字。两处运用同一数字，也说明他不是随意写的，也不是随便夸张的，这里他用了《庐山记》的资料实写，自然也受制于这个资料，没有显现出夸张的特点。其实，李白诗中不止一首用到地志资料，其著名诗《朝发白帝城》，就是运用盛弘之的《荆州记》①和《水经注》资料②，而"千里江陵一日还"的"千里"也不是夸张，而是《荆州记》"朝发白帝，暮到江陵，其间千二百里"的"千二百里"取整数，是实写。因此，以上述数字作为李白诗歌夸张的例证是不大妥当的。

以上论述表明，李白《望庐山瀑布》诗的一些资料和用语源于《水经注》及其引用的早期地志，诗中所用数字不是夸张，研究和鉴赏李诗时应该考虑这一事实。

三　石鼓信仰及其分布

石鼓信仰是汉代天人感应思想和谶纬、符应观念相当盛行的文化背景下较为流行的一种民间信仰。按诸文献，这种信仰明确出现在西汉时期。《汉书·五行志》云："成帝鸿嘉三年五月乙亥，天水冀南山大石鸣，声隆隆如雷，有顷止，闻平襄二百四十里，野鸡皆鸣。石长丈三尺，广厚略等。旁著岸胁，去地二百余丈，民俗名曰石鼓。石鼓鸣，有兵。"③

作为一种民间信仰，石鼓信仰的意义在于"石鼓鸣则有兵"，也就是说，石鼓如果发出鸣声，就预示着有兵事要发生。这一信仰的创始人和初见地已难以考知，但从文化的角度讲，它总是鼓与兵事结合并在感应观念较为流行的时期才可能产生的现象。汉代天人感应、谶纬迷信思想和观念很流行，直至魏晋南北朝时期其流风余韵未有稍减，尤其是三国两晋南北朝时期，社会分裂、战事连绵，更成为这种信仰的现实基础。正是在这种

---

① 裴斐、刘善良编：《李白资料汇编》第二册（金元明清之部），第486页。
② 陈桥驿：《水经注校释》，第593页。
③ 《汉书》卷27《五行志》，第1341页。

背景下，石鼓信仰在一些地方较为流行，因而成为学者关注的民俗现象之一。郦道元的《水经注》是这一时期重要的地理著作，其中著录也较为集中，兹据此略述其分布梗概。

（1）今甘肃省甘谷县朱圉山一带。《渭水注》云："（朱圉）山在梧中聚，有石鼓，不击自鸣，鸣则兵起。汉成帝鸿嘉三年，天水冀南山有大石自鸣，声隐隐如雷，有顷止，闻于平襄二百四十里，野鸡皆鸣，石长丈三尺，广厚略等，着崖胁，去地百余丈，民俗名曰石鼓。石鼓鸣则有兵。是岁，广汉钳子攻死囚，盗库兵，略吏民，衣绣衣，自号为仙君，党与漫广，明年冬伏诛，自归者三千余人。信而有征矣。"① 又卷四十云：朱圉山在天水北，冀城南。即冀县山，有石鼓，《开山图》谓之天鼓山。九州岛害起则鸣，有常应。又云：石鼓山有石鼓，于星为河鼓，星动则石鼓鸣，石鼓鸣则秦土有殃。鸣浅殃万物，鸣深则殃君王矣②。按：此文或源自《汉书·五行传》，前文已引述，文与此处略有不同，但不影响其意义。朱圉山，杨守敬引阎若璩说云，在伏羌县西南三十里③。伏羌县，今为甘肃甘谷县，其南部属北秦岭支脉朱圉山，其山峰石鼓山海拔2625米，是全县最高点④。上述"天水冀南山""冀县山"均是指此山。

（2）今江苏省吴江市西南、太湖东南一带。《水经注》卷29云："（洞庭）旁有青山，一名夏架山，山有洞穴，潜通洞庭。山土有石鼓，长丈余，鸣则有兵"。又云："言洞庭南口有罗浮山，高三千六百丈。浮山东石楼下，有两石鼓，叩之清越，所谓神证者也"。⑤ 杨守敬引《初学记》引《扬州记》云，"太湖一名洞庭"⑥。则此洞庭指今太湖。青山、夏架山学者有不同看法⑦，即便依不同说法论，其相距也不太远，不太影响这一信仰的分布地区状况。而罗浮山在洞庭南口，据此亦较近，可以连为一体。

---

① 陈桥驿：《水经注校释》，第314页。
② 同上书，第707页。
③ 杨守敬、熊会贞：《水经注疏》中册，第1478页。
④ 甘肃省编纂委员会编：《中华人民共和国地名词典·甘肃省》，商务印书馆1995年版，第54页。
⑤ 陈桥驿：《水经注校释》，第513页。
⑥ 杨守敬、熊会贞：《水经注疏》，第2440页。
⑦ 同上书，第2438—2439页。

（3）山东临朐县一带。《巨洋水注》云："洋水又东南，历逢山下，即石膏山也。山麓三成，壁立直上，山上有石鼓，鸣则年凶。郭缘生《续述征记》曰：'逢山在广固南三十里，有祠并石鼓，齐地将乱，石人辄打石鼓，声闻数十里'。"① 《汉书》卷二五有"蓬山石社石鼓于临朐"②，是早于此的记述。

（4）今湖南衡阳市及旧观阳县。《湘水注》云："（湘东郡临承）县有石鼓，高六尺，湘水所径，鼓鸣则土有兵革之事。罗君章云：扣之声闻数十里，此鼓今无声。观阳县东有裴崖，其下有石鼓，形如覆船，扣之清响远彻，其类也。"③

（5）旧吴郡临平湖。《浙江水注》云："《异苑》曰：晋武时，吴郡临平岸崩，出一石鼓，打之无声，以问张华。华云：可取蜀中桐材，刻作鱼形，扣之则鸣矣。于是如言，声闻数十里。《刘道民诗》曰：事有远而合，蜀桐鸣吴石。"④

以上五条材料中，吴郡临平湖的石鼓似与石鼓信仰无关，只是作为"异物"出现而记，无多少意义。实际能够说明其分布的只有四地材料，所反映的分布地分别是今甘肃天水北，江苏洞庭附近夏架山、洞庭南口罗浮山，山东临朐县逢山，湖南旧湘东郡临承县。这些地方均属于汉文化中心控制区，因而石鼓信仰是汉民族发展过程中形成的一种民间信仰。如前所述，石鼓信仰的意义在于鸣鼓则本土有兵事，由于"常应"，民间信仰之。不过，从上述材料看，这样一种原始意义在一些地方又有所放大，或者说有所发展，如甘肃天水北朱圉山石鼓鸣，"则秦土有殃"，已不单指兵事，而是指祸殃，即天灾、人祸的所有灾祸。除此之外，石鼓鸣又有鸣浅、鸣深之分，鸣浅害殃万物，约指自然灾害；鸣深则殃及君王，包括兵乱和政治动乱。应该说，这种变化是民间信仰发展过程中符合逻辑的现象，在一定程度上体现了"层累地造成"的特征。

郦道元所著录的上述几处石鼓信仰是较为典型的，因此无论是此前还

---

① 陈桥驿：《水经注校释》，第467—468页。
② 《汉书》卷25《郊祀志》，第1250页。
③ 陈桥驿：《水经注校释》，第662—663页。
④ 同上书，第696页。

是以后，天水①、江苏夏架山②和山东临朐石鼓常为史地文献所道及。另外，有一些地方的石鼓信仰，《水经注》没有提及，如宝鸡陈仓石鼓，《三秦记》曰："秦武公都雍，陈仓城是也。有石鼓山。将有兵，此山则鸣。"河北临漳古邺都西北石鼓，杨守敬云："《文选·魏都赋》云，'神钲迢递于高峦'。张《注》引《冀州图》，邺西北古山上有石鼓之形，俗云，石鼓鸣则天下有兵革之事。以石鼓为神钲。"③ 这两处地方的石鼓信仰较郦道元时代早。

还有一些地方的石鼓信仰可能是以后发展起来的，故为后世史书称道，如河北滏阳，《隋书》曰："大业中，滏阳石鼓频岁鸣。其后，天下大乱，兵戎并起。"④

"石鼓鸣"是一种自然现象，在天人感应和谶纬迷信思想和观念背景下发展成为一种民间信仰。但历史上也有一些不同的看法，因而形成三种不同的认识：第一种是民俗信仰派，认为石鼓鸣则天下有兵事或其他灾害，"以石鼓为神钲"。上述《汉书》《三秦记》《文选·魏都赋》《冀州图》和《水经注》等约表现出这种看法。元代杨维桢《夏驾石鼓辞》云："犹有夏架石，盘盘驾之下。秦鞭血山谷，吴猎焦野火。夏鼓建不拔，石鸣知者寡。父老俱谶言，山空石长哑。"⑤ "父老俱谶言"反映的也就是这种民间信仰；第二种是自然派，认为这种现象是自然界产生的一种鸣响，是自然神灵的一种造化，与兵事和其他灾害没有关系。如庾阐《观石鼓诗》："命驾观奇逸，径鹜造灵山。朝济清溪岸，夕憩五龙泉。鸣石含潜响，雷骇震九天。妙化非不有，莫知神自然。"⑥ 唐岑参诗句"石鼓有时

---

① 《三国志》注引《辂别传》云："鸿嘉石鼓，鸣则有兵"（中华书局1959年版，第825页）；《晋书》："天水冀县石鼓鸣，声闻数百里，野雉皆雊。秦州地震者三十二……咸以为不详，识者以为……将灭之征也。"（中华书局1974年版，第3009页）
② 《晋书》卷29《五行志》："吴兴长城夏架山有石鼓……至安帝隆安中大鸣，后有孙恩之乱。"（中华书局1974年版，第880页）《宋书》记述与此略同（中华书局1974年版，第970页）。
③ 杨守敬、熊会贞：《水经注疏》中册，第2441页。
④ 《隋书》卷23《五行志》，中华书局1973年版，第650页。
⑤ （元）杨维桢：《铁崖古乐府》卷4《夏驾石鼓辞》，四部丛刊本。
⑥ 逯钦立辑校：《先秦汉魏南北朝诗》卷12，中华书局1983年版，第873页。

鸣，秦王安在哉"①，明陈鸣野诗有"天远龙门敞，山空石鼓鸣"②。这些都是把它看作自然的鸣响，有的甚至歌颂自然的神奇造化；第三种是神妖派，认为"石鼓鸣"是"鼓妖"作怪的反映。《洪范·五行传》云："听之不聪，是为不谋。阙咎急，厥罚寒，阙极贫。时则有鼓妖，有鱼孽……"③《晋书》及以下正史《五行传》多有"鼓妖"一目，反映了这派的主张。官方虽然后来目之为鼓妖，但民间依然还是信仰它，就是官方正史中，也多次记载说，石鼓鸣"咸以为不详"④。可见这种信仰在以后的影响还是很大、很持久的。不但正史屡有记述，就是石鼓山的分布后来也越来越多，如北魏山西乐平郡秀容，隋蕲春、赣、春陵，唐慈州文城县，金元以后的嶂州，明代简州，清代凤翔、长沙、衡州府等都有石鼓山（见诸史地志）。有的以石鼓名县名村，如《南史·梁本纪》有始平郡石鼓村，《宋史》有茂州石鼓村，《旧唐书》有通州石鼓县，有镇南州石鼓县等，不一而足。石鼓地名越来越多的分布不一定就反映着石鼓信仰的分布越来越普遍，但大部分可能和早期民间信仰的影响有着或多或少的渊源关系。

（原刊《中国历史地理论丛》2004年第1辑；《史念海教授纪念文集》，三秦出版社2006年版）

---

① 《全唐诗》卷198，中华书局1960年版，第2030页。
② （明）顾起纶辑：《国雅品》"士品"，《四库全书存目丛书补编》第十五册，第345页。
③ 《隋书》卷23《五行志》，第649页。
④ 《晋书》卷119《载记》，第3009页。

第 三 编

历史城镇与聚落研究

统万城布局结构及其相关问题的探讨和推测

统万城是十六国时期赫连夏国的都城。据《晋书·载记》，城始建于凤翔元年（413），昌武元年（418）建成，前后历时6年。承光三年（427），夏被拓跋魏灭亡后，不复为都，计为夏都时间共15年，除建城时间6年外，实际上行使国都职能只有9年。所幸的是，夏亡后，统万城并没有毁弃，而是依然作为以后历代统治者的地方重镇，发挥着重要的政治和军事作用，直到北宋淳化五年（994）四月才被人为废弃①。如今，统万城废墟尤在，残垣断壁横卧在陕西靖边县红柳河北岸的茫茫沙地中。在生态主义盛行的当今，统万城以其独特的价值越来越引起世人的关注。1996年被确定为国家级重点文物保护单位，进而又促成其学术研究的小热点。但客观地说，由于历史的原因，这方面的文献资料十分有限；又由于人为毁弃，自然环境恶化，城址废毁严重。加上目前对城址的考古发掘工作相当有限，以至于对统万城诸多问题的认识仍不十分清楚，统万城的布局结构就是其中最突出的一个。下文步诸研究后尘，也就统万城布局结构和与统万城相关的几个问题作以分析和推测。

一 统万都城的临时性意义

中国古代都城一般分为统一王朝的国都和分裂王朝的国都两大类。分裂王朝的国都又往往有临时性质或带有临时性意义的都城，如秦国的栎阳

---

① 《宋大诏令集》卷159《政事十二》"废夏州旧城诏"，中华书局1962年版，第599页。

城等。明了这一点，有助于对都城布局和形态的了解。

统万城是匈奴族赫连氏在发展过程中形成的都城，就赫连氏政权发展的过程和趋势看，它具有临时性意义。首先，赫连勃勃志向宏大，有吞并天下之心，复兴禹夏旧业之志。史载，龙升六年（412）赫连勃勃谓姚兴降将王买德曰："朕大禹之后，世居幽朔。祖宗重晖，常与汉魏为敌国。中世不竞，受制于人。逮朕不肖，不能绍隆先构，国破家亡，流离漂虏。今将应运而兴，复大禹之业，卿以为何如？"买德对曰："自皇晋失统，神器南移，群雄岳峙，人怀问鼎，况陛下奕叶载德，重光朔野，神武超于汉皇，圣略迈魏祖，而不于天启之机建成大业乎！……"① 这是统万城营建前的事，当时他已有了"应运而兴，复大禹之业"的理想。他与姚兴降将王奚仲所言"朕方与卿共平天下"② 以及统万城取义"统一天下、君临万邦"也是在这个意义上说的。其次，营建统万城是为了巩固自己的根据地，并把它作为进一步发展的基地。赫连勃勃是在龙升元年（407）称天王、大单于并设百官而建国的。按理应营建都城。当时诸将也确曾建议勃勃以高平为都，所谓"陛下将欲经营宇内，南取长安，宜先固根本，使人心有所凭系，然后大业可成。高平险固，山川沃饶，可以都也"③ 即是。但当时，一则勃勃新起，地盘有限；二则他欲利用自己擅长的游击战，纵横驰骋，"使彼疲于奔命，我则游食自若"，以达到占领岭北、河东的目的。所以以"我若专固一城，彼必并力于我，众非其敌，亡可立待"④ 而拒谏。也就是说，在他看来当时营建都城的条件并不成熟。至凤翔元年（413），经过六年的东征西突，鄂尔多斯高原及其周边的大部分已成为赫连氏的天下，只是河东因拓跋魏方盛而未能如愿。而南面姚秦，正如王买德言"今秦政虽衰，藩镇犹固，深愿蓄力待时，详而后举"⑤。因此"蓄力待时"的需要和后方的征服显然为赫连勃勃"固根本，使人心有所凭系"的营都事业创造了成熟的条件。统万城就是在这种背景下

---

① 《晋书》卷130《赫连勃勃载记》，第3205页。
② 《太平御览》（四）卷386引崔鸿《十六国春秋》，上海古籍出版社2008年版，第515页。
③ 《晋书》卷130《赫连勃勃载记》，第3203页。
④ 同上。
⑤ 同上书，第3205页。

着手营造的。可以这么说：统万城的营建是赫连勃勃统治者第一次明确且比较稳定地在鄂尔多斯高原及其周围广大地区确立核心政治中心的开始。夏统治者将国都选择在农牧交错线上的统万城，既体现了"固根本，使人心有所凭系"的阶段性总结，也表明了"蓄力待时"和向南部农耕区发展的意向。同时，由于对河东拓跋魏的战事未能如愿，有世仇的强大的北魏又有吞掠夏的危险。因此，择都于此也有些不得已而为之的因素。再次，从发展趋势看，长安可能是最后定都之地。真兴元年（419），统万城已建成，此时勃勃也已占领长安，并于灞上即位称帝。特别是群臣劝他定都长安①，一则说明当时形势发展得很快，二则说明在群臣眼里统万城也不过是个阶段性都城。否则怎么统万城刚建好又要议劝移都呢？对群臣的劝都长安，赫连勃勃是这样回答的："朕岂不知长安累帝旧都，有山河四塞之固！但荆吴僻远，势不能为人之患。东魏与我同壤境，去北京才数百余里，若都长安，北京恐有不守之忧。朕在统万，彼终不敢济河，诸卿适未见此耳！"② 由此可见，赫连勃勃择都的一个原则是据"势"，也就是当时的政治和军事地理形势，这是发展过程中的典型表现。长安之所以未被接受，关键在于东魏的军事威胁。如若像他早年设想的那样据有岭北、河东之地，那么长安为都就是必然的选择了。长安虽未作为都城，赫连勃勃还是非常重视和心向往之的。甚至实际上以之为"南都"③。以太子领大将军、雍州牧、录南台尚书事，镇守长安④。三年（421）十月，又起冲天台于统万南山，欲登之以望长安⑤。真切地反映了他心系长安之情。由此亦不难看出他都统万城的无奈和偏重军事功能的一些特征。统万都城的临时性意义在一定程度上对统万城的结构和布局有所影响。

---

① 《太平御览》（二）卷 127 引崔鸿《十六国春秋》，第 303 页。
② 《晋书》卷 130《赫连勃勃载记》，第 3210 页。
③ 《魏书》卷 95《铁弗刘虎传》，第 2057 页。
④ 《晋书》卷 130《赫连勃勃载记》，第 3210 页。
⑤ 《太平御览》（二）卷 127 引崔鸿《十六国春秋》，第 303 页。

二　统万城布局结构推测

（一）郭城虚设假说

　　统万城有郭城，这一点学界似乎没有疑问，只是对郭城的解释有所分歧。大概有两种观点：一种观点认为，"外郭城依无定河北岸原边地势，呈西南—东北走向，然后西折，趋向东城北垣，破坏严重，仅留断续的几段略高于地面的残迹，轮廓不大清楚"①。另外，1957年陕北文物调查征集组据传说说，"外城遗址据说在内城之北约六里，东南约二里"②。另一种观点认为，目前可见城址的东城就是外郭城③。前一种观点被后一种观点否定，理由是"从航空影像上看，统万城的北部地区绝无任何古城址踪迹"，这个理由应该说是很有说服力的，但作者没有提出任何文献证据，其实细读文献，有些内容是可以说明这一点的。史载，始光二年（425）魏世祖（拓跋焘）"西伐"赫连昌，"昌退走入城，未及闭门，军士乘胜入其西宫，焚其西门。夜宿城北。"第二次入夏，"以少众至其城下。……退军城北……（昌）引众出城，步骑三万……行五六里，世祖冲之……遂克其城"④。从魏军两度攻掠看，前者曾入西宫，夜宿城北；后者至城下，又退军城北引诱赫连昌出兵作战，而赫连昌率步骑三万出城，北行五六里，即与世祖冲突。显然，现址统万城外没有郭城，传说五六里外的城纯系误传。不过把现存城址中的东城做外郭城，却也存在着难以释解的疑点。（1）外郭城的规模太小。据陕西省文管会勘测：东城，周长2566米，其东垣长737米，西垣774米，南垣551米，北垣504米⑤，相当于今天周五里大的规模。而统万城的人口有七八万人⑥，很难

---

①　陕西省文管会：《统万城城址勘测记》，《考古》1981年第3期。
②　《统万城遗址调查》，《文物参考资料》1957年第10期。
③　邓辉、夏正楷、王瑸瑜：《利用彩红外航空影像对统万城的再研究》，《考古》2003年第1期。
④　《魏书》卷95《铁弗刘虎传》，第2057、2058页。按，第二次攻夏时间，《资治通鉴》卷120以为在宋文帝元嘉四年（427）。
⑤　陕西省文管会：《统万城城址勘测记》（戴应新执笔），《考古》1981年第3期。
⑥　侯甬坚：《夜宿统万城》，《走向世界的沙漠古都——统万城》（《中国历史地理论丛》专辑，2003年），第135页。

设想在长度约 1 里半、宽度只有 1 里的郭城中,能够容纳七八万人过着正常的城居生活。(2)统万城南刻石有"石郭天池,周绵千里"之说。大多数学者,包括上引诸先生,都据此而承认郭城的存在,对"周绵千里"却很少注意,或径直认为是作者的夸张说法。对如此小规模的城池要说是"周绵千里",即便是夸张,无论如何也是有些离奇!因此,所谓郭城很可能不是指现存城址的东城。

笔者认为,统万城的所谓郭城是一种虚设的城池,人工兴建的郭城是不存在的。都南刻石描述统万城的情状说:"乃远惟周文,启经始之基;近详山川,究形胜之地,遂营起都城,开建京邑。背名山而面洪流,左河津而右重塞。高隅隐日,崇墉际云,石郭天池,周绵千里。其为独守之形,险绝之状,固以远迈于咸阳,超美于周洛。"① 这段文字的中心是说统万城的"形胜"的,也就是说位置和外环境为主。其中"名山",侯仁之先生释为契吴山②(北距统万城 70 余里),并为诸多学者接受。其实,契吴山很难当名山之名。赫连勃勃曾"北游契吴,升高而叹曰:'美哉斯阜!'"③ 勃勃既以"阜"相称,说明其仅是略高于周边的丘阜。另外,从来地志均没有以契吴山当名山之例。就当时情形判断,知道此山的人是寥寥无几的。因为长期活动在鄂尔多斯高原的赫连勃勃在初游此地前也不大清楚这里的情况,所以初游此地才发出感叹,并言"美哉斯阜","吾行地多矣,未有若斯之美"④。这样的丘阜堪称名山吗?显然不能。那么这里的"名山"指什么山呢?笔者认为,是指战国秦汉以来屡屡为人称道的阴山山脉。只有指阴山才能与"左河津而右重塞"相比肩。若此还有点道理,那么联系到"左河津而右重塞"来看,"石郭天池,周绵千里",这"石郭"就不是实指统万城的城郭;"天池"也不是指统万城的所谓护城河⑤。"石郭"可能指西到贺兰山、北达阴山,东到大河、南至白于山等构成的天然防御屏障;"天池"约指黄河"几"形部分和红柳河构成的水防体系,二者山水一体,周绵千里,环绕于统万城的外围,颇似

---

① 《晋书》卷 130《赫连勃勃载记》,第 3211 页。
② 侯仁之:《从红柳河上的古城废墟看毛乌素沙漠的变迁》,《文物》1973 年第 1 期。
③ 《太平御览》(六)卷 555 引崔鸿《三十国春秋》,第 216 页。
④ 同上。
⑤ 学者常据此认为统万城有郭城和护城河,这一点值得再讨论。

石郭天池之状，可当周绵千里之名。

上引刻石同时谈道，统万城"其为独守之形，险绝之状，固已远迈于咸阳，超美于周洛"。那么咸阳的情状可能与此有些关联。《三辅黄图》述咸阳故城云："咸阳北至九嵕、甘泉，南至鄠、杜，东至河，西至汧、渭之交，东西八百里，南北四百里，离宫别馆，相望联属。……宫人不移，乐不改悬，穷年忘归，犹不能遍。"① 可见咸阳故城也没有实指的城郭。林剑鸣先生认为"咸阳城压根儿没有修建"。其理由除多年来考古无所发现外，他还认为，秦始皇统一六国后，其"视野早超出首都咸阳及八百里秦川的关中……秦始皇绝不可能在关中的渭河两岸修建一个咸阳城。如果要修，他将以东海为门，以大漠为后院，以南疆为户，建一个包括全中国领土的特大城墙"②。这实际是一种城郭虚设。统万城的所谓郭城或与此类似。

正因为如此，红外航空影像没有任何郭城痕迹显示。那么，当时七八万人口中有相当一部分是居住在现存城址的周围。理由很简单，当时城居人中有相当一部分是游牧出身，城址周围生态环境较好，水草丰美，这些人当仍然从事游牧生活。赫连勃勃也没有必要再给他们修建一座郭城将其圈起来，若这样做不大符合游牧民的习性。至于戴应新等先生据以推断外郭城的瓦砾、骨渣和邓辉等所说的别类建筑当是部分礼制建置的残迹。当然，一些民居遗迹也可能混杂其中。史载，始光二年（425），魏世祖攻打夏国，"夜宿城北。明日，分军四出，略居民，杀获数万，牲口牛马十数万，徙万余家而还"③。显然，魏军"四出"掠杀的是城郊的居民，从其所获看，城外居民较为稠密。

（二）现存城址的东城应是内城部分，西城是宫城

统万城文物管理所同仁认为，现存城址东城属内城性质，"官廨衙署居东城"④，这一观点是正确的。目前部分学者主张统万城是在汉奢延县

---

① 何清谷：《三辅黄图校释》，第25页。
② 林剑鸣：《朱雀楼札记》，《秦文化论丛》第二辑，西北大学出版社1993年版，第46—47页。
③ 《魏书》卷95《铁弗刘虎传》，第2057页。
④ 统万城文物管理所编印：《统万城简介》。

城的基础上兴建的都城。因为《水经注》言，奢延水经奢延县故城南，赫连龙升七年（413）遣将作大匠梁公叱干阿利在此水以北、黑水以南"改筑大城，名曰统万城"①。另据考古调查所得文物有"西部尉印"，是汉代上郡西部尉印，说明当时西部尉驻奢延城②。2003年3月22日我们考察该城址，于东城外捡到残云纹瓦当一件，也应属汉代遗物。据此，说统万城是汉奢延城基础上改筑、扩大而成是可信的。

汉奢延城址可能就在现存统万城东城，这里有旧遗官署，后为勃勃所继承和发展。史载，凤翔四年（417）九月，赫连勃勃自安定"还统万"，不久"谋进图长安"之计③。此时统万城工程尚未完工，其所驻足之处或即东城旧署。

西城是宫城，是奢延城旧址扩大的新增部分，也是叱干阿利主持营造统万城的核心部分，其重要性明显大于东城④。（1）城基比东城厚。据实测，西城基厚约16米，加上马面长度可达30余米，而东城城基6—12米，其间差别显著。（2）马面密集而长大。学者据航空影像图判读，马面数目是：南墙9个、东墙14个、北墙11个、西墙9个⑤。《勘测记》说，南墙8个，北墙10个，而东城北墙只有7个⑥，其余两面不大清楚。尤其是西城南墙马面特别高大宽厚，每座长18.8米，宽16.4米⑦，显示出特殊重要的特点。（3）四门齐备。南门名朝宋，西门名服凉，北门名平朔，东门名招魏。展示赫连勃勃"统一天下，君临万邦"的愿望。（4）城墙夯层薄，墙体更坚固。《勘测记》称："比较观之，西城夯层薄，层次致密，夯打坚实，最为牢固。"（5）规模小于东城。《勘测记》实测，西城周长仅2470米，较东城少96米。若与汉长安城未央宫城比较，西城

---

① 陈桥驿：《水经注校释》，第47页。
② 陕西省文管会：《统万城城址勘测记》，《考古》1981年第3期。
③ 《晋书》卷130《赫连勃勃载记》，第3208页。
④ 张驭寰《中国城池史》说：统万城实际上分为东城与西城，从平面图上看东城为主，西城为辅。东城有四门，南门曰朝宋门；东门为招魂门；北门为平朔门；西门为服凉门（百花文艺出版社2003年版，第194页）。这种认识应该是错误的。
⑤ 陕西省文管会：《统万城城址勘测记》，《考古》1981年第3期。
⑥ 同上。
⑦ 同上。

还不到汉未央宫周长的三分之一①。

邓辉等认为西城为内城,并说在西城偏西紧靠西墙中段有一个宫城,它是道光年间何炳勋调查所说的三道城②。这一看法有商榷的余地。如上文所讲,西城规模不大,周长只有2470米,那么,在如此狭小规模的城中有无必要再筑一座宫城?统万城都南刻石中讲,宫城中有"华林灵沼""露寝""温宫""凉殿"等"千榭连隅,万阁接屏"的众多建筑。这些众多建筑如何能分布在这么小的西城的"宫城"中?西城规模本来就不大,还不及长安城未央宫城的三分之一。在这样狭小的西城中,若再兴建一座宫城,必然使得其中建筑相当拥挤,这又怎当胡义周刻石中所称的"美隆未央"?因此,西城就是宫城,不必在其中再有一个"宫城"。事实上,考古调查不但没有发现其遗存,就是红外航空影像也不大清楚其痕迹。至于说文献记载有"城高十仞,基厚三十步,上广十步,宫墙五仞,其坚可以砺刀斧"③。"宫墙五仞",很清楚说的是宫殿围墙,是宫城内功能分区的标志而已。

又,何炳勋"禀文"明言:第三层城内南面,西有钟楼,东有鼓楼(可能是宋代人所说的真珠楼和通天楼④),鼓楼仅存基址,钟楼尚堪登眺,南面列有白土墩七座,坚硬如石,是圮毁台楼遗迹。这些都与现西城址南面地物遗存一致或近似。邓辉等文释现西城址内偏南一高台址为鼓楼,或与何氏一致。但却释何氏第三层城为西城内靠西墙中段一宫城,那么鼓楼他既不标绘于"宫城"内,而何氏上述西城内南面地物也难得与他的宫城说一致。因此,释何氏第三层城为西城内一宫城是不妥当的,至少与何氏述说不符合。

(三)东城中有子城,可能是官署所在

《太平寰宇记》云:"其城(统万城)南门曰朝宋,北门曰平朔,东门曰招魏,西门曰服凉。其子城在罗城,东门曰凤阳,本有三门,夷人多

---

① 刘庆柱、李毓芳《汉长安城》说,(未央)宫城东西墙各长2150米,南北墙各长2250米,宫城周长8800米,面积5平方公里(文物出版社2003年版,第49页)。
② 《利用彩红外航空影像对统万城的再研究》,《考古》2003年第1期。
③ 《魏书》卷95《铁弗刘虎传》,第2059页。
④ 《宋本太平寰宇记》卷37《夏州》,中华书局2001年版,第66页。

尚东，故东向开。"① 罗城当是东城，其中子城当是官署所在地。它可能是对汉代奢延城官署利用和改造基础上形成的。何炳勋"查夏统万城故址禀文"称："西行二里许，进头道城，又西半里进二道城，又一、二箭许进三道城。"② 这二道城在头道城（即东城）西半里，而现东城东西宽度是北垣504米，南垣551米。"半里"约到东城中部，再往西一二箭许即现西城址。看来何炳勋所说的二道城就是《太平寰宇记》所说的子城。只是由于岁月迁移，后世改造或开发利用，现已难觅其迹。由此不难推知，东城除官署设置于子城中外，子城以外可能就是达官贵人和部分居民的驻地。史载，魏军第二次攻夏（427年），军至统万城下，赫连昌"将步骑三万出城"迎战，夏军大败，"魏主入城，获夏王、公、卿、将、校及诸母、后、妃、姊妹、宫人以万数，马三十余万匹，牛羊数千万头，府库珍宝、车旗、器物不可胜计"③。可见，公、卿、将、校等达官贵人数量不少。

（四）礼制建置当在城南和城东

汉人匡衡、张谭言云，"帝王之事莫大乎承天之序，承天之序莫重于郊祀"④。秦汉时人崇信，"古者天子七庙，诸侯五，大夫三，虽万世世不轶毁"⑤。统万城为帝都，虽说为匈奴赫连氏所建，依然重视郊庙等礼制建设。又从西汉中期匈奴有"祭天金人"看，祭天等礼制也是它的一项传统。至赫连勃勃，"应天纵之运，仰协时来，俯顺时望"，自然在礼制建置中不可稍有懈怠。都南刻石文称，"乃广五郊之义，尊七庙之制，崇左社之规，建右稷之礼，御太乙以缮明堂"，即其充分反映。

学者以为，"在秦代，宗庙、社稷和郊坛等礼制建筑与人君朝寝所用的宫殿建筑已有明确的区分……宗庙、社稷和郊坛，也开始从宫城之内挪

---

① 《宋本太平寰宇记》卷第37《夏州》。按，邓辉等据别本标点相关部分为："……西门曰服凉门，其子城在。罗城东门曰凤阳，本有三门"（参见《利用彩红外航空影像对统万城的再研究》，注13，《考古》2003年第1期）。
② 刘济南等修，曹子正等纂：《横山县志》卷4《艺文》，《中国地方志集成·陕西府县志辑》（39），第545—546页。
③ 《资治通鉴》卷120《宋纪二》，中华书局2011年版，第3857页。
④ 《汉书》卷25（下）《郊祀志》，第1253—1254页。
⑤ 《史记》卷6《秦始皇本纪》，第266页。

到了宫城之外，这都成为以后的礼制传统"①。统万城规模不大，宫城规模更小，又有"千榭""万阁"耸峙，所以上述礼制建置在城外的可能性极大。据考古调查，东城外有瓦砾、骨渣分布，东、西城南均有瓦砾、骨渣集中区，范围不太大。虽然难以确证它们是何建筑，但从瓦砾、骨渣和内城与宫城内一致看，估计可能是当时礼制建筑的遗迹。史载冲天台在统万南山②，那么社稷坛和郊天坛可能在城南，而"夷人尚东"，七庙和明堂等建置可能在城东。

三 其他二题

（一）统万城无护城河

由于统万城南刻石有"石郭天池"之说，诸多学者据此认为统万城有护城河。最近邓辉等据红外航空影像判读，亦认为有明显的护城河残段痕迹。邢福来同志2002年统万城遗址发掘有报道，提出发现了护城河，深可达6米，宽13米左右。并说"在没有新的发现证明护城河壕蓄水并找到水源之前，我们倾向于护城壕内不蓄水"③。李令福结合2003年3月考察，对护城河的特殊作用做了进一步的论述④。看来持有护城河说者占据绝对的主流。尽管如此，问题的疑点依然难于排除，有些观点多是认识上的，绝对的证据仍缺乏说服力。如城南刻石文称"天池"的所谓护城河，邢福来倾向于无水。邓辉等红外航空影像判读的护城河痕迹，邢福来认为与护城壕并无关系，只是西方吹来的强回旋风吹离沙土形成的深沟⑤。因此，实际上并没有形成比较一致的看法。基于这种背景，我以为统万城并不存在护城河。其理由是：（1）统万城不必人为挖掘护城河。从护城壕（河）形成的历史看，绝大部分护城壕是在修城墙时取土所形

---

① 姜波：《汉唐都城礼制建筑研究》，文物出版社2003年版，第15页。
② 《太平御览》（二）卷182引崔鸿《十六国春秋》，第738页。
③ 邢福来：《统万城遗址考古发掘的新收获》，《走向世界的沙漠古都——统万城》（《中国历史地理论丛》专辑），2003年，第91—92页。
④ 李令福：《2000—2003年统万城遗址考察记》，《走向世界的沙漠古都——统万城》，第103页。
⑤ 邢福来：《统万城遗址考古发掘的新收获》，《走向世界的沙漠大都——统万城》，第93页。

成的壕沟基础上加工改造而成的。由于统万城城基是原生细沙，修城时无法就地取土，自然不必形成壕沟。人为开挖也受当地特殊地貌条件的限制，即作为城基的细沙，本性松软，极易流失。修城者没有必要因修护城河而破坏它的整体稳固性。（2）考古发现新石器时代以来内蒙古中南部的诸多石城址几乎都没有护城河[1]，可以作为一个佐证。（3）在这样的沙质地基周围挖掘护城河无异于自挖墙脚，这种常识性错误想必不会发生。护城河若蓄水会软化地基或促使基沙流失，若不蓄水，也要以白土（三合土）封固，在这一点上有说是具有加固墙基的特殊意义，那么统万城墙体地基本身都在原生细沙上，没有处理，为何跑到城外的护城河上去固基？若果真有固基的作用，说明护城河确实对墙基构成威胁，那为什么必须要它呢？（4）统万城南刻石所谓"石郭天池"，如前所述，不是实指统万城所言，而是指其外围的宏观形势，不必拘泥于统万城本身而不放。（5）考古发现的护城河部分可能是一段排水渠道。目前护城河考古发掘工作仅在统万城西南角城西展开，报道说："护城壕距西垣底部水平距离11.3 米，我们只清理了其中的 28.5 米。现存壕堤宽 2.2 米，现存深度 2.2 米，经钻探知壕沟底部夯土厚 0.8 米。已清理的护城壕北高南低，走向与城墙保持平行……"[2] 从"壕"北高南低看，它极有可能是经统万城西门或其左右排出水的流水渠道，水向南排入红柳河。因此，它不是护城河，统万城不必有护城河。

（二）统万城内水源可能来自"温泉"水

统万城南刻石文称，城内有"华林灵沼""温宫""凉殿"，"阴阳迭更于外，而内无寒暑之别"。由此推知，城中有池沼等水体，这些水源自何处？现红柳河谷低于统万城所在台地近 40 米，附近河床基岩裸露且平缓，水体又不大，考虑到一千五百余年来的河水下切相当有限，当时情况与今天差别不会太大。因此不可能将红柳河水引入城中。邓辉等文章推测统万城西北角北墙体往北有一古河道。若此成立，那么城中水源当来自

---

[1] 参见钱耀鹏《中国史前城址与文明起源研究》，西北大学出版社 2001 年版。
[2] 邢福来：《统万城遗址考古发掘的新收获》，《走向世界的沙漠大都——统万城》，第 92 页。

"温泉"河。北魏郦道元《水经注》述夏州治（统万城）后说："奢延水又东北与温泉合。源出西北沙溪，而东南流注奢延水。奢延水又东，黑水入焉，水出奢延县黑涧，东南历沙陵，注奢延水。"① 侯仁之先生据《水经注》以为郦道元曾经走访过统万城②，其记述当不会差。至于今天已看不到该水，那是后来演变过程中消失的。李令福提到一个信息，说他在实地调查中得知在统万城遗址以南（疑为东南）不到10里的地方，即林纳河内侧，古时候还有一条河流叫呼油乌素，蒙古语即二道河子的意思。据当地老人讲，老一辈人相传此河早已废弃于沙丘之中。李令福据此认为该河是寻找护城河和城内用水源地的重要线索③。笔者以为这条二道子河可能就是《水经注》所载的"温泉"水，它当是统万城用水的水源。此水经利用，从统万城西北角附近入城，然后从西门可能流出。红外航空影像仅判读出城西北和西南角有所谓"护城河"，和目前考古发掘在城西南西侧发现所谓护城壕（河），实际上不是护城河，而是引水和排水渠在城墙附近的特殊表现。

（原刊《统万城遗址综合研究》，三秦出版社2004年版）

---

① 陈桥驿：《水经注校释》，第48页。
② 侯仁之：《从红柳河上的古城废墟看毛乌素沙漠的变迁》，《文物》1973年第1期。
③ 李令福：《2000—2003年统万城遗址考察记》，《走向世界的沙漠大都——统万城》，第103页。

古都声闻：明人定都关中的
思想与情结

  作为周秦汉唐诸强大王朝的首都，关中长安在一千余年的都城时代里对于中国社会乃至东方社会都产生过重大的影响，而对于这段历史的记忆，实际上也不时地影响着后来的王朝及其国民，特别是在国家政治中心的确定和国家安全构建的意识、思想和情怀方面，更是深深地打上难以磨灭的印记。明王朝是继唐宋王朝之后由汉人建立的统一王朝，但在定都问题上却没有像以前诸王朝那样坚决，以至于定都问题或明或暗地进行，持续了很长时间①。在这一背景下，对于都城的定位就成为不少士人思考的问题，即使在后来定都北京以后，依然没有停止。而关中平原作为立都最久的地区，自然时时受到关注。总体而言，明人对于关中（长安）的最高关怀集中在定都问题上，约略分为两派，一是建立在传统思想、观念基础上的应制派，二是建立在学术研究基础上的学术派。兹略述如下。

一 定都关中的提出与应制派的意见和影响

  最早提出定都关中的是建国初年"老臣"集团中的一些人，他们在洪武二年（1369），应朱元璋诏问，提出了这一意向。其基本的理由是历史时期已经形成的一些观念和认识，以及建都长久的历史事实。《明实

---

  ① 吴晗《朱元璋传》以为，至洪武十一年定南京为京师标志着犹豫未决的定都问题基本结束（人民出版社2004年版，第159页）；还有人认为，这一问题持续了近三十年，以太子朱标之死而结束。

录》记载:"诏以临濠为中都。初,上召诸老臣,问以建都之地。或言关中险固,金城天府之国;或言洛阳天地之中,四方朝贡道里适均;汴梁亦宋之旧京;又或言北平元之宫室完备,就之可省民力者。上曰:所言皆善,惟时有不同耳。长安、洛阳、汴京实周秦汉魏唐宋所建国,但平定之初,民未苏息,朕若建都于彼,供给力役悉资江南,重劳其民。若就北平,要之,宫室不能无更作,亦未易也。今建业,长江天堑,龙盘虎踞,江南形胜之地,真足以立国。临濠则前江后淮,以险可恃,以水可漕,朕欲以为中都,何如?群臣皆称善。至是,始命有司建置城池宫阙,如京师之制焉。"① 这些老臣的意见是应诏而提出来的,其中所谈关中只是可供选择的四五个建都之地之一,并没有特别的优势可言,而且他们关注关中的根本原因是在其形胜,即"关中险固,金城天府之国"上。而这些都是以往传统的认识和史实,没有多少新意。对此,朱元璋也应该是清楚的,而他本人似乎已经成竹在胸,即在南北两京制的基础上,要将临濠(今安徽凤阳)定为中都,实行三都制。对于三都制的优劣,这里且不评说,只是从朱元璋的态度和意向来看,他对核心政治中心放在历史上的旧都之地并不满意,而将临濠(今安徽凤阳)定为中都,并在以后七八年的时间里大力建设,纯粹是一种个人私欲的反映。以这样的态度和思想来考虑如此重大的政治问题,千年古都长安的地理优势没有从根本上打动他,就不足为奇了。因此,关中长安古都地位对于明代在定都问题上的最初影响是比较微不足道的。这种微不足道,既与诸老臣的认识缺乏新意有关,更与朱元璋的地方意识、政治品性和个人心理密切相关。

在此以后,主动上书陈述定都关中意见的是胡子祺(又称胡延平)。胡子祺是吉安吉水人,洪武三年(1370)五月以儒士应南京吏、礼二部试,被选中,并"擢监察御史"。六七月间,他上书朝廷,力主建都关中。其言略曰:"天下形势之地可都者四。河东地势高厚,控制西北,尧尝都之,然其地苦寒,江淮士卒不堪。汴梁襟带河、淮,宋尝都之,然其地平旷,无险可守。洛阳周公尝卜之,周、汉尝迁之,然嵩、邙诸山,非有殽函、终南之固,瀍、涧、伊、洛非有泾、渭、灞、浐之雄。故据百二

---

① 《明太祖实录》卷45,洪武二年九月癸卯,(台湾)"中研院"1962年校勘本,第880—881页。

山河之胜，可以耸诸侯之望，可以绵宗社之久，举天下莫关中若也。"①这份奏书可以看作洪武二年诸老臣关于定都问题的继续。与以往不同的是，他明确指出可以作为都城的地点只有四处，即河东、汴梁、洛阳和长安，从而明确排除了元大都和南京的地位，至于中都就更不用说了。在朱元璋已经确定实行三都制的背景下，他能够将金陵等排除在外，充分显示了他的胆气和国家责任。而他认为，"故据百二山河之胜，可以耸诸侯之望，可以绵宗社之久，举天下莫关中若也"。不但鲜明地表达了建都关中的意见，而且指出了关中独一无二的政治中心价值及其对于明王朝长久延续和发展的意义。这在一定程度上成为影响朱元璋的关键所在，所以赢得了朱元璋肯定，并于当年七月提升他为广西按察司佥事。虽然朱元璋并没有采纳胡子祺的意见，进而决定定都关中，但这一思想和意见却对他产生了一定的影响，以致他在以后的二十余年里，始终踌躇于都城的最终确定这一问题上，亦即没有放弃迁都关中的想法。甚至他于洪武二十四年（1391）派太子朱标巡抚陕西，一般认为就是为迁都关中做前期的准备。这一点可以从二十五年（1392）朱元璋《祭光禄寺灶神文》所说的"本欲迁都。今朕年老，精力已倦"②，得到印证。大概也是在这一意义上，明人郑晓引方希古《懿文太子挽诗》"相宅图方献，还宫疾遽侵。关中诸父老，犹幸翠华临"，说"盖有都关中之议"③。之后，《明史》在接受这一认识的基础上，有几处记述将胡子祺的上述思想与朱元璋意欲迁都西北的活动联系在一起④，字里行间表达了对胡氏建议的影响的看法。而《剑桥中国明代史》也几乎完全接受了《明史》的这一认识⑤，并在此基础上进一步阐发了这一点。

以上是应制派的意见及其影响。他们更强调关中的形胜及其对于国内政治、国家安全的中心地意义，强调这一政治中心地对于朱氏政权长久绵

---

① 《明太祖实录》卷106，洪武九年五月戊子，第1769—1770页。
② （清）顾炎武：《天下郡国利病书》"江宁备录"，黄坤等点校，上海古籍出版社2012年版，第831页。
③ （明）郑晓：《今言》，中华书局1984年版，第159页。
④ 《明史》，中华书局1997年版，第929、1074页。
⑤ 崔瑞德、牟复礼：《剑桥中国明代史》（1368—1644年），中国社会科学出版社2006年版，第179页。

延的核心价值。它对朱元璋时期的都城关中意向产生了重要的影响。

二 学术派的认识与思考

学术派包括释史派和都城研究派两种，只是各自研究的程度和取向不同而已。明代对历代都城建置加以专门研究者，首推丘浚，他于成化二十三年（1487）完成的《大学衍义补》一书，有"都邑之建"一章，第一次从理论上系统总结和论述了中国古代建都之地的历史及其意义，其中也涉及了明代的都城问题。从总体上看，首先，他从风水理论立论，认为"古今建都之地，皆莫有过于冀州"①，明代的京师北京属于冀州范畴，是最适宜的建都之地之一。立足于这一认识，他进一步结合《周易》理论和古帝圣王黄帝、尧、舜都城的历史，对北京作为京师的地理意义做了系统的论述，从而为北京作为都城提供了完整的理论论证。其次，对明代南北两京制倍加肯定，不但寻找到坚实的历史依据（周、汉唐），也给予完满的现实解释，即"惟我朝则以南北为称，盖跨江南北而各为一大都会也。仰惟我高皇帝定鼎金陵，天下万世之大利也；文皇帝迁都金台，天下万世之大势也。盖天下财赋出于东南而金陵为其会，戎马出于西北而金台为其枢，并建两京所以宅中图治，足食足兵，据形势之要而为四方之极者也。用东南之财赋，统西北之戎马，无敌于天下矣。"② 再次，关于长安，作者虽然亦倾注了一定的情怀，但仅认为它是秦汉以后统一王朝的四个都城之地（长安、洛阳、汴梁、幽燕）之一。在此前提下，以为北京作为都城与长安在形胜和用武之地这一意义上有异曲同工之妙。他说：

> 张良谓关中为用武之地，阻三面而守，独以一面东制诸侯。臣窃以为今世都燕，真所谓用武之地。比之关中，其所阻者亦有三面，而独以一面制天下之大。凡虞州十二，夏州九，春秋国十二，战国国七，其地皆在所临制也。较之关中，则西有巴蜀之饶，南有商邓之险，以为退步之地，燕则前之进者无穷尽，后之退者有界限焉。则

---

① （明）丘浚：《大学衍义补》，京华出版社1999年版，第720页。
② （明）丘浚：《大学衍义补》，第723页。

是，今日京师之势，大非汉唐都关中比也。关中地被山，此则被乎太行一带之险阻，关中带河，此之所襟带者则大海也。然汉之边在北，咸阳去朔方余千里，唐边在西，长安去吐蕃界亦几千里焉。今京都北抵居庸，东北抵古北口，西南抵紫荆关，近者百里，远者不过三百里，所谓居庸则吾之背也，紫荆则吾之吭也。据关中者将以搤中国之吭而拊其背，都幽燕者切进于北狄，则又将恐其反搤我之吭而拊我之背焉。所以防蔽之者，尤当深加之意。①

这样的比对，反映了长安在作者心目中的地位依然是很高的。虽然明代初年意欲定都关中的呼声已经过去，但从理论上并没有给予系统的清算，丘浚的建都思想算是对这一问题的一个较为全面的总结。

后来继承了这一思想的知识士人可能有不少，甚至通过口耳相传，这样的思想观念也不同程度地散布于一般社会，这就使以北京为京师的两京制被广泛接受。而关中长安就主要是作为一种历史的记忆不时萦绕在人们的脑际，从而在这一意义上体现出它的深远影响来。

首先，王士性（1547—1598）作为这一时期重要的人文地理学家，基本上承继了丘浚燕都为最的思想，同时也对长安表现出类似的认识。他说："燕有兴王之理，邵之明以堪舆言也。但不尽吐露耳。燕地，太行峙西北，大海聚东南，气势大于晋中、晋左、山右。河倚空向实，而燕坐实朝虚，黄花、古北诸关隘，峻险相连，庞厚百里。晋已发唐、虞、夏矣，王家安得不之燕也？"② 又云："两都一统之业，自本朝始。南都转漕为易，文物为华，车书所同，似乎宗周；北都太行天堑，大海朝宗，扼夷虏之吭，据戎马之地，似乎成周。"③ 所以，长安虽不为都，其影响在这一点上又无处不在。

其次，稍晚于王士性的谢肇淛则颇有不同。他认为：（1）"古今建都形胜之地，无有逾关中者，盖其表里山河百二重关，进可以攻，退可以

---

① （明）丘浚：《大学衍义补》，第729页。
② （明）王士性：《广志绎》，中华书局2006年版，第203页。
③ 同上书，第332页。

守,治可以控制中外,乱可以闭关自守,无论汴京,即洛阳不及也"①。这一点与应制派胡子祺——"举天下莫关中若也"——的认识一致,或者说是对他的这一认识的继承。(2)"帝王建都,其大势在据天下之吭,又其大要则在镇遏戎狄,使声息相近,动不得逞。"这一点又和丘浚部分思想相一致,实际上也是古代建都理论的根本之点。(3)基于这一理论,他认为明朝定都北京是因形势而不得已的选择。他说:"以我国家之势论之,不得不都燕,盖山后十六州,自石晋予狄几五百年,彼且自以为故物矣,一旦还之中国,彼肯甘心而已耶?其乘间伺隙,无日不在胸中也。且近来北鞑之势强于西戎,若都建康,是弃江北矣;若都洛阳、关中,是弃燕云矣。故定都于燕,不独扼天下之吭,亦且制戎虏之命。成祖之神谋睿略,岂凡近所能窥测哉。"② 因此,就形胜而言,关中第一,是最理想的建都之地;但就当时所面临的形势而言,北京第一。明代定都北京虽是不得已的选择,却也是最睿智的决定。

所有这些主要以关中长安为参照的比较性认识,既体现了历史上定都长安的历史影响,也反映了一种深深的历史情怀。不独这些专门研究者如此,就是当时的不少官僚士人也多次不同程度地围绕这一情结来观照历史和现实。如嘉靖中期的宣大总督尚书翁万达就说:"盖天下形势重北方,以邻虏也。而我朝与汉唐异,汉唐重西北,我朝重东北,何者?都邑所在也。汉唐都关中,偏西北,故其时实始开朔方、城受降,不但已也;我朝都幽蓟,偏东北,则皇陵之后,神京之外,其所以锁钥,培植以为根本虑者,可但已哉。"③ 又,宣大总督陈其学也说,"所谓大势者,京师是也。所谓大机,宣大是也。往时边臣有议复河套者,不知汉唐都关中,以河套为急。我朝都燕,以宣大为重。宣大者,即汉唐之朔方也"④。据此,我们认为,汉唐长安的都城观念对于当时的士大夫阶层具有较为普遍的影响,以京师北京及其所面临的形势与汉唐长安所面临的形势相比较,是当时较为普遍的一种思想方法和社会风气。

---

① (明)谢肇淛:《五杂俎》,辽宁教育出版社2001年版,第42页。
② (明)谢肇淛:《五杂俎》,第43页。
③ 《明世宗实录》卷347,嘉靖二十八年四月己未,第6293页。
④ 《明穆宗实录》卷22,隆庆二年七月癸亥,第594页。

再次，作为学术派的后劲，也是明末清初最重要的军事历史地理学家，顾祖禹（1631—1692）立足于"宅中图大"的传统观念，坚决主张建都"当法成周而绍汉、唐"，"其必在关中"的思想①。这一思想实际上是对明代初年定都关中思想的继承和发挥，与以前不同的是，顾祖禹处在明王朝灭亡和清王朝新近建立这一时代背景下，特别是作为一个忠实于明王朝的晚明"遗民"，以及作为一个大历史地理学家来审视这一问题，更具有总结教训、启迪来者的意义，由此也更凸显了关中立都的重要价值。（1）他站在帝国宏大版图的视野中来认识国家中心地的价值，从中发现"陕西据天下之上游，制天下之命者也"，进而指出，"陕西之在天下也，尤人之有头项然，患在头项，其势必至于死，而或不死者，则必所患之非真患也"。（2）通过历史上正反两个方面的史实及其分析，得出"陕西之为陕西，固天下安危所系也"的结论。②（3）他认为，从历史上看，北京是"辽、金、元之故都"，是北人立足故地向南方发展或控制中原的重要节点。明成祖定都北京是"势所不得已"的结果，这不得已有两个方面：其一，这里是燕王的封地，靖难之后又为"行都"所在；其二，蒙古"余裔尤炽"，不得不以此为据点进行征伐和守卫。但对由此"不得已"而所导致的定都结果，他基本上是持否定态度的，所以他说："且吾闻之，天子有道，守在四夷，勇夫重闭，君子所贵。以万乘之尊，而自临于危险之地，未为长策也。有定天下之劳者，享天下之逸，亦不必寒苦沙碛之地而后可以建都也。"当然，他并不是绝对否定北京的都城价值，只是认为它不是首选之地，并且他认为，就是以北京为都城，也必然要"法汉、唐之成算，以开平、大宁、东胜、辽阳为河西、朔方之地"，但这样的形势在成祖时期就基本丧失，从而埋下了覆亡的祸根③。总之，通过各方面的比较分析，他认为最好的建都之地是关中，也就是周秦汉唐的都城长安所在。

顾祖禹关于天下形胜以及在建都问题上所涉及的问题，在明代初年应制派和以后的学术研究者，乃至于从事具体边防实践的文人武士中都不同

---

① （清）顾祖禹：《读史方舆纪要》，中华书局2005年版，第405页。
② 同上书，第2449—2451页。
③ 同上书，第402—405页。

程度地有所涉及。他的思想是对前人思想和认识的系统总结和思考，代表了晚明时期关于这一问题的集大成的认识成就。这一成就的基本点是：（1）北京局促一隅，定都也未尝不可，但不是最好的都城地所在，明王朝的灭亡在一定程度上与这一点有关；（2）对于中原统一王朝而言，陕西是天下安危所系之地，关中是最理想的定都之地。由此也表现了他对古代都城研究的理性追求和对古都长安的浓浓情怀。

总之，终明一代，长安情结都在不同程度地伴随着心系国家安危的一些明人士大夫，尽管由于目标和用意不同，这其中有心意、有向往、有否定、有困惑、有批评、有痛惜，并且明朝的都城最终也没有迁移至长安，但古都的影响、古都之声却时时回荡在260余年的历史的天空！

（原刊《三门峡职业技术学院学报》2011年第3期）

黄土高原地区清代城镇化发展的途径与方式

清代与明代相比,黄土高原地区的政治格局发生了质的变化。表现为两点:一是蒙古族的内附;二是区域空间意义由旧的军事边防空间转变为与内地相若的区域社会空间。在这些变化的影响下,黄土高原地区城镇化的发展出现了新的局面,其影响因素也与以前迥然有别。

一 新的政策调整与行政中心城镇的确立

由于结束了旧的军事对立和军事防御局面,清政府从建国初年到雍正初年的七十余年对这一带的城镇建制进行了整理和调整,建立了较为完备的地方行政体制,促进了城镇化的新发展。主要的建树表现为两点:一是建立新的行政中心城镇。其中包括新设厅、县、旗等县级城镇和将旧的军事城镇转化为新的行政中心城镇。前者从顺治六年(1649)至光绪三十三年(1907),先后于鄂尔多斯地区增设6旗(1649),于山西设立虞乡县(雍正年间设),于内蒙古设立归化城厅、绥远城厅、和林格尔厅、清水河厅、托克托厅、萨拉齐厅(乾隆年间)和五原(厅)、东胜厅(光绪年间),于西宁府设立巴燕戎格厅、循化厅(乾隆年间)、丹噶尔厅(1829),于甘肃设化平川直隶厅、宁灵厅(同治年间),共计20多个行政中心。这些城镇集中分布于今青海、宁夏和内蒙古等省和自治区,是清政府对新归服地区以及由于边地移出而对原属地区进行有效统治和管理而进行的城镇化工作。后者从雍正初年起对明代到清前期分布于这一带的军事城镇进行行政化的变革,产生了一批新的基层行政中心城镇。其中由卫所转变的府有 2 个，即西宁府和宁夏府，县级城镇有 19 个，包括神池、五寨、左云、平鲁、偏关、天镇、阳高、潼关、靖边、定边、怀远、灵州、平罗、中卫、碾伯、大通、贵德、平番、庄浪等。这种转变促使环黄土高原西北沿"边"城镇的结构和功能发生了新的变化，实现了城镇人员结构的调整。如西宁卫，雍正三年（1725）改卫为府，附郭西宁县儒学旧无署，乾隆初经知府刘洪绪、佥事杨应琚等勘定捐建，置学田、书籍，招考学生。这一时期创设的还有社学、新社学、回民社学等。碾伯县儒学及其相应机构社学、义学亦相继建立①。另外，大通县、贵德所也在文化中心化方面有所进展。"大通卫，系新辟戎疆，番回厝杂，以前并未设立学校，乾隆二年（1737）经佥事杨应琚、署守备李恩荣、孙捷捐俸于卫城及卫属之向阳堡创建义学二处……乾隆二十六年，大通卫改设县治……定修文庙如制，训导署随泮宫一并兴修。"② 可以看出，为卫时，先是没有学校，乾隆二年虽设了学校，仅为义学一处。设县后，按照县制，一套儒学机构俱相修建，文化中心地位渐次确立。与此相类，许多新城镇都不同程度地在这些方面发生变革。二是增置新的驻防城镇和增建"满城"。清朝建立后，根据新的政治形势要求，在西宁府等地构建新的防卫城镇，促进了部分地方军事城镇化的发展。据乾隆《西宁府新志》和《大清一统志》，这些城镇主要有大通城、白塔城、丹噶尔城、永安城、嘈课城、黑古城、思观城、什札巴城、河拉库托、千户庄城、亦杂石城、甘都堂城、巴燕戎城等。这些城主要集中在西宁府，是政府加强对本区少数民族统治和防御而增筑的城镇，客观上促进了该区城镇化的发展。至于在一些重要城镇附设"满城"，乃是清政府实施种族隔离，并对异民族进行监控和统治的产物。它主要设置于一些具有重大战略军事地位的城镇及其附近，如宁夏、西安、太原、潼关和平番县城等不少城镇都有满城建制。这些设置客观上促进了城镇化的进程。

---

① （清）杨应琚纂修：《西宁府新志》卷 11《学校》，《中国地方志集成·青海府县志辑》(1)，凤凰出版社 2008 年版，第 194 页。

② （清）杨应琚纂修：《西宁府新志》卷 11《学校》，《中国地方志集成·青海府县志辑》(1)，第 195 页。

二 设置"边境"市口、边贸市场等经济中心城镇

其包括两个方面：一是设置茶马司。清承明制，在黄土高原地区设置西宁、河州、庄浪（驻平番）、甘州（驻兰州）四个茶马司。茶马司的设立，促使大量茶商的西北流动和各类相关贸易人员向这几处城镇集中，促进了城镇商业贸易的繁荣。茶马司自顺治元年（1644）始，经历了康熙、雍正朝，自乾隆朝衰落，道光二十年（1840）鸦片战争为止停设①。二是开放边贸互市。清承明制，于汉蒙边界设立边市，使汉民与蒙民交易。康熙《延绥镇志》云："有明之互市惟于西番行之，和好最久，若开原、广宁、大同、宣抚诸市，或开或罢，惟延、宁之花马池市、红山市颇有利，然未有如今日之盛者也……"② 随着蒙人的归服，海内一统，"市口久经罢斥，而日中为市，蒙汉无争，交易而退，城乡得所，诚治平气象也"③。边蒙市场全部开放，加速了边地城镇化和乡村城镇化的步伐，所谓"镇城及营堡俱有市，而沿边村落亦间有之"④。在长期互市过程中，有些过去简陋的市场得以更新，有些城镇随着人员的入住，人口规模及繁荣程度有所增长。前者如榆林府北的红山堡市、以东的神木市和黄甫川市，旧"有土城，不屋，陶穴以居，或施帐焉"⑤，其中红山堡市，边商为改变这种简陋的市场状况，特别是刮风下雨天集市贸易受影响的状况，后来在易马城（红山市城）与镇北台之间，修建了一座关帝庙作为互市场，以至于这里取代易马城发展成为每年正、二、五、七、九、十月的十三至十八日的骡马大会⑥。后者如，山西省天镇县新平堡镇，明代时为边疆极冲之地，戍堡并峙，烽堠相望。同时也是与边地少数民族互市之处。边市开放后，在原来基础上发展为一颇具规模的市镇。清末民初有商家60余户，

---

① 林永匡、王熹：《清代西北民族贸易史》，中央民族学院出版社1991年版，第41页。
② （清）谭吉璁修：《康熙延绥镇志》卷2《食志》，上海古籍出版社2012年版，第92页。
③ （清）朱坝纂：《神木县志》卷4《市集》，《中国地方志集成·陕西府县志辑》（37），第501页。
④ （清）谭吉璁修：《康熙延绥镇志》卷2《食志》，第92页。
⑤ 同上书，第92页。
⑥ 萧乾主编，陕西省文史馆编：《秦中旧事》，上海书店出版社1992年版，第109—110页。

其中坐商 40 多户。行业有药铺、缸户、醋房、当铺、染房、木匠铺、布铺、杂货铺、糕点铺、肉铺、面铺、木杠房、糖坊、裁缝铺、铁货铺等。① 类似这两种情况在沿"边"城镇都有不同程度的出现。

三 晋、陕商人与城镇化

晋、陕商人崛起于明代，最初主要从事长途贩运，以后又发展起各种各样的商业经营。他们对于城镇化的贡献主要表现在：（1）促成某些重要城镇的兴起和兴盛。如包头，清初本是蒙民巴图尔家族的一片牧场，汉蒙贸易禁令解除后，汉族商人走出口外与蒙民做生意，包头始有商人足迹。雍正元年（1723）清廷下诏"令各地官员劝导百姓开垦矿土"，山西农民纷至沓来，开垦种地。他们与蒙商一起在此形成村庄集市，嘉庆十四年（1809）改为镇②。光绪二十三年（1897）后，包头发展成为羊毛市场，大毛商也都是山西人。其中店铺大部分为皮毛店、粮店及专营蒙古和西北各省贸易的商号③。又如归化城，也是晋商把持和垄断的城镇，据说民国初年商号最多时有 3700 家，大多数为晋商④。明清时代黄土高原地区西北沿边各军事城镇、城堡商业市场的兴起大都是晋陕商人促成的。（2）促成全国性金融中心城镇在山西形成。山西商人积累了巨大的商业资本，自道光三年（1823）起相继经营票号，开拓了新的商业领域。据研究资料，山西票号在国内 124 个城镇设有总号、分号 647 家，国内外共 133 个城镇，票号 657 家。其中总号主要分布在平遥、祁县、太谷，是当时全国性的金融中心城镇。涉及黄土高原地区城镇票号分布数是：平遥 24，祁县 21，太谷 21，太原 12，曲沃 6，介休 6，忻州 5，绛州 3，解州 5，大同 4，运城 4，张兰（属介休）3，汾阳 3，文水 1，交城 1，寿阳 1，宗艾（属寿阳）1，安邑 1，归绥 9，包头 5，怀庆 1，漯河 1，洛阳 1，西安 18，三原 18，兰州 4，宁夏 1。⑤

---

① 《天镇县志》编纂委员会：《天镇县志》，山西人民教育出版社 1997 年版，第 33 页。
② 穆雯瑛主编：《晋商史料研究》，山西人民出版社 2001 年版，第 57—60 页。
③ 同上书，第 175 页。
④ 同上书，第 174 页。
⑤ 同上书，第 200—204 页。

作为一种新行业，票号的出现，促进并带动了其他行业（包括服务业）的发展，推动了城镇化的进程。所以，余秋雨考察平遥后说："如此密麻的金融商业构架必然需要更大的城市服务系统来配套，其中包括适合来自全国不同地区商家的旅馆业、餐饮业和娱乐业。"①

（3）理念变化与晋商普遍进入陕甘府州县城。雍正初年，山西"重利之念，甚于重名"的观念已经为当世所称道。雍正皇帝曾说："山右大约商贾居首，其次尤肯力农，再次者谋入营伍，最下者方令读书。"② 这种理念，指导着晋商一代代走向四方。南方商品经济发达区自不必说，就是经济发展水平相当低的西北黄土高原地区，许多城镇多是晋陕商入居和占领的地盘，他们是一些县城商业的"拓荒者"。如陕北保安县"城乡贸易皆同州、朝邑、韩城及山西人居多，县人入伙生理者十不过一二"③。当时知县彭瑞麟《保安杂咏》诗注说："开设行府俱是山西及同州府人。"④ 陕西陇州商贾"俱系晋省暨西、同属县人民，城厢镇集盘踞渔猎"⑤。凤翔府有著名的"山陕会馆"⑥。"宜川（县）商民，向多晋人，故在商会未成立前，商民一切事务均由山西会馆会长主持办理。"⑦ 安塞县，"囊城镇有贸易，尽山西及韩城人为之"⑧。甘肃平凉东关为商旅繁盛之区，有山陕会馆，多山陕商人⑨。由此可见，黄土高原地区西北诸府州县中，晋、陕商人占有相当的比重。

晋陕商人大量进入这些县城，一方面促进了各级城镇人口增加，另一

---

① 余秋雨：《抱愧山西》，史忠新主编《世界名城平遥览要》（内部使用本），山西省新闻出版局准印（1998）第12号，1998年，第70—93页。

② 中国第一历史档案馆编：《雍正朝汉文朱批奏折汇编》（三），江苏古籍出版社1990年版，第25页。

③ （清）彭瑞麟修，武东旭纂：《保安县志》卷7《风俗》，《中国地方志集成·陕西府县志辑》（45），第151页。

④ （清）彭瑞麟修，武东旭纂：《保安县志》卷8《诗》，《中国地方志集成·陕西府县志辑》（45），第157页。

⑤ （清）吴炳纂修：《陇州续志》卷1《风俗》，《中国地方志集成·陕西府县志辑》（37），第127页。

⑥ 《凤翔县志》编纂委员会：《凤翔县志》，陕西人民出版社1991年版，第497页。

⑦ 余正东纂修：《宜川县志》卷9《工商志》，《中国地方志集成·陕西府县志辑》（46），第171页。

⑧ （清）李暲纂修：《安塞县志》，康熙六年刊本。

⑨ 白眉：《甘肃省志》，《中国西北文献丛书·西北稀见方志文献》第33卷，第67页。

方面带动了其他一些行业的发展或当地人员的加入。上文提及保安县有"入伙"者即其一种方式。这是该区域城镇化的一条基本途径。

四　域外商人与本区城镇化

　　域外商人分为两种：一种是长期以来不断进行的零星移民，其中部分是经商或从事小手工业者，如山东、河南等地铁匠，有入城为人佣力者等；另一种是1840年鸦片战争以后，随着沿海、沿江商埠的开辟，黄土高原地区晋北、陕北、甘肃（包括宁夏、西宁二府）地区的皮货、毛货和药材等土产成为外贸的重要货物，进而促使洋商、沿海商人纷纷深入该区，在一些重要城镇开设皮庄、皮毛行等收购货物，由此而带动的相关因素的城镇化。如凤翔县，有上海、武汉等地商人设有皮庄收购皮货[①]。泾阳、三原及其附近一些小市镇，如礼泉县北屯镇等都是山西、河南等地商人采购皮毛货的重要场所[②]。又如丹噶尔厅，"若洋商、皮商，更携巨资，开设羊毛行。县境设有羊毛行十五六处。资本少者万金，多者十余万，专购皮毛，辇归制造……"[③] 宁夏府平罗县石嘴子，"此地为甘肃羊毛一大集散地。每年由此地通过羊毛一千万斤。驻此者有英商新泰兴、天长仁、仁记、平和等洋行及德商的瑞记、兴隆等洋行"[④]。

　　域外商与陕晋商人在城镇化过程中的地位和作用有相同之处，也有不同之点。相同点是：第一，二者都是城镇化的催发力，都必然带动本地相关要素（如同伙者、佣力者、代理人以及为适应他们需要的其他服务业）向城镇聚积。第二，二者本身都入居城镇并促成城镇的设施利用、开发和空间拓展。不同点是：第一，外商、洋行占领的是收购市场；而入居州县城镇的陕晋商人（不包括收购商）主要占领的是销售市场和服务市场。由此导致前者在城镇的区域聚积功能方面作用大。前者依据货品和交通，选择的是主要中心城镇，而后者较为全面地渗透和占据；第二，前者带有

---

　　① 《凤翔县志》编纂委员会：《凤翔县志》，陕西人民出版社1991年版，第497页。
　　② 张道芷、胡铭荃修，曹骥观纂：《续修礼泉县志稿》卷4《市镇》，《中国地方志集成·陕西府县志辑》（10），第230页。
　　③ 白眉：《甘肃省志》，《中国西北文献丛书·西北稀见方志文献》第33卷，第88页。
　　④ 同上书，第85页。

资源掠夺性质，后者则没有这种性质。由此导致从长远看是抑制原初工业化的发展，并由此导致抑制地区城镇化在一个新的基础上展开；而后者则是有助于资本积累和从总体上推进城镇化的进程。尽管如此，就当时的城镇化意义而言，二者的促进作用，都是应当肯定的。

  以上论述表明，清代黄土高原地区城镇化的主要途径与方式来自两个方面：一是政府所领导的自上而下的城镇化。表现为政府改制、区划调整、地方开发乃至移民等所造成的城镇化。这种情况在沿"边"区和少数民族分布区比较典型；二是晋陕商人为主体的商业发展所促进的城镇化发展。这是一种自下而上的发展途径，虽说各地程度有差异，但这种发展方式在黄土高原地区较为普遍。这两种情况相结合，表明清代黄土高原地区城镇化走的是自上而下和自下而上相结合的发展道路。晚清时期外商的作用虽也有助于城镇化的发展，但它主要表现在一些重要的城镇点上，就整个地区而言不具有普遍性，其推动作用也是相当有限的。黄土高原地区清代城镇化发展的历史表明，在传统产业结构下，加强政府的干预、开发和大力发展地区工商业和对外贸易是该区域城镇化发展的有效途径。

（原刊《西北大学学报》（自然科学版）2007年第6期）

清前中期黄土高原地区沿边军事城镇的变迁

在中国古代历史上，黄土高原地区城镇的军事色彩和军事城镇的地域特色始终是相当突出的。由于历史运动的复杂多变和政治、军事格局的变迁，城镇的军事特色和军事城镇本身变化频仍。了解其间城镇演变的历史问题不但必要，而且有助于当今城镇的建设和发展。为此，下文截取清代前中期这一时段，对其军事城镇作一初步探讨。

一　卫、所城镇的变迁

明王朝时期，黄土高原地区属极边之地，万里长城横亘其北部，边防军事地位尤为突出。为了加强这一带防御，除长城的作用外，明朝曾于此设置了诸多军事城镇，包括卫、所、堡等。清取代明王朝后，接管了这些城镇，使其在一个相当长的时期继续发挥着军事作用。这里所说的卫、所城镇就是其中地位较高的两种。

1. 卫城。顺治元年和二年（1644—1645），清统治势力占领了山西和陕甘地区，前明的卫城均为清接管。主要有：西宁[①]（今青海省西宁市）、河州（今甘肃省临夏市）、中卫（今宁夏回族自治区中卫县城）、洮州（今甘肃省临潭县新城镇）、宁夏（今宁夏回族自治区银川市）、花马池城（今宁夏回族自治区盐池县）、靖远（今甘肃省靖远县）、大通城（今青海

[①] 罗尔纲：《绿营兵志》云：顺治十五年，临巩镇总兵官移驻西宁，亦称西宁镇（中华书局1984年版，第48页）。

省西宁市西北 240 里处）、白塔城（今青海省西宁市北 120 里）、庄浪（今甘肃省永登县城）；榆林（今陕西省榆林市榆阳区）、潼关（今陕西省潼关县港口镇）；左云（今山西省左云县城）、右玉（今山西省阳高县城）、高山（今山西省大同市西 30 里）、天镇（今山西省天镇县城）、威远（今山西省右玉县西南）、平鲁（今山西省平鲁县西北平鲁镇）。

以上卫城共 18 个，山西部分 6 个，陕西部分 2 个，甘肃部分 10 个。

2. 所城。甘肃部分有：碾伯（今青海省乐都县城）、归德（今青海省贵德县城）、庄浪（今甘肃省永登县）、定边（今甘肃省环县西北 120 里）、镇戎（今宁夏回族自治区同心县东南）、平远（今宁夏回族自治区固原市北豫旺城）、灵州（今宁夏回族自治区灵武县城）、兴武（今宁夏回族自治区盐池县西北兴武营）、平罗（今宁夏回族自治区平罗县城）、西安（今宁夏回族自治区海原县西北）、花马池（今宁夏回族自治区盐池县）；陕西部分有：靖边（今陕西省靖边县）①；山西部分有：偏关（今山西省偏关县城）、宁武（今山西省宁武县城）、老营堡（今山西省偏关东北）、雁门（今山西省代县北雁门关）、宁化（今山西省宁武县西南宁化）、八角（今山西省神池县西北八角）②。

以上所城共 18 个，甘肃部分 11 个，陕西部分 1 个，山西部分 6 个。

卫、所城镇的变迁。明代的卫、所城镇有两种情况：一为实土军事城镇；另一为依附或寄居于地方行政中心（府、州、县）的非实土中心城镇③。后者的主要功能为非军事功能的行政职能，这一情况至清初仍没有多少变化，因此，它们未在本文论述之列。清统一黄土高原地区后，对这里的军事城镇即进行调整。其方式约有六种：（1）归并。所见有四：顺治七年（1650）并高山卫入阳高卫，称阳高卫；同年镇虏卫入天成卫，称天镇卫。另外，尚有云川卫入大同左卫，玉林卫入大同右卫。这样，单纯的卫城数目有所减少。（2）降卫为所。有二：康熙三年（1664）降庄

---

① 《敕修陕西通志》卷 14 和《秦边纪略》卷 5 俱称靖边营；《大清一统志》云："本朝初为靖边所"（延安府）；《清史稿·地理志》云，"顺治初为靖边所"；道光《榆林府志》卷 2《沿革》云："靖边县，国初仍明制设卫"。营是明制，此处称营当是袭旧习惯说法。所谓置"卫"，唯《榆林府志》有载，可能是通俗的说法。清承明制，当是靖边营，顺治初改营为所。

② 参见牛平汉主编《清代政区沿革综表》，中国地图出版社 1990 年版。

③ 顾颉刚、史念海：《中国疆域沿革史》，商务印书馆 2001 年版，第 194 页。

浪卫为所；六年（1667）降宁夏后卫（花马池城）为所。（3）新置卫城。有一：雍正三年（1725）置大通卫。（4）迁址。有一：乾隆九年（1744）迁原大通卫于白塔城。（5）裁而复设。康熙五年（1666）裁平远所，十四年（1675）复设。（6）裁撤和改置行政中心。这是彻底改变沿边卫、所城镇性质的主流行动，主要在雍正朝完成。其间裁撤卫、所共27个（见表1），占总数37的73%，其余散见于顺治、康熙和乾隆诸朝，总共占27%。其中产生的新的行政中心有府治4个，州治2个，厅治5个，县治12个，共计23个（见表1），占卫、所总数的62.2%。综合以上六种方式，并参照其时间序列特征，可以清楚地看出，顺治、康熙时期对前明时期黄土高原地区单纯卫、所城镇的调整仅限于量的归并、裁减或等级的降低，实质性的改变不大。雍正时期的卫、所改制，从本质上基本结束了旧的边防军事城镇格局。主要的单纯卫、所城镇为行政中心城镇所取代。这种变化为沿边城镇非军事功能化的发展奠定了基础。

表1　清前期黄土高原地区裁撤卫、所及其所转化的行政城镇数

卫、所城	总数	雍正时期（个）	顺治、康熙、乾隆时期（个）	转化为行政中心城（个）			
				府	州	厅	县
卫	19	13	6	3	1	4	7
所	18	14	4	1	1	1	5
合计	37	27	10	4	2	5	12

二　军事城堡的衰落及其功能的变化

1. 军事城堡的衰落及其途径

军事城堡是在级别上低于卫、所城镇的军事防卫设置。沿边军事城堡的兴衰取决于边境政治格局的变动。黄土高原地区的北、西北和西部在明代是边防的重点地区。其间有大量的边堡城镇散布其中，构成一代沿边军事城镇的特色。清朝从顺治元年（1644）至二年（1645）征服并统治了本区。长城以外的蒙古人等亦相继归服清的统治。西部青海"土人"及新疆各地虽未于清初彻底完全占领，但至康熙、乾隆时期都已基本解决，

成为大清版图的不可分割的一部分,这时前明的"边界"已远远移出黄土高原。与此同时,本地段及其内伸的军事城堡的命运开始急剧变化。道光《榆林府志》卷六"关隘"注云,"按古关隘今多废且多易名"。说的正是这种情况。军事城堡变化的形式一般有两种:一是行政中心化;二是裁撤、消亡或成为乡堡。行政中心化有两种途径:一是转化为县治,成为某区域的政治行政中心;二是转化为次一级的乡镇中心地。如榆林府属的怀远县(今陕西省横山县)是雍正九年(1731)归并波罗、响水、威武、清平和怀远五座城堡及其所辖地建成,其中怀远堡变为县治,其余四堡成为乡镇所在地。同年,靖边县(今陕西省靖边县西南新城乡)由靖边、宁塞、镇静、龙州、镇罗城五堡归并组成,定边县(今陕西省定边县)由盐场、定边、砖井、安边、柳树涧等堡组成,均与此相同。归并于榆林县(今陕西省榆林市)的另外五个堡(双山、常乐、归德、鱼河、保宁)虽未于其中产生一县治,却属次一级的基层中心地[①]。

第二种形式,即裁撤、消亡或变为乡堡部分,这是承平日久的必然产物。在和平环境下,关防不再紧迫需要,自然条件、生活条件差的关堡城镇自然就因人口的迁移而消失,即便有存留者,亦必然萧条破败,难以为人称道了。《读史方舆纪要》记载有不少关镇城堡过去曾为设防重地,后变为不复设防的关堡城镇。有些关堡在必要存在时期,生存条件就比较恶劣。如八柳树堡(偏关东60里)、柏杨岭堡(偏关东北),堡内俱无水。其中后者,顾祖禹引《志》云:"旧设于柏杨镇,后因山高无水,移于窖儿坞,仍存旧名。新堡亦复无水,汲于塌崖沟。"另有水泉营堡(偏关北60里),堡后又创"附堡一座",但"堡内只一井,汲饮甚难"[②]。类似这样的城堡,随着边防形势的缓和及政府边防政策的调整,若不具备为县治、乡都的条件,就自然率先被淘汰了。或者有些存在下去,充其量只不过成为一个破败的聚落而已。光绪《天镇县志》云:"县在前明为极边,东路七堡、新平四堡皆屹然重戍也。国家承平日久,无事秋防备巡徼者。今存二堡一口。"又,"凡边口要隘悉建堡,无堡者筑石墙或重垣,发兵

---

① (清)李熙龄纂修:《榆林府志》卷2《沿革表》,《中国地方志集成·陕西府县志辑》(38),第179页。

② (清)顾祖禹:《读史方舆纪要》卷40《山西二》,第1837—1838页。

防守,今惟马市、瓦窑二口驻有营弁,余皆闭塞"。① 可见,不只是生存条件差者被取缔,就是有一定条件的城堡亦无存在的理由了。那么,继续存留者,除个别极要隘外,其余的城堡功能亦都将发生相应的转化,即政治、经济功能会逐渐增强。

2. 城堡裁废与军事功能的减弱

清初驻防城堡随着统一王朝及地方统治的基本稳固,逐步开始调整。其较为明显的趋势是非行政中心城堡的驻防功能总体上减弱。具体表现为三个方面:一是部分城堡被裁减;二是驻军官员等级的降低;三是驻军兵弁人数的大量减少。

驻防城堡的裁废,如前所述是"和平"年代的必然现象。清代黄土高原地区"旧边"及其沿边地带的裁废并不突出,至少从前中期的史实看是这样的。如西偏的西宁府,未见有明显的减废,反而增加了十几个(见后文)。宁夏府,从乾隆时的情况看,只有2个被裁废,即盐池驿和张义堡②。前者明时有操守驻防,后者设有把总守卫。北面的榆林府,据道光府志所载,也仅有黑山营城、大柏油堡、威武堡。兰州府和大同府,从《大清一统志》"关隘"部分的记载看,尚未有这类城堡的废裁。可见,清代黄土高原地区沿边地带,随着"边地"形势的变化,并没有大规模地裁减旧的重点驻防城堡。这说明清人对"旧边"地带重要点的布防仍然没有掉以轻心,旧边防重地的战略防御重心仍然未从根本上转移。

如果说重要驻防城堡数目变化不大是清前中期旧边地城堡存在的一个特点,那么城堡驻防等级的变化明显偏低则是另一个特点。这是军事城堡行政化和政府总体调整引起的。如宁夏,明初为宁夏府,洪武五年(1372)废府,九年(1376)改置宁夏卫。清初因明制仍然称卫。雍正三年(1725)重新改为府。辖灵州、宁夏、宁朔、平罗、中卫等一州四县。雍正三年以前既为卫,所辖多为卫所,是明朝边防重地。设府置县后,政治中心成为府县的主要功能,军事防卫的主导功能降居次要位置,由此引起各级城镇功能的相应变化,驻防城堡官员等级的某些变动,即是其表现

---

① (清)洪如霖等修纂,杨笃纂:《天镇县志》卷2《关隘志》,《中国地方志集成·山西府县志辑》(5),第441—442页。

② 《乾隆宁夏府志》卷5,《建置》,陈明猷点校,第147、150页。

之一。乾隆时代,曾为明操守驻防的平羌堡、镇北堡、镇朔堡、威镇堡、李冈堡、同心城、红山堡、红寺堡均改为把总驻防。而镇河堡、金贵堡、石沟驿、盐池驿等曾由操守驻防的城堡至乾隆朝已不设驻防军官。大坝堡、清水营均由守备变为把总①。类似的情况在兰州府、榆林府、大同府和朔平府、宁武府等同类城堡的驻防官员中同样存在。如,大同府的怀仁堡(府城南60里)明嘉靖中设守备驻防,雍正十年(1732)改设把总;朔平府水泉营堡(偏关东北60里),清初设游击防守,乾隆二十八年(1763)改设守备;老营堡巡司(偏关东80里),顺治初并设参将防守,雍正四年(1726)置巡司。兰州府的永泰堡(距皋兰县240里),本朝初设游击,康熙十六年(1677)改设千总,乾隆二十六年(1761)改设把总②。

驻防城堡军事功能减弱的另一表现是驻兵数的锐减。这从清初就表现出来,嘉庆以后绿营兵历年裁减③,城堡驻防功能愈来愈弱。

清初城堡驻防兵员减少的数量很大,反映城堡功能减弱的程度较高。兹据《秦边纪略》略列表2,以见一斑。

表2　　　　　　　　　　清初陕北沿边部分城堡驻兵的变化

城堡名称	位　置	变　化　情　况
定边营	定边县治	营西郭外南北二沙,挑之复塞,石坑旧寺,已为沙埋。明制文有监司,兵有三千,今兵已汰十之七八矣
砖井堡	新安边营西20里	堡在平川,垣颓兵寡。……明制兵八百五十名,今止一百一十名,堡有守备
旧安边营	榆林镇西570里	明制兵近三千,新营且有六百,今二十而存一矣
柳树涧堡		明制:兵一千零八十名……堡有守备;今兵不逮明之什一
宁塞堡	靖边西60里	宁塞近边城,有明之兵,多至二十倍
靖边营	靖边县	治明兵十倍于今……奈何平原要塞,镇以游击将军而兵才二百耶
镇靖堡	靖边东90里	明制:兵二千五百名,今止一百二十名,有守备

---

① 《乾隆宁夏府志》卷5《建置》,陈明猷点校,第125—150页。
② 见《大清一统志》诸府关隘部分。
③ 罗尔纲:《绿营兵志》,第95—114页。

续表

城堡名称	位 置	变 化 情 况
龙州城	镇靖堡东 40 里	堡有把总，兵五十名。明制：兵五百六十名
清平堡	怀远县西 80 里	堡有守备，兵一百名。明制：兵二千二百名
威武堡	怀远县西 40 里	明制：兵六百五十名。堡有把总，今兵五十名
怀远堡	怀远县治	明制：兵四百七十名。今堡有守备，兵一百一十名
波罗堡	怀远县东 40 里	堡为延绥中协副戎所驻扎。今马步兵共六百六十名
响水堡	榆林西 40 里	明制：兵八百名。今堡有守备，兵一百名
保宁堡		明制：兵一千三百名。今堡有守备，兵一百名
双山堡	榆林县东南 70 里	明制：兵六百六十名。今堡有守备，兵一百名
建安堡	葭州北 150 里	明制：兵六百六十名。今堡有守备，兵一百二十名
高家堡	神木县西 100 里	明制：兵一千六百。今堡有守备，兵一百四十五名
柏林堡	神木县西 30 里	明制：兵六百二十名。今堡设有守备，兵一百一十名
柏油堡	神木县西 15 里	明制：兵四百六十名。今设守备，兵一百名
永兴堡	神木县东北 60 里	明制：兵一千一百名。今堡设守备，兵一百一十名
镇羌堡	府谷县西北 80 里	明制：兵七百名。今堡有守备，兵一百一十名
孤山堡	府谷县西北 40 里	明制：兵二千六百名。今堡有守备，兵一百一十名
木瓜园堡	府谷县西北 50 里	制：兵八百八十名。今堡有守备，兵止一百二十名
清水营	府谷县东北 60 里	明制：兵一千六百名。今设守备，兵一百名
黄甫川	府谷县东北 80 里	明制：兵一千六百名。今堡设有游戎，兵一百九十七名

说明：靖边、定边、怀远，雍正时为县治，此为康熙朝事，仍以堡计。

从表 2 来看，康熙前期于明朝旧边城堡驻防兵的裁员数量相当显著，减至幅度有二十倍、十几倍者，七八倍甚为常见。可见，"今兵已汰十之七八"是较为普遍的现象。大量裁减兵员的结果，使边防城堡走向衰落。一些城堡已无兵驻守，有些城堡萧条冷落。梁份所见庄浪卫所辖三眼井堡，"旧有边兵……今亦无之"①。芦沟城，"在荒坡之间，土屋土城，兵民无几"②。裴家营，"城才数尺，土屋数间"，"堡屋卑栖，寥寥数灶，隙地遂多，同于堡外焉"，以至于为"民堡也"③。红山堡，"极冲要害之

---

① （清）梁份：《秦边纪略》，第 101 页。
② 同上书，第 279 页。
③ 同上书，第 278 页。

地也。城若弹丸，兵尤寡弱"①。城堡萧条的景象在乾隆以后似有一些改善，一些旧有城堡得以修缮，各分防驻守。道光《榆林府志》载，归德堡、鱼河堡、建安堡、柏林堡、高家堡、孤山堡、镇羌堡、木瓜堡、波罗堡、响水堡等，在乾隆年间都由当地政府提请修治而设分防官员驻守（见表3）。《大清一统志》载，三眼井堡，"本朝初设守备，今改都司"，芦沟堡"设外委"②，都与梁份所见不同。这或是盛世时常见的现象，不待烦叙，亦可想见。

萧条荒残现象虽有改善，兵员却无有增加，而是继续减少，城堡防御功能进一步削弱。下面就榆林府清初和道光时各城堡兵员作以对比，即可充分说明这一情况。

表3　　　　　　清初与道光年间榆林府辖城堡驻防兵数目对比

常乐堡	110	58
保宁堡	80	35
建安堡	120	35
双山堡	100	29
归德堡	50	36
鱼河堡	100	35
高家堡	160	116
柏林堡	110	35
永光堡	110	39
镇尧堡	706	57
孤山堡	120	64
黄甫堡	197	114
木瓜堡	120	65
清水堡	100	58
波罗堡	659	139
响水堡	100	44
怀远堡	110	75
清平堡	100	23
合计	3152	1057

资料来源：道光《榆树府志》卷20，《兵志》。

---

① （清）梁份：《秦边纪略》，第312页。
② 《大清一统志》卷253《兰州府》，上海古籍出版社2008年版，第278—279页。

从表3看,道光年间(十二年以前)榆林府诸城堡兵员(包括经制外委、额外外委马兵、步兵、守兵等)的总数与清朝前期相比减少了三分之二。清前期只有保宁和归德两堡兵员不足百人,其余都在百人以上。至道光年间仅剩三个城堡兵员人数超过100,其余都在100人以下。可见城堡兵员减少的数量相当大。这种大量兵员裁减是清初针对明朝边防城堡兵员裁减的继续,它说明清前中期榆林府城堡防卫功能随时间的推移而呈较大幅度的减弱。这样一种趋势在各沿边城堡都不同程度地存在着。光绪《西宁府续志》较详细地记载了乾隆至光绪四年(1878)西宁府同类城堡的减员情况①,进一步说明了这点。由于问题已基本清楚,此处就不赘列了。

三　新置驻防城堡及其地域特征

清王朝以少数民族立国建邦、统一中国。建国初虽承袭了明的镇戍制度,但不久即逐步调整,新城堡的设置(见表4)即是调整的一项内容。

表4　　　　　　　　清代黄土高原地区新增的城驻防城镇

府州名称	城堡名称	设　置	设置时间	资料来源
西宁府	大通城	县治北240里	雍正三年	乾隆《西宁府新志》
	白塔城	府志北120里	雍正三年	乾隆《西宁府新志》
	丹噶尔城	府志西90里	雍正五年筑	《大清一统志》
	永安城	大通县西	雍正三年筑	乾隆《西宁府新志》
	喇课城	西宁西北80里	雍正十一年筑	乾隆《西宁府新志》
	黑古城	府志南60里	乾隆三年	乾隆《西宁府新志》
	思观城	府志东120里	乾隆三年	乾隆《西宁府新志》
	什札巴城	府志东南160里	乾隆三年	乾隆《西宁府新志》
	河拉库托	府志东南150里	乾隆三年	乾隆《西宁府新志》
	千户庄城	府志南120里	乾隆三年	乾隆《西宁府新志》
	亦杂石城	府志南160里	乾隆三年	乾隆《西宁府新志》
	甘都堂城	碾伯县西南200里	乾隆三年	乾隆《西宁府新志》
	巴燕戎城	碾伯县西南120里	乾隆三年	乾隆《西宁府新志》
	康家慕城	责德所治东170里	乾隆四年	乾隆《西宁府新志》

① 《西宁府续志》卷5《武备志》,青海人民出版社1985年版,第171—120页。

续表

府州名称	城堡名称	设 置	设置时间	资料来源
宁夏府	柔远寺堡	平罗县北	雍正五年	《大清一统志》
秦州	利桥堡		新建城	《大清一统志》
华州	青冈平（城）	华州西南75里	顺治十二年筑	《大清一统志》

表4所见增筑城堡有两个显著特点：一是增筑时间集中在乾隆四年以前；二是增加新城有17个，其中14个分布在西宁府，占总数的82.4%。这种情况说明，清初黄土高原地区，除西宁府外，大部分地区的重要驻防点于前明时期都已基本建成。清人征服本区广大地区后，只需承袭旧地，依据新情况布防，无须也不必要再重新增加布防点。况且，过去本区属边防重地，有防御价值的地理点几乎都已有城堡，这在《读史方舆纪要》《大清一统志》及各府、州、厅、县志的相关部分有大量详细的记录，无须再一一列述。因此，清人占领本区后，只有对旧城堡的修葺或重建，增加的极少。

西宁府属地则略有不同。这里地处黄土高原地区西鄙，居民主要是少数民族，民族成分相当复杂，"汉、土番、彝，杂处耕牧"①。明朝初年，这里西番"族种最多，自陕西历四川、云南西徼外皆是，其散处河湟、洮、岷间者，为中国患尤剧"②。《甘宁青史略》云："按宁郡诸土司计十六家，皆自前明洪武时授以世职，安置于西（宁）、碾（伯）二属。是时地广人稀，城池左近水地，给民树艺；边远旱地，赐各土司，各领所部耕牧"③。正因为如此，前明于此实行土司制度，"以番治番"。在"边地"防卫上亦相应实施用当地土官和少数民族首领充当卫所官员，以卫边塞的制度。据研究，这类土司主要有：河州卫的何土司、临洮卫的赵土司、巩昌卫的汪土司、庄浪卫的鲁土司；西宁卫的汪土司、吉土司、河州王土司、岷州后土司、赵土司、洮州昝土司、卓尼杨土司等④。另外，在河湟

---

① （清）顾祖禹：《读史方舆纪要》卷64《西宁镇》，第3007页。
② 《明史》卷330《西番诸卫》，第8539页。
③ 慕寿祺：《甘宁青史略》正编卷27，《中国西北文献丛书·西北史地文献》第22卷，第205页。
④ 高士荣：《西北土司制度研究》，民族出版社1999年版，第114页。

等农业区，明政府出于对当地政治、军事战略地位的认识，实施"土流参治"制度，以流官制约土官，共同防卫战略重地①。总之，不论前者还是后者，其造成的结果是共同的，这就是防卫城堡不多。从谭其骧主编《中国历史地图集》（第七册，陕西）看，明代的重防区在长城以内、西宁卫以北、以东，这里分布有密集的城堡，其地理分界线是白岭山、大通河。而在此以南的城堡很少，正是这一结果的体现。

清承明制，继续在黄土高原西南隅的少数民族聚居地实行土司制，这在初定这一带时的统治政策中有所表现。但清与明的西部形势略有不同，清统一后，前明时的蒙古族已不再对清构成巨大威胁。因而，西部的总体政策将会据此形势略作调整，集中体现在进一步加强对本区的行政管理，改卫、所为府县厅等，并依据其具体民情加强驻防。这样，原来驻防较弱的西宁府，因民族成分复杂等易致事端之地就要加强设防。这是清初本府增筑城堡最多的基本原因。其次，从地理位置上讲，由于过去长期以土司卫番，一些有驻防价值的地理点本已不必有太多的意义。现在既要加强对本府的统治，也就是说要防止本府属地本身出问题，其价值就显现出来，因此应当加以补苴。乾隆《西宁府新志》所载雍正、乾隆朝增筑诸城的理由说：丹噶尔城，"路通西藏，逼近青海，边隘声息关重，又为汉、土、蒙、回民，并远近番人交易之所"；黑古城，"贵德所改隶郡治，所由磨石沟一带素为生番出没之地"；思观城，"以地系要隘"；什札巴城，"以防范南山后诸番"；河拉库托城，"以地倚日月山，为行商往来之要区"；千户庄城，"以地系防番要口"；亦杂石城，"以地控诸番，南通贵德"；巴燕戎城，"以地系各营适中扼要之区，为四面番回杂处之境，水草丰广，地土宽平"；甘都堂城，"以地势宽衍，咫尺黄河，生番出没"；康家寨城，"以所（贵德）治既隶西宁府……（建城防守）以资联络，以控番回"；永安城，"地通甘、凉"。②

从这些理由看"控制番回"已成为清设防并增筑城堡的根本目的。在对"番回"的控制中"生番"（不纳贡赋的番人）尤其受到驻防的重

---

① 高士荣：《西北土司制度研究》，第115—116页。
② 以上参见（清）杨应琚纂修《西宁府新志》卷9《城池》，《中国地方志集成·青海府县志辑》（1）。

视，成为清的重点防御对象。因而在城堡选址上要控制其"出没之地"。选址的另一特点是各族易于联系之地，如"适中"之区，商旅往来之地，周边通道、隘口。充分体现了驻防城堡防御、侦察、联络、监视的功能特性。两个城堡的增筑（黑古城、康家寨）与贵德所改隶西宁府（雍正四年）有关，说明，原卫所制经雍正初年改制（行政中心化）造成的防御削弱需要局部补苴。这应当说是局部影响的原因之一。

城堡增筑的另一个特点是时间都集中在乾隆四年（1739）以前。这与历朝开国初年的改制是一致的，无须多谈。由于布防城堡的选择与地区特征相关。作为一个新的统治阶级在得到一个地区后，对其居民习性的了解总有个过程，对一些要地的认识，也在本过程中逐渐增强，最后至乾隆时就加大控制力度，增加更多了。从历史过程中的相关事件看，雍正初年以前，本地"恶事"常有发生。康熙年间的叛乱自不必说，雍正初年罗卜藏丹津叛乱亦影响一时，以至于当时的西部官员多主张改变初年"土司"政策，实行"改土归流"。"改土归流"自康熙时已有人提出，虽未被朝廷采纳，即从制度上大刀阔斧地改革。但从策略上看，雍正初通过严格管理，还是在一定程度上收到了同样的效果。一些土司被改土归流，"土司势力膨胀的趋势得到控制，大多数土司'名存实亡'"[①]。不难想象，这些改制在一定程度上会增加旧"土司"与清廷的矛盾。这种矛盾不一定在改制初就反映出来，但随着时间的推移，始终是政府的隐患。所以，逐步加强对"番回"等的控制愈来愈显得重要，这就是为什么乾隆三年（1738）杨应琚奏请筑堡，很快得到政府批准的原因，也是这一时期清政府在此筑堡最多的原因。

（原刊《中国历史地理论丛》2003 年第 2 辑）

---

① 高士荣：《西北土司制度研究》，第 170 页。

清代黄土高原地区城镇书院的分布与选址

城镇书院是随着古代书院官学化的日益发展而逐渐兴起的一种城镇文化现象。我国古代书院官学化的过程历经元明380余年的发展，到清代基本上完成了官学化的历程[①]，书院在各级城镇（除市镇外）比较普遍地建立起来。黄土高原地区北至阴山，南到秦岭，西至日月山，东到太行山，是我国一个独特的自然地理区域。其行政区划范围，主要包括陕西省关中、陕北地区，山西省全部以及内蒙古自治区中南部旧属山西省晋北五直隶厅之地，河南省清代河南府大部和陕州直隶州，甘肃省宁夏府以南、西宁府以东，包括兰州府循化厅、河州、狄道州、渭源县和巩昌府漳县、宁远、伏羌以及秦州直隶州以北的广大地区。在元代书院向北方推广发展的时间里，这里还是书院发展的边缘地区，后经明清，特别是清代的发展取得了巨大的成就。但这种发展也经历了不同的时空变迁过程，揭示并探讨这一过程中城镇书院发展的时空差异、等级差异以及书院地址的选择特征，对于认识帝国晚期城镇文化教育事业的发展、城镇文化教育中心地位的增强，以及在这一过程中书院形式的教育所存在的地区差异等问题具有重要的理论意义。同时，对该区域城镇书院发展和分布的实证研究，也有助于推动全国范围内城镇书院发展的普遍性和地区特殊性关系研究的进一步深入。

---

① 章柳泉：《中国书院史话——宋元明清书院的演变及其内容》，教育科学出版社1981年版，第4—9页。

一 府州级城镇书院的发展与分布

府州级城镇,包括府城、直隶州城和直隶厅城。作为地方二级城镇,这些城镇在地方治理和文化发展中处于重要的中心地位。清代黄土高原地区除三个省会城市外①,共有府州级城镇42个,其中府城18个、直隶州城18个、直隶厅城(归化和绥远算作1城)6个。这些城镇中,除了甘肃省固原直隶州(同治十三年置)和化平川直隶厅(同治十一年置)设置较晚外,其他城镇设置较早,而且较为稳定。

据研究,黄土高原地区城镇书院最早出现在唐代,开元六年(718)至开元十三年(725),唐政府先后在东都洛阳和西京长安建有3所丽正书院,其中长安2所,洛阳1所。后来3所丽正书院均改名集贤书院。开元二十四年(736)政府又在长安兴庆宫设立集贤书院,实际上总共有4所集贤书院②。不过,这些书院的职能主要是整理、校勘、收藏、刊印书籍,和后代的收徒讲学的书院大不相同,这已是学界的共识。作为官方的文化机构,这些书院可能随着唐王朝的覆亡而毁废。五代时期的后唐政权统治年间,洛阳有一所龙门书院,"是一处为志学之士提供就学机会,以培养人才为主要目的的教育机构"③,实际上也是清代黄土高原地区府级城镇历史上出现得最早的具有教育机构性质的书院。宋代,洛阳又建有同文书院④,延安建有嘉岭书院。⑤ 元代,陕西的乾州有紫阳书院(在城内东街)⑥、山西平阳府有晋山书院(在永利池上)、蒲州府有首阳书院(城西南隅)⑦,算是比以前有所进展,但依然是屈指可数。虽然说书院官

---

① 关于这三个省会书院笔者有专文论述,故此处不再涉及。
② 邓洪波:《中国书院史》,东方出版社2006年版,第29—30页。
③ 同上书,第44页。
④ 乾隆《河南府志》卷29《学校志·附书院》,乾隆四十四年刊本。
⑤ 季啸风主编:《中国书院辞典》,浙江教育出版社1996年版,第847、962页。
⑥ 《续修陕西通志稿》卷37《学校三》,《中国西北稀见方志丛书·西北稀见方志文献》第7卷,第183页。
⑦ (清)王轩等修:《山西通志》第11册,单远幕点校,中华书局1990年版,第5282、5284页。

学化在元代有了一定的发展，书院的建设在地域上也由南方向北方推广①。但对黄土高原地区这一级城镇的历史影响还是很微弱的。这种情况直到明代才有了明显改变，见表1。

表1　清代黄土高原地区府州级城镇明代建（修）的书院数量

城镇名	书院数	城镇名	书院数	城镇名	书院数	城镇名	书院数
延安	3*	榆林	1	凤翔	1	乾州	1*
鄜州	1	蒲州	2*	汾州	1	潞安	2
大同	2	泽州	1	解州	2	霍州	1
洛阳	3	巩昌	1	宁夏	1	泾州	1

资料来源：雍正《勅修陕西通志》《续修陕西通志稿》、光绪《山西通志》《甘肃通志稿》和《大清一统志》；季啸风主编：《中国书院辞典》，浙江教育出版社1996年版；漆子杨：《古代甘肃书院考》，《西北史地》1994年第4期。

说明：*表示其中含有1个修复以前创建的书院。

表1城镇书院共计24所，除3个是对宋元书院的修复或重建外，其余都是明代兴建的书院。从书院兴建的具体时间看，成化时1个、弘治时6个、正德时2个、嘉靖时6个、万历时3个。其余6个中，3个是修复或重建宋元的，3个具体年代不明。所以实际上这些书院主要是明代中后期兴建的，这也就是说，所谓书院的北方推广在黄土高原地区这一级城镇的表现只是在明代中后期才明显出现。与元代相比，这些书院有着三个显著的特点：(1) 府州级城镇书院数量有了明显的增长；(2) 沿边府州级城镇书院的兴起。表1列举的24所书院，分布在16个府州城镇，其中的四个府城——大同、延安、宁夏、榆林——是沿边城镇，有7所书院，占清代府级城镇书院总数的29.2%，也就是说有接近30%的书院分布在沿边地带的府州级城镇中。可见，沿边府城政治和军事功能大力发展的同时，在书院教育方面也有了较为突出的发展；(3) 城镇书院发展的数量相当有限，书院城镇的分布很不平衡。清代该地区的42个府州级城镇中，明代已建有书院的只有16城，占城镇总数的38.1%，还有26所城镇根

---

①　邓洪波：《元代书院及其发展特点》，《内蒙古社会科学》（汉文版）1994年第6期。

本就没有书院设立，约占城镇总数的62%。这个比例显示了该地区城镇书院数量的发展是比较少的。

　　清代初年总体上对书院实行的是抑制政策，这已是学界的共识。雍正十一年（1733）"上谕"各省设立书院后，地方各府州县相继仿效设立书院，府州级城镇的书院才越来越多。根据《续修陕西通志稿》、光绪《山西通志》《甘肃通志稿》《朔方通志》、乾隆《河南府志》及《大清一统志》等资料，清代的42所府州级城镇设立书院的数量如表2所示。

表2　　清代黄土高原地区府州级城镇兴建书院数量统计

城名	书院数	城名	书院数	城名	书院数	城名	书院数	城名	书院数	城名	书院数	城名	书院数	城名	书院数
凤翔	2	同州	1	延安	1	榆林	1	乾州	2	邠州	1	鄜州	1	绥德	2
平阳	1	蒲州	3	汾州	1	潞安	1	泽州	3	大同	2	朔平	1	宁武	1
忻州	1	代州	1	保德	1	辽州	1	平定	1	沁州	1	解州	1	绛州	1
隰州	1	霍州	1	归化	3	庆阳	1	平凉	1	巩昌	2	宁夏	2	西宁	3
秦州	2	泾州	1	固原	1	化平	1	洛阳	11	陕州			

　　表2列举的府州级城镇共38个，与清代该区的42个府州级城镇相比，分布在今内蒙古中南部的清水河、托克托、和林格尔和萨拉齐四个直隶厅没有书院建置记录，约占城镇总数的9.5%。这个百分比看起来似乎不低，但其实际意义只是指当时的晋北四个直隶厅城，它们处在"边地"，分布又很集中。就其历史而言，这里是康熙、雍正和乾隆朝新开发的地区①，人口稀少。历史上这里长期是传统的游牧狩猎为主要生活方式的地区。明代，这里长期是"蒙元"的势力范围；清统一后，特别是政府"放垦"后，移民大量进入该区，逐渐形成新的农牧业垦殖区，晋北四直隶厅也就是在这种背景下设立的。由于是新开发区，又是移民和少数民族共居区，所以没有像内地那样设县，而是设立直隶厅，这反映了它的政治地位的特殊性。就地理实体而言，虽然说其行政级别相当于府、直隶州，但其城镇规模和经济文化发展的程度和内地府、直隶州根本不在一个

---

① 袁森坡：《康雍乾时期经营北疆》，中国社会科学出版社1991年版，第416—420页。

档次上，客观地讲，甚至比内地一般的县城还要差很多。所以书院在此就没有发展。至于说归化厅有书院设立，完全是它在这一带的核心地位决定的。根据这些情况，我们说，清王朝时期，除了当时晋北的四个直隶厅外，黄土高原地区府州级城镇都建立了书院，书院教育在这一级城镇基本普及。

不过，书院的建立也有先后之别。下面表3列举有65所书院，其中陕西邠州的紫薇书院，据记载是"清初建，道光乙未知州石珩重修……"①没有具体到某个初建年代。但从用词"清初"推测，其建置年代应当在康熙以前。辽州的翠山书院建置年代不明，不过从光绪《山西通志》的记述看，应属于清代存在的书院。另有洛阳的瀍东书院和泾州的仰止书院是延续明代的书院。其余61所书院有明确的建置或重建年代，其中顺治年间建立的有1所，在洛阳府；康熙年间建立9所，重建2所（重建，指清代首次在某一城镇对清以前毁废书院的再建或修葺，不包括清代创建书院的后世修葺或改建的书院，以下同），分别分布于平阳府、蒲州府（2所）、汾州府、潞安府、泽州府（2所）、隰州、洛阳府（2所）、陕州等城镇；雍正年间建立的有3所，分别分布于绛州、归化厅、宁夏府；乾隆年间建立的有23所，重建的有5所，分别分布于潞安府、泽州府、大同府、宁武府、忻州、代州、平定州、沁州、解州、霍州、凤翔府（2所）、榆林府、乾州、鄜州、绥德州、庆阳府、平凉府、宁夏府、西宁府（2所）、秦州、洛阳府（7所）等城；嘉庆年间建立的2所，分别在延安府和乾州；道光年间建立的有3所，重建2所，分别在朔平府、保德州、蒲州府、巩昌府和邠州；同治年间建立3所，重修的有1所，分别在同州府、归化厅、巩昌府、化平厅；光绪年间建立6所，重修1所，分布在大同府、归化厅、平凉府、西宁府、秦州、固原州、陕州。从书院建立的时间及其地域分布看，有以下几个特点：（1）清代府州级城镇书院总体上是由黄土高原地区东南部一带的城镇率先兴起。顺治、康熙年间建立的书院，除过邠州的紫阳书院分布于关中北部外，其余11所书院都分布在黄土高原地区东南部的河南部分和山西南部，充分反映了清朝初年

---

① 《续修陕西通志稿》卷38《学校三》，《中国西北稀见方志丛书·西北稀见方志文献》第7卷，第184页。

书院建立和复兴的地域特征。(2) 此后,府州级城镇书院有由东部沿汾河、黄河北上并向西发展的趋向。雍正年间共建立三所书院,先是绛州、归化厅在雍正二年(1724)建立,后是宁夏府在雍正中建立,而其他城镇却没有相应的反应。雍正年间书院的这样一种发展,说明黄土高原地区府州级城镇还没有积极地出现仿效省城设立书院的实践。现在学界一般认为,雍正十一年(1733)"上谕"各直省设立书院后,各府、直隶州相继仿效,而黄土高原地区的实际情况是,除省城外,从雍正十一年到雍正十三年(1735),府州级城镇没有建立一所书院。雍正年间所出现的书院,除宁夏所建书院时间不够确切外,其他两所书院都是在雍正十一年以前建立的。(3) 乾隆年间是黄土高原地区府州级城镇书院发展最快的时期,书院建设出现高潮。据我们统计(表3),在该地区城镇书院史上,这一时期建立的书院是最多的。新建书院达到23所,重建5所。更重要的是,到乾隆时期,黄土高原地区绝大多数的府州级城镇普遍存在有书院,从而使府州级城镇书院的地域分布在整个黄土高原地区,达到比较均衡的状况。有人说,"清代书院比以前各代都多,乾隆时期最盛"[①],也就是说,清代乾隆时期创建的书院最多。在这一点上,黄土高原地区府级城镇书院的创建时间与全国的发展情况是一致的。(4) 乾隆以后,府州级城镇书院的建立处于零星的补充发展时期。这期间历经嘉庆、道光二朝,总共55年的时间内,才兴建了5所书院,重修和重建了2所书院。(5) 到了同治、光绪年间,书院发展处于一个略微回升时期。这次回升期有47年时间,共建书院9所,重修2所。同治初年发生的陕甘回民起义及其平定,在一定程度上影响了同治年间的书院建设,如化平厅(今泾源县)是同治十一年(1872)设置的直隶厅,是政府安置战后回民的重要地区之一。同治十三年(1874)提督喻胜荣建书院,左宗棠命名曰"归儒书院"[②],体现了其中的良苦用心。这一时期兴建的书院,除一所书院分布在陕州,属于黄土高原地区的东南部外,其他书院比较集中地分布在甘肃省和山西省北部"沿边"地带的归化等城镇,在一定程度上体现了这一

---

① 章柳泉:《中国书院史话——宋元明清书院的演变及其内容》,第37页。
② 《甘肃通志稿》(二),《中国西北文献丛书·西北稀见方志文献》第28卷,第238—239页。

带书院后进发展的特点。邓洪波研究我国古代书院发展的历史后说：同治朝13年间，是清代有名的中兴时期，一方面长达14年的镇压太平天国的战争结束，洋务运动渐兴，西学东渐速度加快，"书院在社会的巨大期望中也得到了超乎寻常的大发展"。所以，"同治、光绪约40年间，书院进入其1300余年历史上从来没有过的高速发展期"①。这种全国发展的总情况在该区域府级城镇书院发展中虽然也有所体现，但绝不是"超乎寻常的大发展"，充其量只能说是在前期低迷发展的基础上有所回升。总而言之，府州城镇书院时空分布表明，府州级城镇书院在清朝初年由黄土高原地区东南部兴起，并逐步向各地推广。到光绪年间，这种推广以主要集中于甘肃省和归化城的书院建设而结束，反映了府州级城镇书院发展的时空过程是总体上由东南向西北、由东向西的发展。这种发展过程正好与黄土高原地区的自然环境和人文环境自东南向西北日渐变化的地理基础是一致的。

表3　　清代黄土高原地区府州级城镇书院建置时代与数量

	顺治	康熙	雍正	乾隆	嘉庆	道光	同治	光绪	合计
创　建	1	9	3	23	2	3	3	6	50
重　建		2		5		2	1	1	11
不著时代									2
沿袭明代									2
小　计	1	11	3	28	2	5	4	7	65

资料来源：《大清一统志》、光绪《山西通志》、雍正《勅修陕西通志》《续修陕西通志稿》《甘肃通志稿》、乾隆《河南府志》。

二　县级城镇书院的发展与分布

县级城镇书院包括清代的散州和县城的书院。黄土高原地区县级城镇以培养人才为主要目的的书院的出现可能比省会及其他府州级城镇要早。据地志资料记载，陕西蓝田县在唐代就建有"瀛州书院"，分布在县治

---

① 邓洪波：《中国书院史》，第446—447页。

南，是唐代学士李元通所建①。宋代吕大临在该县县治北五里"芸阁寺"（俗称吕氏庵）讲学，实际上也是一所书院。明代弘治年间，"提学王云凤撤佛像，匾曰芸阁书院"，既是对该书院的继承，也是该书院正式以书院命名的开始。对此，雍正《敕修陕西通志》径称"芸阁书院"，"宋吕大临建"②，当是就其实质而言的。宋代山西省建有3所书院③。这样，黄土高原地区实际上只有4所书院。这几所书院都是早期书院，虽然有的临近城镇，若按本文城郊五里以内的书院算作城镇书院，其中有的应属于城镇书院，但严格地说，它们和城镇关系并不大，这一点和清代的城镇书院是有所不同的。另外，除过其基址临近府州城外，实际上属于后来县城的就1—2所书院。元代书院的发展有两个重要特点：一是在地域上向北方推广；二是官学化的发展④。这两个特点实际在书院发展的历史上一直持续到清代。所以从元代开始，书院在北方地区较快地发展起来，以山西为例，元代有书院15所，较宋代就增加了5倍⑤。与此相应，县城书院也有了一些增长。这时陕西临潼、三原、武功，山西夏县已有明确记载分布于县城及其近郊的书院⑥。当然可能还有一些书院分布在城镇及其近郊，只是文献记载不具体，我们也没有作必要的实地调查，所以不能明确是否是县城书院而已。从地域分布上看，这时县域范围内的书院主要集中分布于山西省中南部和陕西关中中部地区县域范围内，其余广大地区诸县域内基本上还没有书院分布，反映了书院发展在向北部推广过程中的地域局

---

① 《敕修陕西通志》（二）卷27《学校》，《中国西北文献丛书·西北稀见方志文献》第2卷，第186页。按，《旧唐书》卷187《列传第一三七》和《新唐书》卷19《列传第一一六》均有李玄通事迹，说他是雍州蓝田人，仕隋为鹰扬郎将，唐高祖入关时，率部归唐，为定州总管，武德六年以前因刘黑闼叛乱，为乱军所俘，自杀死节。按此，地志所言李元通当是李玄通。但李玄通是否建书院，除地志外，不见他书记载。邓洪波据雍正《敕修陕西通志》《大清一统志》和光绪《蓝田县志》等资料，考证瀛州书院建置时间在武德六年之前（邓洪波：《中国书院史》，第4页），也是没有直接证据的。虽然如此，以上地志所载，均持此说，我们也没有证据否定它，姑且沿用地志说。

② 《敕修陕西通志》（二）卷27《学校》，《中国西北文献丛书·西北稀见方志文献》第2卷，第186页。

③ 邓洪波：《元代书院及其发展特点》，《内蒙古社会科学》（汉文版）1994年第6期。

④ 同上。

⑤ 同上。

⑥ 参见《敕修陕西通志》（二）卷27《学校》；光绪《山西通志》第11册"学制略下"。

限。这种地域局限在明代书院发展过程中有了较大的改变。

明代县域书院和县城书院在元代基础上继续发展。首先，在地域的进一步推广上有所发展，这就是被视为边陲或地近边陲之地的甘肃省境内出现了一批书院。据《甘肃通志稿》考订，甘肃古代有书院87所，其中州县建有书院61所。在这些书院中，属于明代建立的有6所，另有13所"未详厥始者"①。在这6所书院中，属于州县（即清代的散州和县）城的有3所，即静宁州的陇干书院，在州署东，成化中建于城隍庙西，后迁于州治东；渭源县的渭川书院，在县北关，嘉靖十四年（1535）公建；狄道州的超然书院，在岳麓山半山腰，嘉靖三十年（1551）建②。当然，甘肃西部包括西宁卫、宁夏卫，陕北延安府、榆林卫以及晋北广大地区的县域范围内依然没有，或只有极个别的书院分布，如宁夏后卫（在花马池）的朔方书院。其次，所建书院数量明显增加。除过甘肃省的4所书院外，据雍正《陕西通志》卷27"学校"和乾隆《西安府志》记载，陕西县域书院有23所，比元代增加了近6倍。光绪《山西通志》"学制略下"记载，山西县域书院也有14所。以上均不包括一些建置年代不明确的书院。再次，县城书院数量增加。山西县域内14所书院中，有9所书院可以确定分布在州县城及其近郊，其余5所中有2所远离县城，1所无方位信息，2所分别在城东北和城南。陕西县域内23所书院，有15所分布在州县城及其近郊。充分说明了州县城书院的增长。县域书院和县城书院的发展特点表明，明代黄土高原地区县域和县城书院虽然有了较大的发展，在地域上也有了进一步的推广，但在地域发展上仍然存在着很大的不平衡。县域书院主要分布在关中和晋中南地区，州县城镇书院虽然增长明显，但依然只是在部分州县城镇发展起来，大部分州县书院并没有兴起，这种情况直到清代才有所改变。

清代黄土高原地区绝大部分县级城镇都建立了书院。下面的表4是根据地志资料整理的一些数据。通过这些数据我们可以在较为确定的意义上来看清代黄土高原地区县级城镇书院的普及情况及其间的一些问题：

---

① 《甘肃通志稿·甘肃教育志》（二）"书院"，《中国西北文献丛书·西北稀见方志文献》第28卷，第227页。

② 漆子扬：《古代甘肃书院考》，《西北史地》1994年第4期。

（1）以《大清一统志》政区为依据，黄土高原地区里的179个县级城镇中，有168个县级城镇有书院建置，占县级城镇数的93.9%，这是这里所说的"绝大部分县级城镇都建立了书院"的具体意义。（2）没有全部建立书院的府和直隶州及其辖县有：大同府（怀仁县、山阴县）、太原府（岚县）、蒲州府（临晋县）、庆阳府（环县、宁州、合水）、平凉府（盐茶厅）、兰州府（循化厅）、西宁府（巴燕戎格厅）和秦州直隶州（三岔厅）。集中分布在东部的山西省和西部的甘肃省，其中尤以甘肃为最。（3）几乎所有的书院都是官办或与官方有着密切的关系，充分反映了书院官学化的成就。

表4　清代黄土高原地区建立书院的县级城镇与县级城镇比例关系

府州名称	县级城数	有书院县级城镇数	百分比（%）	府州名称	县级城数	有书院县级城镇数	百分比（%）	府州名称	县级城数	有书院县级城镇数	百分比（%）
大同	8	6	75	朔平	3	3	100	宁武	3	3	100
代州	3	3	100	保德	1	1	100	忻州	2	2	100
平定	2	2	100	太原	10	9	90	汾州	6	6	100
隰州	3	3	100	霍州	2	2	100	沁州	2	2	100
辽州	2	2	100	潞安	6	6	100	泽州	4	4	100
平阳	10	10	100	绛州	5	5	100	解州	4	4	100
蒲州	5	4	80	河南	7	7	100	陕州	3	3	100
西安	14	14	100	凤翔	7	7	100	同州	9	9	100
延安	9	9	100	榆林	4	4	100	乾州	2	2	100
邠州	3	3	100	鄜州	3	3	100	绥德	3	3	100
庆阳	4	1	25	平凉	5	4	80	兰州	6	5	83.3
巩昌	6	6	100	宁夏	3	3	100	西宁	4	3	75
秦州	3	2	66.7	泾州	3	3	100				
合计	72	65	90.3	合计	59	57	96.6	合计	48	46	95.8

资料来源：《大清一统志》、光绪《山西通志》《续陕西通志稿》《甘肃通志稿》、乾隆《河南府志》。

说明：（1）各府附郭县不计在内；（2）政区以《大清一统志》为准。

这样的成绩并不是清朝一开始就是如此，这些书院也不是共时存在的城镇文化教育现象。如前述府州级城镇一样，县级城镇书院的如是成绩也是历朝发展、积累的总成绩的一部分。首先，从清王朝统治该地区到雍正十一年（1733）政府诏令各直省设立书院的88年时间里，县级城镇书院只在部分地区缓慢发展，至康熙时代发展步伐略有加快，但也主要是在东部地区的发展。据我们掌握的资料，顺治年间在黄土高原地区县级城镇建立的书院是屈指可数的，检查表4所依据的几种资料，并参考张捷夫《清代山西书院考略》① 和漆子杨《古代甘肃书院考》②，只有陕西省的渭南县在顺治五年（1648）建立了"五凤书院"，另有个别书院是延续明代的书院。康熙年间县级城镇书院的情况有了明显的增长变化，其间共建书院29所，分布在27个县级城镇。它们是：山西省大同府的广陵县③、应州，太原府的徐沟县、交城县、祁县，平阳府的洪洞县、浮山县、太平县、翼城县，汾州府的临县、平遥县，潞安府的潞城县，平定直隶州的盂县④、寿阳县，解州直隶州的芮城县，绛州直隶州的垣曲县、闻喜县、河津县，隰州直隶州的永和县、大宁县，沁州直隶州的武乡县；河南府的巩县、渑池县；陕西省的临潼县、华阴县和甘肃省的静宁州与中卫县。从书院分布的县级城镇不难看出：（1）清代黄土高原地区县级城镇书院在康熙年间及其以前主要是在晋陕黄河以东地区发展。当时建立书院的28个县级城镇（包括顺治五年建书院的渭南县）中，有23个分布在晋陕黄河以东地区，占总数的82.1%。而晋陕黄河以西地区面积广大，只有5个县级城镇建立了5所书院，占总数的17.9%，其中静宁州的陇干书院还

---

① 《沧桑》1995年第2期。

② 《西北史地》1994年第4期。需要说明的是，以上材料的记载或统计有出入者，根据下列原则确定：（1）建立时代有分歧者，以时代最早的时代统计；（2）同一时代但年代有异者不管；（3）明确载为重修者，只统计首次对明代遗留书院的重修，至于对于清代所建书院的修缮，一律不计；（4）对因各种原因废毁的书院的重建，按重建记入；（5）迁移或改建的书院视为以前书院的继续，其中对明代书院，以清代首次改建年代为准。清代所建书院以首次创建的时代为准统计，迁移年代不再计入。

③ 延陵书院，《大清一统志》云"乾隆二十五年建"。光绪《山西通志》云："康熙中，知县杜坦建。后屡经修葺"（第5289页）。此处从《山西通志》。

④ 秀水书院，《大清一统志》云"乾隆二十二年建"。光绪《山西通志》云："在盂县学宫东。康熙六十一年知县孔传忠自崇文巷移'藏山书院'于此，改名'慎交'，寻复改今名。"（第5290页）《山西通志》此处记载与光绪《盂县志》同，故从之。

是康熙年间对旧时书院的改建性质的书院；（2）山西省建立书院的县级城镇有 21 个，占总数的 75%，占东部地区县级城镇数的 91.3%；建立书院 22 所，占总数 30 所（包括渭南的五凤书院）的 73.3%，占东部地区 24 所书院数量的 91.7%；（3）山西省范围内又主要分布在太原府以南的晋中南部地区。从这点看，这一时期县级城镇书院的发展在时间和空间分布上都与前面所讲的府级城镇书院的发展是一致的。

雍正十一年（1733）诏谕"直省"设立书院，乾隆元年（1736）高宗皇帝认为，"书院之制，所以导进人才，广学校所不及"。他还把省会书院比作古代的"侯国之学"，是"乡学之秀"深造的场所。[①] 伴随着"直省"设立书院诏令的发布和府级城镇相继仿效设立书院的发展，县级城镇也步其后尘，进而掀起了一个设立书院的高潮，由此形成乾隆年间县级城镇设立书院的高潮时期。雍正年间时间短促，黄土高原地区县级城镇设立的书院不多，据以上《通志》等地志资料的记载总共不过 6 所，主要分布在陕西东部的潼关、朝邑和陕北的神木县和安定县。另外，在山西省的洪洞县、平鲁县也各有一所。若从地域拓展与阶段发展两个方面考虑，雍正时期的 13 年里，县级城镇书院的发展，有从黄土高原地区东部以山西省为中心的发展向陕西省扩展的趋势。

据笔者统计，乾隆时期 60 余年时间里，黄土高原地区有 103 个县级城镇先后建立 102 所书院，重建或改建 10 余所书院。建立书院的 103 个县级城镇占清代该地区 179 个县级城镇数量的 57.5%，占清代该地区 168 个有书院城镇数量的 61.3%。这两个数据都超过了一半，因此笔者认为，这一时期是县级城镇书院发展的高潮时期，也是县级城镇书院发展的黄金时期。另外，书院城镇在地域的推广上也是空前的，表现在最西部的西宁府有 2 个县级城镇（大通、碾伯），在这一时期建立了 2 所书院[②]。总而言之，无论就建立书院的城镇数量、城镇建立的书院数量，或在地域上的推广程度上说，在黄土高原地区县级城镇书院发展史上，这一时期所取得的成绩是其他时代都没有的。

---

① 《清朝文献通考》卷 71，浙江古籍出版社 2000 年版，第 5510 页。
② 《西宁府续志》卷 2 《建置志》，第 89—90 页；季啸风主编：《中国书院辞典》，第 347 页。

就地区而言，乾隆时期有103个县级城镇先后建立和重建112所书院，这其中，山西省有48个县级城镇，占其81个县级城镇的59.3%，占清代山西省77个有书院的县级城镇的62.3%。这一时期建立书院48所，重建或改建书院7所；陕西省有38个县级城镇，占其54个县级城镇的70.4%，占清代该地区54个有书院县级城镇的70.4%，建立书院38所，重建或改建书院3所；甘肃省有16个县级城镇，占其34个县级城镇的47.1%，占清代该地区27个有书院县级城镇的59.3%，建立书院16所。很清楚，这一时期三个地区所建书院的县级城镇都超过了清代三个地区书院城镇的一半以上，就是说乾隆时期设立书院的县级城镇在这三个地区的发展程度都很高。但从数据看，其间依然存在着差异。就是陕西省这一时期建立书院的县级城镇数占到了清代书院城镇的70.4%，相对而言，说明乾隆时期陕西省这一级城镇书院建设的成绩相对而言是最高的。其次为山西省部分，占62.3%，最后是甘肃省，占59.3%。结合康熙时代及其以前这一级书院城镇的发展及其分布特点，笔者认为，乾隆时代县级书院城镇的发展，由康熙时代以前，以晋陕黄河以东，特别是其东南部为中心的发展，转变为晋陕黄河以西的陕西省部分为中心的相对最为快速发展的阶段。在晋陕黄河以西黄土高原地区书院城镇的发展中，东部的陕西省相对而言在程度上要高于西部的甘肃省。而东部的山西省虽然在书院城镇发展比例上略低于陕西省，但依然继续着康熙时代以前的发展的势头，继续发展。这样一种时空发展特征是黄土高原地区县级城镇书院从东南部向西北部推广、发展过程与乾隆盛世时代官办书院发展高潮的背景相结合的必然产物，自然也与此前西北部分县级城镇书院发展缓慢密不可分。

乾隆时代以后，从嘉庆到光绪年间，黄土高原地区县级城镇书院的建设处于一个相当长的缓慢增长阶段。其间，同治初年发生了席卷西北的陕甘回民起义，西北部有些书院毁于兵火，起义被平定后，一些被毁书院得以恢复重建。除此之外，影响县级城镇书院的外在因素并不明显。所以，书院处于高潮后的平稳和补充性发展期。根据前面引用的几种资料，参考张捷夫《清代山西书院考略》和漆子杨《古代甘肃书院考》，统计得知，这一时期山西省部分县级城镇共兴建书院15所，重修明代书院1所。其中，嘉庆朝建1所，道光朝建4所，咸丰朝建3所，重修1所，同治朝建

4 所，光绪朝建 3 所；陕西省县级城镇共建书院 14 所，重修 5 所。其中，嘉庆时 1 所，道光时 5 所，同治时 3 所，重修 3 所，光绪时 5 所，重修 2 所；甘肃省兴建 10 所，重修 3 所。其中，嘉庆时建 5 所，道光时 1 所，咸丰时 1 所，光绪时 3 所。另外，同治时重修 2 所，光绪时重修 1 所。由此归纳出这一时期县级城镇书院发展的具体特点：（1）在三大地区中，陕西省部分继乾隆时代的余绪，继续处在三大地区相对发展的首位。这里不但兴建和重建的书院最多，而且从道光以后相对较为稳定地持续发展着，直到光绪年间还有 5 所书院的兴建成绩；（2）除了甘肃省在乾隆后的嘉庆时期建有 5 所书院，可以看作是乾隆时代的余绪外，山西和陕西在嘉庆时期都处于一个低谷阶段。这应当是乾隆年间大发展的一个间歇期，直到道光时期，后者再次开始发展，而甘肃开始进入间歇期；（3）道光以后，伴随着外国列强的侵入，中国步入内忧外患的多事之秋，这里的书院处于停滞性发展阶段。其间又有同治年间回民起义的影响，所以直到光绪年间，由于新政等原因，书院建设才又略有上升。由此可见，同治、光绪年间，黄土高原地区县级城镇书院的发展也像府级城镇一样，没有出现全国那样"超乎寻常的大发展"。

三　市镇书院的发展与分布

市镇书院是建立在最基层的经济活动和一般社会活动中心地的书院。早在北宋靖康年间，长治县荫城镇就建有"雄山书院"①，太原府榆次县的东涡村，元代亦设有"源地书院"②，东涡村即清代的东涡镇。从市镇建立书院的历史这个意义上说，两个市镇所设立的两所书院可能是黄土高原地区市镇所建最早的书院。进入明代，黄土高原地区市镇书院继续发展，山西省解州的运城镇，正德九年（1514）和天启（1621—1627）初年，分别建立"河东书院"（在县北 5 里）和"宏运书院"（在学宫东）。太原县的晋祠镇建有"晋溪书院"③。甘肃省宁夏府的花马池镇，在嘉靖

---

① 张捷夫：《清代山西书院考略》，《沧桑》1995 年第 2 期。
② 《大清一统志》（三）卷 136《太原府》，第 465 页。
③ 光绪《山西通志》第 11 册，中华书局 1990 年版，第 5281 页。

四十五年（1566）建立"朔方书院"①。可以看出，这一时期所建书院的市镇都是当时地位非同寻常的名镇，在一定程度上说明，书院的建立和当时市镇的特殊发展及其地位之间有着一定的联系。到了清代，书院在市镇的建立不再局限于有着特殊发展的个别市镇，而是比以前有了更为广阔的发展。这时，虽然说书院在市镇并没有普遍兴起，但数量比以前明显增加，在类型上也更加多样。检索相关的地志资料，这些书院的分布见表5。

表5　　　　　　　清代黄土高原地区主要市镇书院的分布

府州名	县名	市镇	书院	建置情况
太原府	徐沟县	清源乡	梗阳书院	
太原府	太原县	晋祠镇	晋溪书院	明建，清延续
平定州		乐平乡	沾城书院	乾隆十九年（1754）建
平定州		乐平乡	皋川书院	道光元年建，初名"少山书院"，光绪三年（1877）改名
解　州		运城镇	河东书院	明建，康熙年间重修
解　州		运城镇	宏运书院	明建，康熙年间重修
兰州府	金县	金崖驿	丰广书院	光绪七年（1881）绅士张敬铭等公建
兰州府	皋兰县	一条城	青城书院	道光十一年（1831）皋、金两县绅士公建
庆阳府		董志原旧分县城	庆兴书院	光绪二年（1876）创建
平凉府	静宁州	水洛城	道南书院	光绪二十五年（1899）州牧王长建
西安府	泾阳县	鲁桥镇	正谊书院	在镇北清凉原，光绪七年（1881）知县建
西安府	兴平县	桑家镇	养素学舍	在镇西养素园内，杨双山先生讲学处。杨双山，受学于李二曲先生，学成，归辟园舍，教生徒
西安府	富平县	流曲镇	通川书院	乾隆初年知县李世恒建
西安府	富平县	美原镇	频阳书院	乾隆初建
同州府	韩城县	芝川镇	少梁书院	康熙年间建
凤翔府	凤翔县	陈村镇	鸡山书院	邑人张鸡山建
延安府	安定县	瓦窑堡	文山书院	乾隆十四年（1749）建

---

① 《甘肃通志稿·甘肃教育志》，《中国西北文献丛书·西北稀见方志文献》第28卷，兰州古籍书店影印出版1990年版，第239页。

续表

府州名	县名	市镇	书院	建置情况
延安府	定边县	安边堡	卫道书院	光绪二十二年（1896）官绅共建
河南府	巩县	回郭镇	仙舟书院	雍正十三年知县季煐立

资料来源：《大清一统志》、光绪《山西通志》《续修陕西通志稿》《甘肃通志稿》、乾隆《河南府志》。

这些市镇的书院有四类不同性质：一类是官办书院，二类是地方绅士公建书院，三类是官绅共建书院，四类是私立书院。官办市镇书院的数量远远超过私立书院，在这一级城镇书院里占据了绝对的统治地位；而地方公建书院和私立书院数量有限，成了标志着这类书院还存在的点缀，也体现了这一地区民间创办书院的精神在一定程度上继续发扬着。

四 书院选址的特征

中国古代书院选址伴随着书院的官学化发展发生了巨大的变化，这就是由元代以前主要建置在幽静的山林、形胜之地转向在城镇择地建置。这种情况发展到清代，城镇书院已经占据各地区书院绝对的主导地位。不过，从书院在城镇的具体分布看，依然存在着城内与城外之分，这样的分布状态是在什么样的选址观念中形成的？其中有哪些类型以及地域城镇书院选址总体上有哪些特征？都是有必要进一步明确的问题。黄土高原地区府县级城镇书院的地址选择都明显地存在着城内与城外两大类。在府一级城镇中，书院分布在城外（包括关及城郊五里以内的书院）的并不多，上述65所书院中，有5所位置不明，其余60所书院里分布在城外的只有9所书院，占60所书院的15%。9所城外书院中，在关城及其附近的3所，北门外有2所。另有城南2所，城西1所，都在近城冈阜或山麓之地。宁夏"满城"① 在城东北部，属于府城的组成部分，这里单独建有书院，"为宁夏八旗弟子肄业之所"。归化厅后来设立的长白书院与此性质

---

① 此处指雍正时期的宁夏"满城"，乾隆三年宁夏地震后，"满城"移建于宁夏城西15里之地。

类似,二者都专召"满籍"学生,是较为特殊的情况。应该看到,这一时期分布在城池以外的书院有向关城和城门外集中分布的趋势,这是其中的一种类型;另一种类型是,书院选择建在城郊附近的山冈或山麓。如甘肃省狄道州的超然书院,在州治东门外岳麓山半山腰,此山"灵跻茂者,岱岳祠存焉。南几丈许有台,居山麓之间,逶迤跻攀六七折可上……古名凤台。宋元丰中,知熙州宜兴蒋之奇登台眺望,因易名超然,有'超然台上望超然'之句,寥寥五六百载,遗迹芜矣,墨客骚士想象怀嗟"①。明代典史杨继盛即选择于此创建书院。后经康熙十四年(1675)兵毁,同治年间回民起义毁坏,屡有修复。同治年间修复后,有记曰:"其地居城东里许,旧有超然台,公(杨继盛)建书院于上,即以其名名之。意其地爽垲,学者可以旷观而遊于物之外耶,仰必向往前哲超然特立,而不为流俗所囿耶。"②类似的尚有巩昌府的南安书院,分布在城南半里的仁寿山麓③。忻州的秀容书院分布在州城西冈上④。这些多少还保留了早期选址思想与实践的痕迹,是书院官学化运动以后,书院早期选择"偏僻清净之地"观念和思想在城镇的一种保留与继续。但由于各种原因,这样的书院实在已是寥若晨星,屈指可数了。除非它距城很近,否则会因官府不便控制而迁移。如蒲州府曾经有一所河东书院,最初分布在蒲州府治东三里的峨眉坡,后来移迁城内⑤。再如洮州厅,乾隆年间曾创设一所凤麓书院,分布在洮州厅治北薛家崖凤山之右,后来废弃。光绪十年(1884)便不在原址兴建,而在厅治西的旧"七圣会馆"重建⑥。上面列举的这两种类型的书院都是距离城很近的书院了。这样的低比例和城外择址的实践表明,清代黄土高原地区府州级城镇书院的选址,已经基本

---

① (明)张万纪:《超然书院碑记》,《甘肃通志稿·甘肃教育志》,《中国西北文献丛书·西北稀见方志文献》第28卷,第229页。
② 《按察使胡季堂记》,《甘肃通志稿·甘肃教育志》,《中国西北文献丛书·西北稀见方志文献》第28卷,第230页。
③ (清)张岳崧:《南安书院记》,《甘肃通志稿·甘肃教育志》,《中国西北文献丛书·西北稀见方志文献》第28卷,第232页。
④ (清)王轩等修《山西通志》第11册,单远幕点校,第5291页。
⑤ 同上书,第5284页。
⑥ 《甘肃通志稿·甘肃教育志》,《中国西北文献丛书·西北稀见方志文献》第28卷,第232页;漆子扬:《甘肃古代书院考》,《西北史地》1994年第4期。

上抛弃了元代以前占主导地位的选择远离城市的"僻静地方"和形胜之地①的思想。

与城外书院相比，城内书院占有绝大多数。上列 38 个府级城镇的 65 所书院中，有 51 所书院分布在城内，占 60 所书院的 85%。这样高的比例说明，选择主城内部建立书院成为这一级城镇书院选址的主导思想。除了 10 余所城内书院的位置由于文献记载较为笼统外，其余城内书院的空间分布大多都有明确的空间方位或参照物，据此可以反映书院在城内的空间分布特征：(1) 城内东部和东南部分布书院的总数最多。一定程度上反映了书院建造者对于这部分空间与书院的联系的重视。我们还注意到，清代的府州县学和"文庙"多分布在城内的东南隅，以及与此相关的魁星楼也往往建在东南城墙上这一现象。笔者认为，这是中国古代长期的"天人感应"观念和星象学说观念相结合而形成的"文崇东南"观念和意识在文教机构选址和建设中的实践表现。虽然这种观念的兴衰和发展及其与城镇建设具体结合的历史过程，我们还不太清楚，但在清代的府级城镇内，诸多书院空间分布中的这种关系恐怕是很难否认的。(2) 府（州）署以西和西南，包括城西南隅是次于东部和东南部的书院分布区域。(3) 城内北街，或府（州）署以北只有极个别的书院分布。延安府的"和鸣书院"，是嘉庆十二年（1807）建立的，分布在城内北街②。另有一个泽州府的"明道书院"，在"府治北"。加上分布于城外的两所书院，即霍州北门外的霍山书院和平凉府北门外的柳湖书院，一共只有四所。而且联系交通路线的走向看，这四个城镇所在的主要交通线都是南北向，在一定程度上可能影响了书院的分布，从这一点上讲，它是有一定的特殊性的。根据这些特点，可以初步地概括一点，就是：清代黄土高原地区府、直隶州（厅）城镇内部书院选址客观上反映出最重视城内东南部，次重视西南部，而最轻北部的价值体系和思想观念。这种价值观念深深地影响着该区域府州城书院

---

① 王凤雷以为，"元代的文人墨客、地方官吏和有钱人在建造书院时，承袭了前代的传统，把书院都建立在风景优美、远离城乡的僻静地方"（《元代书院考遗》，《内蒙古社会科学》1994 年第 4 期）。

② 《续修陕西通志稿》卷 37《学校三》，《中国西北文献丛书·西北稀见方志文献》第 7 卷，第 178 页。

的城内分布格局，进而造就了府级城镇文化教育中心多分布在城内南部的教育中心结构模式。（4）书院在空间组合上多与政治中心的府州衙署结合在一起，构成城镇的政治、文化中心合二为一的空间格局。另有相当一部分书院与府、州、县学相组合，强化了文化中心的地位。"散处型"书院虽有，但数量不多。这种组合有利于突出和强化官方对书院的控制关系，有利于强化和扩大书院的中心性影响，对以后城镇文化教育机构的布局产生了深远的影响。

县级城镇书院的选址与府州级城镇相似，但也有不同。根据上述相关资料，我们统计到山西省85所县级城镇书院（不包括府城附郭县，下同），约分四种情况：（1）泛言在城内者有25所书院；（2）记载与县治的方位关系的25所书院；（3）与县学（或文庙、学宫）关系的11所；（4）分布在城（主城）外的24所。因此，城内与城外的比例分别为71.8%和28.2%，城内书院较府级城镇书院的城内分布的百分比低13.2个百分点。与此相应，县级城镇书院的城外分布比上述府级城镇的百分比要高13.2个百分点。又据《续修陕西通志稿》，我们统计到陕西省计72所县级城镇书院，其中泛指城内（含诸街）者23所，又与县治方位关系明确者25所，与文庙方位关系明确者9所，城外（包括关城）15所。实际上城内共有57所，占79.2%，而城外占20.8%。这个比例关系与山西省的情况略相一致，即与府州级城镇书院相比，县级城镇书院的城内选址的百分比低于府州级城镇，而城外选址的百分比高于府州级城镇。由此笔者认为，黄土高原地区城镇书院的城内选址与城镇的等级高低之间存在着一种正相关关系，城外选址则相反。

城内书院除部分不明外，主要与治所和文庙（或学宫）有密切的位置关系，形成政治、文化中心或文化中心，这一点与府州级城镇是一致的。在具体的位置关系中，不论是与前者还是后者，除了靠近外，在治所或文庙东面的选址总体上要多于其他方位。如山西省部分与治所有明确关系的25所书院中，位置在治所以东的就有11所，而其他方位分别是西3所，南1所，北2所，东南5所，西南2所，东北1所。反映了偏重东部和东南部的特点。城外的情形也略相近似，24所书院中，有10所选择在东门外（包括东关），其余则分别为西门外6所，城南3所，城北3所，城外2所。陕西省的情形与此基本一致，不再赘述。由此可见，县级城镇书院选址偏重城内东部和东南部,甚至城外也较为重视东部和东南部的观念在黄土高原地区是较为普遍的。

(原刊《中国历史地理论丛》2007年第1辑)

清代西安、兰州和太原的
书院分布与选址

　　书院是中国历史上一种重要的文化教育和研究的园地。它始见于唐代，最初是官方藏书、校书或私人读书治学的地方。"聚徒讲学"的书院形成于五代末期，后经宋元明清一千多年，得到了长足的发展，至清代书院数量已发展至两千余所，数量大大超过前代①。在长期的发展中，书院发生了两个大的变化：一是自元代以后日益明显的官学化；二是由早期建在幽静的山林、形胜之地转向在城镇择地建置，从而造成城镇书院的日渐发展。这种情况发展到清代，一方面书院官学化之路基本完成，书院本身和学校几乎没有什么两样②。另一方面是城镇书院日渐占据了书院的主导地位。书院的官学化前人研究得较多，但关于城镇书院则很少有人专门研究。下面拟选取黄土高原地区清代的三个省会城市，就其书院的时间分布、选址及其变化的特点加以比较论述，以期反映三个城市文化差异的一个方面。

一 书院的时间分布及其特点

　　西安、太原和兰州是清代黄土高原地区的三个省会城市，是这一地区三个行政级别最高的政治、经济和文化中心。西安城在元代首次出现书院，是三个城市中书院出现最早的城市。《元史》曰：仁宗延祐元年

---

① 季羡林：《中国书院辞典·序言》。马镛《中国教育制度史》第5卷：清代实际存在的书院在4000所左右，山东教育出版社2004年版，第209页。此处从季羡林说。

② 章柳泉：《中国书院史话——宋元明清书院的演变及其内容》，教育科学出版社1981年版，第4—9页。

（1314）五月，"戊寅，京兆为故儒臣许衡立鲁斋书院。降玺书旌之"①。乾隆《西安府志》云，"咸宁（县）旧有鲁斋书院。《元史·仁宗纪》：延祐元年，京兆为故儒臣许衡立。《续文献通考》：在县治东北，今废，其地尚有名书院坊"②。太原在明代万历年间建立"三立祠"书院，兰州在明代景泰、成化年间有"容思书院"（见后文）。反观这一地区的其他城镇，如陕西蓝田县、河南府（洛阳）等在唐宋时期就有书院存在③。元代的书院发展向北方地区推广，今山西省境内就分布有15所书院④，其中一些书院建在府州县城镇及其近郊。这些史事在一定程度上说明书院形式的讲学和研究活动在这三个城市的发展是相对较晚的。清代，书院在黄土高原地区有了长足的发展，这三个省会城市的书院数量比以前有了明显的增长，但就其发展看，在不同的时间段上它们之间存在着差异。请见表1。

表1　　　　　　　　　清代三个省会城市的书院

省会	书院名称	城中分布	备注
西安	正学书院	约在今西安城西大街中段，路南正学街与省图书馆南院处	元建。入明百余年废弃。弘治九年（1496）再建。康熙六十一年（1722）并入关中书院
	关中书院	今西安城南门内东侧西安师范学校处	明万历三十七年（1609）建，康熙四十一年（1702）至康熙六十一年书院为督学使署，同年督学使署迁三原，书院恢复。光绪二十九年（1903）改为师范学堂
	养正书院（道光时易名崇化书院）	今西安柏树林街东卧龙寺巷	清嘉庆七年（1802）并咸宁、长安两县春明、青门两学舍而建。道光时易名崇化书院。光绪十六年（1890）迁于旧清军同治署偏东，位置约在今西安东厅门路北西安高级中学东侧
	鲁斋书院	今西安东关长乐坊路北市二十二中学处	元仁宗延祐元年（1314）建，明中期渐废，清光绪十一年（1885）重建
	少墟书院	今西安西关正街西段路北新民巷附近	清光绪十六年（1890）在青门学舍旧址附设的书院

---

① 《元史》卷25《仁宗本纪》，中华书局1976年版，第565页。
② （清）舒其绅等修，严长明等纂：《西安府志》卷19《学校志》，（台北）成文出版社有限公司1968年版，第889页。
③ 陕西蓝田县在唐代建有"瀛州书院"，分布在县治南，是唐代学士李元通所建。宋代吕大临在该县治北五里"芸阁寺"（俗称吕氏庵）讲学，实际上也是一所书院。洛阳在唐代有丽正书院，宋代有同文书院、龙门书院和伊皋书院。
④ 邓洪波：《元代书院及其发展特点》，《内蒙古社会科学》（汉文版）1994年第6期。

续表

省会	书院名称	城中分布	备注
太原	晋阳书院（原称三立书院，雍正十一年易此名）	地址在今太原市公安局	清顺治十六年（1659）前，为沿袭明书院，称"三立书院"，明末清初已荒废。旧址在今旧城街一带。顺治十七年（1660）迁移现址。雍正十一年（1733）更名为晋阳书院
	令德书院	今山西省实验中学所在地	清光绪九年（1883）创办，十年建成。义和团运动失败后，二十六年（1900）被天主教侵占为临时教堂，停办。二十八年（1902）被山西大学堂取代
	崇修书院	旧址在太原府治东南桥头街	同治初建，光绪元年（1875）改建府学
兰州	兰山书院（初名正业书院）	在省会新关路北，今秦安路北，兰州第三中学所在地	清雍正二年（1724）建，称正业书院。雍正十三年（1735）改建为兰山书院。光绪三十二年（1906）改为师范学堂
	五泉书院	在省会后街，今滨河路南贤后街东口北端，即市委楼旁	清嘉庆二十四年（1819）建
	皋兰书院	在旧县治东南曹家厅地，今曹家厅小学所在	清道光二十二年（1842）建，光绪三十一年（1905）改建为高等小学堂
	求古书院	在省会贡元巷，今贡院巷小学及城关区教育局所在地	光绪九年（1883）建

资料来源：《甘肃通志稿·甘肃教育志》，《续修陕西通志稿》，光绪《山西通志》，张维《兰州古今注》，《中国西北文献丛书·西北史地文献》第24卷，季啸风主编《中国书院辞典》；西安地方志馆·张永禄主编：《明清西安词典》"学校书院"，陕西人民出版社1999年版；张德一、贾莉莉编著：《太原史话》，山西人民出版社2000年版；蒋澌心、张嘉馥：《浅谈清代兰州的书院》，《兰州学刊》1981年第1期。

如果将前后相继且位置基本相同的不同名称的书院当作一个书院，那么单纯从书院数量看，清王朝时期的西安有过5所书院，居三个省会城镇的首位。其次是兰州有4所书院，太原有3所书院。从书院存在及其运行时间上看，西安在康熙四十一年（1702）以前的57年，是关中书院和正学书院两个书院并存时期。从康熙四十一年到康熙六十一年（1722）的20年中，因"督学使"占据关中书院，关中书院停办，这一时期西安只有一个正学书院。1722年"督学使"迁居三原，关中书院恢复。也就在这一年正学书院并入关中书院。这样，从康熙六十一年到嘉庆七年（1802）的80年间是一个关中书院存在时期。嘉庆七年养正书院建立，到光绪十一年（1885）鲁斋书院建立前的83年间，关中与养正两个书院并存。鲁斋书院建立至光绪十六年（1890）前的5年时间，关中、养正和鲁斋书院并存。光绪十六年少墟书院建立，此时西安城中四个书院并存，但大约只有十几年。清代书院存在时间分布是：1个书院时期100年；2个书院时期140年；3个书院时期5年；4个书院时期在1890年以后，有12年。

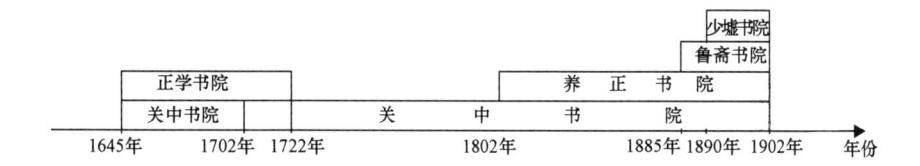

图1　清代西安书院存在时间分布

关于兰州的书院，民国时期张维有一个较为全面的记述，他说：

> 古者学必于先师之庙，谓之庙学。宋时始有书院，元明以来其制大备，为师儒讲学之所。清制：省府州县皆设书院。而兰州有书院四。省立者二：兰山书院，在新关路北，始于雍正十三年；求古书院，在贡院巷西，始于光绪九年；其山长必延宿学而由进士出身者。肄业之士，各县举贡生员皆得与焉。府立者一：五泉书院，即今五泉图书馆地。县立者一：皋兰书院，在曹家厅，今为小学。其山长得于举人以上延用。肄业之士以兰州府与皋兰县生童充之。而兰山书院声誉最盛，山长如牛运震、吴镇、张澍、吴可读、张国常诸人，皆一时硕学巨儒，善教流被，蔚为士风。常欲考其学术门径及师友渊源所

及,以为金城书院记,苦病未能也①。

这段话说"宋时始有书院",自然是不正确的,但所述兰州的书院则是不错的。不过,据《甘肃省通志稿》,清雍正二年(1724)巡抚卢询已经在明代红花园地建有"正业书院"②,这一书院张维没有述及。加上这个书院,清代兰州城曾有过5所书院。从书院存在时间看,正业书院最早,建于雍正二年(1724)。从那时到嘉庆二十四年(1819),共95年,是1个书院时期。嘉庆二十四年,五泉书院建立,至道光二十二年(1842),计23年,是2个书院时期。道光二十二年,皋兰书院建立,到光绪九年(1883),计41年,是3个书院时期。需要说明的是,这一时期经历了同治初年的回民起义,书院可能停止运行约十年。张国香《修理经费并肄业诸生乡试盘费碑记》说五泉书院的情况:"同治壬戌(1862),逆回不靖,蔓延郡属,横经之士,日辗转于颠沛流离中,而书院虚无人矣。厥后,征西车马,雾集云屯,骄弁悍勇,据为邸馆。桃李为薪,窗扉尽废,惟余数溢破厦,四壁残碑与蓬蒿相掩映而已。""戊辰之岁"(1868)后"二载",才为修理书院筹费。③ 其他书院的情况虽未见载,估计也停办了。因此,其实际运行时间约30年。光绪九年(1883),求古书院建立,此后便是4个书院时期。这样,1个书院时期的实际时间是95年,2个书院时期是23年,3个书院时期虚算是41年,实际存在时间约30年。4个书院时期在光绪九年(1883)以后。而在清顺治二年(1645)到雍正二年(1724)之间的80年间,属于无书院时期。

太原,按《中国书院辞典》的说法,明代曾有一个书院叫"三立祠"或称"三立书院",明末清初在战乱中荒废,直到清顺治十七年(1660)九月才在城南另建书院,仍取名"三立书院"。这样,从顺治二年(1645)清人占领山西到顺治十七年的15年间,太原城实际上是没有书院时期。顺治十七年三立书院重建,到同治初年以前,两百余年,太原是

---

① 张维:《兰州古今注·书院》,《中国西北文献丛书·西北史地文献》第24卷,第38—39页。

② 《甘肃通志稿·甘肃教育志》,《中国西北文献丛书·西北史地文献》第28卷,第227页。

③ 同上书,第229页。

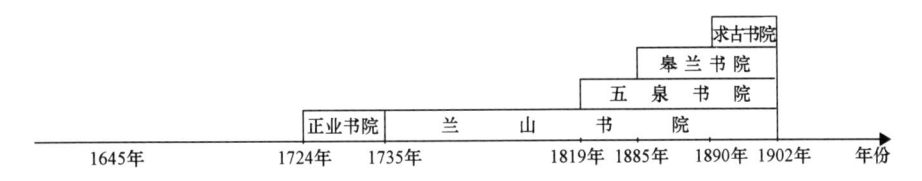

图2　清代兰州书院存在时间分布

1个书院时期。从同治初年崇修书院的建立,至光绪元年(1875)崇修书院改建为府学约10年,是2个书院时期。光绪元年崇修书院改建为府学,到光绪九年(1883)"令德堂"或"令德书院"建立前,太原又是1个书院时期,时间为8年。光绪九年至光绪二十六年(1900)的17年又是2个书院时期。光绪二十六年,令德书院因为被天主教堂强占为临时教堂而停办,太原又变为只有1个"晋阳书院"的时期,直到光绪二十八年(1902),时间是2年。这样,1个书院时期历经三个阶段。时间计约210年。2个书院时期历经两个阶段,时间计约27年。

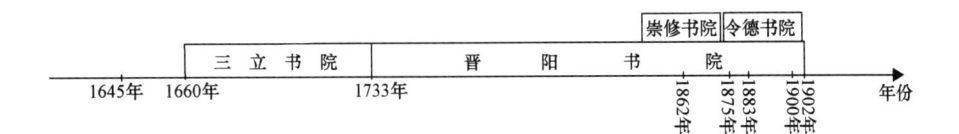

图3　清代太原书院存在时间分布

表2　清代三省会城市书院存在时间

省会\书院数	1	2	3	4	合计
西安	100年	140年	5年	12年	257年
兰州	95年	23年	30年	19年	167年
太原	210年	27年			237年

说明:光绪二十七年(1901),清政府下令改书院为学堂,但各省改制时间不一,为了便于说明问题,表中最后年限统一截至1902年。

表2的意义是什么?它至少告诉我们,从顺治二年(1645)到光绪

二十七年（1902）：（1）书院在三个省会城市的存在和运行时间最长的是西安，其次是太原，再次是兰州。结合前面的分析，西安书院数量不但居于三个城市的首位，其存在和运行时间也居首位。原因在于，太原是在顺治十七年（1660）后才有书院重新设立，晚于西安15年，而兰州直到雍正二年（1724）才有书院，晚于西安80年。（2）1个书院时期，太原长达210年，西安是100年，兰州最少，也有95年。这种情况说明，截至1902年，清代太原在书院的发展上长期是最为稳定的，也是在书院数量发展上最少的。在三个城市中，1个书院时期的时间在城市书院时期的时间最长的是太原，占88.6%，其次是兰州占56.9%，而西安1个书院时期的存在时间只占38.9%，所占百分比最低。前两者的时间均超过一半，而后者则不足40%。（3）2个书院时期，在时间分布上有间断，但总和是西安最多，长达140年，占西安书院时期整个时间的54.5%。兰州和太原的各自时间分别为23年和27年，分别占各自书院时期时间的13.8%和11.4%。这种时间分布的百分比表明，截至1902年，西安2书院时期在清代西安书院时期的时间不但最长，在3个省会中也是最高的。（4）3个书院时期，太原没有，其他两个城市也出现得较晚，兰州自道光二十二年（1842）开始，西安则从光绪十一年（1885）开始，在这一点上，兰州要早于西安43年。同时，兰州3个书院时期实际存在时间是30年，约占其书院时期的18%，而西安仅有5年，约占其书院时期的1.9%。这就是说，从1842年到1885年这43年时间里，兰州的书院数量在三城市中是最多的，其存在时间也最长。从这一点上讲，这一时期书院发展的重心在兰州。（5）4个书院时期，太原没有，其余两城市书院的存在时间也都不长。但兰州自光绪九年（1883）开始，西安从光绪十六年（1890）开始，西安晚于兰州7年。与3个书院期一样，在这7年的时间里，兰州以4个书院，依然位居三个城市之首。

以上史事表明，雍正十一年（1733）清政府诏令各省设立书院前，即在清代前期的抑制书院政策①背景下，黄土高原地区的这三个省会城市都有书院，西安2所，太原1所，兰州1所。在诏令各省设立书院政策下

---

① 季羡林：《中国书院辞典·序言》，第2页；章柳泉：《中国书院史话——宋元明清书院的演变及其内容》，第34页。

达后，也就是政府政策明确支持各省设立书院后，这三个城市并没有掀起建立书院的高潮，只是对原先书院的延续、更名或改建而已。不但如此，西安的书院由康熙四十一年前的 2 个书院，在康熙六十一年（1672）并为 1 个书院的情况，① 在"诏令"下达以后也没有得到恢复。包括太原和兰州在内，这种 1 个书院的情况此后还存在了七八十年，直到 19 世纪初才有所改变，而太原更晚，迟至 19 世纪后期才有变化。有人根据曹松叶《宋元明清书院概况》的统计认为，"清代书院比以前各代都多，乾隆时期最盛"②。也就是说，清代乾隆时期兴办的书院最多。但在本文所谈的三个省会城市却未见乾隆时期的建树，而是更多地集中在光绪年间。因此，整体上说黄土高原地区这三个省会城市的书院教育和研究活动在 19 世纪前并不很发达，也没有与全国的发展趋势密切合拍。直到第二次鸦片战争以后乃至 19 世纪晚期，其发展才逐渐加快，这时西安、兰州都已发展为 4 所书院，太原也有过 2 所书院。

二 书院选址及其特征

古代书院选址以明代书院官学化大发展为界，分为前后两个时期：前期选址，如王风雷讲元代书院所说："元代的文人墨客、地方官吏和有钱人在建造书院时，承袭了前代的传统，把书院都建立在风景优美，远离城乡的僻静地方。"③ 这种说法虽然有些绝对，不完全对，但当时绝大多数书院选择在远离城镇的"名区胜地"则是事实；后期，随着书院官学化的快速发展，书院在城镇中日渐发展。虽然这一进程自元代已经开始，但

---

① 章柳泉先生说，雍正十一年上谕下达后，各省省城，都办起了一两个较大的书院。其中引《续会典事例》说有山西晋阳、陕西关中、甘肃兰山书院。（章柳泉：《中国书院史话——宋元明清书院的演变及其内容》，第 35 页）。陈元晖、尹德新、王炳照编著的《中国古代的书院制度》也持此说（上海教育出版社 1981 年版，第 92 页）。笔者认为，说甘肃兰山书院没错，但说其余两个书院是"上谕"下达后办起的，则是不大符合史实的。在这一点上，李国钧、王炳照总主编，马镛著的《中国教育制度史》第 5 卷里说，"遵照世宗的诏令，各省省会相继建立了督抚控制的省会书院"，其中列述了上述三个书院（第 205 页）。这一说法强调"建立了督抚控制的省会书院"，是较为严密的科学说法。

② 章柳泉：《中国书院史话——宋元明清书院的演变及其内容》，第 37 页。

③ 王风雷：《元代书院考遗》，《内蒙古社会科学》1994 年第 4 期。

明代以后才日渐占到统治地位①。至清代，"远离城乡"的书院已寥寥无几了。综观书院在城镇的分布，约有两大类，即城内（包括城关）和城外。城内分布主要有三种类型：（1）近政治中心（府县署）型；（2）近文教中心（文庙、学宫、儒学、考院等）型；（3）散处型。由此或构成相应的单元组合，或孤立独处，形成城市内部结构和城镇意象中的特征性区域或个体印象。清代西安、太原和兰州三个城市中，书院是如何在城中分布的？其所在街域的文化要素组合有什么不同？

  清代西安城市书院的分布以光绪十一年（1885）为界分为前后两个时期：光绪十一年以前，书院分布在城内；光绪十一年以后所建书院均分布在城关。关中书院建于明万历三十七年（1609），是布政使等官员为关学名儒冯从吾讲学所建的官办书院，地在府治东南，与文庙、咸宁县学、长安县学等近邻。而养正书院，即道光二十二年（1842）后的崇化书院，在咸长考院东侧，其西南即文庙等学校教育中心地，因而总体上与之连为一体，形成群体，组合为清代西安城南门里东侧集中分布的文化教育中心。正学书院建于元代，初建之地，据说是宋代关学祖师张载"倡道之地"，但到明弘治九年（1496），该遗址已荡然无存，所以当时提学杨一清，"卜地重建"②。这次选择的地方是今西大街，旧陕西省图书馆南院所在地。该书院地近巡抚部院、府署，又有文昌宫、长安县署等，从而构成一个政治文化中心。与文庙为中心的文化中心相比，这一文化中心的规模，包括文化教育及其相关机构要少一些，中心性自然也要差一些。但由此造成书院布局在结构上呈现二元中心的特征。当然这样的结构特征并不是建造者的规划使然，只是一种客观反映而已。这样的结构，后来因正学书院并入关中书院而结束。光绪十一年和十六年（1890）先后建立的鲁斋书院和少墟书院分列东关和西关，改变了书院分布于城中的格局，实际上形成了书院布局的西关、城中和东关的三元格局。这种布局的出现与东、西关经济和社会发展以及由此造成的人口日益增多的需要有关，但它

---

  ① 近人曹松叶统计：明代书院约有1200所，其中民办的184所，约占总数的15%；官办的828所，其中地方官办的有635所，督抚办的135所，京官办的58所，总计占总数的60%以上。（曹松叶：《宋元明清书院概况》，《中山大学语言历史研究所周刊》第十辑，第111—115期，1929年12月—1930年1月）其中官办书院大多设在城镇。

  ② （清）舒其绅等修，严长明等纂：《西安府志》卷19《学校志》，第878—881页。

并不能反映书院选址在思想上的解放性特征。因为这两个书院的选址依然沿袭了元代以来的选址原则和精神,即于"先儒过化之地,明贤经行之所……并立为书院"①。根据黄嗣东《重建鲁斋书院记》,鲁斋书院选址在现在西安市二十二中学所在之地有两个原因:一是元代有个鲁斋书院,《通志》云在咸宁县东,是为元代大儒许衡建造的。当时书院遗址已经湮废;二是《咸宁县志》记载,城东关有春明学舍,嘉庆三年(1798)并入养正书院,春明学舍废弃。后来邑人王纯敬捐资,在此地建立义学。光绪三年(1877),又有李蓉锐,图谋兴复学舍,先后建了祭祀孔子的大殿、文昌宫等,但因费用不足而停止②。少墟书院建在城西门外,因该处旧有明朝大儒冯从吾"专祀",旁边又有青门学舍旧址,后经战乱被毁,此次重修祠祀,并附设书院③。很显然,这两个书院都是在所谓"先儒过化之地"上修建的,都不是从书院布局上考虑的。因而就谈不上书院布局在整体布局思想上的变化。据此笔者认为,至晚清时期,西安的书院布局依然继承了元代以来的布局或选址观念,没有什么突破的痕迹。

清代兰州的5所书院,以正业书院最早,兰山书院赓续其后,前后相承,分布于城东关。不过,明景泰、成化间,东关曾有个"容思书院",是当时大儒段容思先生讲学之所。容思先生学事见载于黄宗羲《名儒学案》,门人弟子众多,一时边陲皋兰儒学,颇为世人称道。至清时,萧光汉"学以容思为宗",梁济瀗"以私淑容思",二人都"课士讲学",阐扬"容思"之学,从而造成"容思之学大盛于兰"的局面④。应该说,这是此后兰州城学术文化发展的重要历史因素。入清79年后,正业书院在明"红花园"地建成。11年后,兰山书院由正业书院改建而成⑤,分布于兰州城东关,这些应该是受了"容思书院"分布的历史的影响。五

---

① 《元史》卷81《选举志》,第2032页。
② 《续修陕西通志稿》卷37《学校二》,《中国西北文献丛书·西北稀见方志文献》第7卷,第148页。
③ 同上书,第147页。
④ 张维:《兰州古今注·书院》,《中国西北文献丛书·西北史地文献》第24卷,第29—31页。
⑤ 《甘肃通志稿·甘肃教育志》,《中国西北文献丛书·西北史地文献》第28卷,第227页。

泉书院，在城内中部北端，即今城关区贤后街东口北端，北靠滨河路，东邻兰州市委大楼。从位置上看，它靠近总督署和关帝庙，是一所与政治中心和民间宗教中心组合在一起的文化教育中心。它虽然借用"五泉"为书院名号，却与五泉山清静之地没有任何关系。皋兰书院是道光二十二年（1842）选择旧"右营参将废署"改建而成的，位置在城内东南隅。光绪九年建立的求古书院在其北不远处。二者也都分布在城内。这三所书院所在之地都不是所谓的"名儒过化之地"，也没有文庙、府学、县学的凝聚性吸引力。因此，清代兰州城的书院分布有两个明显的特点：一是早期的两个书院，前后相因，都分布在城东关；后起的三个书院都分布在城内。从时间分布看，先有城关分布，后有城内分布；后起的三个书院，两个集中分布在城内东南一隅，一个分布于城内中部北端。由此形成城内二元，城关一元的三元结构和三个中心的分布格局。在这一点上，它和西安走的是一种相反的道路，即兰州是由城外到城内的发展道路，而西安是由城内到城外的发展道路。二是后起的书院的选址不再受旧的"先儒过化之地"的观念的束缚，也没有趋向儒学所在地选址，而是就废弃旧官署之地改建，或在官署附近就便择地而建。这也是与西安后期书院择址的观念所不相同的。这一点反映了兰州书院选址在思想和观念上已经突破了旧的思想，初步实现了选址思想的解放。当然，这样的解放不能认为是彻底的，而只是一种不得已的突破。由于历史的原因，当时城中可能就没有名儒讲学之处，也就没有必要再拘泥了。

太原城的晋阳书院，其前身是"三立书院"，"三立书院"的前身是河汾书院，最早又称晋阳书院。这些都是明代的书院，万历初年废弃。明代万历二十一年（1593），当时巡抚魏允贞重新兴复书院，建"三立祠"，实即"三立祠书院"。院址在巡抚衙门旧址。顺治十七年（1660）巡抚白如梅迁移"三立祠"于府治东南侯家巷，即今五一广场东北太原师范学院和市公安局处。"而书院则另设于北门。乾隆十三年（1748），巡抚准泰以北门逼处阛阓，不免嚣杂，遂移书院于三立祠。"雍正十一年（1733）易名晋阳书院[①]。根据这种情况，从顺治十七年到乾隆十三年之间的88年中，"三立祠"和"书院"是分离的，三立祠在城内东南隅的

---

① （清）王轩等修：《山西通志》第11册，第5278—5279页。

侯家巷，三立书院在城北门。若此，则雍正十一年改名的晋阳书院就是在北门的三立书院。改名15年后，才迁到侯家巷的三立祠。从该书院的位置变动看，它经历了从巡抚衙门旧址到北门，由北门再到城内东南隅的过程。这一过程在一定程度上表明，书院逐渐远离政治中心和喧嚣嘈杂的经济、社会活动场所的趋向。同时，由于书院坐落在城东南隅，东北不远处就是作为城市文化中心的标志性建筑物文庙，客观上体现了趋向文庙中心地选择建立书院的一种观念。这一点和西安的关中书院、崇化书院的选址观念客观上是一致的。崇修书院，是同治初年在崇善寺废址上建起的一所书院，光绪元年（1875）因在此地建置府学，书院被迁移到府治东南的桥头街[①]。令德书院是光绪十一年（1885）由巡抚张之洞创办的，地址选择在太原府署西北的"保贤堂"（即今"省实验中学"所在地）。先是光绪九年（1883），张之洞等在府署后的"保贤堂"招揽生徒，"专治古学"，称"令德堂"，十一年建为书院[②]。这两所书院的院址选择，应该说在太原书院选址和布局上是一个回归。与以前的趋势有所不同的是，它们都选择在府署所在的政治中心附近，并与府署等机构组合为城内的政治、文化中心。所不同的是，后者初建时利用的是"保贤堂"，又"初假于公所"[③]，后来即就便建成了书院；前者虽然也利用了道光年间所建的"崇节堂"[④]，但显然是经过选择才迁移于此的。不论如何，二者选址所体现的客观意义是一致的。这两所书院的建立，从结构上改变了太原城书院一元分布的格局，所出现的二元分布结构，在太原书院布局发展上是一个新的变化。

　　与西安和兰州相比，太原的书院始终都在城里，没有突破城池的范围，这也是它的一个特点。这种特点的形成，反映了书院官学化后，教育机构选址的传统，即趋向文庙中心地和城市政治中心的观念的深深影响，但也客观上体现了太原在书院选址和布局观念上不够开放的性征。造成这一特点的直接原因，除过上面谈到的传统观念的影响外，在书院运行时间

---

　① （清）王轩等修：《山西通志》第11册，第5281页。
　② 同上书，第5279页。
　③ 同上书，第5279页。
　④ 同上书，第5281页。

内，并存书院数量少，也会限制书院选址的思想。正是这些因素的综合作用，才形成了这种长期、稳定的城内分布格局。

（原刊《中国历史地理论丛》2006年第3辑）

清代西安的祠祀景观与民间信仰

西安是一座千年古都，在封建社会后期，西安日趋衰落，城址日渐缩小，人口日渐衰微。到清代末年，城市人口仅有11万多人，所以有学者称，"自唐亡以后直到清代末年，长安实际上是处在长期停滞状态之中"①。尽管如此，西安仍然是西北地区最重要的一座城市，它是陕西省省会，是西安府的府衙所在，是长安、咸宁两县县衙所在。在一个广阔的空间范围内，它还是连接西北和东南、华北与西南地区经济和社会交往的交通中心、经济中心和文化中心。关于这座城市"都城时代"的历史，学术界关注颇多，研究得也很深入，甚至对于废都时代城市地理的研究也有所成就，但对于这座城市的精神世界，除了汉唐时代以外，关注得较少，尤其是从城市的全局着眼的研究更是凤毛麟角，这种现状对于全面认识西安不能不说是一个缺憾。本文以封建社会晚期的清代西安为对象，从民间信仰这个角度，对西安城市精神世界的一些方面谈点认识。

一　清代西安盛行多神崇拜

多神崇拜的意识和观念在古代中国有着悠长的历史，并且随着两千余年封建社会的发展而一以贯之地延续下来，直到清代，这种意识和观念仍然在以汉民为主体的全国各地区普遍存在，并通过各种祠寺庙宇的修建和祭祀而不断强化，从而这种社会意识和观念以及与之密切相关的祠庙景观都成为汉民族传统民俗文化的重要组成部分。西安在清代也盛行的是多神

---

①　武伯伦：《西安历史述略》，陕西人民出版社1981年版，第272页。

信仰，表现在日常生活中，就是对于多种多样的神灵的持久的祭祀和崇拜。据初步统计，这些崇信的神灵有：社稷神、风云雷雨山川神、农神、西岳大帝、太白山神、东岳大帝、终南山神、五龙神、龙王、雷神、文昌帝、八腊、旗纛、火神、花神、瘟神、蝎魔、万灵（庵）、玄武、蛇丹、北极帝、紫微帝、九天圣母、老母、瘟神、城隍、关帝、土地神、天仙（亦曰湘子）、药王等，至于古代圣贤、无祀鬼神以及名宦、先贤也都在当时人们的祭祀范畴内。除此之外，结合当时各行会的崇祀对象来看，还有一些外地会馆奉祀夏禹王、三皇、孔子、朱文公等。这些神灵涵盖了天地自然和社会中长期以来形成的各种各样的神灵，因此西安社会的神灵崇拜无处不在。一个值得重视的现象是这些名目不同的神灵都能共处一城，和谐相处，并且都有香客供奉。这种现象应该是两千年来中国宗教与民间信仰长期共处的结果，也是中华文化多神信仰传统及其开放、包容的文化精神在这方面的体现。多神信仰是通过修建祠庙与祭祀来实现的，通过祠庙建设，我们可以较为清楚地理解民俗信仰相延续的特征。

明清两代是西安祠庙等传统民间信仰景观建设非常重要的两个阶段，经历了这两个阶段的祠庙建设和发展，基本上奠定了明清西安的多神崇拜的景观结构与基础。根据地志资料，明代西安修建的传统祠庙有西岳庙、龙王庙、二郎庙、太白庙、普济寺（祀西岳）、太乙元君行宫和关帝庙等。清代建立后，在重建传统祭祀和民间信仰的秩序上是下了不少功夫。一方面，政府颁行制度，使各府州县按照制度修建社稷坛、风云雷雨山川坛、先农坛、厉坛、龙王庙等。从而在帝国的领土上，在县一级行政单位以上的城市普遍建立了甚至连位置、大小、高低都有严格规定的统一祠坛。通过这种统一，清人在全国范围内初步完成了城镇祀典新秩序的重建。这种重建既是一种文化确认，也标志着一个新时代的开始。另一方面，对于不少前明时期兴建的祠庙甚至更早的祠庙相继修葺，并继续沿用。如长安县的西岳庙、太白庙、龙王庙、二郎庙；咸宁县的普济寺、董子祠、杜子祠、道统祠、正学祠、名宦祠、贤良祠等[1]。表明了清代西安民间信仰继续沿着固有的路子缓慢行进。清朝对于以前诸朝建造的民间信仰景观的修葺，既是一种文化确认，也是一种新的促进。这种前后相

---

[1] 参见（清）舒其绅等修，严长明等纂：《西安府志》卷62《古迹志》。

承的民间祠祀与民间信仰，告诉我们：第一，明清两朝民间信仰在总体上是一致的；第二，明清两代政府在重构民间信仰秩序上的做法是前后一致的。

二 祠寺景观与源于自然崇拜的各种神灵崇拜

清代西安盛行多神崇拜，源于自然崇拜的各种神灵崇拜是非常突出的一种。其中包括传统的自然天象神、山川神及其他自然现象的人格神。其名目及祭祀景观主要有：东岳庙、西岳庙、五岳庙、太白庙、终南山神；太阳庙（火神）、北极宫、紫微观、雷神庙、先农坛、风云雷雨山川坛、龙王庙、瘟神、九天圣母庙等。

五岳庙，建置年代已不可考，乾隆《西安府志》列于汉代"古迹"目下，并认为可能源于当时祭祀五帝——白、青、黄、赤、黑——而形成，这一说法或许有一定的道理。不过，到宋元以后，五岳崇拜主要是与五岳山神联系起来，并由道家纳入自己的崇拜系统中[①]。虽然如此，它也是民间普遍崇奉的对象，而不限于道家。明正统九年（1444）、康熙元年（1662）、四年（1665），乾隆三十年（1765）官方屡有修葺，其中修葺的最为重要的原因是"祈雨有应"，也就是说在清代官民重视它的根本原因是"祈雨有应"。

东岳庙、西岳庙是五岳之中的两岳。其中东岳庙，起源颇早，在宋代各地较为普遍地发展起来[②]，元明以后至清时期，关中地区的东岳庙较为普遍地出现在地方城镇。所以乾隆《西安府志》说东岳庙在长乐门内，宋政和六年（1116）建，明清时期屡次重修。明清时期，人们崇拜和祭祀东岳庙的意义在于：（1）东岳神系"主召人魂魄"的"治鬼之神"[③]；

---

① （清）舒其绅等修，严长明等纂：《西安府志》卷60《古迹志》："庙中有断碣，中有谭马邱刘字，皆元时道家也"，第3051页。

② 光绪《榆社县志》卷8《祠庙》："王通叟《东岳行宫记》云：'宋祥符九年，有事于泰山，岳神显应，诏天下郡县悉建东岳行宫，各县之有东岳庙始此。'"

③ 道光《直隶霍州志》卷14云："《博物志》：'泰山，一曰天孙，主召人魂魄。东方万物始成，知生命之长短。'古诗：'人生乐未央，忽然归东岳。'盖治鬼之神，其言皆起于道家。"乾隆《长武县志》引李大成《募修长武东岳庙记》："世传人间生死籍隶于东岳大帝，故东岳庙遍天下。"

(2)东岳泰山是"岁星之精","岁星所在,福随之",是福之所在。祭祀泰山神是为了"邀福"①。如果这些说法成立,那么,后世地方城镇中东岳庙的兴起,可能多是这些意识和观念支配下的产物。清代西安的东岳信仰也当是在这一意义上存在和延续的。另外,东岳庙在清代西安也是民间祈雨的重要场所,"时关中久旱不雨,道士于净中邀集父老,设立道场祈祷,连得甘澍,是秋大熟,遂募化建修大殿",以后屡修,直至光绪二十一年(1895)还在修葺,"香火之盛,至今无替"②。从整个关中地区来看,西安的东岳崇拜和祭祀在清代前期不是很兴盛,直到后期随着祈雨的灵验,越来越兴盛起来③。西岳崇拜兴盛于汉武帝时期,之所以兴盛是出于汉武帝求仙和追求长生不老的愿望。汉武帝以后,西岳祭祀向世俗化方向发展,其功能也发生了相应的变化,这就是与生民生活密切相关的祈雨和祈福的愿望。西汉刘向撰有《请雨华山赋》。东汉灵帝时期,弘农太守樊毅修缮西岳庙,"仍雨甘雪,潜润宿麦,惠兹黎庶"④。《延熹八年西岳华山庙碑》曰:"建武之元(汉光武帝年号)……其有风旱,祷请祈求,靡不报应。"又《修西岳庙记》云:"西岳祭祀视三公者,以其能兴云雨,产万物,通精气,有益于人。"⑤充分地说明了这一点。之后历代都加以祭祀。唐代以后,西岳庙在关中部分州县建立起来,但数量有限,直到清代,西岳庙在关中的分布仍不到十县,特别是关中西部几乎没有西岳庙的分布⑥。清代西安西岳庙在长安县治以西,咸宁县东苑里有普济寺,祭祀

---

① 乾隆《临晋县志》:"或云:泰山,天帝孙;东方,万物之始。主人生命,为四岳宗。或云:岱者,代也。阳春用事,除故生新,代之义也。于时为青帝,为岁星之精。岁星所在,福随之。行祠云者,欲以祠邀福乎!"

② 《咸宁长安两县续志》卷7《祠祀考》,(台北)成文出版社有限公司1969年版,第370页。

③ 《敕修陕西通志》卷29《祠祀》记载,当时关中最有影响的东岳庙是兴平县东岳庙,"规制弘厂,庙宇甲三秦,赫有灵异";而朝邑县东岳庙,"明隆庆八年(此处可能是六年,即1572年之误)增建献殿、香亭、钟鼓楼、东西牌坊,并前后围廊数十余间"。规模甚为巨大。这些都是西安所不能比的。

④ 蒋廷锡等辑:《古今图书集成·山川典》卷68《华山部艺文一》第189册,中华书局1934年版,第7页。

⑤ 同上书,第7—8页。

⑥ 参见《敕修陕西通志》卷29《祠祀》。

西岳，二者分别是明成化十七年（1481）和万历年间所修①并延续下来的。后者在康熙十年（1671）由里人张维英修葺。西岳神崇拜的主要意义仍体现在"祈雨祷旱"。

太白信仰因太白山而起，"唐宋以来，关中地区民间对太白山信仰主要集中在其能兴云致雨上"②。元代以前关中地区的太白信仰仅仅集中在关中西部凤翔府境内，"自明代起，太白山信仰向关中其他地区迅速扩散，各县出现了大量的太白庙，分布地域扩大到关中平原的全部地区"。③由于太白信仰是与农业生产密切相关的功能性崇祀，其崇拜的主体主要是直接仰赖土地和自然雨水而生活的农民，所以城镇太白庙的分布没有乡村多，如嘉庆《扶风县志》记载该县有 10 座太白庙，县城就只有 1 座④。清代西安的太白庙在长安县西郭外，是明崇祯年间中丞汪乔年所修，清代康熙年间总督白如梅重修。乾隆三十九年（1774）、光绪二十六年（1900）大旱，先后在太白庙祈雨，并派员前往太白山顶三清池取水，求雨成功。因此光绪二十六年特"发帑千金，修太白山神祠"⑤。也就是说，清代西安太白山神崇拜的主要意义在于它的祈雨祷旱功能。

终南山神祭祀兴起较晚，嘉庆八年（1803）修建庙宇。它是明清时期地方山神信仰日渐兴起的反映，既有祈雨功能，也是地方民间各种需要的愿望的体现。

除此之外，与祈雨相关的神灵信仰的祭祀景观尚有龙王庙，建于明代，清代延续并加以祭祀。清代雍正初年，诏令天下州县兴建龙王庙并加以崇祀，在一定程度上促进了龙王崇拜的普遍化发展。至于太阳庙（火神）⑥、北极宫、紫微观、雷神庙、先农坛、风云雷雨山川坛、土地庙、

---

① （清）舒其绅修，严长明纂：《西安府志》卷 62《古迹志》，第 3142、3146—3147 页。
② 张晓虹：《文化区域的分异与整合——陕西历史地理文化研究》，上海书店出版社 2004 年版，第 380 页。
③ 同上书，第 385 页。
④ （清）宋师萃纂修：《扶风县志》卷 6《祠祀》，（台北）成文出版社有限公司 1970 年版，第 120—121 页。
⑤ （清）舒其绅修，严长明纂：《西安府志》卷 62《古迹志》，第 3142—3143 页；瓮桎修，宋联奎纂：《咸宁长安两县续志》卷 7《祠祀考》云，在屈家斜，嘉庆十年重修，第 374 页。
⑥ 瓮桎修，宋联奎纂：《咸宁长安两县续志》卷 7《祠祀考》云，火母行宫，在北门外菜园村西，光绪十三年（1887）巡抚鹿霖"以城市多灾，建此禳之"，第 367 页。

瘟神、九天圣母庙，或为制度规定，或为民间日渐形成，甚至不少原始天象与自然现象和道家的世俗化趋势密切联系，日渐形成多种多样的人格化神灵，在清代都成为西安民众信仰和生活观念中的重要组成部分，在此不必一一细说。

三　祠庙景观与人、神崇拜

在万物有灵观念、神仙观念长期支配下的中国古代社会，不但长期且较为稳定地盛行自然神崇拜，人神崇拜也有日渐发展的趋势。在长期的发展中，日渐形成两股崇拜和祭祀的发展趋势：一是神仙与人神；二是著名人物（先贤、名宦）的崇拜和忠孝节义、节烈人物的祭祀与崇拜。这些崇拜活动是道家文化和儒家文化发展中形成的"崇德报功"观念及其文化精神的反映。直到清代，各种人神崇拜已经相当普遍，在西安也是如此。就前者而言，主要庙宇有：关帝庙、文昌宫（祠）、二郎庙、都城隍庙、县城隍庙、三义庙、二圣庙、天仙庙（亦曰湘子庙）、显圣庙（祀伍员）、八仙庵等；就后者言，这些祠庙以祭祀和纪念历史时期有重要影响的圣贤和有功于当地的先贤名宦为特征。其中人物有被朝廷列入祀典的大儒贤臣，如文庙、许鲁斋专祠等，也有由地方确立建祠或者百姓兴建祠祀者，情形多样，人物众多。按其特点可以分为两大类：一类是集体意义上修建的名宦、名臣祠、贤良祠、节义祠、昭忠祠、节烈祠等；另一类是个人的专门祠祀。前者在各城市都有建置，而后者各城情形则不一，西安城里城郊有众多建置，如文庙、许鲁斋祠、张子横渠祠、董子祠（祀董仲舒）、杜子祠（在樊川，祀杜甫）、道统祠（旧在府治，康熙初年移建关中书院，祭祀伏羲、神农、黄帝、尧、舜、禹、汤、文、武历代圣人）、正学祠（旧在正学书院，康熙二年移建关中书院，祭祀宋二程子、张子，东以朱光庭等14人，西以吕大忠等18人配）、七贤祠（在文庙戟门左，祀宋代张子，吕大忠、大防、大钧、大临、范青、苏昞，皆有绘像）、恭定祠（祀冯从吾）[①]。这些祀祠建于前代，特别是多建于明代，清代多有重建或修葺。祭祀对象以古圣贤或文化名人为主，因而是以官僚阶层与知

---

① 参见（清）舒其绅修，严长明纂《西安府志》卷62《古迹志》。

识群体为主体的崇拜，展示了明清时期西安文化界文从道统的风习和普遍心理。个人专祠中的另一类是以名宦为主体的，以巡抚和高级官僚为对象，如刘公祠（在东关八仙庵西，祀前巡抚刘蓉）、刘果敏公专祠［在城内粉巷，光绪二年（1876）为前巡抚刘典建］、左文襄公祠［在城内永宁坊滴水河什字街路南，光绪十三年（1887）建］、金忠介公祠［在东关柿园巷，光绪二十七年（1901）为前伊犁将军金顺建］、萧公祠也叫昭忠祠，在东郭十里铺，同治间为总兵萧得扬建）、毕尚书祠（在太白庙侧，祀巡抚毕沅）、多忠勇公祠［在城内五味什字，同治十三年（1874）为西安将军多隆阿建］、刘忠壮公祠［在四府街，同治十年（1871）为广东陆路提督刘松山建］、马公祠［在北关，光绪二十四年（1898）城关士绅倡建，以纪念前甘肃提督马德昭在回民起义时援陕，保障危城，公德在民之功迹］、张文毅公祠（在城内红埠街，同治中为钦差大臣张芾建）、黄公祠［在梆子市街路南，光绪五年（1879）为陕安道黄鼎建］、曾公祠［在城内大皮院，光绪八年（1882）敕建，纪念陕抚曾望颜治政功绩］。另外，在城郊还有一些建置，此处不再赘列①。这些祀祠大多是在晚清时代社会动乱和回民起义背景中产生的，鲜明地体现了"崇德报功"的观念，也是一时的风尚，既表现了城市的政治文化功能，也在一定程度上体现了市民社会的意愿。

四 祠寺与行业神崇拜

清代的西安虽然是一个满目疮痍的千年废都，但其独特的地理位置和古老的文化渊源依然深深地影响着它的工商业吸引力。这里是西北文化和东南文化联系的节点，是干旱和半干旱农牧业文明和湿润的东南部农业文明的接合部，由自然地理条件的差异所造成的商品的地区差异，以及因这种差异而形成的商品交换自然地使那些精明的商人选择这里作为他们发展的基地。所以清代西安城的工商业发展还是甚为兴盛的，城内的沿街店铺和专业性市场很多，固定的专业市场有：大差市、小差市、骡马市、东木

---

① 参见瓮耆修，宋联奎纂《咸宁长安两县续志》卷7《祠祀考》，《中国地方志集成·陕西府县志辑》(3)。

头市、西木头市、竹笆市、北牛市、南牛市、羊市、帮子市等，另有北油巷、南油巷、油巷、油店街、骆驼巷、盐店街等也都是具有相当规模的专业化经营店铺聚集的地方。① 五味十字是药材行业的集中地②。在各种经营性场所经营的主要商品有："粮食、棉花、棉布、洋布、丝织品、盐、茶、各种水果、烟草、各种铁制农具、玉器、瓷器、竹器、木器、药材、木材、纸张、书籍、漆、木耳、炭、碱、毡、水烟、皮革、调料、染料、酒、菜油、服装等。"③ 与城市工商业发展相应的是行业与行业会馆的发展，并在此基础上形成行业神崇拜。如东郭门外的丹阳万寿宫药王洞，"为东关药商及医士，并窑户、铁工祀神之所"④。对于"窑户、铁工"来说，药王显然与其行业相去甚远，但却是东关一带这些行业的崇拜神。位于东关南大街的大王庙，"为关内药布两商行筹资建修，为赛神议事公所"⑤。东关索罗巷口东的金龙庙，"为岳湖布商祀神会议公所，俗又呼为田师庙"⑥。这些崇祀对象似乎与药布行没有什么关系，但却是这些行业从商人员的祀神之所和崇拜神。与行业关系最为密切的神灵崇拜是园圃养花行业对于花神的崇拜，在清代晚期出现，同治末年建有花神庙，在东关兴庆坊，为"同治季年治园圃者集资建修，每年九月赛菊为花会，爱菊之士咸集焉"⑦。就文献记载的这些行业神崇拜来看，清代西安的行业神崇拜是相当有限的，除少数行业而外，不少行业神的选择多与行业的性质没有直接的关系。在行业神崇拜中，像旗纛庙（住兵祭祀）、仓神庙、狱神庙、火神庙（火药局祭祀）、马神庙等都是城市住兵与政府衙门诸行业基本的一些祭祀场所。

行业会馆多以外地商业集团为中心而形成，这些会馆多有自己的神灵崇拜对象，但也显得五花八门，甚至与所从事的行业的行业神相去甚远，这可能是当时的风习。清代晚期西安的行业会馆，根据光绪十九年

---

① 据光绪十九年十月中浣舆图馆测绘《清代西安府城图》。
② 宗鸣安：《西安旧事》，陕西人民美术出版社2002年版，第72页。
③ 薛平栓：《古都西安——长安商业》，西安出版社2005年版，第279—280页。
④ 瓮柽修，宋联奎纂：《咸宁长安两县续志》卷7《祠祀考》，《中国地方志集成·陕西府县志辑》（3），第365—366页。
⑤ 同上书，第366页。
⑥ 同上。
⑦ 同上。

(1893)绘制的《清代西安府城图》,主要有:全浙会馆、江西公寓、福建会馆、江苏会馆、安徽东馆、安徽会馆、湖广会馆、山东会馆、中州会馆、中州西馆、三晋会馆、山西会馆、八旗奉直会馆、甘肃会馆。民国时期,情况略有改变,这时出现了两广会馆,在大皮院东口;绍兴会馆,在东木头市;四川会馆,在贡院门。会馆崇奉的对象,据地志记载说:

> (会馆)建置崇宏,各有所祀,若祠观然。……两广(会馆),在大皮院东口,祀关帝、文昌;湖广(会馆),在四府街。全浙(会馆),在大湘子庙街。绍兴(会馆),在东木头市。均祀夏禹王;中州(会馆),在五味什字。八旗奉直(会馆),在盐店街。均祀先贤先儒;安徽(会馆),在五味什字,祀朱文公;山东(会馆),在五味什字,祀孔子;江苏(会馆),在大宝吉巷,祀吴泰伯仲雍;福建(会馆),在南院门,祀天后圣母;四川(会馆),在贡院门,祀文昌;甘肃(会馆),在梁家牌楼,祀三皇;三晋、山西(会馆),均在梁家牌楼,祀关帝;江西(会馆),在小湘子庙街,祀许真君。此外,则各县乡试暨工商报赛,皆有建置,不备载①。

会馆的这些祭祀对象五花八门,有的祭祀的是行业神,有的祭祀则与行业神关系不大,只是选取一种崇拜的对象加以祭祀,借以表示他们的崇奉和理念。其中有的以家乡圣贤名人为崇拜对象,如浙江、绍兴的祭祀夏禹王,山东会馆的祭祀孔子,三晋、山西会馆的祭祀关帝,江苏会馆的祭祀泰伯仲雍等。不过,不是所有会馆都有这样的观念,如安徽会馆祭祀朱文公,湖广的祭祀夏禹王等,就与家乡的圣人名贤相去甚远。至于其他会馆祭祀文昌、三皇、九天圣母等,更与家乡观念无涉。清大学士纪昀《滦阳消夏录》云:

> 百工技艺,各祠一神为祖。倡(娼)族祀管仲,以女闾三百也。

---

① 瓮桎修,宋联奎纂:《咸宁长安两县续志》卷7《祠祀考》,《中国地方志集成·陕西府县志辑》(3),第421页。

伶人祀唐玄宗，以梨园子弟也。此皆最典。胥吏祀萧何、曹参，木工祀鲁班，此犹有义。至靴工祀孙膑，铁工祀老君之类，则荒诞不可诘矣。长随所祀曰钟三郎，闭门夜奠，讳之甚深，竟不知为何神①。

西安行业会馆的崇拜和祭祀，表现出与此相类的特征。会馆文化反映了各地工商业集团在创建和巩固自己的工商业空间过程中与本地或其他各地工商业文化的矛盾。为了更好地巩固这一成果，他们运用了乡情和乡土文化加以组织，借以形成一个嵌入的"乡土社会"或"乡土空间"，达到相互的团结、共同的生存和共同的发展。因而每一个会馆实际上都是一个相区分的地方空间的标志，甚至他们的信仰也都有明显的不同。清代西安行业会馆的崇奉对象与信仰观念，既表现出一定的有序性，又表现出一定的无序性，崇拜和祭祀诸神在这里似乎只是一种有所区分的标志而已。

五 余论

上述内容主要涉及列入祀典或由政府与诸行业执掌和组织的祭祀，至于民间滋生或由民俗长期发展而传承的其他各种神灵或神秘崇拜当还很多。由于历史文献往往将这些视为"淫祀"而不记载，所以详细的情况就难以确知了。不过鬼神信仰、天地信仰还有一些另类崇拜，甚至是民俗相沿的神秘信念等，在清代西安一般社会中甚为流行的确是事实。拿鬼神崇拜来讲，列入政府制度祭祀并建有祭坛的就有厉坛，按当时的制度郡有郡厉、州有州厉、县有县厉，以祭祀那些"无祀鬼神"。西安在明代就建有厉坛，在城北5里，每年秋季七月十五日和冬月十月初三加以祭祀。清代继续了这一活动，成为一年一度必须进行的活动。从政府层面讲，这种祭祀像前述诸多祭祀对象一样，具有一定的政治意义，但对一般社会而言，鬼神观念是普遍存在的现象，祖先崇拜、各种巫术的盛行都是这一观念的反映。另外，在岁时民俗活动中，又盛行各种神秘崇拜，人们通过各种活动或禁忌，意在消除对于人事生活或发展不利的神秘力量的影响。如阴历正月十六日的"游百病"，五月五日端午节的插艾、儿女系五色丝

---

① （清）纪昀：《阅微草堂笔记》（上），上海古籍出版社1980年版，第80页。

缕，九月重阳日的登高、插茱萸，护日食礼，鞭春造芒神，各种赛会等。在岁时民俗以及日常的生活中，佛教、道教的诸多崇奉也日益世俗化，如菩萨、无量爷、药王、真武大帝、太一、王母娘娘等，甚至在一般百姓的观念中浑在一起，凡庙必进，凡神必拜，从而不少的佛教、道教寺观也成为民众经常出没的场所，佛、道教在一定程度上也成为民间信仰的一个组成部分，只是具体详情难以考知了。清代西安有相当数量的回民，这大概是从元代以来逐渐形成的，他们信仰伊斯兰教。而明代以来基督教、天主教势力也进入西安，清代西安有两处教堂，有有限的一些奉教者，影响不大。这些已经是严整的宗教，与民间信仰是有所区别的，此处不必赘述。

　　清代西安的祠寺景观与民间信仰，是对前代甚至更前一些时代西安民俗信仰的继承、集结和发展，不论就其形式还是内容来看都是相当多样。与历史时期相比，民间信仰在宏观结构上没有实质性的改变，因而也表现出相当稳定的存在与发展特征。其根本原因是中国封建社会基本稳定的政治、经济和文化结构所决定的。直到中华民国时期，随着近代科学文化的兴起和社会制度的日益转变，才日渐衰落。民国《邠州新志稿》说："近今科学昌明，民智渐开，利用神权时代迷信之说已经渐渐失效，有心救世者，或以此改设学校，或以此改建衙署，或即此辟为商场，事半功倍，亦未始非利用之一法也。至于淫祠左道惑人，法在必禁，又或无裨社会，徒焉方外敛钱之资，将来亦终归淘汰。"① 说明了民间信仰在民国的发展趋势，西安民间信仰的祠寺景观在民国相继发生与《邠州新志稿》所称的相应的转变。但民间信仰的不少观念与民众崇拜的意识并没有完全改变。

---

　　① 民国《邠州新志稿》卷 18《祠庙》，（台北）成文出版社有限公司 1969 年版，第 169—170 页。

清代黄土高原地区市镇及其相关的几个问题

作为地方经济和文化活动的中心,市镇很早时期就在我国出现,但比较明显的发展则在宋代以后,特别是明清时期,这在这一时期及其以后的地方志的著录中有大量的反映。由于各地经济发展差异较大,市镇在不同地方经济发展中的作用也就难得一致,表现在它为修志人关注的程度也不一样。大致说来,南方地区市镇著录较为详细,北方地区市镇著录则多显得粗疏。另外,由于南北地区自然状况和历史人文环境不同,市镇在相关的其他内容上也表现出明显的地域特色,黄土高原地区市镇的情况即是其中之一。

一 市镇的著录和称谓

在清代,关于市镇的著录主要见诸各地府、州、县志等地志资料中。当时地方志撰修的体例、规格已经定型,市镇著录几乎都在"建置志"中,很少有遗漏。不过,由于各地经济和文化发展水平差异较大,地志撰修的水平参差不齐。又由于当时地志多出于应命而修,"因而仓卒成书,聊以塞责的"的不少,有些荒州僻县甚至少有能够胜任撰修者,"只是以功令所限,不能不勉强凑数"①。这种情况在西北黄土高原地区地志中当有不少,以至于关于市镇的著录显得五花八门。当然,除经济发展水平有差异外,可能也与地志修撰者的认识有关。

---

① 史念海、曹尔琴:《方志刍议》,浙江人民出版社1986年版,第26页。

1. 地志无"市镇"项目。这种情况在黄土高原地区清代诸地志中有不少存在。就山西省来说，道光《大同县志》、光绪《怀仁县志》、光绪《天镇县志》、光绪《浑源州志》、光绪《应州再续志》、乾隆《孝义县志》、康熙《石楼县志》、民国《临县志》、光绪《黎城县志》、民国《昔阳县志》、光绪《大宁县志》、道光《阳曲县志》、道光《赵城县志》、道光《直隶霍州志》、同治《稷山县志》、民国《新绛县志》、民国《临晋县志》、乾隆《太谷县志》、乾隆《闻喜县志》、道光《太原县志》、光绪《交城县志》、民国《榆社县志》、民国《和顺县志》、雍正《阳高县志》、雍正《朔州志》等俱无专项"市镇"项目。这里列举的仅是山西省的一部分，而不是全部，像这种情况在黄土高原地区其他省府县也有不少。没有"市镇"专项的设计，并不表明本地没有镇市或村集的存在和发展，只是由于种种原因（包括市镇自身发展、修志者的编纂思想、简单因袭前志等）未有明确载及。自然，其中也不乏确实没有者，如光绪《左云县志》中就只有县城街市，而无乡镇市镇①。既在"市集"目下不载其他市集，说明除县城外，乡村就没有市镇、集。当然，这也只是个别稀见的情况。

2. 镇市与村集相混，地名镇与市镇不分。正因为一些地志不具"市集"项，市镇和村集就被记入"堡寨""乡镇"或"镇堡"条下。如光绪《吉县志》卷二"镇堡"，光绪《米脂县志》卷二"堡镇"，等等。这种情况造成镇市与村集相混，地名镇与市镇不分，为现在研究带来诸多不便。如山西省闻喜县乾隆时有"村堡"：南关城、西关城、横水镇、上下东镇、粟村镇、兰德镇、郭店镇、宋店镇、裴社城、方伯城②，这些村堡是乡都还是只是一些有堡的村镇，哪些有市，哪些无市都不清楚。这种情况同样见诸道光《太原县志》、乾隆《太谷县志》等。可见类似情况当复不少。有些志虽有"市集"项目，但记载仍不清楚。如雍正《辽州志》"市集"条下列有：衙前、东关、西关、长城、峒峪、粟城、寒王、黄

---

① （清）余卜颐等：《左云县志》卷2《市集》，《中国地方志集成·山西府县志辑》（10），凤凰出版社2005年版，第152页。

② （清）李遵唐纂修：《闻喜县志》卷2《村堡》，（台北）成文出版社有限公司1968年版，第87—88页。

章、芹泉、拐儿、麻田①，这些所谓市镇只具名称，没有任何区分。仔细分析并结合本志其他相关内容看，衙前、东关、西关属县城中的"市"，粟城、寒王、长城、峒峪、黄章是镇市，芹泉、拐儿、麻田则是村市。其间存在着明显的差异，不能因为它们都在"市镇"条下而统统称为市镇而不区分。

地名镇与市相混的情况也屡见不鲜。从历史上看，镇的变化较大，时至清代，有些镇已不再是市镇，也不是人们一般意义上所说的处于县、乡之间的一级行政单位，而全然是与一般乡村毫无差别的普通村落。但它仍然保留旧的名称，称作镇。如山西孝义县乾隆时有："下堡镇，城西 48 里，130 户，384 口，有寨，陡崖高百余尺。"② "后河镇，城西南 46 里，9 户，91 口。"③ 从地名源渊上看，下堡镇出自关镇，故有堡寨，且在高百余尺的陡崖上。后河镇，只有 9 户人家，91 个人，连一般村落的规模都没有。因此，可以判断它们均不属于市镇。民国河南省《偃师县风土志》记半坡镇说："半坡镇，城南五十里孙家坡，素日无集，纯为农户，南临山，交通不广。"④ 应当与此类似。既然该镇"纯为农户"，平素又没有集市，为什么要列入"市镇表"中？若此处不说明，从文献中就很难判断它已不是市镇了。

由此可见，清代地方志纂修体例虽已成型，但有关一些具体内容的著录差异仍相当巨大。上述黄土高原地区市镇著录表现出较为混乱的特征。这种情况的出现到底是修志人的认识问题，还是本区不同地区的人们本来就这样混用，恐怕很难一概而论。但前人所言"市之大者曰镇，小者曰市"的概念在此不能贸然套用，是大致可以确认的。

3. 市镇称谓多样，地区性显著。黄土高原地区地处西北与中原地区的过渡带上，长期以来这里是民族交错区域，游牧民族与汉民族的分界线

---

① （清）徐三俊等修：《辽州志》卷 2 下《坊乡》，（台北）成文出版社有限公司 1976 年版，第 218 页。
② （清）邓必安等：《孝义县志》卷 1《坊厢》，《中国地方志集成·山西府县志辑》（25），第 471 页。
③ （清）邓必安等：《孝义县志》卷 3《田赋》，《中国地方志集成·山西府县志辑》（25），第 485 页。
④ 乔荣均等撰：《偃师县风土志》"市镇表"，（台北）成文出版社有限公司 1968 年版，第 76 页。

横亘其北部，加上历史时期不断进行的移民实边，移民屯垦，使得本区市镇复杂多样，地区性特征显著。

首先，沿"边"地带分布有不少的边市、市口、市厂或夷厂和茶马市等市集场所。这些称呼是地志文献对沿边汉族与少数民族商品交换场所的总称。从经济中心地角度讲，它们都应当是市集的一种。康熙《延绥镇志》说："距镇城之北十里许为红山市，又东为神木市，又东为黄甫川市，皆属国互市处也。"① 市口，从地名学上看，是指分布于长城各隘口的交易市，也是对汉族与少数民族于此交易市的泛称。像宁夏府石咀子市口，横城市口，陕北黄甫川市口，晋北杀虎口等均是具体交易地。这种市集在有些志书中也称边口、市厂或夷厂，如道光《平罗纪略》就有夷场②的称呼。至于茶马市，主要是政府设置于沿边主要城镇以茶与少数民族易马的市镇。可见，这一类市镇称谓都分布在沿边地带，具有鲜明的地域特征。

其次，内地市集称谓不一。常见的有镇、集、店、村市、会市、墟市等。墟市，我们一般认为是南方地区的称呼，但在北方甘肃洮州也称墟市③，这或者是修纂者的习惯或者是移民带来的名称变更。至于镇、店、集等大多较为普遍。会有三种类型，即集会、庙会、和社（赛）会。集会是商品交易市场的补充，而庙会、赛会往往与祭祀朝拜活动相关，商品交易活动为副，后者有时又称"香烟会"④ "香火会"⑤，在各地也较为普遍。

二 市镇概念及其地理意义

如前文所述，地志关于市镇的著录是较为混乱的，这其中既可能涉及

---

① （清）谭吉璁修：康熙《延绥镇志》卷2《市集》，第91—92页。

② （清）徐宝字：道光《平罗纪略》卷2《市集》，王亚勇校注，宁夏人民教育出版社2003年版，第60—61页。

③ （清）张彦笃等修：光绪《洮州厅志》卷3《建置》，（台北）成文出版社有限公司1976年版，第272—273页。

④ （清）吴其均撰修：道光《繁峙县志》卷2《风俗》，《中国地方志集成·山西府县志辑》（15），第54页。

⑤ （清）马鉴等修：光绪《荣河县志》卷2《风俗》，（台北）成文出版社有限公司1976年版，第114页。

修纂人的认识，也可能是不同地方的情况本来就有混同。为有一个较为明晰的认识，有必要就市镇的概念作一澄清。下面还是就地志资料的相关认识谈起。

光绪《吉县志》"镇堡"序说："堡寨为民间自卫之区，镇市为行旅息肩、商贾贸易之所，乌可忽诸。"堡寨与镇市同为非同一般村落的地理实体，相对而言，二者功能各异。镇市的功能体现在两个方面，一为"行旅息肩"，即旅客路途驻足休息之地；二为"商贾贸易之所"。由此不难推知，镇市中首先具有较为固定的商业性服务设施，如旅馆、饭店及别类店肆。乾隆《白水县志》引"宋制"说："民聚不成县而有税课者曰镇，设官以监之。"①"税课"最初可能就是针对这类固定店肆而征收的。其次，镇市为商贾贸易之所，因而是地方的商品集散中心，一般有集场设立。从具有经济功能的镇的来源讲，只要第一项功能存在，作为市镇的条件就已具备。因而作为市镇的镇不一定非得具备第二项功能条件，这种情况在实际生活中是存在的。如乾隆时陕西岐山县有龙尾镇（在县东20里）和枣林镇（在县东南30里），就只有铺户、饭店，无牲畜、粮食集市②。不过，受商品交换规律所决定，第二项功能常依附于第一项功能，使二者常常结合在一起，以增强市镇本身的功能。因此，在实际中，我们大量地看到的是镇中有定期集市，集市往往设在镇中，方志中也常称市镇为镇市的情况。

市集概念则与市镇略有不同。崇祯《同官县志》说："按聚货曰集，周礼设司市以掌之，分地辩物，禁靡成贾……交易而退，各得其所也。"③就是说市集是商品集散的场所。所以有些志书直呼为"集场"，其本质功能是商品的集聚和扩散。因而，由商品交换规律决定，它一般置于交通条件较好，人民易于集中，货物易于到达的地点。这样，它就往往与镇合在一起。但镇市的空间分布总难完全满足民间的需要，所以在镇市外，往往又形成一些村集，作为市镇的补充。实际上和县城结合起来就

---

① （清）梁善长等修：《白水县志》卷2《市镇》，（台北）成文出版社有限公司1976年版，第160页。

② （清）平世增等修：《岐山县志》卷2《建置》，乾隆四十四年刊本。

③ 崇祯《重修同官县志》卷1《市集》，《陕西省图书馆藏稀见方志丛刊》第9册，北京图书馆出版社2006年版，第49页。

形成了县市、镇市、村市三级民间商品交易乃至民间社会活动的中心地。它们之间除有着不严格的等级差异外，一般不具有相互统属的关系，而是表现为各自独立的经济和社会活动中心地的意义。从这一意义上讲，有些地志将它统统归于"市集"条目之下应该是较为科学的，而镇堡、市镇、镇市、镇店和镇集、乡镇等都不能较为准确地反映其内涵。

市镇有无行政和政治功能？这个问题曾有人论及。樊树志认为："宋代镇市、草市是介于坊郭与乡村之间的行政区域，它们既不同于州县（场郭），也不同于乡村"；"在州县与乡村之间增加了镇、市一级行政与经济中心地，呈现如下模式：州、县—镇、市—乡村"①。根据这一说法，市镇应当是一级行政区域，它有一定的区划范围，市镇本身是这一行政区划中的行政中心，具有行政管理的功能。这一观点能否成立，从黄土高原地区清代市镇的实际情况看，应具体地分析。

1. 有些市镇设置官员具有一定的特殊性。如前所引乾隆《白水县志》说："宋制：民聚不成县而有税课者曰镇，设官以监之。"这段话说明两个问题：（1）镇指市镇；（2）宋朝于市镇设立官员是管理市镇和从事"税课"的。这种官员并不是在所有市镇都设置的，监镇官也只是职掌"警逻盗窃及烟火之禁，兼征税榷酤"② 而已。这是宋制，明清时期在此基础上有继承和发展。《大清一统志》"关隘"比较详细地记载了府州县关镇的情况，其中陕西同州府下云，"大庆关，明置巡司及税课局，今裁"。"巡司及税课局"的职能类似于上述宋代监镇官的职能，此时两种职能分开设立，是对宋制的发展。巡司除在一些关设置外，在一些重要的镇城也有设置，如蒲城县永丰镇，潼关厅永乐镇，白水县马莲镇③，邠州直隶州的冉店镇④，等等。除此之外，见于镇所设置或驻足的官员还有"县丞""主簿""大使""驿丞""把总"等。所有这些官员的设置不是在所有镇都设立的，它主要分布在重要的交通要道和防卫要道的镇城，其

---

① 樊树志：《明清江南市镇探微》，复旦大学出版社1990年版，第42页。
② （清）徐松辑：《宋会要辑稿》，刘琳、刁忠民、舒大纲点校，上海古籍出版社2014年版，第4371—4372页。
③ 《大清一统志》（六）"同州府"，上海古籍出版社2008年版，第89—90页。
④ 《大清一统志》（六）"邠州直隶州"，第171页。

执掌有相同，也有不同，更重要的是它没有普遍性。据此可以认为这种设置官员的市镇不具有普遍性，也不具备一级行政区划中心地的行政管理职能。

2. 相当一部分市镇不是一定的行政区划单位和乡都所在地。道光《阳曲县志》说："疆域既定，山川既分，错综其间者，都、乡、村、镇是也。"① 这里"镇"是与都、乡、村并列的，似没有等级的不同。又清时地方实行县以下设乡（坊）、都（里）、村三级制，市镇和村落一样分布于"里甲"等区划中。如山西省广灵县，乾隆时"四乡旧共村庄"85个，编为9里，新增村庄74处，附入9里②。光绪时扶风县，共29里，分属四乡。西南饴原乡，领8里；东南邰城乡，领7里；东北秦川乡，领7里；北凤泉乡，领7里。各里分别是一个独立的地理单位，如凤泉乡杜城里，距县城45里，凡村26。其他诸里与此类同，镇和村一样属于里中③。据此，镇在很多地区是不作为一级行政区划的单位，只是一个具有经济和社会活动功能的中心地。

3. 有些镇只是地名的延续，已不具有经济和文化中心的意义。康熙《三原县志》说："以上三镇（指陂西镇、酉阳镇和王店镇）日有集场，其后五镇（大程镇、洪水镇、长坳镇、楼底镇、灵前镇）会集无常，不异村落。"④ 长安县康熙《志》载有9镇，只有5镇有固定集⑤，光绪《吉县志》载有5镇，其中3个镇已经没有市场⑥。诸如此类不胜枚举。很多镇废弃后，已"无异村落"，但依然保留有旧名。同样这些镇有不少也不是乡都所在。因此，它既不具有行政中心意义，也不具有经济中心意义，按理是应当从市镇目中排除的。

---

① （清）李培谦等：《阳曲县志》卷1《舆地》，（台北）成文出版社有限公司1976年版，第100页。

② （清）郭磊纂修：《广灵县志》卷1《方域》，（台北）成文出版社有限公司1976年版，第46—48页。

③ 参见《扶风县乡土志》卷1《乡里》，（台北）成文出版社有限公司1969年版，第22—37页。

④ （清）李瀛修：《三原县志》卷2《市镇》，康熙四十四年刻本。

⑤ （清）梁禹甸等：《长安县志》卷2《镇集》，康熙戊申年本。

⑥ （清）吴葵子等修：《吉县志》卷2《镇堡》，（台北）成文出版社有限公司1976年版，第40页。

三 集日与市集的类型

集日的疏密是衡量市集为中心的一定区域商品交换经济发展的重要标志。大凡市集日在单位时间内多者，其辐射区域商品经济发展的程度较高，否则则较低。因此，从集日角度对市集的类型加以考察，对了解区域市集的发展状况和商品交换经济的发展水平都是十分必要的。

从清代黄土高原地区地志资料看，市集集日表现出显著差异的有三种类型，即年集、月集和日集（称日市或常市）。

1. 年集。年集是以年为单位的经济活动中心地。它一般包括会集（庙会、社（赛）会及一般会）和沿边互市的市镇、市集等。其中会集是民间一般定期市集经济活动的补充，意在通过集中和延长集日以吸引更大范围的商品集聚和扩散，满足人们更丰富的商品需求。光绪朝修撰的山西省《文水县志》说："文邑本非繁富之区……境内无多商贾，平居一箕箒之微，无从购置，惟恃有庙会，则四方齐集，百货杂陈，民间日用之需，耕获之具，皆取给焉。既便商，亦便民，且以观富庶、卜盛衰，何可少欤。"[①] 这里具体阐述了庙会的功能和意义。社会（赛会）和其他一般会集的经济功能与此相类。由于这些会多在一年内的某个季节举行，所以从市集角度看应属于年集的范畴。

对于单个会集而言，集日分配常常多有不同，嘉庆《洛川县志》说："各村会集或每年一日、二三日，或每月一二日、三四日至多五六日不等。"[②] 这里是将会和市集混同在一起说的，一般情况下，会约每年一次或数次，会期集中，一次会或连续几日，不可一概而论。如光绪时陕北米脂县有三个年会，两个会分别在苗镇和武镇进行，一个在海会寺。在苗镇举行的是白钻羊会，每年一次，时间为9月20日，会期一天；武镇每年会三次，时间分别从2月11日起，7月21日起，10月21日起，会期分

---

① （清）范启堃等：《文水县志》卷3《市集》，《中国地方志集成·山西府县志辑》（28），第220页。

② （清）刘毓秀等：《洛川县志》卷3《会集》，《中国地方志集成·陕西府县志辑》（47），第380页。

别为 5 天；海会寺举行的是牲畜会，每年 2 次，时间是 3 月 18 日和 7 月 7 日，会期各一天①。

年集的另一种形式是沿边地带的"互市"集，它一般具有显著的政治色彩，市期变化因政治环境和政策的变化而变化。如明代黄土高原地区西北互市曾时开时闭，市期常为一年一次②。清统治这一带后，"中外一家，市口久经罢斥，而日中为市，蒙汉无争，交易而退"③。就陕北延绥镇看，顺治十年（1653）已开市交易，到康熙初年主要市厂红山市、神木市和黄甫川市等都是"间日一市"④。道光年间，其中一些市厂又变为年集，如红山市，每年五月，集三日；双山堡集，每年四、七、十月，集三日；朱官寨集，每年八、十月，集三日；镇川堡集，每年三、九、十一月，集六日，余每月四九日小集；五龙山集，每年三、四、七、十月，集五日；波罗堡，每年十月，集五日；响水堡，每年七、九月，集五日；孙家坡石湾集，每年三、十月，集五日；武家坡集，每年七、十月，集五日⑤。

2. 月集。月集指以月为单位分配集日的集场。这在各地五花八门，主要依据各地商品交换经济活跃的历史和现实状况决定而形成。从集日分配看，月集约可分为两大类：一是每月三日以下的市集；二是每月三日以上的市集。三日以下的市集多分布于经济边缘区的西北沿边地带，其他地区间或有之。兹列有明确记载的月集（三日以下）以见其分布之大概。

宁夏　　石嘴子　　初一、初十、二十　　　　　　　（乾隆《宁夏府志》）
　　　　灵州市口　每月逢四日；横城市口，每月逢四日　（《银川小志》）
　　　　柔远市口⑥，县北 30 里，每月三次　　　　　　（道光《平罗纪略》）

---

① （清）高照煦修：《米脂县志》卷 2《堡镇》，《中国地方志集成·陕西府县志辑》（42），第 359 页。
② （清）梁份：《秦边纪略》，青海人民出版社 1987 年版，第 356 页。
③ （清）朱埙等：《神木县志》卷 4《市集》，《中国地方志集成·陕西府县志辑》（37），第 501 页。
④ （清）谭吉璁修：《康熙延绥镇志》卷 2《茶法》、《市集》，第 89、92 页。
⑤ （清）李熙龄等：《榆林府志》卷 24《风俗志》，《中国地方志集成·陕西府县志辑》（38），第 357—358 页。
⑥ 柔远市口，在古柔远堡，后经陕甘总督刘疏请移至石嘴子。

神木县	红市集	每月八日；	太和寨集	每月六日
	清水坪集	每月三日	温家川集	每月九日
	燕子峪集	每月四日	菜园沟集	每月二日
府谷县	黄甫川集	每月一日	石马川集	每月三日
	碛塄集	每月四日	麻地沟边市集	每月逢十日
葭州	王家峁集	每月五日	马家沟集	每月八日
	店头集	每月六日	黑水街集	每月一日 （道光《榆林府志》）
邠州	史店、高店、龙马	月各一次		（乾隆《直隶邠州志》）
泾阳县	云阳镇	每月逢四日集		（宣统《重修泾阳县志》）

三日以上市集，尤其是每月六集或九集在黄土高原地区广泛存在，尤其是每月九集的情况在经济核心区最为普遍，此处无须赘列。

3. 日市或常市。这类市集是定期市集、市镇发展的最高阶段，除过县城外，它已发展成为与行政功能县城相对应的综合性商业小镇。这种小市镇天天有集，在黄土高原地区经济发展较好的地区或一些特殊的交通中心点上偶有出现，数量有限。如陕西省乾州薛禄镇[1]、麟游县八马坊[2]、三原县陂西镇[3]、山西省榆社县云簇镇[4]、代州张家店[5]、长治县大峪镇[6]等。日市数量很少，分布以交通中心为主，反映了黄土高原地区商品交换经济的水平相对较低。

通过以上论述，可以看出：清代黄土高原地区地志关于市镇的记述很不平衡，市镇的概念和内涵在诸多方志中不一致；市镇并没有形成较为完整的一般行政区划，也不都是一方的行政中心；市镇包括市集，主要表现为一方经济中心地的功能，社会活动是伴生的现象。市镇按集日分配看有

---

[1] （清）周铭旂纂修：《乾州志稿补正》"镇堡"，《中国地方志集成·陕西府县志辑》（11），第415页。
[2] （清）彭洵等：《麟游县新志草》卷1《市镇》，《中国地方志集成·陕西府县志辑》（34），第221页。
[3] （清）李瀛修：《三原县志》卷2《市镇》，康熙四十四年刻本。
[4] （清）王家坊、葛士达总纂：《榆社县志》卷1《乡镇》，（台北）成文出版社有限公司1976年版，第65页。
[5] （清）俞廉三等：《代州志》卷4《市集》，《中国地方志集成·山西府县志辑》（11），第328页。
[6] （清）杨笃等修：《长治县志》卷3《市集》，（台北）成文出版社有限公司1976年版，第510页。

三种基本类型，即年集、月集和日集，其具体情形和分布略有不同，地域特征显著。由于地志资料记述较为混杂，在做具体研究中应当澄清和分析，而不可贸然用之。

（原刊《中国历史地理论丛》2004年第4辑）

清代陕甘黄土高原区
市镇的分布及其变化

市镇是适应农村商品经济的发展而出现的以经济活动为主要功能的小城镇。目前学界普遍认为它兴起于宋代，明清时期有较快的发展，集中表现就是其数量的增加。与商品经济发达的江南地区相比，陕甘黄土高原区市镇发展的速度相当缓慢。至明代万历年间，除西安府有六镇外，凤翔府、延安府、平凉府和庆阳府各大约只有一镇，平凉府以西、以北诸卫、所、县几乎都没有市镇出现①。

清代本域市镇在数量和空间分布上均有显著发展。据雍正《陕西通志》记载，仅西安府就有128个市镇，除耀州外，长安、咸宁、咸阳、兴平临潼、高陵、户县、蓝田、泾阳、三原、盩厔、渭南、富平、醴泉、同官诸县都有分布②，耀州在光绪年间也有4个市镇③。西北地区巩昌府、兰州府、秦州直隶州、固原直隶州，陕北榆林府、鄜州直隶州及其辖县市镇也相继兴起，市镇分布在空间上进一步拓展。在镇发展的基础上，次一级乡村集市也有广泛发展，个别集市甚至发展为常市，还有不少村庄、山庙等场所的定期会集、庙会逐渐形成一方经济和社会活动的中心。所有这些使我们感到，清代陕甘黄土高原区市镇的发展是较为显著的。那么，本域市镇在空间分布上有什么特征？其分布格局有无变化？变化情况怎样？下面主要依据地方志等相关资料，分区统计并分析说明这几个问题。

---

① 谭其骧主编：《中国历史地图集》（元明时期），中国地图出版社1982年版，第59—60页。
② 参见《敕修陕西通志》卷16《关梁》相关部分。
③ 光绪《陕西省全省舆地图》"耀州图说"，（台北）成文出版社有限公司1969年版，第52页。

一　关中区

关于清代陕西市镇的数量变动和分布，西北大学郑中伟研究生的硕士学位论文《清代陕西市镇研究》一文已有所尝试，并做出了一些有益的探索。但由于该文所据资料的限制，"市镇统计表"空缺太多，即便如作者所言，"仅选市镇发达的关中地区为例以说明之"①，但关中部分缺漏仍然相当大，如雍正《陕西通志》、乾隆《西安府志》郑文表就没有利用，所以这部分缺漏特甚，以至于西安府属关中十几个县在这两朝几乎都是空白，其结论必然受到影响，因此，下文将对本区市镇进行重新统计并就关中市镇问题做进一步探讨。

表1　　　　　　　　　清代陕西关中区市镇统计

		雍正	乾隆	嘉庆	光绪	宣统—民国
西安府	长安	11	10	8	6	
	咸宁	8	13	10	9	
	咸阳	4	4	2	5	5
	兴平	3	3		8	14
	临潼	18	7	11	21	6
	高陵	2	2	1	0	
	户县	4	4	3	5	
	蓝田	8	8	1	12	
	泾阳	6	6	7	7	
	三原	8	7	3	8	
	盩厔	6	6	6	8	
	渭南	28	29	5	35	
	富平	12	12	3	16	
	醴泉	6	6	5	6	
	同官	4	4	3	4	
	耀州			1	4	
	合计	128	123	67	154	

---

① 郑中伟《清代陕西市镇研究》（打印稿），第28页。

续表

		雍正	乾隆	嘉庆	光绪	宣统—民国
乾州	乾州	5		7	15	17
	武功	7	10	4	9	
	永寿	4	8	3	4	
	合计	16	18	14	28	
同州府	大荔	4		5	5	10
	朝邑	7		10	7	
	郃阳	6		1	6	
	澄城	7	7	5	13	
	韩城	3	5		6	
	白水	10		9	14	
	蒲城	14		8	16	
	华州	10	8	4	10	
	华阴	3		4	4	
	潼关			1		
	合计	64		47	81	
邠州	邠州	5	4	3	7	8
	三水	5	5	5	5	
	淳化	5	5		2	
	长武	2	2	2	3	3
	合计	17	16	10	17	
凤翔府	凤翔	6	4	6	5	7
	岐山	8	7	4	7	
	宝鸡	3	4	4	5	
	扶风	4	8	4	6	7
	郿县	6	6	3	5	
	麟游	1	7	3	8	6
	汧阳	4	2	2	4	
	陇州	13	13	14	10	
	合计	45	50	40	50	
总 计		270			330	

从表1可以看出，有些州县依然存在着相当多的空缺，妨碍我们作出较为完整而全面的描述和分析。这其中有主观因素，也有客观原因，不必细讲。所幸的是，雍正、乾隆、嘉庆和光绪朝的统计数字基本上是完整的，唯有同州几个县在乾隆朝的统计数缺漏较大，从而使同州府的合计镇数和乾隆朝的总计镇数都显得没有意义。但可以肯定地说，这些空白所应有的市镇肯定是存在的，而不是没有。只是由于文献缺漏和我们的努力不够而没有完成这个任务，所以，只好暂付阙如，以待补苴。不过，在下面的描述与分析中，我们会充分考虑到这一问题。另外，嘉庆《大清一统志》中镇的著录可能有一定的选择性，否则，在没有较大的灾荒和社会动乱影响下，所录镇不会突然减少，如上表乾隆朝西安府部分市镇有123个，嘉庆《大清一统志》仅载67个。因此，在下文的分析中，也将充分考虑这一问题。下面就上表所揭示的市镇变动略作说明。从表上看，雍正时期关中地区41州县共有市镇270个，分布于各府州的数量依次为：西安府128—同州府64—凤翔府45—邠州17—乾州16。就州县市镇平均数来看（见表3），整个关中地区平均每州、县有市镇6.59个。对照各府、州的县平均市镇数，只有西安府平均每州、县有8个，其余均在总平均数6.59个以下。这说明，雍正时期西安府属关中地区州县市镇数量不但最多，而且密度最大。位居其次的是同州府，每州、县平均6.4镇，其余依次为凤翔府平均5.63个镇、乾州5.33个镇和邠州4.25个镇。由此可见，雍正时期，市镇密集区集中在关中中东部（包括西安府）。这一分布格局，从各州、县市镇所占总数的比例看得更清楚。西安府占47.4%，同州府占23.7%，两府合计占总数的71.1%。其余一府二州合计才占28.9%。乾隆时期，同州府因各县市镇缺漏较多，暂不考虑。就其他各府州看，西安府的绝对数字依然最高，与凤翔府相比，其州、县平均数字下降为7.69%，而凤翔府为6.25。也就是说，凤翔府属州、县在这一时期县市镇平均数有所增长，西安府有所下降。造成这种现象的原因主要是临潼县的镇由雍正年的18个减少到乾隆年间的7个，一下子少了11个。从而使西安府的县平均数降低。凤翔府市镇增加较多，主要在于麟游县市镇的恢复，即由雍正时的1个恢复和发展为7个，从而增加了该府的市镇数量。嘉庆时期，可能由于著录的问题，各府、州、县市镇普遍较少。但仍然可以看出雍正时期的分布格局并没有变化，仍然是中东西部占据绝对多数。在所有关于市镇的著录当中，光绪二十五年《陕西全省舆地图》"图说"提供的市镇最为完整。这时关中地区共有市镇330个，比雍正时增加60个。各府所占数量分别为：西安府154—同州府81—凤翔府50—乾州28—邠州17。与雍正朝相比，除邠州没有增加外，其余各府、州市镇数都有所增加。反映出，随着社会经济的恢复和发展以及人口的不断增长，市镇普遍增加的趋势。至于邠州所辖四县市镇数何以没有增加？在各种外在环境相同条件下，其所在地区自然条件、生产条件较差，又处于关中经济核心区边缘应是根本原因。这些因素导致的直接结果就是人口的稀少，这从道光时期邠州与乾州人口的对比中可明显反映出来（见表2）。

表2　　　　　　　　　　道光时期邠州、乾州人口对比

邠州	长武 51900	邠州 110400	三水 43200	淳化 48700	合计 254200
乾州	永寿 57000	乾州 156000	武功 134000		合计 347000

资料来源：卢坤《秦疆治略》，（台北）成文出版社有限公司1970年版，第71—84页。

从表2看，邠州四州县人口的总和比乾州三州县人口的总数还少92800人。人口的稀少虽然不必与各县的市镇数一一对应，但就区域而言，它从总体上制约着市镇的发展则是无可置疑的。从县平均镇数看，关中总平均数为8.05个，光绪时西安府、乾州和同州府三个府州平均镇数都在总平均数以上。这与雍正同类值相比有很大不同，不但超过总平均值的府州增加了2个，而且总平均值比之增加了1.46％个市镇。西安、同州和乾州县平均数超过总平均数，表明市镇密集区在空间上的略微扩展，即囊括了乾州所辖三县区。另外，各府州所占总镇数的比例也发生了新的变化。西安府、凤翔府和邠州的比例和雍正时相比有所下降，而同州府和乾州则有明显上升，也就是说后者增长的幅度较大，具体情况参见表4。

表3 关中区县平均镇数变化（镇）

地区 \ 时代	雍正	乾隆	嘉庆	光绪
西安府	8	7.69	4.19	9.63
乾州	5.33	6	4.67	9.33
同州府	6.4		4.7	8.1
邠州	4.25	4	2.5	4.25
凤翔府	5.63	6.25	5	5
关中区	6.59			8.05

表4 关中区市镇数占总数比例变化（%）

地区 \ 时代	雍正	光绪
西安府	47.4	46.7
乾州	5.95	8.48
同州府	23.7	24.5
邠州	6.3	5.15
凤翔府	16.7	15.2
关中区	100	100

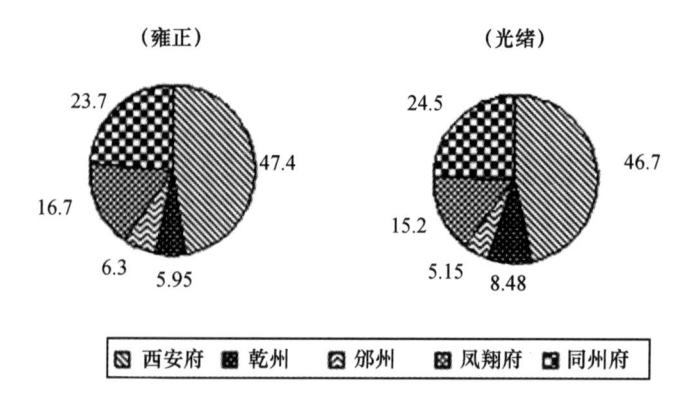

图1 关中区府州市镇比例分布

二 陕北区

1. 空间分布与变迁

清代陕北市镇的分布是较为稀疏的，有些州府在一个相当时期没有或仅停留在 1 个镇的分布状况（见表5）。

表5　　　　　　　　　清代陕北府州市镇分布

府州名称	雍正	百分比（%）	嘉庆	百分比（%）	光绪	百分比（%）
榆林府	1	1.89	1	3.03	16	12.8
绥德州					18	14.4
延安府	11	20.75	13	39.4	48	38.4
鄜州	41	77.4	19	57.58	43	34.4
合计	53	100	33	100	125	100

资料来源：据雍正《陕西通志》；《嘉庆重修一统治》；光绪《陕西省舆地全图》"图说"统计。

陕北区市镇的空间分布有两个特点：

（1）空间分布极不平衡。表现在各个时期：雍正年间 77.4% 的市镇集中分布在鄜州，其余三府州的市镇总共占 22.6%。而在后者当中，绥德州没有市镇，榆林府仅有 1 个市镇。嘉庆时期这种分布格局没有太大的变化。但鄜州的数字有明显下降，这个数字可能有问题。嘉庆《中部县志》载本县有 11 镇，《一统志》只有 5 个，差别太大，这可以作为一个旁证。鉴于此，这里仅作比照和参考。

（2）光绪年间，市镇总的分布格局虽未改变，但市镇分布在空间上的差距逐步缩小。具体表现在榆林府和绥德州市镇的大增长。由此而造成鄜州在总数中所占比例的下降，即由雍正时的 77.4% 下降为 34.4%。

（3）若以光绪时的市镇县平均数看，鄜州为 10.75，后面依次为延安府 4.8，绥德州 4.5，榆林府 3.2。也就是说，尽管光绪朝延安府的市镇总数已位居第一，但县平均数仍居鄜州县平均数之下，这与雍正朝时它的数量排位是一致的。

总之，有清一代，陕北市镇的空间分布总体上偏集南部，趋势由南向东北逐步减少。光绪时东北榆林、绥德二府州市镇明显增加，但只是缩小了它们与南部的差距，总的分布格局和趋向始终没有改变。

2. 市镇的变化及集日的空间差异

陕北各府州县市集以榆林府为代表，在清初的变化较为显著，这主要是汉蒙边市的变动影响所致。据《康熙延绥镇志》，当时边市有红山市、神木市、黄甫川市。这些"互市"集场，先是每年正月望日（15日）开市一次，后来改为"间日"市，即由年市变为每月15市。这是罢市口而导致的沿边边蒙市场开放的反映。从此以后，"镇城及营堡俱有市，而沿边村落亦间有之。如黄甫川之呆黄坪；清水营之尖堡子；神木营之红寺儿、清水坪；高家堡之豆峪、万户峪；建安、双山之大会坪、通秦砦、金河寺、柳树会、西寺子；波罗以西之王门子、白洛城卧牛城；威武、清平之石人坪、麻叶河；镇靖之笔架城；靖边、宁塞迤西之铁角城、顺宁、园林驿、吴旗营、把都、永济；新安边迤西之锁骨朵城、张寡妇寺、李家寺、沙家掌、五个掌……"明代以后，边贸市易之盛"未有如今日之盛者"①。这是紧靠边口诸市的变化。其实，从明代以后，沿边驻防大量边防兵及其所造成的军需消费市场在一定程度上也刺激了本区若干县域市场的发展，但后来受陕北农民起义的影响，又被摧毁。康熙《安塞县志》载县集云："旧日商贾辐辏。今因人民稀少，止以单日为市，贸易不满十数，恃不匮而各得其所，不无今昔之感。"② 另外，该县村镇旧有七集场，至康熙初年俱废，无一存留③。亦可看出，清初的经济恢复及边市开放于本县影响表现出十分缓慢。与边市及偏东诸县（无定河沿岸）相比，这里与沿边地带有白于山阻隔，或即其中的一个因素。当然，各地市集的发展也存在着不平衡的问题，如吴堡县在道光时有3个集场，而在以前曾有6个④，可见有3个已被废弃。府谷县的呆黄坪市，如上文所述，康熙时是黄甫堡北门外一重要互市场所，后因市场移至

---

① （清）谭吉璁修：《康熙延绥镇志》卷2《市集》，第92页。
② （清）李暲纂修：《安塞县志》"集市"，康熙六年传抄本。
③ 同上。
④ （清）谭禹纂修：《吴堡县志》卷1《镇市》，《中国地方志集成·陕西府县志辑》（42），第118页。

麻地沟，也遭废弃①。延长县交口镇，同治七年以前为商贾往来之地，经回匪蹂躏，"荡然无存"②。类似这种情况，各地不一而足，原因也不尽相同。由于资料缺漏较大，我们较难有一个兴废市集的较详细的统计，以求其兴废的基本规律，但大致可以估计，明末农民起义、边市开放政策、匪患、同治回民起义、光绪三年自然灾害等因素是影响本区市集兴衰、废弃的重要因素。下面以道光朝为横断面来看陕北市集的空间分布特征（见表6）。

表6　　　　　　道光年间陕北市集数目与集日（部分）

神木	榆林	府谷	怀远	葭州	米脂	吴堡	清涧
6（18）[府志] 10（45）[县志]	6（13，17）	8（37）	5（4，58）	9（42）		3（25，25）	11（72）
安定	延川	鄜州					
4（24）	6[顺治]	10[6会]					

说明：1. 6（18）表示6集场，每月18集，其他类同；记载不同者以［］注明。
2. 括号中月集日和数字含年集、会的折算数量。

本区市集日的空间分布有两个特征：（1）与康熙时相比，榆林府诸边市的"间日"一市的情况有所改变。表现在各县集场数目虽然不少，但月集日和相对较小，其主要原因是月集、年集较多③，这在延安、鄜州较为少见。（2）延安府中东部和绥德州属县集场的月集日和可能普遍高于榆林府。这从吴堡、清涧、安定三县的月平均集日数与榆林各县月平均集日相比大致可以看得出来。再从其后几朝有明确记载的个别县市集日亦可略相佐证。如乾隆时府谷县10集场，月集日和为48，葭州嘉庆朝9集，月集日和为42；而清涧乾隆时10集，月集日和为66。就一个集场

---

① （清）郑居中、麟书纂修：《府谷县志》卷1《市集》，《中国地方志集成·陕西府县志辑》（41），第31页。
② （清）王崇礼纂修：《延长县志》卷2《建置志》，《中国地方志集成·陕西府县志辑》（47），第100页。
③ （清）李熙龄纂修：《道光榆林府志》卷24《风俗志》，《中国地方志集成·陕西府县志辑》（38），第357—358页。

言,月平均集日越多,集场的经济功能越强,反过来则愈弱。结合集场的月平均集日,我们估计延安府西北和榆林府集场的经济功能总体上要弱于其他区域,这一点与市镇数目的空间分布特征是一致的。

三 甘肃区

1. 市镇的空间分布与变异

地方志给予我们本区市镇的记载相当地残缺不全,以至于想获得一个府或州的同一时间的完整记录都是不可能的。但由于市镇毕竟是不同程度地存在着,并且从相关记载的资料看,诸县市镇也确实发生着时间与空间上的变异。为了寻求一个比较明晰的空间分布格局,只好依据可能有相当限制和选择性的《一统志》和《清史稿·地理志》。好在对所有的地区而言,它们的著录标准应当是一致的,所以,可以在一定程度上弥补无法着手的缺憾。除此之外,我们还将参照民国《甘肃省通志稿》的比较完整的著录,对本区清代市镇的空间分布和变异作一较为延伸性的说明(见表7)。

表7　清至民国甘肃省黄土高原地区市镇分布对照

府州	嘉庆《一统志》	占%	《清史稿·地理志》	占%	《甘肃省通志稿》	占%
兰州府	4	4.6	1	1.4	8	5.4
巩昌府	18	20.7	11	15.9	43	29.1
平凉府	22	25.3	6	8.7	27	18.2
庆阳府	19	21.8	23	33.3	21	14.2
宁夏府						
西宁府						
泾　州	9	10.3	10	14.5	26	17.6
秦　州	15	17.2	18	26.1	23	15.5
合　计	87	100	69	100	148	100

资料来源:根据上列各志著录统计整理。

从表7看,嘉庆二十五年(1820)甘肃省黄土高原地区共有市镇87

个，其中47.1%分布于平凉、庆阳二府，尤以平凉府为最，占25.3%。其后，按分布数量依次为巩昌府、秦州直隶州、泾州直隶州和兰州府。宁夏府和西宁府均未有市镇著录。参考乾隆《宁夏府志》《西宁府新志》《银川小志》，道光《平罗纪略》、光绪《西宁府续志》（民国增补版）等相关方志都没有市镇（不是市集）的著录。可见，作为镇的市镇于该二府确实没有产生。次于平凉、庆阳二府的另一个市镇集中区是巩昌府和秦州直隶州部分，它们分布的市镇总和占37.9%。如果把泾州所占10.3%与平、庆二府所占比例相加，那么，该三府三州所在地区分布市镇共占甘肃黄土高原地区市镇总数的95.3%。由此，我们得出结论：嘉庆二十五年甘肃省黄土高原地区市镇的95%强分布于巩昌府、平凉府以东、以南的陇中、陇东地区。在这一广大地区中，东北部平、庆二府和泾州直隶州占有比例更大，为57.4%。

《清史稿·地理志》著录市镇所反映的空间大格局基本没有变化。平、庆二府和泾州一域总镇数为39个，占全部镇数的56.5%；秦州和巩昌府一域共29镇，占总镇数的42%，两域总和占98.5%。但从平凉府和巩昌府的镇数看，比嘉庆时减少得太多，估计这两个数字可能有误。因为平、庆二府相邻，在以后的历史过程中面临的自然、社会影响大致相当，没有理由只平凉府大减，而庆阳府独增加。按说，造成这种情况的最主要因素一般有三：一为奇特的天灾人祸，如小区域病疫；二为战争的摧残；三为行政区划的变革。查史志书，第一种情况是不存在的；第二种情况有，即同治初年回民起义的影响，但二府受害相似，是不足以说明本问题；第三种情况也有，即同治十年（1871）清政府划固原、平凉、华亭、隆德四州县所辖部分地区，设置化平川直隶厅[①]。同治十二年（1873）升固原州为直隶州，置平远、海城二县[②]。但除化平县有白面镇和化临镇二镇[③]外，其余均无镇划入，也就是说不再有镇划出。因此，即使给上述数字加上2镇，其镇数与嘉庆仍差距过

---

① （清）盖世儒修，张逢泰纂：《化平县志》卷1《舆地志》，《中国西北文献丛书·西北稀见方志文献》第54卷，第283页。
② 《清史稿》卷64《地理志》，中华书局1977年版，第2112页。
③ （清）盖世儒修，张逢泰纂：《化平县志》卷1《舆地志》，《中国西北文献丛书·西北稀见方志文献》第54卷，第284页。

大。见于这一情况,此项统计主要作为参照,以说明市镇大的空间格局的连续性。

《甘肃通志稿》于本区市镇的著录基本上是完整而明晰的。虽然市镇列于"乡镇集市"项下,但于有集与无集的市镇都有著录,所以,资料较为完整。不过,由于作志人的疏忽,其中不免也出现个别不该有的失误。如载静宁县西北90里有平峰镇,同时又记隆德县北90里亦有平峰镇,且都是三、六、九日集。从位置看,两县不可能同时拥有一镇,除非该镇真的两属,像清代有些市镇那样,可这种情况《甘肃通志稿》中并没有说明,对于这种情况,我们按一镇统计。

据《甘肃通志稿》,民国时期本区市镇数骤增为148个,是嘉庆二十五年数额的1.7倍强,就各府州言,除宁夏、西宁二府地仍无市镇外,都有增加。增加最多的是巩昌府部分,增数为25个。其后依次为泾州17个、秦州8个、平凉府5个、兰州府4个、庆阳府2个。从绝对镇数所占总镇数的百分比看,巩昌府第一,平凉府第二,泾州第三,秦州第四,庆阳第五,兰州第六。平、庆二府与泾州区域所占百分比和为44.6%,前者所占比例仍居全区第一。这就是说,前期的分布格局总体上没有变化。不过,从增长的情况看,嘉庆二十五年百分比差为9.2,民国时缩小为5.4。说明晚清至民国巩昌府、秦州所在区域市镇的增长快于东北二府一州区,两区域差距逐渐缩小。

兰州府为市镇零星分布区,就其属县言,又呈现相对集中的特点。康熙时金县有4镇,嘉庆二十五年皋兰、金县分别有2镇,道光、光绪《金县志》依然为2镇,没有多少变化。但至民国,情况大有好转,全府共有镇8个。当然,从绝对增长数量看,增长程度应该说不算小,但从全府的市镇分布数看,依然处于零星分布的极稀疏状况。

在《甘肃通志稿》中,西宁府和宁夏府依然未见有市镇的记载。不过《清史稿·地理志》中载宁夏府灵州有一镇,名叫耀德。由于其他相关记载中都没有这一镇,详细情况我们并不清楚。另外,民国《大通县志》有"市镇表",列有西关、衙门庄、新城、北大通、口门子、永安城、俄博等七个市镇,其具体情况见表8。

表 8　　　　　　　　　　民国大通县市镇一览

市　镇	距县城距离	铺　屋
衙门庄	东 40 里	约 100 户以上
新　城	南 35 里	约 300 户以上，典当一家
北大通	北 120 里	约 200 余户，有典当
口门子	西北 150 里	30—40 户
永安城	西北 160 里	60—70 户
俄博营	西北 280 里	约 100 户

资料来源：民国《大通县志》第二部"市镇"。

从表 8 看，这些市镇有三个特点：（1）没有一个以镇相称。（2）多由军事营城发展而来。正如《大通县志》作者所言："古者日中为市，聚货财以交以易，盖有市无镇也。递至于今，生齿日以繁，备用日以广，于是本土不足则必取给于外来，此邦不足，则必取给于他国，贩运于千里之外，分散于数百户之乡，间阎则日用而日多，阛阓则愈增而愈众，市之所由始，而镇之所由终也。"① （3）市镇具有相当规模。由此推断，有些市镇是伴随着社会承平军事功能日减，商业功能日增，自清代前期就已逐步发展起来。虽然它们没有以镇相称，但与内地市镇在功能上没有任何差异。类似的情况在其他各县可能也有。以宁夏府言，至少晚清时平罗县的石嘴子是一方巨镇。基于这些事实，应当说，有清一代及至民国，西宁和宁夏二府几乎没有市镇，一个重要原因是人们囿于带"镇"字的市镇的缘故。换句话说，二府于清代，至少在中晚期，也有一些市镇。只是由于地处"边地"，也可能有制度、文化习俗乃至于认识等方面的原因，它们不称镇罢了。这些市镇的详细情况及分布，受资料限制，我们未能一一甄别，暂附阙如。

2. 市集的空间分布与特征

关于清代本区市集的记载相当少，且相当的不平衡，基本上不具备区域比较时空研究的价值。唯一有参照价值的是乾隆《宁夏府志》对于宁夏

---

① 刘运新修，廖溪苏等纂：《大通县志》第二部"市镇"，（台北）成文出版社1970年版，第 132 页。

府市集比较完整的著录，略可作为纵向比较的一个基础。其他如道光《平罗志》、嘉庆《灵州志》、道光《中卫志》都是抄乾隆府志而来，无任何变化。至于其他府州仅极个别县有市集记载，如乾隆《静宁州志》、光绪《陇西分县武阳志》等，因此，只能阙如不论。根据这一实际，下面仍以《甘肃通志稿》为据，对市集空间状况及部分地区的变异作一说明。

表9　　　　　　　　　民国甘肃黄土高原地区县域市集分布

县名	集场数	常集数	单、双日集	9日集	6日集	3日集	无集期	集日合计
皋兰	4						4	
红水	1							
临洮	7			6			1	54
临夏	17						11	54
宁定	2			2				18
泥沙	3		2	1				39
靖远	8	6	1				1	195
榆中	6	1		3			2	57
渭源	3			2			1	18
定西	8			6	2			66
陇西	8			2	2		4	30
会宁	12	3	1	7			1	168
漳县*	7	1		3	2		1	63
天水	26		3	23				252
秦安	12		10	2				168
清水	7			7				63
通渭	19		4	2	3		10	96
武山	9			2	2		5	30
甘谷	7		1	3			3	42
平凉	8	2		2			4	78
华亭	6			5	1			51
静宁△	25		7	9	3		6	204
隆德	9			9				81
庄浪	6			3	2		1	39
庆阳	6			4	2			48
宁县	8			6			2	54
正宁	4			2	2			30

续表

县名	集场数	常集数	单、双日集	9日集	6日集	3日集	无集期	集日合计
合 水	11			2	2		7	30
环 县	4							
泾 川	8	3		4			1	126
崇 信	3			3				27
镇 原	8		5	3				102
灵 台	10			5			5	45
固 原	18		2	5			11	75
海 原	7			4			3	36
化 平							1	
永 登	13	13						390
西 宁	4							
大 通	4							
乐 都								
循 化	2							
贵 德								
巴 燕								
湟 源								
宁 夏	4							
宁 朔	2							
灵 武	4							
盐 池	1							
平 罗	2							
中 卫	4							
金 积	1							
镇 戎								

资料来源：据民国《甘肃通志稿》"建置志"整理制作。

说明：1. 漳县有一年集，集一日，未计入。

2. 静宁县城市不计入。

民国前期的市集发展有三个特征：(1) 常市数量不少，共有 29 个。非镇常市集场是定期集场向"市镇"发展的必然环节。常市集场（包括村市镇市）的众多说明民国前期本地区商业经济的繁盛。从其分布看，这些常市集中在永登、靖远、榆中、会宁、平凉、漳县和泾川等 7 县，以永登为最，有 13 个常市，靖远次之，有 6 个。如果打开地图，你会发现，除靖远、漳县外，其余诸县俱在西域通向中原的最主要的一条官道上（永登—兰州—榆中—会宁—靖宁—平凉—泾川—邠州［关中］）。而靖远在祖厉河与黄河交汇处，又处在省城兰州和中卫商品转运集散中心的中间。再从这条官道向西看，当时张掖县、东乐县、山丹县、酒泉县等各乡镇市集全是常市集场。可见，这一时期，这条官道上的东西商贸相当繁荣。由此促成市镇常市的兴起。这种现象的出现主要动力因素是东部各口岸出口贸易的繁荣及其对本区以皮毛、药材为特色的土产的需求。而本区货品东出恰好依赖以黄河为主干的北道和经过本区的南（官）道。(2) 市集日以月 9 集为主导期日，占各县市集的绝大多数。就各县月市集日和看，每月百市以上的县有永登（390 市）、天水（252 市）、静宁（204 市）、靖远（195 市）、会宁（168 市）、秦安（168 市）、泾川（126 市）、镇原（102 市）。除天水、秦安、镇原三县外，其余五县为常市集集中县，而常市正是其月集日数高的主要因素。天水、秦安为清代秦州属县，前文已述，本为市镇集中区，又因地处三省通衢和古来东西交通大道南道中心，成为货物汇聚中心。镇安，清代属泾州，泾州与秦州区条件类似。所以俱成为市集较多县份。结合上表各项统计总体上可以看出，泾川、镇原以西地区（宁夏、西宁除外）的广大地区，特别是清时的市镇密集区，市日最多，商品经济相当活跃。而清时同样属市镇密集区的庆阳府则显得相对清冷。看样子以兰州、中卫等为中心的较大范围辐射的毛货、皮货、土产、药材等集聚与北路东运（即所谓的"皮毛之路"①）对本区商业经济的影响非常巨大。洋商、洋行的入驻收购和贩运加速了货品的聚积，其中也以北路商居多，这一点，在各有关这一时期本区商业经济的记载中多有论述，此处不再赘述。(3) 西宁、宁夏无市集日著录。有些县有集场，如乐都、循化。前者乡镇集市"多有肆无集"，后者有马营

---

① 陕西省文史研究馆编：《秦中旧事》，上海书店出版社 1992 年版，第 114 页。

集、韩家集二集,"均无集期"。这就是说这些集场实际上相当于无集市镇。这一点在前文所述大通县市镇中得到了充分的验证。这类市集场在其他各县也不少(见表9)。另外,如前所述,宁夏府辖地域在乾隆时有4州县,当时市集状况:平罗4集场,均有市,其中3个为每月各9集,1个为每月3集;灵州8集场,7个有市,每月各9集;中卫9集场,4个有市,每月各9集①。如果《甘肃通志稿》记载不误,那么,这些集场就可能是消失了。其具体原因是什么,文献没有明确载述,估计与同治初年回民起义战争的破坏有关,直到民国前期,集日尚未恢复。

通过以上描述和分析,可以得出结论:(1)民国前期有集期集场主要分布在旧宁夏府、西宁府以东的广大地区,最稠密区与上述市镇区基本一致。其不同处在于清庆阳府诸县市集期日相对偏少。(2)旧西宁府、宁夏府属地各县有集场,但无集期。而宁夏府各县旧有集期,经同治初年回民起义破坏后,至民国前期尚未恢复。(3)以兰州为中心的东西官道沿线集期骤增,常市较多。南部以天水为中心,中部以永登、靖宁、清水为中心最为突出。市集繁荣的动力之一是东部"外力"贩运市场的拉动。

(原刊《西北地区农村产业结构调整与小城镇发展》,西安地图出版社2003年版)

---

① 《乾隆宁夏府志》卷6《市集》,陈明猷点校,第205—207页。

宝鸡 10 县城镇近代化的过程与城镇空间格局的变迁

宝鸡市位于关中平原西部,现管辖 10 个县,是陕西省第二大城市,全市总面积 1.8 万平方公里。清末、民国时期 10 个县级城镇及一些低于县级市的市镇逐步开始了近代化的历程。这一过程,可以 1937 年抗日战争爆发为界,分为两个阶段。第一个阶段,城镇近代化速度相当缓慢;第二阶段,在抗战总形势影响下,近代化速度陡然加快并促使城镇空间格局的变迁。

一 抗战前 10 县城镇的近代化

国内学者研究中国城市化,一般把中国近代城市化的动力因素归结为两种:(1)外力的推动;(2)内力的影响。外力的推动,主要指殖民主义势力的侵入,推动或带动中国城市化的发展;内力,指清政府及其部分臣僚在殖民主义、资本主义等影响下实施的"新政""洋务运动""发展实业"等一系列近代性质的政策和活动[①]。从工业化的角度看,有人把中国早期的工业化归纳为"自上而下"模式[②],由于工业化与城市化是一致的,早期工业化时期的城市化自然也是"自上而下"的模式。这些论断是正确的,且在城市近代化研究中有着重要的理论指导意义。

---

① 参见靳润成主编《中国城市化之路》,学林出版社 1999 年版,第 1—79 页。
② 严立贤:《中国和日本早期的工业化和国内市场·前言》,北京大学出版社 1999 年版,第 3 页。

宝鸡10县城镇深处祖国内陆（关中平原西隅），虽说，总体上也受着中国近代历史进程的影响，遵循着类似的模式，但就动力因素言，直接受到外国资本主义的影响相当薄弱，甚至可以说几乎没有。这样，其近代化的进程一开始主要受"内力"的"自上而下"的影响。正因为如此，其近代化的进程开始时期就显得相当被动和无力，表现为近代化随着政府政策的变动而变化，带有明显的"响应"式特征。例如，1901—1905年，清政府先后颁布上谕，推行新政。为此中央设商部，奖励工商、发展实业，鼓励组织商会；成立学部、停止科举（1905）。同时规定，各府及直隶州书院改为中学堂，各州、县书院改设小学堂，除此之外，又增设各种师范学校、专科学校等①。响应政府的号召，从1902年到1910年，现宝鸡市所辖10县城镇基本完成了书院向学堂的转变②。民国建立后，在男女平等等观念的影响下，1913年到1937年，陇县、宝鸡、岐山、凤翔、千阳、凤县等县创设了女子初小或小学。与此相应，职业教育、师范教育及学制、课程设置等在各县都不同程度地相继实现了近代化的变革③。商业方面，响应政府号召，原来旧式的带有"同乡会"式的地方会馆的地位，逐渐被统一的商会组织（有的下设分会，有的设商保，商保下有同业行会等）所取代。光绪二十九年（1903）至民国26年（1937）扶风、宝鸡、凤翔、陇县、岐山、眉县、千阳、凤县、麟游诸县相继成立了商会④正是这一反映。除此之外，邮政、警察、电信等近代要素在城镇的出现，都是政策或政府提倡的产物。

机器工业化是城镇近代化的显著标志。宝鸡10县城镇工业化在第一阶段明显地滞后，城市工业极少。从全国来看，19世纪末20世纪初，民间兴起了"实业救国"的热潮，与此同时，1904—1918年出现了中国资本主义发展的新高潮⑤，民族工业在各地相继兴起。第一次世界大战期间，中国民族工业迎来了前所未有的发展机遇，得到了长足发展。而宝鸡10县城镇民族工业却寥寥无几（见表1）。

---

① 史远芹等：《中国近代化的历程》，中共中央党校出版社1999年版，第253—254页。
② 《宝鸡市志》编纂委员会：《宝鸡市志》，三秦出版社1998年版，第1772页"表"。
③ 同上书，第1772—1774页。
④ 《眉县志》编纂委员会：《眉县志》，陕西人民出版社2000年版，第303页。
⑤ 史远芹等：《中国近代化的历程》，第262页。

表1　　　　　　　　　　1936年前县城工厂状况

县城	工厂	时间	产品	经营性质
宝鸡	洪顺机器厂	1933年由汉口迁至十里铺	纺织机器	私营
凤翔	蚕桑工艺厂	1904年	丝绸、棉布	官办
	培实工厂	1934年	棉布	官僚办
	蔚花织布厂	1935年	织布	当地私人办
	民生工厂	1936年	织布、木器	县政府办
扶风	火炮局（13个工厂）	1926—1927年	枪、炮	地方军阀
陇县	平民工厂	1932年	纺织品	孤儿院办

资料来源：据相关市、县新志统计。

从时间上看，除蚕桑工艺厂较早出现于1904年外，其余都是在20世纪20年代以后，特别是1932年以后占据相当比重。这从总体上反映了县城工业化的滞后。滞后的另一表现是具有近代或半近代工业的县城数目少，只有四个，占县城总数的40％。就工业行业言，以机器或半机器的纺织业占的比重最大。另外，扶风火炮局辖的所谓13个工厂多以半手工生产为特征。据此可以说，宝鸡县镇近代工业化才刚刚起步。另从时间序列看，即便把它的开端定在1904年，那么，经过30多年，才发展到现在这种程度，不能不说几乎是停滞性的。市镇在清末民初不谓不繁荣，仅凭数量上看，实已经相当可观，见表2。有的甚至在一个相当长的时期，市场繁荣超过县城，宝鸡县虢镇就是一个例子。据有关资料显示，抗日战争前宝鸡县的商业中心一直在虢镇，抗日战争爆发后，宝鸡县城的工商业繁荣程度才超过虢镇。所谓"自铁公两路通车后，交通便利，市容整洁，万商云集，现为西北巨大之商埠焉"[①]，是其真实写照。与县城一样，宝鸡10县的主要市镇在响应政府一系列变革号召中，从行政管理、税务、商务、邮政、电信、学校等各方面也不同程度地进行着近代化的变革，但因各自繁荣程度不同，差异很大，有的还明显地处在起步的阶段。拿邮政来说，太白县嘴头镇民国25年（1936）才设中华邮政丁种信箱柜一处，并且是由普云堂药铺掌柜代办邮政业务，当时没有专职邮递人员，邮件用

---

① 杨必栋：《宝鸡乡土志·街市》"县市"，民国35年。

骡驮或脚夫捎带。邮递时间也不固定,约三五天一次①。这种无专门机构、无专职人员、无固定日期的近代邮政,在许多主要市镇大多如此。

表 2　　　　　　　　　清末民国 10 县主要市镇数量

宝鸡	凤翔	扶风	岐山	麟游	陇县	千阳	眉县	太白	凤县	合计
7	5	8	5	8	10	2	6	3	2	56

说明:1. 据清末、民国及现代县志统计。

2. 市镇为有固定集日的主要市镇,村集及个别有变化市镇未计入。

这一时期,电话相继进入市镇。如眉县,民国 23 年(1934)12 月,县环境电话线路初步建成,通话线有眉鹦线(经齐镇至鹦鸽嘴,电话机 4 部),眉青线(经槐芽、横渠、青化至美源,话机 4 部),眉常线(经渭北乡至常兴火车站)等②。各镇进展也很不平衡。

近代工业在一些市镇似有萌芽,但没有一个近代或半近代化工厂落脚市镇。如陇县娘娘庙镇(今东风镇)出产煤,清同治年间民间已自发开采,在实业思潮影响下,清末民初,也有商号曾集资入股,雇人来开采,但因销路不畅被迫停产③。同治十一年至光绪二十三年,江苏缪某曾于今太白县桃川镇白杨塬后河建规模巨大的造纸厂④。这些厂不管规模多大、雇人多少,都只是一种近代资本主义性质的萌芽,作为根本标志的机器工业并没有出现。

由此可见,以制度和政策为指导的近代化,第一阶段在宝鸡 10 县城镇的响应是无力的和极度缓慢的,它典型地反映出动力因素的十分不足。这是传统经济结构占据绝对统治地位的制约所致,也与地方政府的推动不力有关。

---

① 《太白县志》编纂委员会:《太白县志》,三秦出版社 1995 年版,第 313—314 页。
② 《眉县志》编纂委员会:《眉县志》,陕西人民出版社 2000 年版,第 297 页。
③ 《陇县志》编纂委员会:《陇县志》,陕西人民出版社 1993 年版,第 347 页。
④ 《太白县志》编纂委员会:《太白县志》,三秦出版社 1995 年版,第 271 页。

二 抗战爆发后（1937—1949）10 县城镇的近代化

抗战爆发（1937）后，宝鸡城镇近代化的最大特点是城镇化在典型的"外力推动"下进行。这种"外力"因素不是中国早期城镇化中的外国殖民主义，而是一种"域外动力"因素。造成这种现象的基本原因并不是宝鸡城镇的工业需求和特殊的市场吸引力，而是优越的地理因素，即它是当时战争的大后方，是连接西南区（当时陪都在重庆）和西北区的"交结点"。1937年陇海铁路通车至宝鸡，使这里形成了历史上前所未有的近代东西交通大动脉，为连接东西部、前线和后方，特别是战时环境下东部近代企业的西迁创造了必要条件，也为东部先进的各种近代要素加速西进打开了方便之门。

"域外动力"因素集中体现在城镇化上有五个方面：（1）外地近代企业直接迁入；（2）国家政府各部门及官僚资本资金投入并建企业；（3）国际力量的资金投入和组织兴办企业；（4）外地民族资本的移入和兴办企业；（5）东部难民的涌入为建立企业准备了充足的廉价劳动力。在这些力量的影响下，宝鸡出现了战时工业化的高潮，这是本期城镇近代化的最大特点。

从外省迁入的企业涉及武汉汉口、洛阳、连云港、山西等地，其中最主要的有：由山西迁入宝鸡的业精纺织厂。该厂迁宝后成立雍兴实业股份有限公司，下辖几个工厂；由汉口迁来的中新公司；从河南漯河迁来的大新面粉厂等。另外，有些工厂先迁入西安，又迁入宝鸡；有些又直接由陕西东部迁入宝鸡，如从华县迁入的秦昌火柴厂等。有些公司实力雄厚，迁宝后又在宝鸡很快兴建一系列的下属工厂。至1938年，迁陕工厂联合会在十里铺成立时，有会员厂16家①。又据民国《宝鸡乡土志》，1946年，宝鸡有来自二十六个省份的一百零几个大小工厂②。与外地企业迁入的同时，民国政府、陕西省赈济会、国家军需局、军政部也先后涉足宝鸡投资、组织建厂，影响颇大。国际友人路易·艾黎先生1938年8月在宝

---

① 《宝鸡市志》编纂委员会：《宝鸡市志》，第473—474页。
② 杨必栋：《宝鸡乡土志·艺文志》"宝鸡的治安"，民国35年。

"成立中国工业合作协会西北办事处,把流亡的难民、灾民、退役士兵组织起来开办生产合作社,生产军需、民品,进行抗战自救……后来'工合'以宝鸡城内为中心,办起 108 个生产合作社"①。当然,生产合作社所办工厂,一般规模较小,且主要以手工业为主,但很多合作社也开始使用机器或半机器生产。在这种背景下,外地商人及民族资本家也纷纷携资入宝,掀起办厂热潮,如眉县境内的"人和工厂"(纺织)、厚丰布厂等都由外域商人筹建。

在外域企业带动下,本地商绅积极投入,或集资合股,或官绅合办,形成域内工业化的内在力量。但二者相较,似应以前者影响为大。

此次近代化的第二个特点是工业入驻城镇的数量明显增加,不但有近代工业的城镇数目大量增加,而且城镇中工厂数目显著增加。就县城言,宝鸡、凤翔、陇县、岐山、眉县、凤县、千阳等 8 座县城都有了近代或半近代化的企业、工厂,比前期纯增加 50%。如前所述市镇,前期没有一个有机器或半机器工厂,这一时期情况迥然不同。宝鸡的虢镇、益门镇、马营镇;眉县的齐镇、槐芽镇;岐山的蔡家坡镇;麟游的北马坊镇和凤县双石铺等 8 个市镇都有机器或半机器生产的工厂或公司。

城镇工厂、公司数量,前期最多的是凤翔县城,有 4 个。本期,仅就对宝鸡县城工厂企业的不完全统计看就有 30 余个,其余各县亦都在原有基础上有所增加。例如,眉县城前期没有工厂,这一时期增加有:民康公司、利民实业社、济生纺织厂、济生造纸厂、众益实业社等。从市镇工业企业、工厂看,宝鸡虢镇和岐山蔡家坡镇最为耀眼。虢镇有:31 兵工厂电厂、31 兵工厂、协合新火柴厂、业精纺织公司、陕西省赈济会难民工厂、济会难民纺织公司、惠家湾纺织厂、弹毛生产合作社、烟草合作社;蔡家坡有:雍兴公司西北机器厂、雍兴公司动力酒精厂、雍兴公司电厂、雍兴公司纺织厂、大来烟厂、华胜烟厂。

机器或半机器工业的落脚城镇迅速地改变着原有城镇的功能,宝鸡县城、虢镇以及岐山县城和蔡家坡镇不再仅是传统的贸易集散地,近代工业生产的区域中心功能明显增强。这些城镇和外界的联系不仅是传统的地方土产的输入和输出,而且有近代工业产品及原料的相互联系。

---

① 《宝鸡市志》编纂委员会:《宝鸡市志》,第 565 页。

工业企业在面上的扩展和点上的集中,以及企业本身对生产的要求,促进了市政建设的快速发展,一个突出的例子是伴随着工业企业而来的电的应用。当时电在城镇的应用表现在三个方面:(1)街道路灯化;(2)居民日用照明电灯化;(3)企业动力电力化。由于电是随企业动力需要来宝的,因此一开始直接决定于厂家的分布,电力文明的"火种"主要是通过它们传播并带动城镇近代文明的。从用电作为动力的厂家分布看,用电的城镇有:宝鸡县城(西京电厂宝鸡分厂、申新第四纺织公司宝鸡分厂、洪顺机器厂);虢镇(31兵工厂电厂);蔡家坡镇(雍兴公司电厂)。其中,只有西京电厂宝鸡分厂(国民政府资源委员会于民国26年创办)供市区照明(600余盏电灯)①。在这个基础上一些厂家的剩余电力被转购供城市照明。民国30年(1941),西京电厂宝鸡分厂转购申新第四纺织厂"剩余电力约80千瓦,每晚供电约6—8小时"②。这样,宝鸡县市的近代面貌大为改观,居民生活也因电而发生了很大的变化,近现代生活气息日益浓厚。40年代中期的一位记者说:宝鸡市区居民约十万二千人,其中有八千三百个工人在工作,还有三十几个人民团体、五六个戏院、影院,方圆二三里河滩游艺场一百个艺员,还有将近四百人的娼妓③。近代报纸在1937年后出现,至1944年发展为三个报社④。这些都是近代化的表现。

工业企业的积聚带给宝鸡城镇的近代因素不止这些,在近代企业的要求下传统的街区结构、道路、运输、电信、商业服务、市政管理都因此而大大改变,城镇近代化正加速进行。

三　城镇空间格局的变迁和原因分析

近代化既快速地改变着城镇,也因此而促进了城镇空间格局的变化。一个基本因素是近代工业的城镇选择与传统要求有一定差异。如前所述,

---

① 《宝鸡市志》编纂委员会:《宝鸡市志》,第690页。
② 同上。
③ 杨必栋:《宝鸡乡土志·艺文志》,"宝鸡的治安",民国35年。
④ 杨必栋:《宝鸡乡土志·艺文志》,"宝鸡记者公会",民国35年。

在近代化前期，宝鸡10县城的近代化中心在凤翔，该城镇集中了当时近代半近代工厂的57%。从平面上看，前期的具有机器半机器工厂的县城也都分布在渭河以北，并位于传统的通往西北甘肃的大道上或附近。可见，当时的区域中心在这一带，尤以凤翔为核心。凤翔成为当时的区域中心有两个基本因素：(1) 长期以来，它是关中西部唯一的府城，是西部政治、经济、文化的中心；(2) 它处在西北和西南的传统大道上，有"关西都会"之称，商业相当繁荣。也正因为如此，它的影响力、辐射面更加深广。且不说清初的山西、河南、陕西三大商帮在此活跃（有"山陕河南会馆"），就是清后期的"过载行"（光绪十六年，1890，前后20余家）"皮庄"数目亦相当可观（光绪三十年，1904，前后40余家）。这些行业影响所及，涉及甘肃、宁夏、西安、北京、天津、上海、汉口、山西、河南等地①。频繁的商业往来和"社会互动"增强了较优越的近代意识，所以，在早期"实业救国"思潮和民族工业在广大东部勃然兴起的背景下，这里率先响应，并走在其他各县之前。

陇海铁路通车宝鸡后，改变了宝鸡地区的交通格局，原来通过凤翔的传统陆路的主导地位让位于通过宝鸡的陇海铁路，由此引起了主要商路的南移。恰在这时，东部战争日紧，部分工厂企业西移。国民政府陪都选在重庆后，以重庆为中心的西南区域形成了新的政治、经济中心区域，东部各行业、部门纷纷迁入。而宝鸡恰处于西南通往关中、中原和西北的出山口上，区位优势地位和价值倍增。再从区域方位言，东部是战争前线，是传统的经济繁荣区域，是企业产品的倾销地。西南在成为大后方的中心后，人员剧增，市场潜力巨大，而宝鸡县城处在这一区域的外沿，是西南、西北和中原的联结点。该联结点与西南、中原的市场联系要远远大于西北。据此，内迁企业、工厂以此为中心应当说是最为经济的选择。随着内迁企业、工厂以及由此带动的各种力量的办厂，城镇近代化的中心转移到了宝鸡。民国30年（1941）陕西省第九行政专员公署由凤翔迁往宝鸡，标志着区域政治中心的转移，政治、经济近代化中心的结合，说明这一转移的基本完成。

近代化中心城镇的形成，促进了原来商业城镇格局的变迁。宝鸡县的

---

① 《凤翔县志》编纂委员会：《凤翔县志》，陕西人民出版社1991年版，第497页。

虢镇，过去一个相当长的时期是宝鸡县的商业中心，其繁荣程度超过县城。据新编《金台区志》提供的材料：民国26年（1937）以前，各商行税款、捐款数额，虢镇占82％，县城占18％，也就是说其税款和捐款数量是县城的4.6倍。造成这种情况的原因主要是当时的区位条件较差。首先，关中的中心在西安，是陕西省会所在。宝鸡县城只是关中经济区西部边缘一县镇，而当时的西部中心在凤翔县城。其次，当时通西部甘肃及其以西的大道是经扶风、岐山、凤翔、千阳、陇县一路，即行走塬上，与宝鸡县城尚有相当距离。虽说宝鸡处于西南与关中交结点上，但通往西南、西北交通条件较差。宝鸡人谭善云："宝邑处陕省之西僻，南侧栈道云连，西侧万峰环列，惟北有金陵川当汧陇之要道，形势于此称平坦焉。然以道途窄隘，沟壑阻隔，数千年来祇便驮运而未通车行，以故麦粟柴炭诸大宗，邑民之仰给于邻封者，卒以转运维艰而每致座困。……民国四年，（金陵川车路修成）由吾宝直达陇县之献功镇，车辙往来，络绎不绝……"①1937年陕西公路汽车营运线路有西凤路（西安—凤翔）、凤陇路（凤翔—陇县）②，而宝鸡没有通运，说明这种状况仍没有实质性改变。再次，虢镇较县城偏东，更接近凤陇大道，直北距凤翔县城比宝鸡稍近，因此西来商客到凤翔后可择两路：一路直南走虢镇，再沿渭河北岸东行；一路沿凤陇路直向东南。东来商客亦如其理。所以宝鸡县城商业状况长期落后于虢镇。

  陇海铁路通车后，交通干线重心南移，虢镇虽说较前条件更好，但宝鸡县城较之优势更大，因为战时国家的政治中心、经济中心移向西南，宝鸡反过来又处在前沿，作为县城政治中心，地位明显优于虢镇。此时交通状况明显改善，加强了这种优势。民国后期铁路西通天水，东连西安；轻便铁路有宝鸡至双石铺，虢镇至陇县相公山；公路直达广元、平凉、天水、凤翔、岐山；航空路一度东至郑州，南至重庆，西至皋兰，四通八达③。由此，造成各行各业人员的涌入，商业迅速走向繁荣。从商行税

---

  ① （清）曹骥观续修，强振志续纂：《民国宝鸡县志》卷3《建置》，《中国地方志集成·陕西府县志辑》（38），第272—273页。

  ② 陕西省交通史志编写委员会：《陕西公路运输史》（第一册），人民交通出版社1988年版，第39页。

  ③ 杨必栋：《宝鸡乡土志》"交通"，民国35年。

款、捐款数额看，民国 32 年（1943），虢镇占 23%，县城占 77%；民国 34 年（1945），虢镇占 18%，县城占 82%。到 1949 年一直是这样①。县城商业中心的绝对地位已完全确立。

扶风县城的商业中心地位面临绛帐镇的挑战。扶风在传统大道上，西隔岐山达凤翔，东隔武功、兴平与咸阳相连，处在两个地区中心的中间偏西。由于过境县的位置，长期以来商业不算繁盛，辛亥革命到民国十年（1921）前后，县城只有几家商号和当铺，而且都是山西人和山东人开设。所以，光绪《扶风县乡土志》说："扶风虽秦蜀之冲，而非四达之要，故商务不集，惟本土牲畜县人相贸易……""近时乃有烟土。长夏之初，北直大贾辇金西来，且置庄收买，岁抽厘金钱二万缗，即附近旁县亦或趁此以销其货……商务稍兴……"② 后来，在烟土的"催化"作用下，商业"繁荣"。民国 29 年（1940），扶风县城有商业 7 家，小商号 70 余家③，规模亦然不大。当时绛帐镇，不过是个双日集的南乡小镇。陇海铁路通宝后，绛帐设有车站，商业陡然繁兴。1940 年，绛帐镇有粮食业 31 家、国药业 14 家、染业 10 家、油盐铁货业各 5 家，共计 65 家，连同散小商业共 110 家④，堪与县城商业相媲美。

与绛帐镇兴起颇相类似的是岐山县的蔡家坡（镇）。清末民初，蔡家坡（即蔡家坡镇）只是位于县城南 30 里的市镇，属全县七个市镇（益店、蔡家、高店、罗局、青化、龙尾、枣林）中两个双日集市之一⑤，当时的政治、经济中心都在县城。陇海铁路通车宝鸡及抗日战争爆发后，东部企业内迁，蔡家坡镇因处铁路线上并设站，一时近代企业、工厂相继落脚。据不完全统计，当时入驻的工厂主要有：雍兴公司西北机器厂（主要制造纺纱机）、雍兴公司动力酒精厂、雍兴公司电厂、雍兴公司纺织厂、大来烟厂、华胜烟厂等 6 个⑥。小镇风貌因此而陡然改观，工业经济

---

① 《宝鸡市金台区志》编纂委员会：《宝鸡市金台区志》，陕西人民出版社 1993 年版，第 247 页。
② 光绪《扶风县乡土志·商务》，光绪三十二年抄本。
③ 《扶风县志》编写委员会：《扶风县志》，陕西人民出版社 1993 年版，第 336 页。
④ 同上书，第 336 页。
⑤ （清）田惟均纂：《岐山县志》，民国 24 年印本。
⑥ 据《宝鸡市志》（三秦出版社 1998 年版）工业部分整理统计。

功能迅速突出。而此时的县城则显得相当冷落，只有华胜烟草股份有限公司、太白纸厂和一家文化用品社。规模与水平显然都难与蔡家坡镇相比。对于岐山县来说，近代化城镇的中心无疑在蔡家坡，其工业生产功能亦取代县城而辉煌耀眼。

类似的情形也在凤县发生，就是双石铺镇的繁兴并最终夺得县城的地位。凤县在1949年前属汉中府辖县，县城在今凤州。双石铺镇是位于其东南的市镇。两者都在宝鸡至汉中的传统大道上。抗战爆发及陇海铁路通宝后，宝鸡至汉中的传统道路成为联系西南经济区和关中乃至中原经济区的重要通道。"通道"的日益繁忙，加速了同处"川道"中的小城镇的变化，这时，区位优越、腹地及辐射条件优越的小镇就会显现出发展的优越性，脱颖而出。双石铺镇即是这样。从地理位置看，双石铺镇处在小峪河与嘉陵江交汇处，凤州位于安河与嘉陵江交汇处偏南，二者区别不大。但小峪河南北纵深要大于安河，另外，双石铺镇，有西北至东南的"十"字交通，除西北小峪河腹地外，东南一部分腹地也与它联系较为密切，这一点是凤州不具备的。在抗战前，即宝鸡通汉中交通地位不凸显时，流通少，这种差异还表现不出来，一旦出现这一变化，两者发展的差别也就显现出来了。据有关记载，这一时期，双石铺的厂坊有：双石铺妇女纺织生产合作社、双石铺机器生产厂和双石铺印刷店。而县城仅有凤县造纸厂、民生纺织厂和凤州印刷馆[①]。与此相应的是中心地位的逐渐演变，1949年，凤县归属宝鸡管辖后，1950年便将县城由凤州迁至双石铺。

当然，因铁路的作用，使得个别市镇旧的区位优势消失，以至市镇废弃的现象也是存在的。宝鸡县东30里的底店镇"自陇海通车后遂废"[②]，即其一例。

通过以上的论述和分析，可以看出：（1）1937年前后两个阶段，宝鸡10县城镇的近代化走了两条完全不同的道路。1937年前，像广大的内陆地区一样走的是一条传统式的"自上而下"的缓慢变革之路，由于传统的生产方式和社会经济结构的限制，发展极为缓慢；1937年后，走的

---

① 据《陕西省志·纺织工业志》（三秦出版社1993年版）、《宝鸡市志·工业》（三秦出版社1998年版）部分统计。

② 杨必栋：《宝鸡乡土志》"街市"，民国35年。

是一条主要由"区域外力"因素推动和实现的跳跃式发展道路。从当时的背景看，这有很大的特殊性。其特点主要表现为：一是外在近代要素（工业、人员、技术等）的直接迁入；二是域内市场发育较差，与近代化要求脱节。城镇的工商业产品主要供应战时军需。因此，表现出强烈的"战时"色彩。(2) 在同等条件下，近代铁路交通和优越的区位优势（在当时）是城镇近代化的最主要因素，二者密切相关，缺一不可。区位促进交通，交通强化和造就新的区位，从而改变旧有的城镇格局，促进新的城市布局。因此，在西北地区迫切要求发展小城镇的今天，在现有落后的市场条件和资金缺乏情况下，走什么样的发展道路，走这样的道路主要应解决哪些问题，都是值得认真研究的问题。

（原刊《中国历史地理论丛》2002年第2辑）

历史时期宁夏居住形式的演变及其与环境的关系

居住形式是人类居住形态的表现形式。在人类社会演进和发展的过程中，目前已知的最基本的居住形式，有城居和乡居两个方面。这其中，城居是一种较为高级的居住形式，也是集中居住的一种居住形态；而乡居是一种较为低级的居住形式，也是分散居住的一种居住形态。在乡居形式中，根据时代和环境的不同，在类型上有山居、水居、平地居住等村落，或者其他功能和文化意义上的不同的居住形态。它们的具体内容，虽然因文化共同体的变化而发生不同程度的变化，实际上也因地区环境的不同而打上鲜明的地域特色。宁夏回族自治区历史上长期处于边塞重地，在民族构成上又是多民族聚居区，历史上的居住形式如何？它们与环境之间有着怎样一种关系？下面就此加以论述。

一 城居类型与时代变迁

像世界各地一样，历史上宁夏的城居时代晚于乡居时代，因为是边塞地区，其城居的出现也较中国内地要晚得多。根据文献记载，大约在西周时期，今宁夏固原地区一些居民已经过上了城居生活[1]，这些人员可能主要是西周征伐猃狁时的军人，他们所居住的城池，是周人在新占领的土地上的创设。固原地区城居现象的出现，是早期中原农业王朝在捍卫农耕文

---

[1] 吴忠礼、鲁人勇、吴晓红：《宁夏历史地理变迁》，宁夏人民出版社2008年版，第12—13页。

化的安全性和因此而不断地向外扩张中将城居文化传播或引入这里的。自此，活动在宁夏南部地区的一些部族也先后不同程度地进入城居生活。春秋战国时期，今宁夏境内生活着匈奴、朐衍、义渠、乌氏等部族。匈奴、朐衍主要活动在宁夏北部地区，过着逐水草而居的游牧生活；义渠、乌氏分布在宁南固原及甘肃庆阳一带，春秋时代尚是"各分散居溪谷，自有君长"的散居状态，战国时期"义渠之戎筑城郭以自守"，开始进入城居时代。秦惠文王十年（前315）征伐义渠，"遂拔义渠二十五城"①，说明义渠国已经修筑了不少的城池，义渠国内相当一部分人已经过着城居的生活。秦昭王三十七年（前270），秦灭义渠，将秦的疆界推进到昭王所修长城一线。秦始皇三十三年（前214），又派蒙恬北征匈奴，夺取黄河以南地区，自此以后，宁夏全境纳入中原王朝的领土范围。与此相应，行政中心城镇建立，并在空间管理上覆盖了宁夏全境。

（一）郡县制下的行政城镇

行政中心城镇设立的情况可分作两个方面来看。首先是统一王朝的行政建制，具体涉及秦汉、隋唐和元明清诸朝。秦设立管辖宁夏南部的第一个，也是宁夏境内最早被管辖的郡是北地郡。这是秦灭义渠国后建立的一个郡级城镇，该郡以后曾管辖义渠、乌氏等15县，但除朝那（今宁夏固原城东约50里古城乡）一县在今宁夏范围以内外，其余均在陕甘境内②。就是郡城治所也在今甘肃宁县，因而从城居方面说，与宁夏关系不大。秦始皇派蒙恬北逐匈奴后，在黄河以南设立新秦中郡，当时除今固原地区一部分属北地郡外，以北的宁夏全境都在该郡的管辖范围之内③。秦在该郡设置有44县（一说34县），"为筑城郭，徙民充之"。这些县可考见且分布在宁夏境内的有：朐衍道（地望不明）、朐衍县（今宁夏盐池县北柳杨堡乡张家场古城）、富平县（今宁夏吴忠市西南），其余大部分县的名称、地望因文献缺载而不明，估计其中还有一些县是分布在宁夏境内的。秦朝末年，中原离乱，这些地方又被匈奴占据，以前的城镇多被摧毁殆尽。

---

① 《史记》卷110《匈奴列传》，第2885页。
② 后晓荣：《秦代政区地理》，社会科学文献出版社2009年版，第170—177页。
③ 后晓荣：《秦置郡图》，《秦代政区地理》，社会科学文献出版社2009年版。

西汉建立后，重建这里的政治秩序，并在以前秦县的基础上重新恢复郡县制度。后包括东汉在内，两汉时期这里分属于安定和北地二郡。安定郡治所在高平，在今宁夏固原市原州区城关，下辖今陕甘、宁夏境内21县，其中高平、朝那（今宁夏固原城东约50里古城乡）、参䜌（今宁夏同心县东南）、朐卷（今宁夏中宁县南）、三水（今同心县下马关乡红城水古城）等5县城，分布在宁夏境内；北地郡治甘肃庆阳西北马岭镇，管辖19县，其中灵武（今宁夏青铜峡市邵岗堡西，东汉废弃）、富平（今宁夏吴忠市西南）、灵州（今吴忠市古城湾附近）、朐衍（今宁夏盐池县北柳杨堡乡张家场古城）、廉县（今平罗县下庙乡暖泉村）等5县分布于宁夏境内①。东汉时虽然个别城市位置略有变动，郡治也有所迁移，特别是中后期羌人屡次反叛，一些行政中心城镇内迁。如果排除这些因素，那么稳定时期宁夏境内的郡县级城镇当保持在10个左右。

唐代全盛时期，据《元和郡县图志》记载，宁南属于泾原节度使，下辖原州（今宁夏固原市原州区城关），管辖4县，其中平高（与原州同城）、百泉（今宁夏固原城东约50里古城乡）、萧关3县城分布在宁夏境内；宁北设灵武节度使，下辖灵州管辖6县，即回乐、灵武、保静、怀远、鸣沙、温池，都在宁夏境内，其中灵武在开元（713—741）以后常为朔方节度使治所。另有皋兰州（治鸣沙县），安乐州②，实有10座行政中心城镇。

元朝统治时期，宁夏分属陕西、甘肃两个行省，甘肃行省境内黄河沿线有中兴州、应理州、鸣沙州、灵州和定州5个州城，下辖怀远、灵武、河渠三县，其中怀远与中兴州同城；陕西行省下设开成府路、开成州、开城县（今宁夏固原市原州区城关），三者同治一城。另有广安州（治今宁夏彭阳县古城镇境）、广安县（与州同城）、隆德县，而开成西安王府位于开成府路城以南不远处。开成以北至黄河以南，以及河东至今盐池一带，当时是非常广袤的高原荒漠草地景观，没有什么行政城镇设置。全宁

---

① 吴忠礼、鲁人勇、吴晓红：《宁夏历史地理变迁》，宁夏人民出版社2008年版。按，该著以为泾阳、乌氏二县治所也在今宁夏境内，似不确，因此未列入。廉县，一说在固原东北、环县南部（见《北方民族史与蒙古史译文集》，云南人民出版社2003年版，第50页第18注）。

② 谭其骧主编：《中国历史地图集》（隋唐分册），中国地图出版社1987年版。

境内有 10 个行政中心城和 1 个王府城。

明清时期，先是雍正以前至明代这段时期，宁夏境内主要是边防区及其遗制，当时的社会状态是一种以军人为主体的准军事社会，行政建制相应的主要以卫所形式存在（后文再述）。自明代以来持续稳定的行政城镇大概只有隆德县，其他的几个城也在后来都转化为卫所。雍正二年（1724）以后，重建府州县体制，北部宁夏府下辖灵州、宁夏、宁朔、平罗、中卫一州四县，宁夏、宁朔二县与府同城。雍正五年（1727）、六年（1728）又分设新渠、宝丰二县，但乾隆三年（1738）大地震后该二县被废，实际只存在很短的时间。同治十一年（1872），设宁灵厅（治今吴忠市西南金积镇），这样到清朝末年宁夏府实有 5 个行政城镇。而南部固原州，清初属于甘肃平凉府，同治十二年（1873）升为直隶州，下设平远、海城二县。同治十一年（1872）又置化平川直隶厅（治今泾源县城）。加上隆德县，实际有 5 个州县城。总体来说，当时宁夏境内南北合计有 10 个左右的行政建置城镇。

综合以上论述，自秦国和秦王朝时代逐步和全面在今宁夏境内建立统一的郡县制以后，直到清代的两千多年里，主要且强大的统一王朝时代，宁夏境内基本的郡县级行政城镇总体上维持在 10 个左右。这些城镇在分布上南北略重，中间至东北盐池地带中空，但南北两域城镇分布上略相平衡。中部地区，包括固原以北，中卫、中宁以南和吴忠、灵武以东至盐池以南之间的大片地域，之所以始终是行政城镇分布最稀疏的地区，主要原因是这里的高原荒漠、草地景观与环境的严重制约和影响。虽然两千多年来古典社会生产力和经济社会得到很大的发展，但传统的生产方式始终很难突破这种天然的限制，以致没有得到大规模的有效开发，进而影响行政城镇的发展。

其次，非统一时期，包括三国两晋南北朝（由于西晋统一王朝存在时间短促，总体上算在这一大分裂时期中）和北宋、金、西夏并峙两个时代。东汉以后，西部羌人不断北迁、内迁，东北鲜卑相继南下，匈奴遗部仍在不断活动，到三国两晋南北朝时代，宁夏地区所属政权更迭变迁，曹魏、西晋、前赵、后赵、前秦、后秦先后主要控制宁夏南部地区，大夏、北魏、西魏、北周先后控制宁夏全境，各地方政权在宁夏的行政建置虽然屡有变化，但就核心行政城镇来看，宁夏全境最多似没有超出 10 个以上，即灵州、鸣沙、怀远、历城（建安）、临河、默亭、黄石、白池、高平（朔州、朝那）、都卢等，在数量规模上基本上没有超出统一王朝时代的行政城镇规模。

北宋、金和西夏时代，西夏控制着宁夏的中北部大部分地方，北宋和金相继控制过南部地区。西夏政权虽然在政区设置上有所变化，但在主体上还是继承了唐宋时期的郡县制度，据今人研究，州县主要分布于宁夏平原的王畿之地，在此设有灵武郡（灵州），下辖定远、怀远、临河、保静四县；另有华阳、赤源二县也分布于京畿所属南北不远地区；在南部设有韦州（今宁夏同心县韦州镇）。其他设置多为军事要塞或军政合一的机构，具体位置多不明确。① 南部宋金辖区，由于这里是宋夏边界地带，建置以军政合一的组织为主。宋代的主要城镇有怀德军（治今宁夏固原北黄铎堡古城）、镇戎军（治今固原）和西安州（今宁夏海源县西安乡老城村）；金统治该地区以后主要城镇有镇戎州（治今固原），下设东山县（在今固原以东）。德顺州（治今隆德县城），下辖隆德县（治今西吉县硝河古城一带）和陇干（与州同城）二县。另有平凉府化平县（今泾源县）。这样，南北合计总数有 12 个左右。

综合以上论述，中国古代大的分裂时期，宁夏境内疆土的归属尽管多有变更，县级或者相当于县级以上的行政城镇的总数也在 10 个左右，与统一王朝时期相比，城镇的数量规模没有明显的变化。因此，我们得出结论：自中国古代郡县制度设立以来，今宁夏境内县级以上城镇的建置规模是比较稳定的，稳定的程度是县级以上城镇基本上保持在 10 个左右。与此相应，两千年间此类城居的表现基本稳定。

（二）军事城堡

军事城堡约兴起于战国时代，秦国及秦王朝时代秦先后修建两条长城，一条是秦昭王长城，一条是秦始皇长城。这两条长城都经过今宁夏境内，只是行径地带有所不同。大约从战国以后，秦国开始在一些重要的军事交通要道和长城沿线的重要关口设置军事城堡，最著名的如秦楚古道上的武关，崤函古道上的崤关，晋陕黄河上的临晋关以及关中南通汉中的大

---

① 参见杨蕤《西夏地理研究》，人民出版社 2008 年版，第 118—140 页。

散关。尽管学术界关于上述诸关的兴筑年代尚存在争议，但战国时代秦国在一些重要军事通道已经修筑关堡却是不争的事实。在这一背景下，宁夏境内长城沿线一些重要的关口设置关堡应该是可能的。据今人研究，今宁夏境内最早的军事要塞（堡垒）是战国时代兴筑的"西瓦亭（今宁夏西吉县将台镇明荣村）"和秦始皇时代修筑的"塞外浑怀障（今平罗县黄河东岸高仁镇附近）""神泉障（今青铜峡市峡口黄河东岸）"①。前者在秦昭王长城防线上，后者在秦始皇长城防线以内。西汉时期今宁夏固原地区有著名的萧关，其具体位置学术界也存在争议。总体而言，在秦汉时代，与郡县级行政城镇相比，较为单纯的军事城堡数量不多，它们零星地分布于宁夏境内的重要关口和军事要塞。其居住主体是军人，人数规模往往都不大。

与此大致类似的情况一直持续到北宋以前。北宋时期，由于宋夏之间长期对峙，宁夏境内军事堡寨数量有了长足的发展。据李华瑞《宋夏关系史》一书的研究和整理看，分布在今宁夏境内且位置明确或基本明确的寨堡有61个，其他今位置不明的寨堡还有不少，估计其中相当一部分也分布在今宁夏境内②。至于西夏国内的军事城镇和寨堡，据有人研究也有不少，其基本建置有监军司、军和城寨，只是其数量和具体位置多不明确罢了③。

时至明代，宁夏境内再次迎来一个军事城镇（含堡寨）高密集建置和分布的时期。洪武九年宁夏设镇，弘治十四、十五年固原正式建镇，今宁夏境内实际建置有两个重要的军镇，为九边重镇的重要组成部分。军镇之下一般设卫所堡寨等不同级别的军事据点，它们共同组成一个准军事社会。由此，经过多年的建置和建设，宁夏境内堡寨林立，蔚为一独特的居住景观。下面根据弘治、嘉靖两部《宁夏新志》的相关记载，整理其军事城镇（包括堡寨）如下。

弘治《宁夏新志》所载宁夏总镇属城：平虏城、灵州城、宁夏中卫

---

① 吴忠礼、鲁人勇、吴晓红：《宁夏历史地理变迁》，第14—15页。
② 李华瑞：《宋夏关系史》附《北宋陕西五路、麟府地区寨、堡垒建置一览表》，河北人民出版社1998年版，第247—261页。
③ 李华瑞：《宋夏关系史》，第305—311页；杨蕤：《西夏地理研究》，第140—147页。

城、广武营城、宁夏后卫城、兴武营城。所属关有：河西关、河东关、大坝关、镇远关。所属营堡有：汉坝堡、叶升堡、任春堡、王宏堡、王泰堡、杨和堡、河西寨、河东寨、李祥堡、金匮堡、潘敞堡、陈俊堡、蒋鼎堡、邵刚堡、林皋堡、瞿靖堡、李俊堡、王全堡、魏信堡、张政堡、王澄堡、大坝堡、宁化寨、靖夷堡、杨显堡、陶荣堡、镇北堡、雷福堡、桂文堡、常信堡、洪广堡、镇朔堡、高荣堡、姚福堡、周成堡、丁义堡、李纲堡、张亮堡、谢保堡、宋澄堡、玉泉营、威镇堡、黑山营、平羌堡、靖虏营、安远营、定西营、太平营、永康营、怀远营，团庄280处，横城堡。

灵州守御千户所所领寨堡有：枣园堡、吴忠堡、会安堡、汉伯渠堡。属城：大沙井城、石沟城、盐池城、隰宁堡、萌城、磁窑寨、清水营。嘉靖《宁夏新志》记载，又有金积堡、中营堡、秦坝关、夏家堡、河东关堡、红崖站堡、半个城、马家园、胡家堡为其所领；属城也增加横城堡、红山堡、红寺堡等三堡。

宁夏后卫（治花马池）属城有柳杨堡、安定堡二堡。嘉靖《宁夏新志》增加"铁柱泉城"，该城于嘉靖十五年由尚书刘天和领导建成。

兴武营守御千户所属城有毛卜剌一堡。另有天池寨，在花马池西70里，兴武营东40里。该城池高大，是成化九年徐廷章所建，但嘉靖《宁夏新志》不载此城，应该是废弃了。

韦州城，洪武二十九年明封庆藩王于此，庆藩王于此居住九年，后移居宁夏。庆王移居宁夏（今银川市）后，留群牧千户所官军驻扎在此，一方面护卫旧王府，也从事牧养业。

宁夏中卫领有一关，名胜金关。属城有：广武营、鸣沙洲城、柔远堡、镇靖堡、镇虏堡、石空寺堡、枣园堡、常乐堡、永康堡、宣和堡、宁安堡、威武堡。按嘉靖《宁夏新志》记载，嘉靖九年兴筑宁安新堡，则又增加一堡。在这些寨堡中，广武营和鸣沙洲城是中卫所属城镇，其余11堡为屯堡性质的寨堡。

南部固原镇的城镇堡寨，据《明万历固原州志》记载有45座，其名目分别是：固原州、白马城堡、海刺都堡、下马关堡、红古城堡、大湾川堡、镇戎所、平虏所、西安州、开城堡、马家硖堡、马祥堡、满受堡、马连川堡、扯木硖堡、高窑子堡、彭阳堡、马圈堡、杨见堡、甘礼堡、庙山堡、高山堡、李庄堡、毛家硖堡、苏什堡、张洪堡、魏信堡、观音堡、李景玉堡（以上州属）；张义堡、沭家堡、古城堡、张玄堡、杨名堡、蔡祥堡、李俊堡、平满堡、双峰台堡、臭水堡、山城堡、杨郎中堡、胡大堡、黑石头堡、马刚堡、任宏寨堡（以上固原卫属）。①

根据以上诸志不同时代的记载和我们对其不完全的统计，估计明代宁夏五卫之地重要的军事城镇堡寨有100座以上，固原地区的城堡数量也在40余座，二者合计的数量规模比西夏时期同一空间的同类城堡数量可能要多得多。嘉靖后期至万历以后，宁夏境内可能还新筑了一些堡寨，乾隆《宁夏府志》记载，古水城，万历四十三年（1615）设兵把守，后来筑城②。类此者可能还有一些，这里不必一一考述。

清代初年，除了一些废弃的城堡外，大多数城堡被继承下来。康熙年间梁份西游，著有《秦边纪略》一书，其中讲到宁夏边堡，尚有常家寨、古水井堡、中卫、镇房堡、石空寺堡、枣园堡、渠口堡、广武营、大坝堡、玉泉营、平羌堡、镇北堡、宁夏镇、洪广营、镇朔堡、威镇堡、平房城、横城堡、红山堡、清水营、兴武营、安定堡、花马池等23个③。乾隆《宁夏府志》记载，各州县所属堡寨：宁夏县21个，宁朔县23个，平罗县62个（其中旧户占据14堡寨，其余48堡寨为新户，多没有建筑城堡），灵州36个，中卫县19个④。诸州县合计161个。需要说明的是，清朝建立以后，汉蒙一家，海内清平，明代兴起的不少堡寨就已经开始民堡化。主要表现：一是堡寨驻兵越来越少；二是一些堡寨不再驻兵，纯粹变为民堡。《秦边纪略》记载，常家寨为民堡，不设驻防，渠口堡无防汛，以及当时重要堡寨兵员很少的情况，反映了这一变化过程的实际。又，乾隆《宁夏府志》记载，平罗县所辖61个堡寨中，其中48个堡寨都是新户所居，也多没有城堡建筑，显然这些堡寨都是民堡，不再具有军事性质。军事堡寨的民堡化是顺应当时社会环境变迁而出现的必然趋势和

---

① 参见《明万历固原州志》，固原市地方志办公室《明清固原州志》，宁夏回族自治区内部资料出版物准印，2003年，第73—75页。
② 《乾隆宁夏府志》（上），陈明猷点校，宁夏人民出版社1992年版，第103页。
③ 梁份：《秦边纪略》，赵盛世、王子贞、陈希夷校注，青海人民出版社1987年版，第297页。
④ 参见《乾隆宁夏府志》（上），陈明猷点校，第130—151页。

现象，随着时间的推移，到了清代中后期，旧时代的军事城镇、屯堡等逐渐实现乡村化，并演变为一个个的城村或村落。

（三）市镇等商贸性质的居民点

在我国古代，市镇从行政城镇中独立出来并得到明显发展是从宋代开始的。当时南方地区市镇发展甚为迅速，北方较为滞后。宋夏对峙时期，今宁夏境内的北部属于西夏国领土范围，南部以固原为中心属于北宋的领地。当时两国之间的商贸来往有三种形式：一是贡使贸易；二是榷场贸易；三是民间贸易。贡使贸易在京城进行，榷场贸易则是在两国沿边重要城镇设立榷场，交易活动在榷场中进行的一种贸易形式。据研究，宋夏对峙期间，北宋仅在保安军和镇戎军的高平寨设立过两处榷场，其中镇戎军的高平寨在今宁夏固原市，保安军则与宁夏没有关系。由此可见，贡使贸易和榷场贸易都还是在行政中心城镇进行的贸易形式。民间贸易一开始是以非法的形式出现的，后来宋夏双方顺应民间贸易往来的要求，各自在沿边堡寨或一些地点设置"和市"，即"非官市者，听与民交易"。与此同时，在民间贸易发展的基础上，沿边地带也兴起了一些定期市场"会"①，如咸平五年（1002）李继迁在赤沙川、骆驼路"各置会贸易"②。大中祥符二年（1009）十一月，河东缘边安抚司说，"麟、府州民多赍轻货，于夏州界擅立榷场贸易"③。这些由民间自由发展或政府在一些地点设立的"榷场"或"会"，是单一的商贸市场、市镇的早期形式。现有文献虽然不能够明证宁夏境内到底有哪些这样的场所，但我们估计在其境内存在着这样的居住形式。

元代控制这一地区后，这种性质的贸易场所和形式应当是被继承下来的，遗憾的是，元代文献甚少，特别是关于这方面的内容更是鲜有记载，所以其详细情况难以确知。明代，宁夏是边陲重镇，境内建置的绝大部分都是卫所堡寨，市镇、市场多依附城镇堡寨而设，独立于行政、军事城镇堡寨的商业性市镇尚没有形成。到了清代，海内一统，蒙汉一家，边疆社

---

① 吴天墀：《西夏史稿》，广西师范大学出版社2006年版，第146页。
② 《续资治通鉴长编》卷51，咸平五年正月甲子，中华书局2004年版，第1112页。
③ 《续资治通鉴长编》卷72，大中祥符二年十一月乙卯，第1640页。

会在没有紧迫的边防任务中平静地运行着。在这种情况下，一方面旧日的军事堡寨逐渐民堡化、一般社会化；另一方面随着人口的日益增加和和平年代社会经济的发展，各级城镇经济日渐繁荣，独立于地方行政中心城市的市镇开始逐渐发展起来。乾隆《宁夏府志》记载说："宁夏府城，人烟辐辏，商贾并集，四衢分列，阛阓南北，藩夷诸货并有，久称西边一都会矣。平罗、灵州、中卫城仅数里，多就通衢贸易，坊市故不分载。各堡寨距城稍远者，或以日朝市，或间日，或数日一市，或合数堡共趋一市，大抵米盐鸡豚用物而已。其布帛什器犹多市于城。若灵州之花马池、惠安堡，中卫之宁安堡，当孔道，通商贩，其市集之盛殆与州邑等。"① 这里说的一些堡寨或者还处于初级市镇发展的阶段，它们以"间日，或数日一市，或合数堡共趋一市"，发展为一方的经济贸易中心。它们的商业力量似尚没有发展为独立的定居群体，除过交易日外，平时的市镇状态与一般村堡没有多大区别，如果有区别的话，可能也只是一些零星的店铺而已。因此，严格地说，这种形式的市镇还不是独立的商业市镇。而另一种类型的市镇，像上文所说花马池、惠安堡、宁安堡，"当孔道，通商贩，其市集之盛殆与州邑等"，则是真正的独立的商业市镇了。这种情况在清代前期已经形成，但总的数量毕竟不多。

二 乡居体制的时代变迁

乡居是针对郡县制度而言的地方社会组织形式和居住形式，乡居的本质含义是村落居住。从世界范围来看，村落居住形式诞生的年代要远远早于城居的居住形式，这一点在我国各地基本上都是一致的。宁夏地区是我国古代文明的发祥地之一，距今两三万年前，今银川市东南19公里处的水洞沟就有人类居住和生活，这就是现在非常著名的水洞沟旧石器晚期文化遗址。晚于这一时代的人类文化遗址在宁夏不少地方也有发现，特别是新石器时代的遗址分布更是不少（见表1）。这些现象说明，大约从这一时期起，宁夏境内的早期人类已经逐步进入不同程度的村落生活。

---

① 《乾隆宁夏府志》（上），陈明猷点校，第202页。

表1　　　　　　　石器时代宁夏境内的文化遗址与分布

时代	文化遗址与遗址分布地	距今年代	备注
旧石器时代	银川东19公里处水洞沟遗址	3万—2万年	不是单一的旧石器文化,也有新石器文化
	固原彭阳县茹河流域、刘河等地		
	灵武横城堡、岭儿旧石器遗址		
	青铜峡市蒋顶乡贺兰山前台地鸽子山遗址	1万年	该期遗址在宁夏黄河沿岸各市县均有发现
新石器时代	海原县菜园村遗址		包括:瓦罐嘴、寨子梁、切刀把、二林子湾墓地、林子梁、马缨子梁等;发掘清理出房址13座,主要是窑洞式和半地穴式两种,以窑洞式为主
	贺兰县金山林场遗址		
	盐池县官滩、硝池子遗址		
	同心县红城水遗址		
	西吉县兴隆镇西北1.5公里的遗址		
	隆德县风岭乡李世选村胜利队		
	海原县龚湾村河沟交汇的三角地带		
	原州区河川乡店河村西北山坡上、海家湾等地的遗址		
	彭阳县周家嘴头新石器遗址		遗址发现半地穴式房址一处;属于齐家文化和马家窑文化类型
	隆德县沙塘乡和平村页河子新石器时代遗址	5500—4900年	发现圆形或方形的白灰面房基六处;下层为仰韶文化晚期遗存,上层遗物具有齐家文化特征
	中卫香山三眼井乡新石器遗址		马家窑、半山、马厂类型彩陶器物皆有

资料来源:据负有强《宁夏历史文化遗存和文物古迹》(宁夏人民出版社2008年版),周兴华、马建兴《塞上古史钩沉》(宁夏人民出版社2009年版)相关内容整理。

表1表明，旧石器时代到新石器时代晚期，宁夏境内人类活动是连续未断的一个过程，这些早期人类的社会组织经历了原始群团、"血缘家族"、氏族社会和部落制的发展历程。其居住形式以集中居住的村落为主，房址有半地穴式、窑洞式和地面房屋三种基本形式。这种居住形式在今宁夏境内空间上的分布和异同虽然还不能明确地揭示出来，但进入前国家时代（或部落制时代），地面房屋越来越多的趋势却已显露出来，距今5500—4900年的隆德县沙塘乡和平村页河子新石器时代遗址的六处白灰面房基大致可以说明这一点。前国家时代，社会在发生着剧烈的变化，各地长期以来形成的部落集团征战不已，迁徙不定。周兴华等以为，兴起于西北地区的"炎、黄族"就曾活动于今宁夏中卫黄河以南"香山"为中心的地区，并且认为现存于中卫的香山、大麦地和西山三个岩画区的万余幅岩画，特别是其中的龙、蛇图腾崇拜是其充分的证明之一①。这一观点虽然尚不能认作定论，但上万幅岩画以及石器时代以来众多的人类活动遗迹表明，这里曾经长期稳定地生活着一个或数个较大的氏族、部落或部落集团，他们过着较为稳定的生活，他们的居住形式应当是集中居住的村落。

前国家时代，黄河流域的中原地区和长江中下游不少地方都已经进入城乡统一体的社会组织与结构性的居住时代，内蒙古中南部地区也发现有不少仰韶文化晚期和龙山文化时代的城址②，但在宁夏境内至今尚没有类似的发现，历史文献也没有相关部落都邑（墟）的记载，因此估计村落是活动在这一地区的氏族、部落或部落集团基本的居住形式。

进入国家社会以后，夏商周三代1300多年间，由于当时比较强大的政治势力及其活动主要集中在渭河流域的关中和黄河中下游地区，宁夏地区的人类活动除了极为宽泛的"犬戎""西戎""鬼方""猃狁"或"熏鬻"等名号记载或与此有一定的关系外，其他的记载几乎都是空白，这为我们了解这一时段宁夏境内先民的生活和居住情景带来了难以克服的困难。不过从情理分析，新石器时代以来一直活动在这一带的先民，在没有十分重大的自然灾难和外来部族广泛的种族屠杀的情况下，是没有理由不

---

① 参见周兴华、马建兴《塞上古史钩沉》，宁夏人民出版社2009年版，第15—24页。
② 参见钱耀鹏《中国史前城址与文明起源研究》第一章，西北大学出版社2001年版。

存在和延续他们的生活的。对于这两个条件，无论是历史文献、考古资料还是地质史研究，都没有相关的结论。因此，尽管"犬戎""西戎""猃狁"或"熏鬻"等名号显得过于宽泛，却难以掩盖石器时代以来世代生活在这里的众多土著氏族和部落的较为广泛的分布与存在。他们居住的基本形式应当还是村落，而村落中的房屋构成不外乎半地穴式、窑洞式和地面式三种房屋形式。这种情况到夏商周时期大概还没有太大的变化。当时在宁夏南部今陕西、甘肃交界地带居住着几个部落方国：一是周先公公刘在夏朝末年率周族北迁所居的豳（今陕西咸阳市旬邑县西）；二是阮、密、徂、共四国①。阮、密二国分布在今甘肃灵台县境，共国在今泾川县境，徂国的位置虽还不清楚，但估计距此不远。居于豳的公刘部尚处于聚族而居的部落式居住形式，其生产、生活的组织形式是以部落家族为单位的农村公社。而后来的密、共二国已经是城国的居住形式，其城址已经被考古所发现。

战国秦汉以后，随着宁夏被逐渐纳入中原王朝的正式统治范围以内的过程的进行和完成，郡县体制下的乡村居住形式作为制度化的产物被日渐普及和组织化起来。不过，直到元代及其以前，村落组织体系虽然已经建立，但一直不大稳固，所以《民国固原县志》说，"秦筑长城于义渠，其进于村落之时欤。汉唐以降，密迩羌狄，变乱迭兴，人民居处仍疏疏落落，飘摇不定"②。造成这种现象的基本原因是：（1）历史上这里长期处于中原统一政权的边缘地带，同时又是北方、西方少数民族不断侵入和建立地方政权的地区，统一帝国时期的政治秩序、社会组织秩序和地方管理秩序屡屡被冲击和打破。(2) 即使在一些统一王朝时期，出于政治稳定的考虑和大一统的需要，不少侵入、迁入或归附的少数民族部落、民众以各种形式被安置在这里。这些人中的一部分除了融合于汉民族中以外，一部分不同时期、不同程度地保留着自己的部落或集团的居住形态。（3）由于地处边地，战乱频繁，历代统一政权苦苦经营的一体化社会组织形式屡遭破坏，汉民族人口稀少。在一些特殊时期，又经常驻有大量的军队，甚

---

① 周振甫译注：《诗经译注》，第412页。
② 固原县志办公室：《民国固原县志》（上）卷之三《居民志》，宁夏人民出版社1991年版，第171页。

至在一些特殊时期实际上形成一种"城郡""城州""城县""城军"的体制或居住形态，从而淡化了村落形式的稳定存在和发展。下面就这几个方面做进一步的说明。

首先，关于这一时期，统一王朝郡县体制下可能的村落情况。由于没有直接的村落记述文献，不少情况主要建立在分析的基础上获得的。西汉时期与宁夏相关的郡有两个，一个是南部的安定郡，一个是北地郡。根据《汉书·地理志》记载，安定郡下辖21县，有人户42725户，人口143294口，平均每县约2051.1户，约6823人；北地郡下辖19县，有人户64461户，人口210688口，县平均约3393户，人口约11088口。如果除去郡县城所居人口（无相关数字），每个县的乡居人户大概在1000—3000户之间。如果按当时一般制度"一里百家"推算的话，一县只有10—30里（村）的样子。按照前文所述，西汉稳定时期宁夏境内10个左右县级行政单位的话，那么其乡居人户在10000—30000户，村落数量在100—300个。西汉中期汉武帝北击匈奴以后，匈奴远遁，宁夏北部又驻扎了一些屯田军，所谓"汉度河自朔方以西至令居（今甘肃永登西北），往往通渠置田官，吏卒五六万人，稍蚕食，地接匈奴以北"①。东汉时期，由于羌人起义、迁入，鲜卑族入侵，宁夏境内村落大多废弃，乡居人口锐减。据《后汉书》记载，安定郡辖8城（县），6094户，29060人，每县平均761.7户，3632.5人；北地郡辖6城（县），3122户，18637人，每县平均约520.3户，3106人。② 一县只有数百户人，岂能谈到乡村的问题？所以当时的村落几乎荡尽，许多地方可能仅表现为"城郡""城县"的居住形式。史载，永平八年（65），匈奴数寇边郡，"焚烧城邑，杀掠甚重，河西城门昼闭"③。永建四年（129）羌人叛乱暂时平息，尚书仆射虞诩上书要求恢复以前迁徙的安定、北地等郡，朝廷派郭璜"督促徙者，各归旧县，缮城郭，置候驿。既而激河浚渠为屯田，省内郡费岁一亿计"④。灵帝时期，"幽、并、凉三州缘边诸郡无岁不被鲜卑寇抄，杀略不

---

① 《汉书》卷94上《匈奴传》，第3770页。
② 参见《后汉书》"志二十三·郡国五"，第3519页。
③ 《后汉书》卷89《南匈奴传》，第2949页。
④ 《后汉书》卷87《西羌传》，第2893页。

可胜数"①。这些资料，一方面表现了西羌、匈奴和鲜卑等部族的侵扰和杀掠及其所造成的破坏；另一方面却绝口不提村落情况。而从南部陕甘一些人口稠密地方的情况看，地方兴筑"坞壁""以保聚百姓"。永和五年（140）今青海一带羌人反叛，"大寇三辅，杀害长吏"，政府"于扶风、汉阳、陇道作坞壁三百所，置屯兵，以保聚百姓"②，正是这种情况。相比之下，宁夏境内人口稀少，一县境内平均只有数百户人，最经济的方式恐怕就是采取"城郡""城县"的居住形式。这大概是当时文献但见城邑不见村落的原因。

唐代是我国中古社会发展最为鼎盛的时期。据谭其骧《中国历史地图集》，当时宁夏境内有10个县级以上城镇。杜佑《通典》记载，灵武郡或灵州，领6县，12090户，53700人；五原郡或盐州（治今陕西定边县），领2县，3560户，18200人；原州或平凉郡，领5县，7580户，39123人。③若按县平均人户计算，灵州各县为2015户，8950人；盐州各县为1780户，9100人；原州各县为1516户，6520.5人。各县人口都不足10000人，如果考虑到城居人口应当占有一定的数量外，那么村落人口肯定还要少一些。若按"百户一里"计算，各县乡村里数就在15—20里。当然，这是按人口全部村居来算的，如果除去城居人口，各县里数比这个数字要小一些。据此，唐代稳定时期，宁夏境内理论上的村居分布和西汉时代相比没有非常明显的变化。

其次，关于这里的政治秩序、社会组织和村落体制不断被打破的情况。过去有人研究说，从石器时代一直到中古时代结束，宁夏境内一直是一个民族交往、融合和流徙的大通道，这也就意味着中原统一王朝正常的存在和发展秩序，经常被边地民族的侵扰和劫掠所打破，进而在频繁的征战和政治博弈中造就了人口的多民族性和居住形式的多样性和复杂性。远一点的不说，就商周以来的情况看，宁夏境内不同时期活动的主要民族如表2所示。

---

① 《后汉书》卷90《乌桓鲜卑传》，第2990页。
② 《后汉书》卷87《西羌传》，第2895页。
③ （唐）杜佑：《通典》卷173《州郡三》，岳麓书社1995年版，第2370—2371页。

表2　　　　　　　　　　宁夏境内历代主要民族

朝　代	主要民族
商	西戎（鬼方、猃狁）
周	义渠戎、乌氏戎、朐衍戎
秦汉	汉、匈奴、月氏、羌
魏晋南北朝	汉、匈奴、鲜卑、羌、氐、羯、敕勒、柔然
隋唐	汉、突厥、敕勒、回纥、吐蕃、吐谷浑
五代宋西夏	汉、党项、吐蕃、鞑靼、女真
元明	汉、回、蒙
清、民国	汉、回、满、蒙

资料来源：陈明猷：《宁夏古代历史特点初探》，《宁夏社会科学》1991年第1期。

这些民族中，秦统一以前是不存在中原政权统一的政治秩序被打破的问题，而是相反，在秦统一过程中，原来居住和生活在这一带的义渠戎、乌氏戎、朐衍戎相继被征服，伴随着这些民族的被征服和他们以及他们的土地被纳入秦王朝的疆土范围以内，中原地区的华夏族人以各种形式相继进入这里，这里原有的民族生存秩序被破坏或改造，并在郡县制体制下逐步成为中原王朝政治、经济一体化发展的新秩序的组成部分。随后，伴随着中原王朝国力强弱的变化，王朝更迭及其所产生的社会动荡与战争，活动在边地的民族不断内侵和劫掠。这种情况在一些时期甚至非常严重，从而一次次不同程度地打破原有的政治、社会秩序，进而造成郡县体制下的村落体系的不完整或者在一些地方的彻底毁灭。

汉文帝十四年（166），"匈奴单于十四万骑入朝那萧关，杀北地都尉卬，虏人民畜产甚多，遂至彭阳。使骑兵入烧回中宫，候骑至雍甘泉。……单于留塞内月余，汉逐出塞即还，不能有所杀。匈奴日以骄，岁入边，杀略人民甚众……"[①] 此次单于率14万大军南下，经行今宁夏境内固原、萧关等地，他们在长城以内活动一月余后才出塞，其中破坏是不言而喻的。东汉时期，活动在今青海、甘南一带的西羌诸部多次反叛，他

---

① 《汉书》卷94上《匈奴传》，第3761—3762页。

们以种族部落为单位,数量有 150 余个,分散帐居,逐水草而居。诸部间或联合或相互残杀,争战不已。明帝初,先是叛乱于甘肃南部至兰州一线,后不断北移,东汉中期日益强大,并进至安定、北地、上郡一带,由此造成:"羌既转盛,而二千石令长多内郡人,并无守战意,皆争上徙郡县以避寇难。朝廷从之,遂移陇西徙襄武(今甘肃陇西县南),安定徙美阳(今陕西扶风县),北地徙池阳(今陕西泾阳县西北),上郡徙衙(今陕西白水县境)。百姓恋土,不乐去旧,遂乃刈其禾稼,发彻室屋,夷营壁,破积聚。"① 很清楚,与宁夏境内密切相关的两郡被迫迁入内地,数百年来经营的村落体系遭到破坏,很多地方甚至荡然无存,只能靠一些"城郡""城县"来勉强维持(如灵州等)。史学家范晔说:"故永初(107—113)之间,群种蜂起。遂解仇嫌,结盟诅,招引山豪,转相啸聚,揭木为兵,负柴为械。毂马扬埃,陆梁于三辅;建号称制,恣睢于北地。东犯赵、魏之郊,南入汉、蜀之鄙,塞湟中,断陇道,烧陵园,剽城市,伤败踵系,羽书日闻。并、凉之士,特冲残毙,壮悍则委身于兵场,女妇则徽缥而为虏,发冢露胔,死生涂炭。自西戎作逆,未有陵斥上国若斯其炽也。"② 陵夷至于魏晋南北朝时期,中原板荡,五胡内迁,至曹魏初年,"西北诸郡皆为戎居"③。当时宁夏境内主要由匈奴、鲜卑、羯、氐和羌人统治或占据。他们以游牧生活为主,以部族、种落为聚落,庐帐布野,村落荡然无几。这期间,先后建立的政权除曹魏、西晋为汉人政权外,十六国时期的前赵、后赵、前秦、后秦和大夏国分别为五族胡人所立,后又有北魏、北周依次更迭。战乱频仍,民生凋敝,就是不同时期的游牧部落也都变化频繁,迁徙无定。隋唐时期,随着国家的再度统一,宁夏境内的政治、经济和社会秩序,包括地方行政制度和村落体系再度恢复,但这期间先有突厥的不断侵扰,后有吐蕃的长期占据,新秩序不但多次被打破,而且长期不是很完整。陈明猷说,"在唐朝收复都城长安之后的近 100 年之中,宁夏南部原州和东部盐州等地,经常被吐蕃军队所攻占。直到大中三年(849),吐蕃内乱,唐朝收复原州等地,吐蕃人才撤

---

① 《后汉书》卷 87《西羌传》,第 2888 页。
② 同上书,第 2900 页。
③ 《晋书》卷 97《匈奴传》,第 2549 页。

出宁夏"①。宋夏对峙时期,宁夏南北分别为两个政权占据,军事堡寨林立。元代,虽然实现了大一统的政治局面,但元初宁夏境内破坏极其严重,有学者称,1226年成吉思汗征服宁夏,"它的领土变为无人的荒漠,城市为沙所埋"②。后来虽经政府大力经营,但除宁夏平原地区农耕经济经移民开发和恢复外③,南部固原和六盘山一带是安西王的封地,主要为蒙古人及其军队所驻扎,虽然军队在这里也进行了不少的屯垦,但总体上游牧活动占有较大的比重。

以上情况表明,西汉时期因郡县体制而建立的村落体系被冲击和打破以后的近1400年里,宁夏地区较为完整并持续稳定的地方村落体系一直没有建立起来,这种情况一直到明清时代才有所改变。

明清时代系统建立的地方堡寨及其民堡化和村落化奠定了宁夏近现代村落体系和分布格局的基础。陈明猷说:"宁夏北部人口在明代最初10年里有过全出全进的大更新。洪武三年至五年(1370—1372),明朝将宁夏境内全部居民迁往关中,一度是宁夏府、灵州和鸣沙州等城成为空城。而在五六年之后又大量迁进新的居民,大兴屯垦,军事卫所星罗棋布,从而奠定了宁夏近现代人口聚落的布局。"④ 这一看法是正确的。需要说明的是,明代宁夏境内军屯的数量总体上要大于民屯,星罗棋布的军事卫所堡寨主要是军士驻扎、守卫和从事屯垦的堡垒,军士中固然有约70%的人从事屯田,也有一定的"军余"相伴,但他们毕竟还不是一般的村民及其家庭成员,这和一般情况下的城村或村落还不完全一样。清朝建立以后,北方蒙古等部归附,长期的军事对峙和战争基本结束,这些军事卫所堡寨才顺应和平形势而日渐民堡化,最后发展为一个个村镇,从而实现了府州县体制下村落体系较为全面和完整的建立。拿中卫来说,明代领5个千户所、50个百户所和11个屯堡。这11个屯堡分别是:柔远堡、镇靖堡、镇房堡、石空寺堡、枣园堡、常乐堡、永康堡、

---

① 陈明猷:《宁夏历史人口状况》,《贺兰集》,宁夏人民出版社1994年版,第31页。
② 转引自[苏]密尔彼多德《成吉思汗及其遗产》,[日]内田吟风等:《北方民族史与蒙古史译文集》,云南人民出版社2003年版,第472页。
③ 吴宏岐:《元代农业地理》,西安地图出版社1997年版,第30—33页。
④ 陈明猷:《宁夏历史人口状况》,《贺兰集》,第34页。

宣和堡、宁安堡、威武堡、宁安新堡。另有属城广武营和鸣沙洲城2个城①。乾隆时期，中卫已改为县制，下辖19堡寨，而明代堡寨和属城都沿袭下来，其中威武堡改名为"恩和堡"，俗称"四百户"。在此基础上又增加了渠口堡、铁桶堡、张义堡、永兴堡、张恩堡、古水堡等6堡。在这19城堡中，只有古水、常乐、枣园、镇罗（即明镇虏堡）、石空寺、广武营等6处驻有把总或游击设防，其余都没有驻防兵，变为单纯的城村。②道光时期这些堡寨除了个别废弃以外，大多都沿袭旧堡而发展。不但如此，围绕这些堡寨，散落的村庄也在和平年代迅速成长。

散落村庄的扩展大概从康熙、雍正、乾隆三朝以后逐渐进行。当时，社会承平日久，地方开发日多，堡寨居民外出垦地置庄的情况日渐增多，村落日渐发展。道光《中卫县志》记载：雍正十二年（1734）建环洞排泄红柳山之水，后又引七星渠水浇灌白马通滩地，遂"招两河各堡民领地分垦，自红柳沟下至张恩堡，佃民随田置庄以居，分九段。今则土地开辟，村落相望。乾隆二十五年（1760）秋七月，始于适中之恩棘段，因旧筑土垣，为设市集，以便民交易焉"③。又，黄河以南香山一带，"山民资水草牧耕，多因山崖筑室，或陶穴以居。旧有七十二水头，分东西八旗。今生齿渐蕃，皆成村落"④。随着村庄的扩散，原有的城堡逐渐发展为区域性行政中心或商业贸易市镇，中卫县在道光年间的地方市集分别在河南宣和堡、旧宁安堡、恩和堡、鸣沙州、白马滩、张恩堡、河北石空寺堡、枣园堡、广武堡⑤，并与周边村庄和县城形成三级地方居住形式。这种居住结构和形式已经非常接近现代地方居住的基本体系了。下面就道光《中卫县志》所载庄村列表如下（见表3），以便更明晰地看到这一点。

---

① 《嘉靖宁夏府志》，陈明猷校勘，宁夏人民出版社1982年版，第219、234、236页。
② 参见《乾隆宁夏府志》（上），陈明猷点校，第149—151页。
③ （清）程德润纂：《中卫县志》卷2《堡寨》，《中国西北文献丛书·西北稀见方志文献》第53卷，第146页。
④ 同上书，第146页。
⑤ （清）程德润纂：《中卫县志》卷3《贡赋考》，《中国西北文献丛书·西北稀见方志文献》第53卷，第240—241页。

表3　　　　　　　　道光《中卫县志》所载庄村一览

庄村	位置	附属	庄村	位置	附属
马槽湖	县北30里	附本城	康家滩		附宁安堡
黑林滩	县西20里	附本城	孔家滩		附宁安堡
常家湖	县北15里		柳马滩		附宜和堡
倪家滩	县南10里	附本城	白马滩		
姜家滩		附镇罗堡	黄辛滩		附鸣沙州
田家滩		附石空堡	野猪滩		附张义堡
蒲王滩		附枣园堡	乏马滩		附张恩堡
湃滩		附渠口堡	深井庄	西10里为靖远县界，蕃户	东一旗
寺儿井	香岩寺山下	东一旗	官庄子	在寺儿井下	东一旗
苦水沙河		东一旗	韩锁井		东一旗
红泉庙		东一旗	大柳树		东一旗
罗全湾		东一旗	赵麻井		东一旗
骡马井		东二旗	羊儿水		东二旗
史家水		东二旗	骚羊水		东二旗
小柳树		东二旗	红圈子	庄南15里至靖远县界	东二旗
高泉庄		东三旗	张家窑头		东三旗
碾盘水		东三旗	孙家山		东三旗
放马岭		东三旗	吴布袋		东三旗
三岔沟		东三旗	乔家寨		东三旗
伊家寨		东三旗	杏树沟		东三旗
刘家山		东三旗	校尉川		东三旗
党家水		东三旗	红石堡	县南30里	西一旗
乱柴沟		西一旗	醮佛台		西一旗
高家水		西一旗	涧沟儿		西一旗
清土崖		西一旗	黄沙水		西一旗
铜场堡		西一旗	寺口子		西一旗
狼嘴子	蕃户	西一旗	甘柳树		西一旗
七棵树		西一旗	大涝坝		西一旗
土圈		西一旗	柴家畔		西一旗
西芦泉		西一旗	乱井子		西一旗

续表

庄村	位置	附属	庄村	位置	附属
任厨寨	南3里靖远县	西一旗	土坡		西一旗
白土崖		西一旗	黄家套		西一旗
鸦儿崖		西一旗	韩祥水		西一旗
绽家水	西10里靖远县界	西二旗	车路沟		西二旗
罗锅井		西二旗	芦草井		西二旗
磨儿井		西二旗	高崖水		西二旗
周家寨		西二旗	牛条岭		西二旗
红寺台		西二旗	滚子井	南5里靖远县	西二旗
窑洞水		西三旗	蔺家寨		西三旗
高峰子	庄路南靖远县界	西三旗	景家寨		西三旗
三眼井		西三旗	张蛮圪塔		西三旗
新庄子		西三旗	黑龙井		西四旗
上下石棚		西四旗	韭菜沟		西四旗
白崖子		西四旗	新水村		西四旗
七眼井		西四旗	耍崖	县东南230里，分三庄，皆回民	附鸣沙州堡
康马头	近耍崖皆汉民	附鸣沙州堡			

三 居住形式与地理环境

法国地理学家阿·德芒戎研究欧洲农村的居住形式时说："房屋是地理环境的表现。应当把这个环境理解为自然和人文影响的整体，它能决定农民采取这种或那种住房。"① 历史时期宁夏的居住形式也是自然环境和人类社会文明共同作用的结果。就环境整体而言，宁夏地处黄土高原地区西北边缘，特殊的气候条件和地质地貌状况造就了农耕文明和草原文明交错带的地域特性。由于这样的地域特性，历史上农、牧业两大文明在这里不断碰撞、冲突、融合或彼消此长的运动过程，不断地扰动着当地社会生产、生活方式的成果，以及社会物质文明的表现——居住形式——的稳定存在和发展，上述两种类型的居住形式的时代变迁已经多少反映了这一特

---

① [法]阿·德芒戎：《人文地理学问题》，商务印书馆1993年版，第217页。

点。造成这种变化的主体力量源自不同时期社会控制力量的消长和政治环境的频繁变化。在这种地理环境的影造下，居住形式之间除了适应自然环境的居住形态在不同的自然区域表现出不同外，同一地区的居住形态在时间上的差异也是多变的。对此，下面按两大类分别综合性地加以说明。

（一）城居与环境适应

与乡居村落相比，城居形式不但晚出，而且和自然环境之间的关系总体上要弱得多，它更多的是人类在对社会环境适应中追求安全需要和防卫需要的创造和表现。如前所述，历史上宁夏城居形式主要有三大类，即行政城镇、军事堡寨和商业市镇，其中行政城镇自从春秋战国时期出现以后，一直是比较稳定的城居主体形式。军事堡寨因为宁夏地处边塞的原因，历史上诸多朝代在此多有建置，但在规模上时有变化。而商业市镇在宋代以后才比较普遍地从行政城镇中分离出来，并随着农村商品贸易和日常生活的需要而较多地发展起来，而至明清时期日渐发展为较为普遍的一级居住形式。由于制度原因或时代差异，在一些特定时期，还存在过与一般行政城镇并行的分裂时期的都城或统一时期的王国城邑等，前者如赫连夏时期的高平、西夏时期的兴庆府，后者如元代安西王府、明代庆王府和清代的特殊建置——满城。这些城居形式的出现都不能认为是与这里的自然环境有什么特殊的关系，主要是特殊的人文环境和人力所为。当然，如是说并不意味着这些城镇与这里的自然环境没有任何关系，只是表明它们不是当地地理环境的专制性所决定的一种必然现象。先秦时代前期，这里还只是草原文明的世界，没有城镇，尽管春秋战国时期受中原城居文明的影响而有了城居现象，但也只是分布在南部边缘与农耕文明的交界线上。关于它们的具体形态和布局目前尚不清楚，但从义渠国一个不大的游牧部落国家有如此众多的城郭（秦国曾一次攻取25城）情况来看，它们大概是一种类似部落方国或族国的居住形式，这是防御中原王朝领土扩张过程中被迫建立的城居形式，也是中原城居文明送给义渠等国的一个无奈的礼物。自此，草原牧猎环境的专制与开放率先在宁夏南部被摧毁。随着秦汉帝国的领土扩张和占领，广袤无垠的宁夏草原结束了自然主义的牧放时代，开始被纳入专制主义中央集权的农业帝国的版图内，而行政城镇的移入则成为胜利者的光荣与自豪。至于亘古未变的大草原在以后近2000年间不断迎来了一批批它的掘墓人——农人及其管理者。在他们的作用下，开发条件优越的宁夏平原、清水河谷地等草地、疏林景观率先变为农业景观。秦汉帝国的第一批行政城镇就主要分布在这些地方。在以后的日子里，随着农业人口的不断增长和内地移民的渐次迁入，农业景观的面积不断扩大，这里因此而发展为比较稳定的农业经济区，行政城镇就是依托这些农业经济区而建立并主要分布在这些地区，这从秦汉到明清时期行政城镇比较稳定地分布在这里可以得到充分的证明。这种分布格局显然是自然环境和人文因素共同作用的环境整体所造成的。

除了宁夏平原、中宁平原和固原盆地外，宁夏境内的其他地区多为黄土丘陵、沟壑和山地环境。而苦水河、黄河以东属于鄂尔多斯台地的组成部分，历史上毛乌素沙漠逐渐南移，使这里呈现沙漠和黄土混交的高原草地面貌，降雨量稀少，人力灌溉条件差，农业开发有限。即使这样，在一些局部地方如盐池县北张家场古城为中心的地区，秦汉时期还是形成了朐衍县城。据说这是朐衍戎部过去活动和生活的地区，农牧业开发有一定的基础，所以秦汉以来在此建置朐衍县城。即便如此，在固原以北六盘山地以东，中卫、中宁平原以南和宁夏平原以东的广大地区直到晚清时期安置回民以前，一般行政城镇的分布一直非常稀少。直到现在，宁夏境内虽然已经建立了20个县级以上城市，但这一带却还只有海源、同心和盐池3个县城。因此，地理环境的专制性影响虽然不是绝对的，但在一些地方的专制性影响在很长的历史时期却是难以改变的，甚至是不可改变的，除非是现代科学技术的高度发展而出现了超越这一自然环境，或者新技术能够大规模地利用和开发这样的土地资源的时代的到来。

城镇位置在选择上比较普遍地受到自然环境的制约和影响，特别是由于生活用水的专制性要求，不少城池的位置选择在河流近旁和泉水附近，这既是城镇选址的一般规律，在宁夏境内也不例外，此无须多谈。只是，宁夏在历史上长期处于边疆重地，一些城镇堡寨的位置选择，除了考虑一般必要的立城要素以外，军事因素常常起了关键性的作用，宋夏或明代修筑的不少军事堡寨，除了大部分因与环境整体因素关联而继承下来以外，那些修在重要关口和军事防御重要线路上的堡寨，特别是后来相继废弃的堡寨，较多地提供了这方面的例证。如位于盐池县（明代宁夏后卫花马池所在地）西南约90里铁柱泉古城，这是明代嘉靖十五年（1536）开始营造的一座军事堡垒。之所以建造这一城堡，是因为这里有一池神奇的泉水。明人胡侍《铁柱泉颂》说："铁柱泉者，渟泓㴬沦，广百其武。历四序而盈科，饮万骑以靡涸。兴武（营）之野，方数百里，绝无水泉，胡马南牧，兹焉是赖。"① 管律《铁柱泉碑》铭说："……水涌甘冽，是为铁柱泉。日饮数万骑弗之涸。幅员数百里又皆沃壤可耕之地。北虏入寇，往返必饮于兹。是故散掠灵、夏，长驱平、巩，实深藉之。以其婴是患也，并沃壤视为弃土百七十年矣。"②《碑》《颂》两文所谈泉水的情况基本一致，应是事实。但《碑》铭所言"幅员数百里又皆沃壤可耕之地"，并认为此"沃壤视为弃土百七十年"是因为明代前期 170 年间忧患蒙古人南下牧马劫掠的原因，这是不符合逻辑和事实的。就逻辑关系言，洪武、建文、永乐、洪熙、宣德诸朝 60 余年间，蒙古诸部南下并不甚多，明人尚无须太多的忧患。至于蒙古人较为频繁地从宁、延二镇之间南下，主要发生在河套蒙古诸部兴起以后。因此，所谓"弃土"并不是管律所说的"忧胡"所致，而是本身的自然条件较差而长期无人问津，以至于铁柱泉直到嘉靖年间筹划防务时才被"发现"，其贫瘠的环境和荒凉的程度可见一斑。据此，所谓"幅员数百里又皆沃壤可耕之地"的说法实际上是不大符合实际情况的夸张。而就历史过程看，明代以前这里未曾有过城镇设置的记录，明代前期 170 年，特别是最初的 60 余年，如果这里果真如管律所说是"幅员数百里又皆沃壤可耕之地"，为什么当时有条件开发这里而实际上却没有开发？答案非常清楚，就是因为这里不是所谓的"沃壤可耕之地"。2010 年 8 月 15 日，笔者前往铁柱泉古城址考察，所看到的景象是：颓塌的城垣孤寂地躺在稀疏的白草荒棘之中，城内外破碎的砖块瓦片俯拾皆是，城内泉水已经干涸难觅，而在城东门外数十步有一池塘，当地向导说那就是铁柱泉，这显然是不对的。城周围数十里为黄沙及其沙生植被覆盖，汽车穿行在沙地小道上，比较艰难，甚至有些地段难以前行。站在古城墙上，极目远眺，除了近城的铁柱泉村十数间低矮的房屋外，人烟极少，远处更看不到有村落和房屋。来去途中数十里的乡路几乎看不到人烟。这是今天的情形，古代的情况又怎能和今天相比呢？对于这

---

① 《嘉靖宁夏新志》卷 3《宁夏后卫》，陈明猷校勘，第 244 页。
② 同上书，第 243 页。

样的环境怎能说是沃壤数百里？因此，铁柱泉城的修建纯粹是为了控制铁柱泉这一池泉水，使它不被南下的蒙古人马所利用。从军事上讲，它是要断绝蒙古人的水源补给，遏止他们进一步南下劫掠。另外，在该城以南100里左右的"梁家泉"也修上了城，用意与此一样。这些在《碑》《颂》两文中已经谈得很清楚。

有些城池的位置选择与当地的特殊环境有关，如张家场秦汉古城，其东北不远处便是裸露的盐池。而古盐州城、明清花马池城、盐池堡等都与盐业的开发、利用和管理有着密切的关系。

宁夏境内城镇的形态基本上都是有城墙围护的方形城，城墙和城内房屋墙体都是就地取材的黄土，房顶材料如砖瓦、木材等，都是当地提供的。城池在建造技术和总体形态设计上与中原同期城池没有明显的区别。从主体建筑材料来看，土城占到99%以上。历史上虽然也曾出现过石城，如明代满四曾占据的石城①，但数量极少，即使在六盘山山地，这也是一种特例。从秦汉时期张家场古城遗址大量残存的砖瓦碎片看，秦汉时期砖瓦烧造技术不但已经传播到宁夏，而且烧造技术相当纯熟，当时城镇主要房屋屋顶的建筑材料已广泛使用了砖瓦屋顶与装饰。这种情况在以后的历史进程中，因为少数民族的侵扰或驻足或在一定程度一定范围上有所打断或减弱，但这并不影响它的主流存在和发展。拿西夏国来说，建立西夏国的党项族本是游牧民族，在没有建国前以部落为单位，庐帐为居室。在北迁和占据宁夏等地的过程中，他们不但开始定居，而且也从事筑城建设。1024年李元昊的父亲李德明在今石嘴山市惠农县庙台乡修建了一个城，该城名省嵬城。宁夏博物馆经过对该城的发掘和研究，发现全城很少发现砖瓦碎片，并据此认定城内绝大部分为"土建筑"，西夏早期经济生活以畜牧业为主②。但随着李德明和李元昊父子二代相继以灵州和怀远镇（后来定为都城，先后名为兴州、兴庆府）为都城，并进行大规模的工程营

---

① 马文升《西征石城记》云："石城者，东西俱山，左山峭壁高数十仞，无径路，上者俱拽绳而登，西山顶平可容数千人。城中无水，有数石池。外设栈道，而栈道下则筑小城护之。前有小山，高亦数仞，如拱壁状，两傍空处并后面悉筑墙，高亦二丈五六尺，各留一小门，仅容单人马过之，不知何代人造此以避乱者。城外皆乱山，形甚恶，人至此毛发耸然。"

② 负有强：《宁夏历史文化遗存和文物古迹》，宁夏人民出版社2008年版，第79页。

造①来看，土城墙体、各种形式的砖瓦及其饰件和大量木材的结合仍是都城建筑的主体，虽然这一点因为历史上的破坏已经难以清楚地证明，但从现存西夏王陵陵园内大量砖瓦碎片、砖瓦饰件残片，以及可能是大规模木构建筑的陵冢柱洞，都能够得到明确的印证。就是说，经过了很短的时间，党项族贵族已经完成从帐庐居住到土屋、再到宫室等居住和营造的过程，宁夏城居的历史再次回到以前的主轨道上。这样的过程在宁夏城居史上因为不同民族的入住曾不同程度地多次出现，但文明的反征服过程却一次次使它与中原城居文明的总体进程基本上保持一致。另外，像中原地区广大城镇一样，城墙墙体包砖的情况直到明代才在一些主要城镇开始进行，这一进程也与中原地区没有明显的差异。

除了西夏都城兴庆府（今银川市）以外，宋元以前，宁夏地区的城镇一般在布局结构上比较简单。从现存古城址，如张家场古城、黄铎堡古城、西安州古城、元代安西王府城、韦州古城等来看，政府衙门或核心机构常被一道内城墙或内城围护起来，从而使政府机关与居民所住地区分开来，这一情况在西夏统治的夏州城（即十六国大夏国国主赫连勃勃所建的统万城）也有非常明确的表现，大概当时比较盛行这种做法。居民区内，民房一般都是单面平房，较为低矮，既保暖，也挡风。直到现在，一些老城镇的旧房屋，如韦州镇古城址内还有不少这样的房屋，显示了历史建筑与民俗的延续。明代以后，这种区分和隔离的居住形式很少见了，各级城镇中普遍盛行的是居民与各种衙门机构交错的居住形式，并且各个居住单元形成独立院落。如明代宁夏镇城，城内各种居住单位或机构，如庆王府、帅府、总兵官宅、太监宅、都司署、都察院、中卫、前卫、城隍庙、文庙、木厂、射圃、都司马营、草场等，一般都是有围墙围护的独立院落。与此相对应，城内形成不少的"街坊"：熙春、泰和、咸宁、里仁、南熏、平善、毓秀、感应、清宁、修文、乐善、广和、备武、澄清、积善、众安、宁朔、永康、崇义、镇安、慕义、效忠、遵化、养贤、毓才、肃清、镇靖、凝和。市集分布在这些坊间或大街上。② 这种布局结构

---

① 史金波：《西夏社会》（下），上海人民出版社 2007 年版，第 531 页。
② 《弘治宁夏新志》卷 1《街坊》《市集》，《宁夏城图》，《天一阁藏明代方志选刊续编》（72），第 217—219、155—156 页。

形式后来为清朝所继承,除了部分机构和场所或名号有所变更外,总的格局没有变化。与明代不同,清代在宁夏城外还建有一个"满城",这是专门为满洲驻军等人所建造的城池,既体现了满人在清代的特殊地位,也反映了他们对于汉族等人的戒备。该城雍正元年(1723)建筑,位置初在宁夏府城外东北处,后因乾隆三年(1738)地震废毁,乾隆五年(1740)移建至府城西15里处。新建城池高大,周回7里5分,城墙"俱甃以砖"。城池四门,"东曰奉训,西曰严武,南曰永靖,北曰镇朔"。这一取名鲜明地体现了朝廷在这一带的统治精神,也展现了它特殊的地位和功能意向。城池在建构上特别讲究它的军事性和防御性。城为正方形,有4座城楼,4座马道,4门瓮城与城门楼,4座角楼,8座铺房,24座炮台,24道水沟和1道护城河。东、西、南、北4个城门楼两边各有2个火药楼,与城内其他8条街道相对应。这样的形象俨然是一个巨大的军事堡垒!城内东西、南北两大街为主,三横三纵共9条笔直的大道将城内分为16个相等的方形社区。街道命名,除南北、东西大街外,其余8条街全部用"正黄旗、正红旗、正白旗"等正、厢旗旗号命名。[①] 所有这些都显示了非常严正的秩序观念和警示作用,体现了乾隆盛世时期满洲人统治的决心、力量和精神。回顾历史,蕴含在满城中的力量和精神,似乎只有十六国时期匈奴人所建的统万城可以与之相比。从这一意义上看,它代表了帝国晚期宁夏境内传统城池修筑水平的最高峰。

宗教建筑和居住景观是城镇稳定、变迁以及居民生活与精神状况的重要标志,它虽然在一定程度上受自然环境的影响,但更重要的是服从社会需要的一种适应形式。历史上,宁夏境内城镇的宗教(包括民间信仰)景观大体上有六种:儒家孔庙、佛教寺院、道教宫观、回教清真寺、基督教堂和一般民间信仰庙坛等。儒家信仰从汉武帝时代起开始以制度的形式在全国范围传播,此后在一个相当长的时期里,虽然在边疆地区的推广总体上可能比较薄弱,但在宁夏地区总体上一直是当地社会的一种稳定、持续的社会信仰,尽管其中存在着因为社会动荡而动荡的情况。即使在这样

---

① 参见《乾隆宁夏府志》所附《府城图》《满城图》和卷5《城池》,宁夏人民出版社1992年版。

的政治和社会动荡背景下，不同时代的地方统治者及其城居民众都不同程度地履行着儒家的一套治世原则和道德伦理，因而使它一直处于儒学文明和信仰的地理范围内。即使在党项族统治的西夏时期，他们"得中国土地，役中国人力，称中国位号，仿中国官属，任中国贤才，读中国书籍，用中国车服，行中国法令，是二敌（西夏、契丹）所为，皆与中国等"①。也没有放弃和摒除儒家信仰。后来包括元代蒙古人统治和清代满洲人统治都是如此。

佛、道景观最初主要在山林清静之地，它们何时进入这里的城市，因资料缺乏明确的记载，不甚清楚。但自西夏以后，随着党项统治者的广泛推崇，佛教景观迅速在城市及其附近建立起来，如兴庆府及其附近的承天寺、高台寺等，韦州的康济禅寺等都是在这一时期兴建的。另外，大概从唐代吐蕃占据宁夏部分地区以后，这里开始成为藏传佛教的影响地区之一，唐代佛教寺院兴建的情况因文献缺载尚不是很清楚，西夏、元时期，藏传佛教景观如韦州城西北隅的小白塔、青铜峡市"108塔"、贺兰县的宏佛塔等，都是这方面的代表，虽然只有韦州城西北隅的小白塔建在城内。

回教寺是回族形成并定居宁夏城乡的历史见证。学者普遍认为回族在元代开始形成，并在西北广大地区定居下来。发展至今日，宁夏成为我国回族人口分布最为集中的地区。其城居情况，元代以前不甚清楚。明代时，宁夏镇已有"回回"② 居住，城内有"回纥礼拜寺"③ 是为明证。清时宁夏城内有三个清真寺：一在静宁寺西，一在什字北，一在镇远门南④。城市街道也有以回族住户或坊寺命名的，如礼拜寺街（在镇远门南）、纳家巷（在镇武门东）、礼拜寺巷（在南熏门东）、中礼拜寺街（在镇武门东）⑤。同治（1862—1874）年间回民起义以后，一部分回民死亡或外迁，遗留的部分人员，按照清朝的新政策，不允许他们住在城内，回民城居的情况有所改变，直到民国以后才逐渐改变过来。

---

① 《续资治通鉴长编》卷150，庆历四年戊午，第3641页。
② 《弘治宁夏新志》卷1《人品》，第185页。
③ 《弘治宁夏新志》卷1《寺观》，第227页。
④ 《乾隆宁夏府志》卷6《坛庙》，第186页。
⑤ 《乾隆宁夏府志》卷6《街巷》，第203—204页。

基督教，唐贞观九年（635）由西域传入长安等地，当时称景教，唐武宗会昌五年（845）毁佛后，几乎销声匿迹。元建国前，蒙古人西征后再度传入，并随着蒙古人的南征和建国流入中国内地。按照陈垣先生的研究，其传入途径是先于长城以北及嘉峪关以西，万里纵横之地，后随蒙古人南下弥漫内地①。宁夏为边陲重镇，蒙古人占领该地后，随军一部分基督教徒及其家属可能留居于此。所以，元代初年马可波罗经行此地，说有"基督教堂三所"。此教堂或在"哈剌善"城，或在"额里哈牙"州城。据冯承钧注，前者或指贺兰山下离宫，后者指今宁夏城，也就是今银川城。② 不过，明清以后基督教基本上退出了宁夏地区，很少有文献再记及此事。

道教和一般民间信仰宋代以后在中原本土有了很大的发展，宁夏地区虽地处边地，但历来不乏汉族民众各等人口的分布，其信仰也应是比较普遍的，只是由于相关建筑景观比较少见，历史文献又缺乏这方面的记载，其详细情况就难得确知了。明清时代各种制度性、民间性信仰景观建设有了非常迅速的发展，几乎所有府州县都建有大量的祠寺庙观，如社稷坛、先农坛、风云雷雨山川坛、文庙、武庙、关帝庙、厉坛、文昌阁、魁星楼、城隍庙、八腊庙、马神庙、龙王庙、三皇庙、三清观、东岳庙、火神庙、真武庙，等等，名目繁多，祭祀和崇拜对象非常多样。据乾隆《宁夏府志》记载，当时宁夏府城有此类建筑83座，平罗县14座，灵州17座，中卫县34座。③ 而宁夏南部固原城及其近郊也有38座相关建置④。就其和城镇的关系而言，大部分景观分布在城镇及其近郊。当时宗教发展比较开放，儒、释、道、佛诸家和地方民间信仰并行发展，各不侵犯。不但如此，诸家合流的趋势和实践也在一些景观场所和信徒住地有所表现，现存中卫县的高庙就是一个典型的例子。

中卫高庙位于中卫城北隅，占地面积4100平方米，规模宏大，气势

---

① 陈垣：《元也里可温教考》，《明季滇黔佛教考》（外宗教史论著八种），河北教育出版社2000年版，第56页。
② 冯承钧译：《马可波罗行纪》，上海书店出版社1999年版，第163—164页。
③ 《乾隆宁夏府志》卷6《坛庙》，第181—195页。
④ 《宣统固原州志》卷2《祠宇》，固原市地方志办公室：《明清固原州志》，宁夏回族自治区内部资料出版物准印，2003年，第201—202页。

雄伟。庙内砖雕牌坊上有一副对联,说:"儒释道之度我度他皆从这里,天地人之自造化尽在此间。"庙里供奉有佛、菩萨、玉皇、圣母、文昌、关帝等,是一座儒释道合流的综合性庙园。所有这些寺庙坛观和伊斯兰教清真寺一起,组成了一个庞大的、信仰复杂的城市环境,展现了官方到一般社会民众城市生活的社会心理和精神状况。在这些城镇中,清代新建的满城是个例外,城中除分布有几处关帝信仰的关帝庙外,其他信仰景观并没有建造,鲜明地体现了满清八旗军人生活的特质和追求。总之,明清时代,宁夏地区的城居生活总体上笼罩在人为所创造的神性世界的阴霾之下,人性的光芒在很大程度上被禁锢,居民生活除了衣食住行方面较为艰苦外,在精神生活方面显得极其沉重。当然,这些并不能代表地区城镇的个性性征,它是中华帝国晚期城市生活的共性反映。从这一点讲,它和中原地区也没有明显的差异。

(二) 乡居与环境适应

乡居是与城居相对应的一种居住形式。历史上宁夏地区的乡居形式有两大类:一是定居形式;一是非定居形式。定居形式是进入国家社会以来居住的主流形式和常态表现;非定居形式在前国家社会是当地主流的居住形式,在进入中原王朝统治体系以后则成为一种非主流、非常态的居住形式。前国家社会的情况,如夏商周时代的西戎、鬼方、乌氏、匈奴、义渠等部族,他们以部族为单位,过着逐水草而居的游牧生活。战国时期虽然南部地区也出现义渠等部族模仿中原王国筑城而居的情况,但大部分地区还是处在游牧部族的控制中。中原王朝统一这一地区以后,主要通过两种方式改变了当地的社会组织和居住状况。这两种方式:一是通过建立郡县制度;二是通过农业移民和屯地开发。二者的统一及其长期发展,比较稳固地建立了与中原王朝相统一的社会基础,从而使定居农业逐渐成为当地主导的经济方式,与此相应,村落也日渐成为主流的乡居形式。但在两千年的大部分时间里,这里长期处于中原王朝的边疆地区,它的北部和西北部是茫茫的蒙古大草原和阿拉善草原,西南过陇西地区又是青海草原和川西北山地草原。受这种环境的天然影响,特别是历史上经常面临游牧民族的侵扰甚至占领,非定居的居住形式依然存在。《汉书·地理志》说,"安定、北地、上郡、西河,皆迫近戎狄,修习战备,高尚气力,以射猎为先"。曹魏初年,"西北诸郡皆为戎居"。西晋时期,就连关中地区百万人口中,也是"戎狄居半"①。隋代初年,陇右地区"俗不设村坞","陇右之民以畜牧为事"②。因此,估计今宁夏不少地区也当与此相类。历史上,活动在宁夏地区的游牧民族先后迭有变化(见表2),其基本的基层社会组织形式也大体一致,即主要以家族、部族、部落联盟等形式存在和活动,居住一般采用"庐帐"形式,这一居屋形式类似今天我们熟知的蒙古草原上的蒙古包。西夏以游牧民族占据宁夏,建国后一部分游牧民众还依然采用这种形式,《宋史》记载,"其民一家号一帐"③,是其明证。史金波说,西夏游牧民的居住形式是"帐毡和毛栅",也就是帐篷,其大小以支撑帐篷的木杆的数量(如七十木、六十木)来衡量④。"庐帐"式居屋最初在逐水草而居的游牧民族中间实行,后来随着国家社会的日益发展和社会管理的日益加强,逐渐发展为定居或半定居的"庐帐",放牧业也逐渐固定在一定的区域。西夏境内的游牧状况在国家建立以后可能以这样的形式为多。这种发展过程和趋势显然是受定居农业文明及其经营方式的影响所致。大约到元明清时期,随着中央统治的日益加强,特别是政府大力组织移民、招民,以及军屯、民屯等形式开发当地土地资源,扩大和发展当地农业经济,"庐帐"式居住所依凭的游牧环境逐渐得以改变,这种居住形式也在这一过程中逐渐消失。

定居的乡居形式是宁夏历史上乡居形式的主流形态。按其性质和特点,可以分为农业村落、民屯堡寨、官营牧马场等。农业村落,特别是作为国家编户的村落从秦汉以后可能比较普遍地发展起来,但由于边地长期的战争的影响,在随后的若干历史发展过程中一直不大稳定。同时,由于历史文献记载的缺略,对于明清以前的详细情况我们尚不能获得清晰的了解。大致了解的总的情况是:(1)村落规模一般都不大;(2)村落有城村、非城村以及数户散居等三种形式。村落规模不大,主要原因是边地人口稀少造成的,另外与边地较长时期政治环境不大稳定也有密切关系。民

---

① 《晋书》卷56《江统传》,第1533页。
② 《隋书》卷53《贺娄子干传》,第1352页。
③ 《宋史》卷486《夏国传下》,第14028页。
④ 史金波:《西夏社会》(下),第697—698页。

图 1　固原市博物馆藏北周原州刺史李贤夫妇合葬墓出土陶屋模型

国《固原县志》述其村落情况说:"固原辖境辽阔,地广人稀。四乡中,有十余家为一村者,有三五家为一村者;甚至一家一村,而彼此相隔数里、十数里不等者。"① 城村的情况在秦汉时代大概已经不同程度地存在了,来源有两种:一是秦汉政府移民实边,有组织地迁移内地民众开发宁夏平原和宁卫平原一带,为了安全考虑而建立的;二是当时及其以后历代军屯基础上形成的一些城村。元代初年,意大利人马可波罗途经宁夏向东走,他说宁夏以东天德军(今内蒙古托克托东西)境内"有环以墙垣之城村不少"②。以此推测,城村是历史时期农牧交错带上从事农业居民的一种基本的村落形式之一,宁夏境内当不同程度地存在有这样的城村。特别是明清以来的一些民堡更是这一形式的典型表现。至于说不少屯堡在后来也相继民堡化,并在清代中后期多发展为各种级别的城村,在现在的很多村镇中都能找到期间的延续关系。非城村形式和散居民户两种形式大多分散于宁夏南北各地,而散户更多地分散于南部山地。构成村落的居室自

---

① 固原县志办公室:《民国固原县志》(上),宁夏人民出版社 1991 年版,第 293 页。
② 冯承钧译:《马可波罗行纪》,第 164 页。

新石器时代以来没有多少实质性的变化，仍然以低矮的平房和窑洞为主。两种形式因村落所在地形状况，或二者兼有，或以窑洞为主，或以平房为主。平房是适应当地比较干旱的气候条件而形成的一种房屋建筑形式。这是因为黄土高原上一年四季降雨稀少，特别是宁夏地区中北部地区平均年降雨量只有200—300毫米，加之，当地地处干旱半干旱地区，缺乏较为粗大笔直的木材等建筑材料，所以在屋顶处理上一般百姓住房多建成平顶。又由于当地风沙较大，为了防风、保暖，房屋建得比较低矮。这种居屋建筑很早就为当地人们所认识，并形成建筑民俗。图1是北周柱国大将军、原州刺史李贤夫妇合葬墓出土的陶屋葬器模型（现藏固原市博物馆），说明这种平顶式房屋在当时就是一般的居屋形式了。以后直到明清时期，以及近、当代广大城乡还不同程度地普遍存在。

窑洞形式的居屋是黄土高原地区农村居民比较普遍的居住形式之一，也是适应当地环境的代表性居住形式之一。一是由于黄土的特性，能够满足人们挖掘洞室；二是窑洞内冬暖夏凉，适应人们的需要；三是，当地气候干旱少雨，窑洞可以避免长期雨淋所造成的毁坏。更重要的是，当地自然环境较差，在漫长的历史时期农业生产力水平长期比较低下，一般社会生活比较贫困，窑洞的建筑成本很低。所以自石器时代以来，这种居屋形式一直流行，明人杨一清说，"土人以窑洞为家，乃其素习"[①]，即其反映。这一情况，直到当代才随着社会生产力的发展和人们物质生活水平的日益提高，逐渐退出历史舞台。

由于自然地理环境的天然制约，长期以来形成的村落依然比较广泛地分布于河流、泉源附近，这一方面是居民生存的基本生活用水的来源，另一方面由于气候干旱，如果没有水源，居民赖以生存的粮食生产，甚至牧业生产都难以得到保障。水井虽然在历史上出现得很早，但在这一带村落位置选择上依然没有表现出广泛而深切的影响。如乾隆时代的盐茶厅（今属中卫市海原县）地处六盘山山区，不少村落依山泉水而形成。此录《乾隆盐茶厅志》相关记述，制表4如下，以见一斑。

---

① （明）杨一清：《杨一清集》上册，唐景绅、谢玉杰点校，中华书局2001年版，第20页。

表4 《乾隆盐茶厅志》记载海原县山村与泉水关系

地名	泉水与村落生活、灌溉状况
五泉	源出华山，甘泉数十道，随地涌出。……本城及城南北之羊房岔、白家瑊口、王家庄、李家庄、五里墩皆赖之
芦茨沟	沟南山巅有小泉数眼，水流不绝；山根大泉一眼，阔丈有余，深倍之。回民七十余户，皆赖山田以生
大山口	有泉眼十七眼，旧为本城及庙山、牛房三堡十九庄浇灌之用
小山儿	有泉十余眼，不择地出，虽沙土壅塞而激射自如
安桥门	山峡中有大泉一眼，小泉七眼。又西半里为茨沟儿，大泉仅二眼。两水会于干沙沟，灌溉七庄地亩
山汉河	河内皆乱石，石中有大泉二眼，出水胜于诸泉，而待泽之村庄已多
菜园	平地大泉一眼，小泉三眼。去菜园十里余，曰陡沟儿，皆须此五泉以活
东河、西河	西安州南十余里，地名芨冲山脑，有泉五眼，水流不竭，州人称为东河。西安州南十余里，地名堡子台、齐家湾，有大泉一眼，小泉五眼；又刘家湾大小泉十眼；狼沟儿泉四眼；张家湾大小泉十三眼；以上各泉皆在干河之内。北流三十里，州人称为西河。沿河村落并西安州新旧城皆沾足焉
蒙古堡	西南四五里有泉之处：一曰龙官沟，一曰挖狼沟，一曰深沟，一曰毛草滩，一曰窨子沟门，各有大小泉四五眼、十余眼不等。……其水皆入干河，自南而北，河东西村落二十余处，皆资利赖焉
芦沟堡	南有大泉一眼，浇灌堡十余里
乱泉子	有泉数十眼，乃十庄用水之地
郝家沟	有大泉一眼，亦有小泉一眼。二泉合流六十余里，至双河堡而式微
甜水河	在红古城西门外，味甘可饮，且便于灌溉，居人引之以种稻

资料来源：《乾隆盐茶厅志》第七卷《水利》，宁夏人民出版社2007年版。

由于宁夏地形的基本构成是，宁卫平原以南以山地丘陵为主，宁卫平原、宁夏平原沿黄河分布，而黄河以东至盐池县又是鄂尔多斯台地，即沙漠草原景观。所以自古以来，村落就比较集中地分布在平原地区和河谷山地一带。唐人韦蟾《送卢藩尚书之灵武》诗说："贺兰山下果园成，塞北江南旧有名。水木万家朱户暗，弓刀千骑铁衣明。"明人诗说："会看居上人烟胜，鸡鸣犬吠闻边陲"；"路入灵州界，风光迥不同，河流清匝地，禾稼碧连空。"① 主要都是就平原地区而言的。河东地区虽经历代不同程度的驻军和移民开发，但总体上村落的分布还是比较稀少，并且这些村落与河流、泉水的分布密切相关。

明代今宁南地区有不少地方是国家和一些藩王和公侯的牧马草场分布地，其中直接管理和从事牧马、养马的民众、军人，多以堡寨或村居形式，分散居住于牧马场中。先是庆王朱㮵的牧地设置在今同心县、下马关和韦州一带，专设宁夏群牧千户所守卫并从事牧放。永乐四年（1406）以后政府开设陕西、甘肃两个苑马寺，"每寺统六监，监统四苑"②，其中长乐、灵武二监下辖开城、广宁、黑水、清平、万安等苑，俱在平凉府固原州地方③。这些苑，初"多不曾修建衙门、城堡，及虽有城堡，年久坍塌，又皆无营房、马厩。苑官多僦屋而居，或宿窑洞。所养官马昼夜在野"④。后经杨一清整治，先后规划修建城堡、马厩营堡等，形成固定住所。今海原县、西吉县一带，从明初以来先后沦为诸藩王的牧场。《乾隆盐茶厅志》记载："厅地自太祖时以赐楚、沐、韩、肃诸藩，沦为牧场。……明洪武三年（1370），以西安州、五源川等处十八堡赐楚王为牧地，而海喇都与焉。沐家营、小沐家营，沐藩得之；韩府湾等处韩藩得之；群牧所等处肃府得之。"⑤ 在这些藩王牧场中，楚府以西安州、海喇都为中心，牧马营地有军校两千余名；黔宁王沐英以沐家营（今西吉县）为据点，占据平凉西北大片牧场；韩王府以海城县李旺镇韩府湾为基地，肃府占据西吉县西南大片牧场。⑥ 各藩王、公侯府各自建置营堡，以军人或各色人等牧放其中。清代建立以后，牧场时代结束，这些地方也先后得到开发，至乾隆时期，"迨今百年，户余十万，口不下百万矣"⑦。此说不免有所夸张，但亦反映出生民的成长和村落日渐稠密的趋势和状况。中华民国以至新中国建立初年，原来的城村逐渐向一般村落发展，但房屋形式

---

① 《弘治宁夏新志》卷8《杂咏类》，《天一阁藏明代方志选刊续编》（72），第581—582、601、608页。
② 《明太宗实录》卷59，永乐四年九月壬戌，第856—857页。
③ （明）杨一清：《杨一清集》上册，第21—22页。
④ 同上书，第20页。
⑤ 《乾隆盐茶厅志》卷3，刘华点校，宁夏人民出版社2007年版，第26页。
⑥ 同上书，第30页注释。
⑦ 同上书，第26页。

仍没有从根本上改变。

总之，在传统农业时代，宁夏地区乡居社会的主体是以定居农业为主体，并辅之以一定数量的家庭畜牧业的村社性质的社会。居民居住的基本形式是村落，村落因其形成特点的不同，不同程度地存在有城村、一般村落、堡寨村落等多种形式。这些形式都比较强烈地依赖于当地的自然环境和一定时期的社会需求。明清以来，随着社会的基本安定，特别是清代以来比较大规模的地方开发，人口数量急剧增长，村落规模日渐扩大；随着水利灌溉事业的日益扩展，村落在空间上不断得到解放，并沿着灌区的扩张不断伸展，村落数量不断增长。但这样的发展，依然没有，实际上也不可能从根本上摆脱对于自然环境的依赖。表现在居住形式上，没有，实际上也不可能得到实质性的改变。这是传统农牧生产方式及其发展程度，以及当地自然地理环境相互作用的必然结果。

四　超越传统与居住形式的新发展

对传统的超越，源自对封建制度的革命和现代社会制度的建立，以及建立在这一变革基础上的社会生产方式的变革和现代主义思想的逐步确立。其历史过程大约自中华民国成立以后不同程度地出现和发展，至新中国成立和当代中国特色社会主义的发展，其间经历了三个阶段。

第一个阶段，是中华民国时期。由于"民权"思想和意识的产生，除了回族的宗教信仰外，城居形式和生活开始逐步摆脱传统宗教和民间信仰的沉重束缚，向以居民本身的生产、生活追求和享受的方向发展。传统宗教的各种祠寺、庙宇相继被改造成为社会公共机关，如学校、机关、农林试验场等。一些城市开始兴建"中山公园"或人民广场。银川的中山公园就是1929年11月兴建的，公园占地47.33万平方米。虽然这一建置本身包含有一些具体的历史内涵和时代背景，但在深层次意义上却反映着城居的新趋势和方向。另外，由于工业主义思想及其实践运动的引入，具体到我国社会，就是晚清以来的实业发展，开始陆续改变着城居环境。据记载，1949年10月，即银川解放后不久，银川市军管会就接管20个企业部门①，说明企业发展以及与此相适应的居住形式已经有了一定的发展。

第二阶段，即新中国成立以后至20世纪80年代。在这30年里，宁夏城乡社会像全国各地一样，经历了由新民主主义向社会主义的过渡和发展，城乡居住形式虽然在性质上没有实质性的变化，但在一些方面发生了巨大的变化，特别是在城市，继民国以来工商业的发展，以及社会主义公有制的推行，使得国营或集体所有制的工商业企业的发展成为城市功能中的主要功能之一，这对传统的政治中心城市是一种极大的超越。在这一过程中，一种以国营或集体企事业单位为主体的居住形式普遍兴起。这些单位，包括政府机关、企事业单位、各级各类学校等，形成独立的工作、生产、生活场所或各自封闭的工作、学习和居住区。不过，由于社会生产力发展水平总体上不高，单位的房屋建筑总体上还是以砖混结构为主的底层楼房或平房，特别是生活用房更多的仍然是平房为主体的居室。从银川市政府网站上发布的一幅银川早期主街道街景的一幅图片，可以看出，当时城市的主要住房是平房。据称，银川在50年前，贯通东西、全长3公里的解放街只有老百货大楼和邮电大楼两幢楼房。因而有"一条街，两栋楼，一个警察看两头"②的说法。不过这一情况自20世纪六七十年代以来逐步得到改善，各种国营或集体企事业单位开始不同程度地建有楼房居住。

第三阶段，20世纪80年代至今。随着中国改革开放政策的逐步推行和社会主义市场经济的日益发展，城市化发展的速度日益加快，城市人口迅速增加，城市住房和建筑景观迅速摆脱了传统的低矮平房时代，而进入现代钢筋水泥为基本建筑材料的高楼大厦时代。就银川来说，90年代初，仅银川老城区就改造直管公房性质的危旧平房居民达1万余户，改造面积30多万平方米。之后，不但又启动了历史上规模最大、投入最多的旧住宅改造工程，而且开发建设新区，新建十几个康居工程住宅小区。至

---

① 《当代宁夏纪事》编写组：《当代宁夏纪事》（1949—1988），宁夏人民出版社1990年版，第201页。
② 《50年见证银川巨变》，喜悦网 www.xplus.com。

2010年宁夏回族自治区城市化率达到43%。[①] 这一发展速度是惊人的，在世界城市化，特别是发展中国家，包括中国城市化的总体进程中都是排在前列的。据1996年联合国人口基金的一份报告（刊于1996年10月15日的《纽约时报》），到2006年，一半世界人口将在城市区域生活[②]。而中国的城市化发展水平至2009年已经达到46.6%。宁夏回族自治区的城市化正在逼近这一水平。与此相应，是城市居住房屋的楼房化和现代化，这一点在世界范围内都是日渐趋于统一化。因此说，宁夏的城居形式已经基本实现了对于传统形式的超越，自然环境，特别是气候环境和社会生产力发展水平的根本性统治和影响的时代总体上已经结束。

与上述三个阶段相对应，宁夏地区乡村居住形式在前两个阶段总体上没有实质性的变化，村落基本上由大小差异不大的家庭院落组成，院落内的房屋以低矮的土屋平房为主，同时，在一些地方不同程度地存在着一定数量的窑洞居室。20世纪80年代以后，随着改革开放的发展，地方社会生产力日益提高，特别是社会主义市场经济的推行，农民经济收入越来越好，农村居住形式随之发生变化：（1）传统的原始式窑洞，逐步改为平房或院落式居住；（2）砖瓦结构的房屋越来越多；（3）低矮的平房虽然还占有相当的比重，但较为高大的"两坡式"砖瓦房不断涌现。虽然还存在着地区的差异和不平衡，但农民的住居条件总体上得到明显的改善。

进入21世纪以来，随着中国特色的社会主义的发展，国民经济有了长足的发展，迫切需要进一步解放和发展农业生产力，建设现代农业的思想和实践日渐提到议事日程，与此相应，农村居住形式以社会主义新农村为目标，迅速开展。2006年，宁夏回族自治区制定了"十一五"发展规划，在现代农业和农村发展的思想指导下，总体规划和发展现代农业和农村，从而使农村居住形式迎来了实质性的超越和发展时期。该规划指出："建设社会主义新农村，是我国现代化进程中的重大历史任务，是新时期解决'三农'问题、实现我区跨越式大发展、全面建设小康社会的重大举措。"其建设目标说："发展现代农业是'十一五'期间社会主义新农

[①] 《50年见证银川巨变》，喜悦网 www.xplus.com。
[②] ［美］理查德德·利罕：《文学中的城市：知识与文化的历史》，吴子枫译，上海人民出版社2009年版，第379页。

图 2　平罗县明月新村"塞上农民新居"照片

村建设的首要任务,是促进农民增加收入的基本途径,是提高农业综合生产能力的重要举措,是建设社会主义新农村的产业基础,是以科学发展观统领农村工作的必然要求。要用现代物质条件装备农业,用现代科学技术改造农业,用现代产业体系提升农业,用现代经营形式推进农业,用现代发展理念引领农业,用培养新型农民发展农业,提高农业水利化、机械化和信息化水平,提高土地产出率、资源利用率和农业劳动生产率,提高农业素质、效益和竞争力。经过五年的努力,到 2010 年,力争使全区特色优势产业明显壮大,现代农业体系框架初步形成,农民收入明显增长,村容村貌明显变化,公共基础设施明显改善,农村文明程度和农民素质明显提高,基本达到'产业发展形成新格局,农民生活实现新提高,乡风民俗倡导新风尚,村容村貌发生新变化,民主管理形成新机制'的目标。"按照这一建设目标,涉及居住形式的具体任务,是在已经实施的"塞上农民新居"和"南部山区危窑危房改造工程"的基础上,继续推进和建设"新型农村社区"。按照现代农业的要求,"对建设成本大,居住分散的农牧民实行移民搬迁",实行集中居住。集中居住,不仅仅是一种简单的集合,而是把现代城市建设的理念引入农村,实现居民生活设施的城市化。

"十一五"期间，在120个行政村（农场）开展创建社会主义新农村建设"示范村"活动。[①] 2008—2009年两年，已经"新建村庄60个，综合整治旧村435个，硬化乡村道路630公里，开工改造农村危房3.5万户，已竣工2.6万户，受益群众超过30万人"[②]。

图2是平罗县明月新村"塞上农民新居"的一幅照片（采自宁夏新闻网《新闻论坛》2009年8月3日），直观地反映了新农村居住形式城市化的面貌。"十二五"规划（2011—2015）期间，宁夏在继续抓好120个现代农业示范基地建设的基础上，继续推进这一工作。2011年"规划建设宣和、石空、金积、叶盛、临河、掌政、金贵、陶乐、沙湖等特色示范乡镇和100个社区化新农村示范点，形成特色鲜明、风格迥异的新型村镇"；"启动实施《中南部地区生态移民规划》，加快生态、教育、劳务移民步伐，5年内投资105.8亿元，完成移民搬迁35万人"。2011年"整合资金15亿元，新建移民新村77个，建成6万人的搬迁新房"。[③] 农村居住形式的这种变化是适应现代农业体系发展的新型居住模式，是对传统农牧时代体制下村落形式的根本性超越。这种新农村居住形式，是进入系统规划时代，现代工业、农业、科学技术和当地资源环境充分结合的创造性乡居模式。从已经建成的新农村的形态看，其建设风格，美化状况大多是现代城市化建设的理念及其实践表现，这是值得肯定和颂扬的伟大成就，也是非常振奋人心的美好理想和实践。

不过，这些村落也在一定程度上存在着一些明显的问题：（1）富有历史传统和民俗文化意义的地方传统和特色彻底丧失；（2）历史上长期形成的生产、生活，以及建立在这一生产方式基础上的居住形式基本消失。而后者本可以作为新的可利用的新的旅游资源或其他形式的新资源。如果不考虑这些因素，而是单纯地依据现代主义设计理念，简单地以

[①] 以上参见宁夏回族自治区党委、自治区人民政府关于印发《宁夏回族自治区社会主义新农村建设规划纲要（2006—2010年）》，宁党发〔2007〕12号，2007年2月5日。

[②] 《宁夏探索走出独具特色的新农村建设道路》，宁夏新闻，2009年8月13日《新闻论坛》发布。

[③] 参见2011年1月18日，宁夏回族自治区第十届人民代表大会第五次会议《政府工作报告》，宁夏新闻网，2011年1月24日发布。

"审美"理念和现代化理念来设计建造，势必会造成举国一体，即没有历史，只有现代，没有地方，只有"美好"形式的千篇一律的居住形式。对此，应该怎么办？笔者认为这些问题值得研究，至少应该在原则上警惕和力戒这种千篇一律的形式。理想的做法是，将地方历史、民俗和现代新农村居住形式的要求深切地结合起来，建设富有地方特色的现代居住形式。现代城市建筑在这一方面建设已经出现了比较严重的问题，希望宁夏的新农村建设不要重蹈这样的覆辙。

（原刊《西夏研究》2012 年第 3 期）

人民公社时期咸阳原上农村聚落
池塘景观的兴废与重建

原始社会末期以来，人类有两种基本的聚落形态：城市与乡村。城市在一个相当长的历史时期首先是统治阶级的居住地，一般而言，又是一个国家、一个地区的政治、经济和文化中心。所以，自古以来，历代统治阶级都非常重视对城市的经营、建造和美化。相应地，这方面的记述、著录也比较多。这种情况一直影响到现在，自然也是由于资料比较丰富的原因，人们依然对城市景观的研究较多，而对乡村景观的研究则相当薄弱。造成这种历史和现状的一个重要原因是乡村景观的历史资料相当稀少，另一方面也与人们对乡村聚落景观的重视不够直接有关。如果说这种情况更多的是历史的原因造成的，那么，现在似乎不能再忽视乡村聚落景观这一"板块"了。

当然，说以往人们对乡村聚落景观的著录和研究相当薄弱，并不是说一点都没有。事实上，古代以来人们也多少留下了些许乡村景观乃至聚落景观的零星资料，如陶渊明的《桃花源记》[①]及其他一些记述乡村生活的诗文，唐诗中一些描述文人居住地景观的诗，陶宗仪《南村辍耕录》的部分记载。另外，还有19世纪后期和20世纪初期一些外国探险家和传教士关于中国农村和农村生活的记述等。[②]但从总体上看，这些描述大都着眼于乡村大环境以及乡村生活，而于聚落小环境的具体记述，特别是自主

[①] 陈寅恪说，"在纪实上，《桃花源记》是坞壁的反映。"（万绳楠整理《陈寅恪魏晋南北朝史讲演录》，黄山书社1987年版，第145页）实际上就是一种特殊聚落生活的写照。

[②] 这类著述颇多，如［美］明恩溥的《中国乡村生活》（中译本，时事出版社1998年版）；［俄］普尔热瓦尔斯基著《走向罗布泊》（中译本，新疆人民出版社1999年版），等等。

地把它作为对象来描述和研究的更是凤毛麟角，少得可怜。

笔者自幼生活于咸阳原上乡村，亲眼目睹了：乡村聚落里人工池塘的兴废，也深切体会到它曾与乡民生活的关系，深感如果不把它记载下来，数十年后，人们便无法知晓在向称干旱的咸阳原上，在人民公社时代，乡村曾普遍有着人工池塘这一景观，乡民与池塘的密切关联的这段历史也将被人遗忘。因此，把它写出来，一则为保存这段历史、为保存点这一阶段乡村聚落景观的地理资料；二则希望在建设大西北新农村时，这一景观及其对乡民的积极影响能引起人们的注意。当然，也想借此，呼吁人们重视对乡村聚落小环境的著录和研究。

一　池塘的兴废

咸阳原位于关中盆地中部，南临渭河，北阻汧水，东濒泾河，西与著名的周原相接。人民公社时期（1958—1984），这里的所有自然村落，都以大队的形式编入人民公社。一般情况下，大队由一个或几个自然村落构成，下又分为若干个生产小队，小队是最基本的生产、分配单位，实行集体所有制。

由于那时生产力水平相当低，生产劳作除人力外，主要靠畜力，所以每个生产小队都有一定数量的牲畜。喂养这些牲畜的地方称为"饲养室"。又由于喂养牲畜需要水，特别是，每当耕畜下地或从地里回来时要饮水，十几头或几十头牲口若逐一在水缸中饮水很不便，再者，如果这样，有限的几个饲养员的工作量太大（指挑水或从村中水井中打水）。因此，各队就在饲养室附近修造池塘。这种池塘在当时咸阳原上的村庄随处可见，一般一小队一个，一个大队（村）有几个小队，就有几个池塘，也有两个队用一个池塘的。这种池塘，俗称"涝池"，是当时咸阳原上农村聚落非常显眼的地理景观。

池塘一般位于村口。这是由各队饲养室的位置决定的。饲养室是各小队的集体财产，一般在各小队社员聚居的街道与该队所属的耕地之间，具体地说是在社员下地去的村口。下面是礼泉县西张堡乡两个村庄池塘位置的平面示意图。

池塘大小不一，一般因生产队所有牲畜数量多少而略有不同，特别是

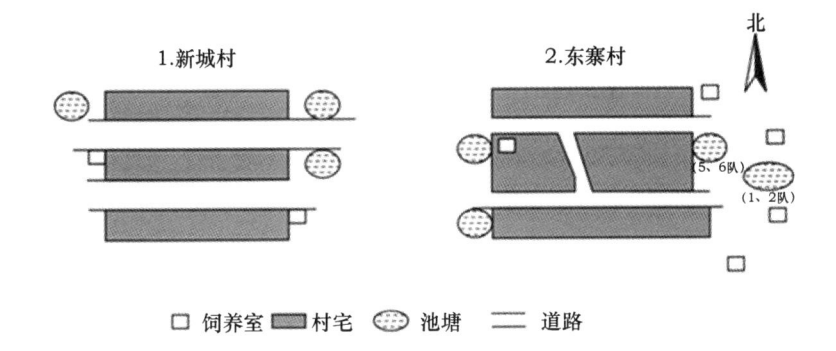

```
      1.新城村                2.东寨村           北↑

  ○ ▬▬▬▬▬▬ ○        □▬▬▬▬▬▬▬▬□
                         ○  □▬▬▬  ▬▬□  ○ (5、6队)
  ▯ ▬▬▬▬▬▬ ▯                              ○ (1、2队)
                         ○ ▬▬▬▬▬▬ ○
  ▬▬▬▬▬▬                                   □
```

□ 饲养室　▬ 村宅　○ 池塘　── 道路

图 1　村庄池塘分布示意

两队合用的池塘稍大一些。图 1 东寨村 1、2 队和 5、6 队合用池塘，均较 3、4 队两个池塘略大一些。从绝对面积看，有一亩或几分不等。池塘周围常种植有树，以柳树为多，也有些池塘，虽未植树环列，但常有杂草锁岸，也很美观。每至夏秋之际，岸柳青青，随风摇曳。白天，知了在树上无休止地鸣唱，夜晚，青蛙在池里声声不断，给这素称干旱的土原乡村增添了难得的水乡声色。由于池塘多位于村口，每当人们进村，首先映入眼帘的便是一池清水，以及因池水而形成的生活景观，不禁给人些许美好的感觉。从这个意义上说，池塘构成了这里乡村聚落美的一部分，当然也是乡村美的一个重要标志。

池塘是公社生产方式的产物，是适应这种生产方式由人工挖造的，所以这里就涉及一个水源的问题。池塘的水源哪里来的？从笔者所见过的十几个村子的池塘来看，没有一个是有渠相通的，访问过的一些年龄稍长的村民也都说，给池塘放渠水一般是很稀见的。因此，可以断定池塘水的主要来源是雨水，即天下雨后，地表径流汇聚而成。当地人把这种池塘叫"涝池"正说明了这点。

水所以汇聚池塘是村子的地势和池塘的地形决定的。大凡咸阳原上较古老的村庄，聚落所在地一般较周围田地低。这种景观不是自然造就的，而是人为改造的结果。20 世纪 80 年代以前，原上村落房屋的兴建主要用土建，举凡打墙、盖房都用土。具体地说，或直接用土筑墙，或用土制成土坯盖房，只有房顶用些许木、瓦等。这些土一般是就地挖取，所以从村落中心向外发展的居户都要就地挖下 1 米至 1.5 米，因而村子比村外田地低。最后，80 年代以前，农民多用土粪施肥，这是自古以来的传统。这些土来自村外，所以，几乎每个老村庄的外围都形成几个大土壕，有的竟达几十亩大。据当地老人说："看一个村子是不是古老，最简单的方法是去看看村外的土壕。"也就是说，土壕大，说明村子古老。这种说法自然不一定准确，因为这与村子的大小有很大关系，但它在一定程度上是能说明些问题的。村民们祖祖辈辈把土从土壕中拉回来，"制"成土粪，然后又把粪施到村子周围的田地里，长此以往，不知不觉，周围的田地也在增高。特别是人民公社以后，由于饲养大量牲口，需要大量的土，所以新壕不断出现，老土壕加速扩大，施肥的田地面积也更大。60 年代以来，随着宝鸡峡引渭灌溉工程的修成，咸阳原上大部分旱地变成了水浇地。渭河水含泥沙量大，每一次灌溉都使田地增高。因此，形成村庄四周高村落所在地低的特点。人民公社以前，村子的土壕多在村口路边，村民取土方便。随着公社的建立，各生产队有了各自的饲养室，土壕快速向外延伸。每逢降大雨，村外各条通向村子的路上的雨水从不同方向流向村庄近侧壕中，村中街道中的雨水也大量涌向村外壕中或低地，使这一带经常积水，这就是"涝池"①的来历。人民公社时兴造的池塘大多是在这个基础上建成的。图 1 中的池塘都是原土壕的一部分，充分说明了这点。当然，雨水不总是恒常的，有的年份多，有的年份少，所以，池塘偶尔也有干涸的时候，这种情况下，生产队也利用灌溉之余，从路上放渠水入池。据当地人讲，这种情景很少。

池塘的普遍湮废亦如其普遍兴起一样，是随着生产力的发展和社会文明的进步以及人民公社生产方式的结束而逐步完成的。80 年代初生产队开始解散（各村具体时间不尽一致，1984 年，人民公社体制结束），生产资料包括牲畜等分到各户，生产劳动也不再以集体形式进行，作为集体所有制象征的饲养室相继被拆，池塘彻底不复被经营（如淘泥、放水等），最终完全消失。历史地看，导致池塘湮废的因素 70 年代即已出现。首先，

---

① 张道芷修，曹骥观等纂《续修礼泉县志稿》卷十四："邑东乡土洞村杨家潦池旁有一石"，"北乡水平村潦池岸旧有古树一株"（民国二十四年铅印本影印）。"潦池"，即涝池，作为一种地理景观，民国及其以前一些村庄就有。

70年代前期，各地大搞农田基本建设，也就是平整土地，村子四周的坡地相继被平整，变为水浇田。相应地，田间道路建设也很迅速，路旁修水沟，植树、蓄水。早年那种自然地势、地形被局部改造，村外各条路上很少有水长驱流入村庄池塘，这无疑减少了池塘水源。其次，由于地表径流受阻，为了维护正常的牲口饮水，生产队设法放渠水入池，而渠水多为渭河水，泥沙量极大，每一次放水都会使池塘淤浅。另外，这种水极易混浊，结果是牲口不喜欢饮用，饲养员只好以井水补充，池塘的直接功能减弱。最后，70年代中后期，机械化在农村进展越来越快，拖拉机、旋耕机等在很大程度上取代畜力耕作，牲畜的重要性逐渐削弱，数量逐渐减少。另外，传统的辘轳打水逐渐被水泵、机井取代。为饲养室利用井水带来方便，生产队也就更不关心和经营池塘。所以，自70年代末，各村池塘相继干涸，生产队解散时，彻底被废弃。直至80年代以来，咸阳原上乡村聚落迅速扩大，过去的村口、村边沿路相继被民户占据，几乎所有的池塘旧址都被填平而成为民户的院落，昔日池塘旧迹亦多荡然无存。

二 池塘与民生

池塘消失了，它与乡民的关系及因它而产生的新的乡民生活景观却没有从人们的记忆中抹掉。因为在那样一个时代、那样一段历史中活动的大多数人都还健在，特别是当笔者问及此事时，很多人都还津津乐道，表现出一种怀恋的心情。确实，由于这一新景观的出现（指普遍出现，因为，作为自然的池塘在此以前不是绝无仅有，而是没有这般普遍，且比较长期稳定存在而已），这里建立了一种新的联系，维系着一种新的平衡。

1. 旱原乡村生活新景观。前文已述，池塘的直接功用是为饲养室牲口提供方便的水源。所以，除每日饲养员在池塘打水外，牛马驴骡等上套下地之前和下地解套后，一批批被拉到池塘饮水，日复一日，年复一年。这种情景是这个时代特有的，过去没有，现在也没有。

另外，由于池塘的出现，传统的妇女在家中浣洗衣物的习惯得以改变，转变为在池塘中进行。每当天气晴朗的日子，池塘边总会围着一圈洗衣物的妇女们。这种常在江南小河和溪水边见到的现象，在这里随处可见。这种于公共池塘洗衣物的活动增进了人们之间的交流和认识。笔者曾耳闻,也曾询问过村中的妇女,她们说洗衣物能了解一个家庭女人的细微深处,例如,哪家经常洗衣,哪家洗的次数少,哪家媳妇洗的多、婆婆洗的少,哪家女儿干练、勤快、干净等。从而潜移默化地促进了人们之间的相互学习。于女人们来说,这里也是信息传播和交流的场所。常常于洗衣物的过程中,各种乡间传闻、婚礼葬俗都成为说"闲话"的主题,当然,一些长舌妇的拨弄是非也通过这里惹出无端的争执。

虽说池水不那么干净,但在以辘轳打取井水颇费力的六七十年代,人们更多的还是依赖于池塘洗衣物的。不但洗衣物,就是村民建房、生产队打药乃至年终磨豆腐所使用的水都离不开池塘,池塘委实成了村民生活的一部分。

池塘影响于儿童生活的程度远比成人要强烈,主要表现为游泳和滑冰。每年夏天,特别是暑假,几乎所有的池塘都成了男孩子们的乐园。他们在此游泳、嬉水、打泥巴。特别是游泳,对于无河湖地区的旱原上的儿童来说,它无疑是一所"学校"。笔者的很多同学上大学前没有见过游泳池,但在没有老师教之前都能在游泳池中游起来,实际上这都是早年池塘游水中练出来的,虽然其动作根本谈不上科学。每年冬季,池塘又成了滑冰的场所,每当放学,小学生们三五成群去池塘滑冰,为干冷的原上乡村增加了一个新景观。

2. 旱原乡村生态新景观。随着池塘的普遍出现和比较稳定长期的存在,原上无水地区少有的水生生物出现,最多也是最有代表性的就是青蛙。夏秋时节,池塘边到处是青蛙,特别是夜晚,蛙声不断,响彻乡村,为这里增添了难得的水乡气息。除青蛙外,还有蜻蜓等其他一些不知名的飞虫经常萦绕池塘周围。

人们,尤其是儿童对青蛙等水生物的认识是从这里开始的。他们在池塘中会看到青蛙产卵到小蝌蚪、小青蛙直至成大青蛙的过程。70年代初,西安等地来的下乡知青在池塘抓青蛙吃,引得村民发笑,说明人们对青蛙的认识还不多。也正因为这样,这种生态关系一直保持得很好。池塘废弃后,青蛙等水生物没有了,一到夜晚,整个村庄静得可怕,留给人们的似乎只有老鼠和偶尔一见的癞蛤蟆。

3. 池塘在一定程度上克服了因自然环境差异而产生的无奈,部分地实现了无河湖原上村民的水文化审美体验,在某种程度上提高了乡民生活的质量。池塘与村民生活关联的程度有多大？因不同年龄、不同知识层次和不同爱好的人与它发生关系有很大的随意性，很难有比较确切的回答。但这种关联或者说相互影响无论从理论上，还是从实际生活中都能分析和看得到：别的不说，游泳、滑冰，还有一种小孩玩的打水漂等都曾给不同的人带来过欢乐，有的是直接的，有的是间接的。70年代，叠纸船不知通过什么途径传到笔者所在的乡村，于是孩童间引发出放在水里试游的比赛，这种活动都在池塘中进行。可以断定，如果没有池塘，它可能像一种时尚一般，火一阵子就会销声匿迹。可有了池塘，有了试放的池水，这种游戏就经历了好长一段时间而未稍衰减。"船"与水在旱原上的结合，不能不说是一种对自然的超越。

池塘上的这些活动当然不会影响到原上乡民的生计，但它与乡民生活的关系无不说明乡民生活因此而丰富多了，换句话说，乡民生活的质量在某种程度上提高了。

三 对池塘重建的思考

池塘是人民公社时代生产方式的产物，随着人民公社时代的结束，咸阳原上诸村落的池塘几乎都被废弃了，这似乎是很正常的事，也是符合规律的。按此，池塘的重建自然也就没有必要了。那么，为什么还要提出重建的问题呢？这主要是从以下几个方面考虑的。第一，人民公社时代，咸阳原上农村普遍出现的池塘的主要功能是供饲养室喂养牲口的水源。随着公社生产方式的变更，饲养室不再存在，池塘也随之废弃，自然合情合理。但池塘一旦出现，它的功能也就不再是单一的了，它和乡民生活发生了密切的关联，影响也是方方面面，特别是与村民生活的娱乐功能、文化功能以及运动功能等都是当时兴造池塘不曾考虑，也是不愿意考虑的问题。因为，在当时的生产力水平和人民生活水平相当低下的情况下，人们根本不能顾及这些。从主观方面看，当时的地方政府根本不关心群众的这方面精神生活，所有这些次生功能都是在无意识状态下自发地实现的。

第二，改革开放以来，咸阳原上乡村也像全国大多数乡村一样，发生着翻天覆地的变化，人民生活水平有了显著的提高。人们不但解决了温饱问题，而且在迈向小康的道路上阔步前进。受附近中心城市（西安、咸阳及诸县、乡镇）的辐射和影响，一些城里人的生活、娱乐也部分进入乡村。也就是说，对健康的精神生活的需求越来越强烈。如今，开发大西北战略已开始实施，江泽民总书记也发出"再造一个山川秀美的大西北"的号召。这个口号固然是就已遭破坏的生态环境的恢复和重建而言的，但其精神也包含了城乡秀美建设的含义。因此，在这种背景和发展趋势下，借鉴以往兴修池塘的经验，把原先池塘的次生功能转变为主要功能，以旨在提高乡民娱乐生活，美化乡村聚落环境，实现最大限度的社会效益为目的的重建工作很有意义。

第三，要重建池塘，首先要克服一些人观念中的片面认识。记得笔者在农村曾和一些人谈及此事时，有人说笔者太理想化了。他们认为池塘有时不但不是乡村美的标志，还是肮脏的表现。这主要是对它的片面认识所致，不错，在一些时候，特别是池塘废弃前夕，很多池塘确实成了污泥浊水，发出阵阵臭味，但那只是那个特定时期的事，在整个人民公社时期，绝大部分时间，因供牲口饮水和人们洗浣，水都是相当清澈的。类似的情况，过去在一些中小城镇中也有，例如，民国时期的咸阳县城，"大街小巷多为无组织的漫流排水。雨水、污水全部流至附近的涝池内。老院（今工农兵浴池后）有一五千平方米的大涝池，为城内涝池之最。另外在马王庙巷、北极宫、五队巷等街巷内，都有大小不等的涝池，涝池又因常年积水，池水发酵，散发着刺鼻的臭气，又滋生蚊蝇，周围环境条件极差"[①]。但所有这些都是没有善于利用和管理所致。如果咸阳城中如今还有这么多的涝池，在现在条件下自然会成为极好的美化点，那应该说是城市美化中值得庆幸的事，遗憾的是这些涝池早已不复存在了。乡村不同于城镇，人口稀少，自然净化条件也好，只要能保证水源和善于管理，更能使池水保持清澈。所以这种顾虑可以打消。

其次，应当明确现在重建池塘的直接服务对象是乡民，而不像以往是牲畜。因此，修建规格就不应只是简单地利用低地般的原始池塘，而是干净、卫生的现代池塘，在这一点上，目前新兴的一些度假村的人工湖、池可以作为借鉴。如果我们能本着这样的目标，适应不断满足乡村人民生活

---

① 咸阳市渭城区地方志编纂委员会：《咸阳市渭城区志》，陕西人民出版社1996年版，第142页。

日益提高和逐步缩小城乡差别并逐步实现城乡一体化的要求，那么公园式的新型池塘是会在新农村出现的。这样，千年旱原上的乡村聚落将会迎来更加秀美的春天。

（原刊《黄土高原地区历史环境演变与治理对策会议文集》，《中国历史地理论丛》2001年增刊）

第四编

其他历史地理问题研究

明代延绥镇二题释证
——兼说万历《延绥镇志》整理本的几个问题

延绥镇是明代北方长城沿线"九镇"中的一镇，镇治初设在绥德城，成化年间移治榆林城。延绥镇管辖延安卫、绥德卫、榆林卫和庆阳卫等四卫之地的安全和防御，部分卫所也管辖区域内的民政。自明代以来，由于文献记载的简略，一些基本的历史问题就已经不大清楚，甚至当时的一些记述在不经意间也存在着一些误解或错解，而这些问题又多比较重要，对于它们的澄清，颇有助于理解和认识延绥镇军民的生产、生活以及军事活动的事实与变迁。下面仅就其中的两个问题加以阐释和论证，并就万历《延绥镇志》整理本的几个问题提出自己的论证。

一 "军士耕牧套中"与"边禁"问题

万历《延绥镇志》云：成化九年（1473），余子俊自绥德"徙镇榆林堡"，修筑边墙，"内复堑山湮谷，是曰夹道，地利亦得矣"。"彼时，虏少过河，军士得耕牧套中，益以樵采田猎之利，称丰庶焉。自虏披套据之，边禁渐严，我军不敢阑入，诸利颇失，而一切刍粮始仰给于腹里云"。① 这里涉及延绥镇"军士耕牧套中"和"边禁"两个问题，附带涉及该镇粮食供给的变化问题。按照这段话的记述，"虏少过河"的时期，

---

① （明）郑汝璧等纂修：《延绥镇志》卷1《延绥镇城图说》，上海古籍出版社2011年版，第23页。

当地驻军是可以在边墙以外的"套中"地区自由从事"耕牧"和"樵采田猎"的，后来由于蒙古诸部相继占据河套，"边禁渐严"，延绥镇军民不再进入河套，于是粮饷供给仰给腹里。应该说，这种记述的线索大致是清楚的，但其具体过程和内容尚不明晰，而"边禁"的具体情况也不清楚。由于不少论著或文章多次引用这一材料，为了不至于引起误解，有必要对此予以考证和说明。

（一）"军士耕牧套中"问题。该问题比较复杂，实际上也是有一些曲折的。就明代的文献记载来说，《皇明九边考》有两段记述，一说："国初，虏不过河，军士得于套内耕牧，益以樵采围猎之利，地方丰裕，称雄镇焉。自虏据套以来，边禁渐严，我军不敢擅入，诸利皆失。镇城四望黄沙，不产五谷，不通货贿，于是一切刍粮惟仰给腹里矣"[①]；一说："正统间失东胜城，退守黄河，套中膏腴之地令民屯种，以省边粮。厥后易守河之役为巡河，易巡河之役为哨探，然犹打水烧荒而兵势不绝。故势家犹得耕牧，而各自为守。后此役渐废。至成化七年（1471），虏遂入套抢掠，然犹不敢住牧。八年（1472）榆林修筑东中西三路墙堑，宁夏修筑河东边墙，遂弃河守墙，加以清屯田，革兼并，势家散而小户不能耕。至弘治十三年（1500），虏因火筛大举踏冰入套住牧，以后不绝，河套遂失。"[②] 前者所说的时间是"国初"，后者所说的时间是"正统间至成化七年"。上文开头所引万历《延绥镇志》又延续至"成化九年"。到底这一事件发生在什么时间？实际上并不明确。本文以为：（1）正统以前，边境线在黄河以北、黄河一带等，也就是魏焕所说的"国初，虏不过河"条件下，军士耕牧"套中"的情况是存在的。但实际情况却不是他所说的"军士得于套内耕牧，益以樵采围猎之利，地方丰裕，称雄镇焉"。其一，当时的延绥镇尚未形成或刚开始形成不久，这里主要是延安卫和绥德卫两个卫所的军民。其二，河套地区虽然在政府的控制之中，并且最初的防卫线在东胜城至宁夏一线黄河以北，但河套地区却没有得到多少开发，

[①] （明）魏焕：《皇明九边考》卷7《榆林镇》，《中国西北文献丛书·西北史地文献》第4卷，兰州古籍书店1990年版，第315页。

[②] 同上书，第313—314页。

就是守卫黄河的有限的驻军,也因为"粮运艰远"而"弃守"①。正可以充分说明这一点。其三,延安、绥德二卫军民确实在后来的"大边"以北一带有自由耕垦的现象。万历《延绥镇志》说,"大边之外,各衙门有分地,居人亦各有旧庄及先世所占地。……正统以前不禁"②。所谓"正统以前不禁",就是政府没有实行"边禁"。当时的所谓"边"在黄河一带,这里自然不存在"边"以及"边禁"问题。在这种情况下,当地军民就前往"套中",即其以北不远处自由地从事垦荒和占地,以至于出现"各衙门有分地,居人亦各有旧庄及先世所占地"的情况。(2)正统元年(1436)以后,基于此前军民自由耕垦荒地的事实,政府从法律和政策层面肯定和允许,甚至"下令"让军民开垦这一带的荒地。严从简说,正统元年"令大同、宣府、辽东、陕西沿边空闲田地许官军户下人丁尽力耕种,免纳子粒"③。上引《皇明九边考》亦云,"正统间失东胜城,退守黄河,套中膏腴之地令民屯种,以省边粮"。都能够证明这一点。(3)这样的情况自正统初年起有一定的管制和变化,但却不同程度地延续到成化七八年间。至于《延绥镇志》所说"成化九年"时也是这种情况,虽不能被认为是撰者对"耕垦"时间的界定,甚至时间上也略有出入,但大致反映的是这一时间段内的事情,只是它所说明的军民"垦耕"的史实并不大符合成化九年前后的实际情况(详见后文)。

明确了这几个问题,下面再说军士耕垦的地域问题。前引《皇明九边考》的两段文字,说当时军士耕垦的地域是"套中""套内",这具体在什么地方,实际上也是个不明确的问题。不过,根据当时的实际情况,至少可以判断,所谓的"套中""套内",不应当是广义的河套之中或河套之内。那么,这样的地方到底在哪里?为了明了这一问题,有必要先就这里的"边"加以说明。

---

① 此防线原设墩台、边墙,故《皇明九边考》谓,"河套边墙自国初耿秉(炳)文守关中,因粮运艰远,已弃不守,城堡、兵马烽堠全无"(卷1《镇戍通考》,第46—47页)。顾祖禹又云:明初"自东胜迤西路通宁夏皆有墩台墙堑,永乐初见亡元远遁,始移治延绥,弃不守"(《读史方舆纪要》卷61《陕西十》,贺次君、施和金点校,中华书局2005年版,第2905页)。

② (明)郑汝璧等纂修:《延绥镇志》卷2《边外地》,第151—152页。

③ (明)严从简:《殊域周咨录》卷17《鞑靼》,余思黎点校,中华书局1993年版,第560页。

文献记载，"延绥沿边地方，自正统初创筑榆林城等营堡二十有三，于其北二三十里之外筑瞭望墩台，南二三十里之内植军民种田界石。凡虏入寇，必至界石内方有居人乃肆抢掠，后以守土职官私役官军、招引逃民，于界石外垦田营利，因而召寇"①。这是延绥镇沿边明确构筑这一带边防线的开始。这条边防线在正统初年形成，即由沿边地方 23 个营堡构成一个东西防卫线，在此线以北二三十里东西线上修筑有"瞭望墩台"，在其以南二三十里的东西线上"植军民种田界石"。自此，原则上当地军民的屯田主要在此"界石"以南进行，这也是政府首次明确对于当地军民屯垦加以"界限"的开始。在此以前，如前所述，不但存在一个自由垦耕期，也存在一个政府允许和下令军民垦耕的时期，遂造成"大边之外，各衙门有分地，居人亦各有旧庄及先世所占地"的情形。这期间，不只是"军士"可以在这里垦耕，包括"官军户下人丁"在内的民人也可以开垦。这些民人中，既包括一些"势家"大户，也包括一些"小户"人家。《皇明九边考》说，随着边境防守由"守河"到"巡河"，再到"哨探"的变化，当地安全不能够得到保障，于是一些"小户"逐渐离去，而"势家"大户则因拥有一定的实力，"各自为守"，依然"犹得耕牧"期间。在这一过程中，有些"所余小户"，或者为"势家"所"兼并"，或者依靠"势家"保护得以继续存在。对此"势要"及其军士垦耕的情况，成化年间余子俊引用西安府的一个报告说："延、庆境外即系河套。正统初年，镇守守备等官贪图地名深井围场宽阔，易于打猎。水草便利，易于孳牧。地土肥饶，易于牧种。于此筑城，取名安边营，以为守备之处。其实，规利干家之意多，保障地方之意少。"② 就是说，以军官为主体的"势要"主要从私家利益着想，深入到一些地方，甚至修建城堡也是深意在此而不在"保障地方"上。这样的情况到正统初年"边禁"时有一定改善，但随后又被突破，一直到成化七八年以后余子俊主持延绥镇修筑边墙时才得以革除。这其中最重要的一点，就是清理这一带的屯田，进而革除"势家"兼并，结果造成"势家散而小户不能耕种"的局面。

---

① 《明宪宗实录》卷 102，成化八年三月庚申，第 1995 页。
② （明）余子俊：《地方事》，《明经世文编》卷 61，中华书局 1962 年版，第 494 页。

根据这些情况，包括正统间埋立"界石"以后，守土职官、军民"于界石外垦田营利"的事实，可以推断，"军士垦耕套中"事件的地点不能越过界石太远，主要在界石以北二三十里，即"瞭望墩台"以内的东西范围内。再说，这一带本是毛乌素沙漠的南部边缘，也是当时农牧业交错的地区，具有垦耕荒地的自然条件。实际上，就是到了清代，延绥镇长城以北的放垦地或"伙盘地"也主要分布在长城外 100 多里以内。因此，明代延绥镇军士"耕垦套中"不可能越此范围。就是到成化年间，一些官豪再次从延安、庆阳以北越界垦耕，其范围也不过是在后来"大边"以北"七八十里"或 100 里（见后引文献）范围以内，所以我们认为，此类垦耕事件不大可能越出"大边"以北 100 里以外的地方。如果再考虑到延、绥二卫驻军的情况，人数原本不是很多，且其以北沿"边"地区土地面积广大，人口稀少，荒地充足，当地军民耕垦也没有必要越过广袤的鄂尔多斯高原，前往河套平原一带从事耕垦，实际上由于地方遥远，也不可能前往这一带耕垦。因此，所谓"套中""套内"主要是指后来"大边"（即长城）以北二三十里的地方，再远一些也不可能超出其以北 100 里的范围。

（二）"边禁"问题。所谓"边禁"，是指政府禁止沿边地区军民自由开垦"沿边"荒地的政策。如前所述，正统以前这里是没有实行"边禁"的。随后蒙古诸部不时南下，河套地区的政治形势也发生了新的变化。所谓"景泰初，（北虏）始犯延、庆，然其部落犹少，不敢深入。天顺间阿罗出进入河套，不时出没，尚不敢迫近居民。至成化初以来，毛里孩之众乃敢深入抢掠，攻围墩堡。盖以先年虏我汉人以杀戮恐之，使引而入境，久留河套，故今日贼首孛罗合、乱加思兰相继为患，卒不可除"。① 到了成化八年（1472），蒙古诸部阿罗出、毛里孩、孛罗合、乱加思兰等相继进驻河套。在这一过程之初，正统初年所构建的"边界"已经形成，军民屯田规划且分布于"边界"南二三十里之内的"军民种田界石"以南，并且规定，当地军民不得越此界石而垦耕。故时人余子俊说，"正统初年，蒙上司恐军民境外种田，引惹边衅，埋立石界，严加

---

① 《明宪宗实录》卷 102，成化八年三月庚申，第 1994 页。

禁约，人知遵守，边境晏然"①。还有人讲，"故事：边境封疆之外，军民不得擅出耕牧"②，都是针对此次"边禁"而言的。因此，这是这里第一次明确实行的"边禁"。

不过，这样的边禁在随后的历史运动中并不是一直贯彻得那样好，而是被守边诸将官自己的违禁行为打破。正统二年（1437）十二月，镇守陕西右副都御史陈镒劾奏，太保宁阳侯陈懋和镇守延安、绥德都指挥王永，"多役军余于塞外佃牧"③，就是一例。王永在九月以前为镇守延安、绥德都指挥佥事，九月后回陕西都司。人虽离开延、绥二卫，但其"役使军余于塞外佃牧"之事或仍存在，故被弹劾。又，前引《明宪宗实录》成化八年（1472）三月的一条材料说，"后以守土职官私役官军、招引逃民，于界石外垦田营利，因而召寇"。成化六年（1470）也有人说，"故事：边境封疆之外，军民不得擅出耕牧。尔岁，守边诸将乃私令军士于界外开种沃地，于各堡分牧头畜，招寇房掠，因粮于我。欲令巡按御史行边禁约，宜移文延绥镇守诸官禁之，违者听巡抚、巡按奏治"④。余子俊在陈述了正统初年"边禁"情况及其结果"边境晏然"后，紧接着说："向后，官豪人等越界种田，头畜遍野，达贼窥视抢掠。……即今，军民疮痍未复，稚弱未成。复闻沿边把总、守备等官，未审奉何明文，又将边墙以外、烟墩以里堪种地土，丈量种菜，未免引惹边衅，又似往年。延、庆沿边一带……近年营堡多有移出界石之外，远者七八十里，近者二三十里。越境种田，引惹贼寇，节该建议严禁，皆蒙俞允。……缘边墙至烟墩，如清水营一带，中间多有耕种百里者。诚恐此弊一开，末流无所不至，万一被把总官员将土地霸占，派令军人代种……"⑤ 正是因为这样的原因，成化七年政府重申"禁令"，从而形成实际意义上的第二次"边禁"。史载："（成化）七年（1471）六月内，因总兵巡抚官之议，乃依界石一带山势，随其曲折铲削如城，高二丈五尺，川口左右俱筑大墩，调军防守，以为一营永逸之计。然未尝拟奏借役民夫，而守备城堡客兵多不过千人，不可供

---

① （明）余子俊：《地方事》，《明经世文编》卷61，第495页。
② 《明宪宗实录》卷80，成化六年六月乙亥，第1569页。
③ 《明英宗实录》卷37，正统二年十二月丁丑，第722页。
④ 《明宪宗实录》卷80，成化六年六月乙亥，第1569页。
⑤ （明）余子俊：《地方事》，《明经世文编》卷61，第495页。

役，乞敕所司申戒总兵巡抚等官严加禁约：自后，敢有仍于界石之外私役军民种田召寇者，官必降调，逃民即彼充伍。"① 这次"边禁"显然是针对第一次边禁破坏的实际情况而言的。另外，前文引述《皇明九边考》所说，成化八年榆林修筑东中西三路墙堑时，"加以清屯田，革兼并，势家散而小户不能耕"，应当也是第一次边禁后依然存在和在此后历史过程中依然产生的一些现象。

成化八年（1472）以后虽然亦有不同时期的"放禁"，如《延绥镇志》所说，大边以外（耕垦），"正统以前不禁，成化中间放，弘治以来，惟巡抚陈公寿一放，正德丁丑再放"②。但"边禁"总体上成为比较常态的边地管理形式。与以后诸"边禁"不同的是，成化七年、八年以前的两次"边禁"所禁止的是在"界石"以北的耕垦活动，而成化十年（1474）以后的"放禁"和"边禁"都是针对"大边"而言的，也就是"大边"以北地区。因为此时的"大边"已经建成，在其以南，也就是"原立界石以外空闲地土"，已经"逐一清出丈量明白，先仅依作本卫屯田"③，"其界石迤北直抵新修边墙内，地俱已履亩起科，令军民屯种，计田税六万石"④ 了。

关于"边禁"以后军民等越界耕垦的事，成化六年（1470）还有记载说，"山东逃民见在神木、葭州诸边营堡耕牧，致生边衅"⑤。通过这些记述，我们看到，首次"边禁"以后，以势豪、把总、守备等为主体，加上被役使军士和逃亡农民等，都曾通过各种途径不同程度地参与到界石以北和后来的"大边"以北至"瞭望烟墩"之间土地的耕垦中。除了成化到正德年间不同程度的政府"放禁"以外，所有这些人等的作为总体上都是违禁的和不合法的"偷耕"。而在政府"放禁"以前，只有正统以前的"军士耕牧套中"是自由状态下的耕垦活动。前文所引《延绥镇志》所谓，"彼时，虏少过河，军士得耕牧套中，益以樵采田猎之利，称丰庶焉"，这段话所表现的史实只是正统初年"边禁"以前当地军民经济生活

---

① 《明宪宗实录》卷102，成化八年三月庚申，第1995页。
② （明）郑汝璧等纂修：《延绥镇志》卷2《边外地》，第152页。
③ （明）魏焕：《皇明九边考》卷7《榆林镇》，第322页。
④ 《明宪宗实录》卷130，成化十年闰六月乙巳，第2467页。
⑤ （明）白圭：《覆万翼安边疏》，《明经世文编》，第329页。

情况的写照。

二 延绥镇屯戍人问题

万历《延绥镇志》云:"以其为延安、绥德之保障,屯戍又皆其人也,故镇曰延绥。"①这里引出一个问题,即延绥镇的"屯戍人"有哪些人?他们是否都是延安、绥德二卫之人?以往学人对此问题少有关注,下面就此加以考述。

(一)最初的屯戍人。所谓最初的屯戍人,是指洪武时期这里几个卫所的卫籍官军,后来称这些人为"老军"。"老军有归附者,从我太祖六龙渡江,王师是也;有收集者,太祖命功臣各处收集隶册者是也;有选充者,选士人精健以实边塞者是也;有编拨者,迁谪改拨之众以益尺籍者是也。以上四等,俱洪武二年延绥守臣建议开设"②。这些"老军"由四部分构成:一是洪武初年平定延绥地区时留在当地并组成卫所以戍守地方的军人。他们是"王师"的一部分,来源自非本地人。二是平定当地过程中收集的旧元降军或前来归附的旧元官军。如洪武二年(1369),"绥德、葭州守将孙知院、孔荣、关二俱诣大将军徐达降,达调指挥章存道、朱明等收集各镇官军守之"③。又,洪武九年(1376),"故元平章兀纳歹执伯颜帖木儿自绥德来降"④。这些当都在"收集"之列;三、四两种即"选充"和"编拨"者,或为犯科谪迁之人,或为"选充精健实边"之人。这四种人就是延、绥二卫最初的官军构成。雍正《陕西通志》称他们是洪武二年"各卫铨官、选军"的四种情况⑤。这些官军的来源主要不是本地人,但却是编入本地卫所卫籍的最初一批官军。按照明朝规定,卫籍官军逃亡、绝户或死亡等所造成的缺员,要到卫籍官军所在原籍(军户)处"勾补"。天顺初年,陕西参将李源"清出各卫远年无勾之军,同名同

---

① (明)郑汝璧等纂修:《延绥镇志》卷1《镇名》,第26页。
② (明)郑汝璧等纂修:《延绥镇志》卷3《军数》,第175页。
③ 《明太祖实录》卷42,洪武二年五月辛酉,第838页。
④ 《明太祖实录》卷107,洪武九年七月丁丑,第1795年。
⑤ 《敕修陕西通志稿》卷35《兵防二》,《中国西北文献丛书·西北稀见方志文献》第1卷,第419页。

姓而正军相推不承，彼此龃龉，不得其情。当事者无可奈何，乃悉发延绥等卫带管充用。后设榆林卫，遂改拨该卫编伍"。这一部分人是因"清勾"而来，本是陕西籍"军户"应被发往外地之"勾补"军士，因"勾补"过程中出现的上述问题，后被编入榆林卫，称为"赖字号军"。又因其是从"洪武、永乐旧籍""勾补"而来，所以也被认为是"老军"①。总之，这五种人等实是延绥镇诸卫籍最初的官军。杨鼎说，"今陕西该解福建、广东、广西、云南军一万一千余名，而各处该解陕西卫分军亦六千四百余名。请以南北军顶兑，顺其水土之性，免其跋涉之劳"②。如此，延绥镇卫籍官军中可能有一定数量的上述南方诸省军户籍卫士。

（二）成化以后补充的别种戍守军兵。这是来源于延绥镇本地的防守军兵。主要有四类：（1）"土兵"。天顺以后，蒙古诸部相继入居河套地区，延绥镇沿边防守压力剧增，原有的卫所"兵力不能支"。为了解决这样的问题，成化初年以后，相继"选充"和招募本地民人为兵，时人称为"土兵"。先是"选充"兵，《延绥镇志》称为"免粮土兵"。成化二年（1466）镇巡官卢祥请求，朝廷派遣官员"验选延、庆二府人户骁健者充兵，给粮边操，计四千八百六十八名"。这部分兵先是"给粮边操"，成化九年（1473），经巡抚余子俊提议免除"土兵本户税粮"，所以被称为"免粮土兵"③。其次是"招募土兵"。西北地区招募兵勇于正统初年已经开始，正统元年（1436），"上语行在兵部尚书王骥曰：……尔兵部可榜谕陕西属卫及缘边甘凉等处，召募勇敢之士。有能奋勇当先、料敌制胜，知贼情堪为间谍，识水草能为向导者，令赴贵处审试收用，有功之日一体升赏，其中果有能立奇功、擒首虏者，不次升赏"④。第二年，"镇守陕西都督同知郑铭募军余、民壮愿自效者四千二百人，分隶操练，给布二疋、月粮四斗"⑤。随后，延绥镇于弘治十四年"募选延、庆二府土丁精壮者，名为义勇军，计得一万三百七十六名"⑥。（2）抽选本镇卫籍户

---

① （明）郑汝璧等纂修：《延绥镇志》卷3《军数》，第175页。
② （明）杨鼎：《议覆巡抚漕运疏》，《明经世文编》卷40，第319页。
③ （明）郑汝璧等纂修：《延绥镇志》卷3《土兵》，第175—176页。
④ 《明英宗实录》卷22，正统元年九月丁酉，第428页。
⑤ 《明英宗实录》卷31，正统二年六月壬戌，第610页。
⑥ （明）郑汝璧等纂修：《延绥镇志》卷3《土兵》，第176页。

"丁壮"为兵,"以补军伍空缺"。这其中包括成化六年"从老军户内陆续抽选壮丁"形成的"四班壮丁"。弘治十三年（1500）从延绥镇"官军之家三丁选一"所得选军2000名,和正德五年"从延、绥、榆、庆四卫各军户内""五丁择一""六丁择二"抽选的军丁1522名。（3）"杂抽"军。这部分军士是成化六、七两年陕西"清勾"出来,本来要解往"云南、两广、福建、浙江卫所军人",因不服水土,不肯前去,后经镇巡官奏请,将这部分军士"收发榆林等卫","后不为例"①。他们是出自陕西籍军户的军士。（4）"南路新设军"。这是延安、绥德两卫城及诸县城的备御军,后设参将或游击统领。最初,这部分军士由每卫每官一员下抽选"舍人"一名组成。后来包括屯军"舍人"、招募及简选等,相继形成"绥德城备御军"（600余名）,"延安城备御军"（备冬屯军300名,城操200名）,保安、安定、甘泉等县（700名）。这部分人后曾增到3000人。以上未注明者,均参见万历《延绥镇志》卷3。就其属籍看,他们来源于延安、绥德、榆林三卫以及延安府、庆阳府。

（三）班军及其他。班军是内地分班戍守沿边地区的军士,正统初年开始组成。主要来源包括西安左、前、后、右四卫4170名,潼关卫2781名,山西蒲州守御千户所685名,河南南阳卫2315名,直隶宁山卫780名,颍上守御千户所332名。合计两班官军11063名②。余子俊说,"榆林一带二十五营堡,东西紧迤二千余里,额设官军两班守备,每班不过一万二千五百员名"③。魏焕说,"旧以陕西左、前、后、右护卫,延安、绥德、庆阳三卫,并河南南阳卫、颍上千户所,直隶潼关、宁山二卫官军,轮班哨守"④。就是说,早期延安、绥德、庆阳三卫也曾参与轮班守备中。可见其来源不但前后有所变化,而且轮班军士人数也有所变化,甚至不断减少。不过,作为班军,后来这部分人主要是非延绥镇本地军人。

另有"备冬军",成化中由延绥镇诸卫屯军组成,绥德卫十二队644名人,延安卫十九队,953名,庆阳卫419名⑤。"防秋军"一般由腹里或

---

① （明）郑汝璧等纂修:《延绥镇志》卷3,第176—177页。
② 同上书,第180页。
③ （明）余子俊:《为边务事》,《明经世文编》卷61,第491页。
④ （明）魏焕:《皇明九边考》卷7《榆林镇》,第299页。
⑤ （明）郑汝璧等纂修:《延绥镇志》卷3,第179页。

近边卫所组成,如"鄜、庆所屯防秋军士二千余人,乞分布沿边要害,以备调用"①。

以上情况表明,洪武时期的"老军"是延绥镇最初的卫籍军士,成化以后补充的戍守军兵除了"杂抽"军以外,大都来源于延绥镇诸卫所和延安、庆阳等府州县的军民。他们是延绥镇基本的戍守力量。从这一点讲,《延绥镇志》镇名解释中所说"屯戍又皆其人"是对的。它的主要含义不是指卫所"老军"这部分军士(因为按照逻辑,所有卫所的防卫都是卫籍军士,于此提出是没有什么意义的)而言,而是指后来通过各种途径补充的戍守军兵。这样的情况在后来军官的来源中也有鲜明的表现。如《延绥镇志》所列"东协孤山副总兵"有11人,其中8人为绥德卫、延安卫和榆林卫籍人,其执政时间集中分布于万历二十三年(1595)至四十一年(1613)之间。"西协定边副总兵"29人,其中16人属本地卫籍,执政时间连续且集中分布于万历十八年(1590)至万历四十一年间②。班军及其他形式的备防军固然不可忽视,但他们只是延绥镇戍守的补充力量,并且这些力量在嘉靖以后越来越减弱。因此,《延绥镇志》关于镇名解释中的这一理由是能够成立的。

三 万历《延绥镇志》点校本的几处错误

由陕西省榆林市地方志办公室整理、上海古籍出版社2011年出版的万历《延绥镇志》,在校勘、标点等方面做了重要的工作,给研究者提供了很大的方便。但书中依然存在一些明显的问题,在此提出并加以讨论或说明,以便今后加以完善。

(一)地名及其相关问题不明而导致的错误。(1)卷之三《军政》,第172页:"九塞劲兵,榆杨称首"。按:此处"榆杨"应是"榆阳"之讹,指代"榆林镇"(又叫延绥镇)。在明代,正如《镇志》卷一《镇名》所云,延绥镇所在地的名称有"榆林""榆阳"或"绥德"三种叫法。叫榆林,是因为"今地多榆,故曰榆林";叫榆阳,是因为"以木之

---

① (明)王竑:《覆安边方略疏》,《明经世文编》卷43,第330页。
② (明)郑汝璧等纂修:《延绥镇志》卷1《建置沿革》,第98—102页。

茂在榆溪之阳，故曰榆阳"；叫绥德，是因为延绥镇初治于绥德城。前者是因自然要素而产生的地名，后者是延绥镇的最初所在。三者都可以指代延绥镇，只是时间略有不同而已。上述"九塞"是"九边"的别称，榆林镇是"九塞"之一，故以"榆阳"这一地名指代榆林。而"榆杨"不是地名，不可指代榆林，所以是错误的。对此，点校本应予以说明。

（2）卷之二《关市》，第163页："顺宁园。林驿。"按，此处标点错误。错误的原因是不明相关地名所致。《明实录》记载，成化十三年（1477），巡抚延绥都御史丁川等说："延安府安塞县至保安县园林铺及保县皆九十里；安塞县至塞门一百五十里，至安定县一百六十里。西通宁夏，东接山西，传报声息，每致稽迟，宜添设园林、塞门二马驿。"① 成化十四年（1478）五月"增设保安县园林马驿、安塞县塞门马驿"②。此"园林马驿"简称"园林驿"，"园林铺"是其旧称，地点在当时保安县东偏北。而"顺宁"，旧称"顺宁寨"，宋代所建，在县北40里。明洪武中于此尝设"顺宁巡司"③。因此，"顺宁"和"园林驿"各为地名，正确标点应是"顺宁。园林驿。"

（3）卷之二《盐策》，第165页："凡盐行路道，延、宁、固、靖三边、延庆三府俱公拟。碎金驿、马湖峪盐近供镇城中、东二路营堡并附近州县。"这一段话涉及两处标点、三个历史知识问题。一是"三边"这一概念。按本部分前文所说，"乙亥，巡抚陕西侍郎冯公清为停正引盐，新旧兼放，以所收银两轮年解发三边买马，始延绥，次宁夏，次甘肃"④。则"三边"一般指延绥镇、宁夏镇和甘肃镇三镇，一般所谓"三边四镇"的三边也是指这三镇。不过，这样的说法绝非三镇专属，也不是其他类似的用法就没有。如"大同、宣府、偏关三边税粮"⑤，陕西、辽东、大同，"于此三边量加招募"⑥，"甘凉、宁夏、榆林三边例"⑦ 等。如此，则

---

① 《明宪宗实录》卷166，成化十三年五月庚午，第3000页。
② 《明宪宗实录》卷178，成化十四年五月壬戌，第3203页。
③ （清）顾祖禹：《读史方舆纪要》（六）卷57，第2728页。
④ （明）郑汝璧等纂修：《延绥镇志》卷2《盐策》，第164页。
⑤ 《明英宗实录》卷55，正统四年五月丁巳，第1053页。
⑥ 《明宪宗实录》卷5，天顺八年五月乙亥，第137页。
⑦ 《明孝宗实录》卷49，弘治四年三月己卯，第984页。

"延、宁、固、靖三边"一句，应标点为"延、宁、固靖三边"。因为，"固"指固原镇，"靖"指"靖虏卫"，后者属于固原镇，故"固靖"连在一起而说，用来指固原镇。这种情况就像"甘凉、宁夏、榆林三边"中"甘凉"指甘肃镇一样。退一步讲，就是按照一般的常识，"延、宁、固、靖"分别点开，实为四地，说是"三边"，在逻辑上也讲不通。因此，此处标点显系错误。二是"延庆三府"问题。"延"指延安府，"庆"指庆阳府，如此则只有二府，何以会有三府之说？因此，此处要么掉了一个府名，要么"三"字是"二"字之讹。核实而论，此处实际上是漏掉了一个平凉府的"平"字，也就是"延庆平三府"才对。因为大、小盐池当时属于灵州盐课司，正统三年（1438）以后，由政府"公拟"确定行盐用途，盐引及相关税收，或者轮流作为宁夏、延绥、固原三镇"中纳马匹"之用，或者由政府确定一定时期的行盐地方，这其中包括庆阳府、平凉府。如"弘治二年，令灵州盐课司行盐地方，仍旧于平凉、静宁、隆德、政平、庆阳、环县等处"① 即是。延安府在隆庆四年（1570）以前"行河东盐"，隆庆四年改属灵州盐课司行盐地方②，此处为万历时期的记述，所以行盐地方自然包括延安府、庆阳府和平凉府。所以，此处"延庆三府"当为"延庆平三府"之讹。三是这段话后半段的标点和意义。按后半段话的本意，是说碎金驿、马湖峪两地所产土盐，近来供给镇城和延绥镇中路、延绥镇东路诸营堡和附近州县使用。其中"近供"是针对以往盐行路道，延、宁、固靖三边而言，主要是用于政府"公拟"作为盐引，中盐纳马之用。"近供"正如"碎金驿盐、马湖峪盐"条下所说，"征解榆林卫收，听赏夫匠支用"。盐地税"征解榆林监收，通判衙门收，听榆林卫入学廪生季给馈粮支用"③。另外，延绥镇本分为三路，即东路、中路和西路，按现在的标点，说"镇城中"，那么"东二路营堡"就讲不通。因此，其正确标点是："碎金驿、马湖峪盐近供镇城，中、东二路营堡并附近州县"。

（4）卷之二《山川》，第109页："堡儿山。在中城圣母祠山之巅。

---

① 《明会典》卷33《盐法二》，第233页。
② 参见《明会典》卷33《盐法二》，第233—234页。
③ （明）郑汝璧等纂修：《延绥镇志》卷2《盐策》，第164页。

由鼓楼东盘旋而上，垂百丈，上有塔，风占谓文笔峰。"该段述榆林城"山"，由城东、城中、城西、城北这样的顺序依次叙述。堡儿山，在城中，圣母祠在山之巅。此由下文"由鼓楼东盘旋而上"等已可窥见。因此，正确标点应为："堡儿山。在中城。圣母祠。山之巅"。因山名以下为小字，如果按整理本标点，词义、逻辑上均不通。

（二）干支纪年等错误与勘正。（1）卷之二《草场》，第155页："附：先成化丁巳参政庞胜、佥事王继经理沿边界石疏"。按，成化年间无"丁巳"年，此处必有误。史料记载，庞胜于成化三年（1467）由"户部郎中升为陕西布政司右参政"①，成化九年（1473）王继由监察御史升为陕西按察司佥事②，成化十四年（1478）十一月，陕西按察司佥事王继被升为副使，整饬固原等处兵备③。如果参政庞胜、佥事王继经理延绥镇沿边界石，应该是在这一时间段内，而这一时间段内绝无"丁巳"这一纪年。成化二十一年（1485）是"乙巳"年，最有可能错讹为"丁巳"，但这一时期王继早已在山西，庞胜也不在陕西，所以不可能是这一年。而在成化十四年（1478）以前，只有"丁酉"年（成化十三年）可能较为合理，所以此处"成化丁巳"可能是"成化丁酉"之讹。又，"经理沿边界石疏"应为"《经理沿边界石疏》"，更符合题意。

（2）卷之四《科目》，第301页："李旦成化壬子举人，癸丑进士，任工部主事。纪温弘治丁酉举人，任太仆寺少卿。"姓名后为小字注说。按，成化时期无"壬子""癸丑"纪年。道光《榆林府志》卷十七《选举志》载，"李旦，成化十七年辛丑进士，官工部主事"。"成化四年戊子举人"④。"纪温，绥德人，徙居榆林。成化十三年丁酉举人，官太仆寺少卿"⑤。按此，上文原文有错误，"壬子"是"戊子"之误，"癸丑"是"辛丑"之误。而纪温以下之"弘治"，应是"成化"才对。

---

① 《明宪宗实录》卷46，成化三年九月丁亥，第965页。
② 《明宪宗实录》卷115，成化九年四月丁亥，第2239页。
③ 《明宪宗实录》卷184，成化十四年十一月甲申，第3314页。
④ （清）李熙龄纂修：《道光榆林府志》，《中国地方志集成·陕西府县志辑》（38），第289、291页。
⑤ 同上书，第291页。

明清时期陕西的织造局与铸钱局

明清两代先后在陕西省首府西安设置有陕西织造局和铸钱局,前者主要借助于陕西地方生产的驼绒、羊绒等,为宫廷及诸王制作手工产品。后者则旨在解决官吏俸禄和军饷等。这两个机构及其生产虽然各有变迁,甚至时兴时停,但都给陕西社会经济产生了重要的影响。学术界虽然不同程度地关注过此事,但一些具体问题仍不是很清楚,对此,下面加以具体论述。

一 陕西织造局及其织造

陕西织造局最初是明朝设于陕西省并专门为宫廷及诸王制作驼氁、羊绒制品的手工业机构。按照明朝的制度,"明制,两京织染,内外皆置局。内局以应上供,外局以备公用"①。此类机构中的"外局",于洪武时期开始在一些资源省份设立,后随着时间的推移和需求的增长而相继增设。永乐年间,政府"增设内、外各织染、织造局",陕西因出产骆驼,"遂及陕西之驼氁"②。这是陕西织造局设立之始,局址设在西安。

陕西织造局设立以后,先后屡有兴废,到嘉靖、隆庆以后才比较稳定地设立。先是,正统元年(1436)"以西鄙不靖","罢陕西织造驼氁"③。以后又有所兴办,具体时间不明,但弘治五年(1492)经巡按御史张文

---

① 《明史》卷82《食货六》,第1997页。
② (清)夏燮:《明通鉴》卷22,正统元年闰六月,中华书局2009年版,第811页。
③ 同上。按,(清)傅维麟《明书》卷8《本纪六》云:"正统元年闰六月,罢陕西织造驼褐"。此处用"褐"与"氁"不同。

的请求而"减陕西织造绒毧之半"①，则其兴业当在此时以前。弘治十一年（1498），先是兵科给事中蔚春请求减免"织造"②，随后"暂免陕西织造，上用羊绒，其小民旧欠岁派物料，令勘实奏免"③。此事以后仍不断有官员请求暂停或减免织造，但仍是时停时兴。故《明史》云："明初设南北织染局，南京供应机房，各省直岁造供用……陕西织造绒袍，弘（治）、正（德）间偶行，嘉（靖）、隆（庆）时复遣，亦遂沿为常例。"④就是说，直到嘉靖、隆庆时期以后逐渐发展为一种常设的织造机构。

陕西织造最初只制造驼毧织物的手工产品，弘治以后以羊绒制品为主。最初设立该局并主要看中其驼毧织物，这与这里游牧生产的环境与驼绒的稀奇和珍贵不无关系，也与当地早已久负盛名的相关制品有关。前者自不必说，后者，早在元朝时期马可·波罗行游宁夏时即称，"城中制造驼毛毡不少，是为世界最丽之毡，亦有白毡，为世界最良之毡，盖以白骆驼毛制之也。所制甚多，商人以之运售契丹及世界各地"⑤。正是基于这样的地理环境、生产特性及其历史产品的盛名，永乐时期朝廷设置织造局时，将陕西的驼毧考虑在内。不过，最初的产量要求可能不是很大，并且由于社会承平日久，地方经济恢复和发展良好，一时尚没有造成极大的地方社会压力。就是正统元年（1436）罢停陕西制造时，也主要是因为当时西北军事环境的变化和蒙古诸部的渐次侵扰而停止。正统以后，陕西北方边境地带常有战事，驼毛、驼绒等来源有限，于是羊绒成为主要的生产资料，陕西织造生产的主要织品也转变为以羊绒为质地的绒袍、绒服，即"各色羊绒织彩龙袍、曳撒鞠衣之类"⑥和毡幄⑦等。羊绒的主要来源是兰州和临洮一带地方，故嘉靖初年杨一清说，"织造开局虽在西安，而羊

---

① （清）夏燮：《明通鉴》卷37，弘治五年二月庚午，第1285页。又《明史》卷15《孝宗本纪》，第187页。

② 《明孝宗实录》卷143，弘治十一年十一月乙未，第2473页。

③ 《明孝宗实录》卷143，弘治十一年十一月壬子，第2502页。按，《明通鉴》云当月"壬子，罢陕西织造羊绒"，或是误解。

④ 《明史》卷82《食货六》，第1998页。

⑤ 冯承钧译：《马可波·罗行纪》，上海书店出版社1999年版，第163页。

⑥ （明）杨一清：《悯人穷以昭圣德疏》，（明）贾三近《皇明两朝疏抄》卷4，明万历刻本。

⑦ （清）夏燮：《明通鉴》卷45，正德九年九月，第1554页。

绒必取之临洮、兰州"①。陕西陕北地区，北部是延绥镇所在，农牧条件良好，但为军士屯田和军需牧马草场所占据。稍南的延安府，虽然也具有畜牧羊群的自然条件，但供给延绥镇边粮是其重要的任务之一。因此，南北两部分都难以有相当规模的绵羊产量及其羊绒生产，所以没有被纳入陕西织造局羊绒原料的来源地。

由于陕西织造是供宫室等的"公用"产品，开局和织造时往往由朝廷派"内臣"或"中官"（太监）前往监造。织造时，先由朝廷相关部门设计"图式"，拟定不同的艺术图案，然后根据图案及其技术需要选择人员。织造局的工匠应该主要是被征召的地方手工艺人，但因任务和物品的技术需要，也经常由太监等监管大臣带来一部分技术人员，参与技术把关和操作。弘治十三年（1500）礼科都给事中宁举上奏"停省织造"说："陕西织造绒褐袍服，大为一方之害。夫褐乃毛布，非至贵者所宜服用。且差去内臣，所领人匠，俱费供给。而丝缕并挑花人匠又取之江南，计其工价，每绒褐一匹所费不下一二百两。"②弘治十一年（1498），山西道监察御史张鸾进言，说"差往陕西织造毛毦内官及带去匠作，宜皆取回，以恤民困"③。后杨一清也提到"带去官舍匠作人等"④问题。凡此都说明了这样的情况。

关于该织造具体制作的资料非常有限，我们难以获得一个较为详细的了解，但下面几条片段性记述或可获得一些片段性认识：（1）弘治十三年，五府六部衙门上奏"停止织造"说："近差内臣往陕西织造上用各色羊绒，又自弘治七年起至十三年止，南京、苏杭差内官织造上用各色织金纻丝共八万四千七百六十匹，乞将各处差去织造内臣取回，停止工作，以苏民困"；"近该司礼监递出印信揭帖，成造预备各王之国所用屋殿帐房、床张铺陈等件，合用白绵羊等毛三万五千斤，白硝山羊皮千五百张，白山羊

---

① （明）杨一清：《悯人穷以昭圣德疏》，（明）贾三近《皇明两朝疏抄》卷4，明万历刻本。
② 《明孝宗实录》卷161，弘治十三年四月癸丑，第2905页。
③ 《明孝宗实录》卷143，弘治十一年十一月庚子，第2484页。
④ （明）杨一清：《悯人穷以昭圣德疏》，（明）贾三近《皇明两朝疏抄》卷4，明万历刻本。

绒三百斤，俱分派陕西等处买办，乞暂停止"①。（2）正德九年（1514）九月，"镇守陕西太监廖堂进上用铺花毡幄一百六十二间。先是传旨以纸式尺寸，令（廖）堂及巡抚陈寿依式制造，重门、堂庑、庖湢、户牖之属，无不悉具。自是上出郊祀，陈设幄幕，不复宿斋宫矣"②。（3）万历五年（1577）"七月，命陕西织造羊绒，计三万二千二百四十疋，计价七十五万，两巡按御史乞寝之，不听"③。（4）万历中"陕西织造羊绒七万四千有奇"④。

陕西织造的费用，一般由朝廷和陕西地方各出资一部分，具体比例似没有统一规定，一般情况下，应视织造对象、数量及其所需费用和陕西地方经济状况不同具体而定。文献所谓"合无比照羊绒事例，每银三十万，陕西自处十万，工部处十四万，户部处六万，众力易举，可免纷纷筑舍之议矣"⑤的记载，反映了一定时期或者某次织造的一种做法，不能够代表常态的行为和规定。有时朝廷经费不敷用，则从国家其他赋税来源征调。如正德十二年（1517）三月，"陕西镇巡官复以织造为言，请将两淮、浙江、四川、河东盐课充陕西织造之用，从之"⑥。尽管陕西地方只出其中费用的一部分，但这项费用及其赋敛却是额外加在陕西人民头上的一项沉重的负担。地志记载，嘉靖时陕西富平县，"银差"一项，就有"军器、毛袄织造"等费用⑦。在行织造期间，这些负担及"中官"于监管过程中的盘剥，给陕西人民带来巨大的伤害和苦痛。这种伤害和苦痛因为历史资料缺乏，我们难以获得一个定量的数据，就是一般的较为清楚的定性说明也成为一种奢望。但弘治以后，地方官和朝臣的多次请求"停省""暂停""减免"陕西织造的奏议，却从一个方面清楚地反映了这一点。下面略举数例加以说明。

---

① 《明孝宗实录》卷162，弘治十三年五月丁卯，第2923页。
② （清）夏燮：《明通鉴》卷45，正德九年九月，第1554页。
③ （明）涂山：《明正统宗》卷30，明万历刻本。另见万历五年陕西巡按监察御史萧廪《地方艰灾大工繁重疏》，载张卤《皇明嘉隆疏钞》卷8，明万历刻本。
④ （清）嵇璜：《续文献通考》卷29《土贡考》，文渊阁《四库全书》本。
⑤ （明）王在晋：《越镌》卷8《水衡纪略》，明万历三十九年刻本。
⑥ （清）夏燮：《明通鉴》卷47，正德十二年三月，第1592页。
⑦ （明）李廷宝修，乔世宁纂：嘉靖《耀州志》卷4《田赋》，（台北）成文出版社有限公司1976年版，第123页。

（1）弘治、正德时期，各级官员多次请求"停省"或减免陕西织造。其主要代表包括：弘治十一年（1498）兵科给事中蔚春、山西道监察御史张鸾①，十三年（1500）礼科都给事中宁举、五府六部等衙门②，十四年（1501）马文升③，正德十二年（1517）工科都给事中石天柱等④。其中所涉及的主要问题，是陕西织造及其所造成的"额外之征"，使得备受战争侵扰、边粮运输等困扰的当地人民痛苦已极，甚至危及政治稳定。如正德十二年石天柱说："近奉旨令陕西织造上用袍服。窃见陕中连岁兵荒，科敛繁重，加以回贼大举入寇，方命将征讨，兵马供亿之费犹恐不支，况可以织造扰之哉！且治外夷者，以内治为本。若织造不止，民生重困，恐干戈意外之祸不在外夷，而在中国也。伏望俯顺民情，暂为停止。"遗憾的是，该奏章递上去后，并未上报给皇上。正德十二年二月"增设陕西织造中官"，给事中任忠说："陕西地瘠早寒，民多穴居，衣皮铺藿，无它生计。况沿边郡县屡遭寇掠，耕牧旷废。其腹里不被兵者，又以调集士马，挽运刍粮，亦皆疲敝。麰麦槁于春夏，苗稼尽于雪霜。逃窜流移，十室而九。近闻复遣太监往监织造，费辄数万，催督峻急，民不堪命。"⑤该疏也是"疏入不报"。

（2）嘉靖帝即位后，先是废黜各地织造。嘉靖五年（1526）朝廷以"四宫供应不敷"重启陕西织造，并于当年二月派遣太监刁永督办。一时间朝臣多起，纷纷上书请罢或请求停止太监督办。嘉靖四年（1525），山西道御史乔祺闻听酝酿此事时上书说："至于差官往陕西织造羊绒袍袄，尤为不可。盖陕西地方连年苦于兵革，病于饥馑，祖宗百五十年以来所患者，惟陕西边境之最要也。其在今日，甘肃则有回夷，洮、岷、河州则有亦不剌，延、宁、固原则有套贼，边警不时，支给不暇。近年勅遣重臣镇压其境，虽收薄效，尚未底宁，而今乃复有此举，差官一出，供应不赀，参随爪牙之徒，惟利是索，有司驿传，恣意诛求，陕西地方近已匮于军

---

① 《明孝宗实录》卷143，弘治十一年十一月乙未、庚子，第2473、2484页。
② 《明孝宗实录》卷161，弘治十三年四月癸丑，第2905页；卷162，五月丁卯，第2923页。
③ （明）沈国元：《皇明从信录》卷25，明末刻本。
④ 《明武宗实录》卷145，正德十二年正月丙午，第2845页。
⑤ （清）夏燮：《明通鉴》卷47，正德十二年二月，第1592页。

饷，民情皇皇，今复加以科扰，必将骚动地方，震惊边庭，譬犹抱薪以救火也。"① 第二年三月，工科给事中张嵩上疏说："关陕土瘠民贫，人心悍劲，一有不堪，易于生乱，况当此憔悴之极乎！是诚不可不先为之虑也。异时或有他变，为计亦晚矣。按请者曰，惟恐一时取用织造不前，其意真若为公也，陛下亦以为职掌则然也，殊不知名为假公，实则营私，不过曲遂欲去者之锁求而交济其欲耳。……伏望陛下……俯从臣等之言，收回成命，不必差官。如前项羊绒袍服果不敷用，乞勅工部议处。经其工费定以数目，移文陕西镇巡衙门，如法督办完日，即便责委人员赍进。"② 杨一清上奏说："故今日陕西差官织造，臣反复思之，诚未见其可也。及又查得，陕西各府州县拖欠各王府禄米并折色，不下数十万石，负欠官军俸粮至三五年未支。节奉明旨，责限令其补支，所司瞠目，束手无从处给，拆东补西，仅支目前不经之费，如之此地，甚非所宜。且织造开局，虽在西安，而羊绒必取之临洮、兰州，此地凋敝已甚，年成薄收，见今银每钱止籴粟米六七升，民不聊生，若更迫之，密迩贼巢，非死于沟壑，则驱之从贼耳。"③ 从这些奏疏及其反映问题看，陕西地方地瘠民贫、外患频仍、陕民转输艰难，以及织造监官"太监"及其爪牙横征暴敛和肆意盘剥等，是朝臣和地方官乞求皇上停罢织造的主要原因。固然，明人张翰说："西北之利，莫大于绒褐毡裘，而关中为最。"④ 但从官营业来看，在其后期所反映的历史情况，是"差官一出，供应不赀，参随爪牙之徒，惟利是索，有司驿传，恣意诛求"，则陕西织造给当地人民带来了沉重的负担，对陕西社会的正常运行也造成了巨大的负面影响。

清代初年，各处织造继承明代制度继续存在和运行，陕西织造概莫能外。顺治八年（1651）正月，皇帝谕户部云："陕西亦织造绒褐妆蟒，朕思陕西用饷甚多，本省钱粮不敷，每拨别省协济，此织造绒褐妆蟒殊属无

---

① （明）乔祺：《收成命以防易差后患疏》，（明）施沛《南京都察院志》卷27《奏疏一》，明天启刻本。
② （明）张嵩：《乞止差官织造以苏民困疏》，（明）张卤《皇明嘉隆疏钞》卷4，明万历刻本。
③ （明）杨一清：《悯人穷以昭圣德疏》，（明）贾三近《皇明两朝疏抄》卷4，明万历刻本。
④ （明）张翰：《松窗梦语》卷4《商贾纪》，《历代史料笔记丛刊·元明史料笔记》，中华书局1985年版，第85页。

用，亦着停止，节省冗费，以完兵饷。既于国计有益，且免沿途驿递夫役转送之苦。至陕西买办皮张之处，亦属烦扰，着一并停止。尔部速行传谕、以昭朕恤兵爱民至意。"① 这说明，清代建立以来，陕西织造依然运行，并承担着为宫廷生产"绒褐妆蟒"的工作，这些均与陕西地方出产皮毛等有关。顺治八年，皇帝鉴于陕西"钱粮不敷"和"用饷甚多"的实际情况，传谕停罢陕西织造，于是陕西织造的历史遂告结束。

二　宝泉局与铸钱

宝泉局是明代设于一些省份的铸钱机构。陕西宝泉局可能初设于洪武初年，随后或设或停，数次反复。洪武二十二年（1389），政府"复置江西、河南、广西、陕西、山西、山东、北平、四川八布政使司所辖宝泉局。……每局大使一人，秩从九品"②。说明陕西省是较早设立宝泉局的八个省份之一。二十六年（1393）朝廷规定，"在外各布政司一体鼓铸，本部（工部）类行各司，行下宝源局委官监督，人匠照依在京则例。铸完钱数，就于彼处官军收贮，听后支用"③。陕西省自不例外。铸钱要有铸造"炉"，铸造"炉"的数量和年产额反映着该省铸钱在全国的地位。据文献记载，当时全国有 10 个布政司设有宝泉局铸钱，其铸造炉座与年产额如下：

北平，21 座，每岁铸钱 1283 万 400 文。

广西，15 座半，每岁铸钱 903 万 9600 文。

陕西，39 座半，每岁铸钱 2303 万 6400 文。

广东，19 座半，每岁铸钱 1137 万 2400 文。

四川，10 座，每岁铸钱 583 万 2000 文。

山东，22 座半，每岁铸钱 1212 万 2000 文。

---

① 《清实录》第三册《世祖实录》卷 52，顺治八年正月戊午，中华书局 1985 年版，第 409 页。

② 《明太祖实录》卷 196，洪武二十二年四月甲子，第 2950 页。

③ （明）申时行等修：万历重修本《明会典》卷 194，中华书局 1989 年版，第 983 页。（明）王圻《续文献通考》卷 18《皇明钱法》云：洪武二十六年"复罢各布政司宝泉局"。此说与《明会典》不同，此处从《明会典》。

山西，40座，每岁铸钱2332万8000文。

河南，22座半，每岁铸钱1312万2000文。

浙江，21座，每岁铸钱1166万4000文。

江西，115座，每岁铸钱6706万8000文。①

可以看出，陕西宝泉局有"炉座"39座半，居全国10个铸钱布政司的第三位，每年造钱数2303万6400文，也位居第三名。嘉靖三十四年（1555）政府"提准云南""鼓铸嘉靖通宝钱"，年额是3301万2000文，如果说这时上述10省仍然还在铸钱，那么，陕西省就沦为第四名，依然排在全国的前几位。因此，陕西省在明代是铸钱大省之一。万历四年（1576）朝廷"提准通行十三布政司、南北直隶开局铸钱。每府发碹边样钱100文，令照式铸造"②。则陕西宝泉局延续了很长的时间。宝泉局的地点设在今西安城内"安居巷"，据说，这里本明代宝泉局所在，后称"钱局巷"，清中期以来称"安居巷"。今藏西安市碑林博物馆内的铜狮子（身上有钱币图案——万历通宝），就是当年宝泉局所铸造的③。

清承明制，不少省份仍旧设冶炉铸钱，是为官办铸钱局。清代陕西铸钱局先后设于两处地方，一是延绥镇，称延绥钱局；二是陕西省局，在西安府，乾隆时期称"宝陕局"，顺治后期所铸"顺治通宝"，幕为"陕"字④。关于两处铸钱局设立的时间，因文献表述的不同，在理解上往往各有分歧。延绥镇（今陕西榆林）铸钱局，有顺治二年（1645）、顺治三年（1646）和顺治四年（1647）等三种记载。顺治二年说，见于《皇朝政典类纂》云，该年"令山西、陕西省及密云、蓟、宣府、大同、延绥、临清等镇，各开鼓铸局"⑤。此事，《清朝通志》记在顺治四年，云："四年，户部议，钱价既重，不便行使，请更定为每十文，准银一分，又请于

---

① （明）申时行等修：万历重修本《明会典》卷194，第983页。
② 同上书，第983页。
③ "西安安居巷曾是明代西安钱币铸钱基地"，《西安晚报》2012年11月4日。
④ （清）舒其绅修，严长明纂：《西安府志》卷16《食货志》，《中国地方志集成·陕西府县志辑》（1），第184页。
⑤ 席裕福、沈师徐辑：《皇朝政典类纂》钱币七"省直钱局"，文海出版社有限公司1969年版，第150页。

各省重镇颁式开铸。于是开山西、陕西省及密云、蓟、宣、大同、延绥、临清等铸局","五年,停延绥局"①。顺治三年说,见载于《清世祖实录》,云顺治三年二月"乙巳,开延绥镇鼓铸"②。这三个时间看似有矛盾,实际上并不存在决然的矛盾。就陕西当时的情况来说,顺治二年本省总体上已经为清政府控制,并已开始建制。这些为铸钱局的设立创造了基本的政治条件。由于对西北战事和沿边军事防卫的需要,出于具体的军饷、官俸等的需要,顺治二年朝廷下旨,令一些省份和一些沿边重镇开设铸钱局。延绥镇就是应此次朝命而设立铸钱局的,时间应是顺治二年。到了第二年,也就是顺治三年,才开始鼓铸铸造钱币,这是铸造钱币的时间。至于《清朝通志》所说的顺治四年,乃是因为"钱价既重,不便行使,请更定为每十文,准银一分,又请于各省重镇颁式开铸",且明确说是改革钱式后的开铸,不应当将其理解为该镇铸钱是在此次事件之后的行为。当然,《清朝通志》本身的理解和表述是不准确的,这也容易导致后人的误解。事实上,顺治十一年(1654)档案《车克题查明停减炉座铸本钱息事本》中明确述说:"延绥钱局,顺治叁年陆月开铸,搜括废铜并动兵饷办买,铸出制钱,搭放兵饷。……叁年陆月起至肆年肆月止,乏铜未铸。至伍年闰肆月,巡抚王正志题准停铸。"③ 综上所述,延绥镇铸钱局于顺治二年设局,三年开始铸造,但时间不长,遂至四年四月实际上已经停铸,五年经巡抚王正志题请,正式停止,以后再未恢复。延绥镇开局并鼓铸造钱是当时特殊条件下的应时之需,在清朝统治稳定并进行较为系统的规划调整后,该局仅维持两年的时间,很快就结束了自己的命运。

陕西省局,按上述材料也是顺治二年与延绥镇是一批开局的。《清实录》记载,该年五月"开陕西鼓铸,从总督孟乔芳请也"④。乾隆《西安府志》记载,顺治二年,因军饷紧张,总督孟乔芳提请朝廷:"西安原有钱法同知一员,司铸局,宜令开铸,资军需。铸钱每文重一钱二分,每十

---

① 乾隆官修:《清朝通志》卷89《食货略九》,浙江古籍出版社2000年版,第7273页。
② 《清实录》第三册《世祖实录》卷24,顺治三年二月,第208页。
③ 中国第一历史档案馆编:《清代档案史料丛刊》第七册,中华书局1981年版,第189页。
④ 《清实录》第三册《世祖实录》卷16,顺治二年五月,第145—146页。

文准银一分，旧钱美十四文准银一分。"① 该"钱法同知"所"司铸局"，即陕西省局，其开铸造钱的时间可能略早于延绥镇。乾隆《西安府志》所云"陕西宝泉局旧设延绥镇，顺治五年停止，今置西安府，《会典》名宝陕局"②，其中开始的半句话是错误的。顺治十年（1653），朝廷下旨："钱法难行，皆因设炉太多，铸造不精所致。见今官铸，该部酌减炉座，务要精工如式，背面添一厘二字，上下通行，有不遵者，依律治罪。"③此时，陕西省铸钱除添加"一厘"二字外，还添加一"陕"字④。康熙元年（1662），因钱法渐弛，各省炉座太多而奉命停止，康熙六年（1667）"复照旧鼓铸"，而陕西省至康熙九年（1670）才开铸⑤。乾隆时期设于西安府的陕西省铸钱局称为"宝陕局"⑥，此后再没有变化。

陕西省局铸钱所用金属等料，先是在陕西等地开采，如陕西临潼开采银矿等。康熙二十二年（1683）规定，陕西停止一些原开采地的开采，改用滇铜铸钱，"所不足者，于宁羌等处诸山开采增补。乾隆四十年（1775），复以旧厂产铜不旺，于略阳另开新厂，铜觔优裕，足资鼓铸。"⑦另外，在陕西汉中、沔县亦曾"开山取铜"⑧，以补不足。所谓"滇铜"，就是云南出产的铜，因其出产量大，且质量优良，不但供应京师"宝泉局""宝源局"，还供给不少省份，用以铸钱或铸造武器等。乾隆五十年

---

① （清）舒其绅修，严长明纂：《西安府志》卷16《食货志》，《中国地方志集成·陕西府县志辑》（1），第184页。

② 同上书，第183—184页。

③ 《清实录》第三册《世祖实录》卷77，顺治十年七月，第609页。

④ （清）舒其绅修，严长明纂：《西安府志》卷16《食货志》引《通志》，《中国地方志集成·陕西府县志辑》（1），第184页。《清朝通志》：顺治"十七年，复开各省鼓铸局，定钱幕铸地名，兼用满汉字。……陕西铸陕字。……其后至雍正元年，始定各省局钱幕皆用满文，至今通行"（卷89《食货略九》，浙江古籍出版社2000年版，第7273页）。

⑤ （清）舒其绅修，严长明纂：《西安府志》卷16《食货志》引《户部则例》，《中国地方志集成·陕西府县志辑》（1），第184页。

⑥ （清）舒其绅修，严长明纂：《西安府志》卷16《食货志》，《中国地方志集成·陕西府县志辑》（1），第184页。

⑦ 同上。按，关于陕西省局改办滇铜事，乾隆三十二年陕西巡抚明山奏云，"西安宝陕局因乾隆三十年改办滇铜，不能如期接济"（《清高宗实录》卷779，乾隆三十二年二月甲子）。此处云乾隆三十年改办滇铜，与上述不同，录此以备一说。

⑧ （清）范启源重纂：《雒南县志》卷4《圈法》，《中国西北文献丛书·西北稀见方志文献》第15卷，第323页。

(1785),时任河南巡抚的毕沅说:"臣前在陕抚任内,查得宝陕局,向定鼓铸章程,每铜百觔,用高铜七分,低铜三分,复配白铅九十六觔,点锡四觔。其低铜三分,应加耗铜六觔十四两有零,此向来办理定例。"① 毕沅于乾隆三十八年(1773)擢任陕西巡抚,至五十年二月调为河南巡抚,中间除因丧母守丧以外,在陕巡抚任上达10年之久。这期间,陕西省"宝陕局"铸钱定有严格的"鼓铸章程"和规制,以"高铜七分、低铜三分"为基本原则,执行得较好。

"滇铜"是陕西"宝陕局"铸钱的主要铜源。有学者研究,乾隆后期陕西省于云南采买"滇铜"15次,采买高铜333.2017万斤,采买低铜193.7983万斤,采买总量527万斤,年均采买量17.57万斤②。这样的采买量,在当时采买省份——江苏、江西、浙江、福建、湖北、广东、广西、贵州中,采买次数居第五位,而采买高铜量占到第二位,采买低铜量占第四位,采买总量占第四位,年均采买量占到第四位。因此,陕西"宝陕局"在当时的采买量是相当可观的。乾隆五十四年(1789)一条材料:"谕军机大臣曰:秦承恩奏,陕西省局内积存洋、滇高铜数较多。而现有低铜,不敷配用,请照例暂用高铜,按卯鼓铸等语。该省局内,现存低铜,不敷鼓铸。而洋、滇高铜积有一十六万六千余觔,自应通融筹办,俾免停炉歇卯之虞。"③ 又五十八年(1793),"陕西巡抚秦承恩奏:宝陕局截至本年四月上卯,局存滇铜并本省略阳厂铜暨官商运到洋铜,共一十五万九千余觔,均系高铜,其低铜仅三百九十余觔。按之高七低三定例,不敷配铸。应请自下卯起,照上届于原用铜百觔数内减用铜二觔,加白铅二觔,搭配鼓铸。俟采办滇铜到陕,仍照高七低三旧例办理。报闻"④。按此,滇铜确实在陕西省局铸钱中占有重要的地位,而陕西省确实采办有相当数量的滇铜。除此之外,采办的铜料中,还有一种"洋铜"。按一般的认识,此铜采自"东洋",故称洋铜。地志记载,"今已岁市洋铜三十

---

① 《清实录》第二十四册《高宗实录》卷1226,乾隆五十年三月,第439页。
② 马琦:《国家资源:清代滇铜黔铅开发研究》,人民出版社2013年版,第324页。
③ 《清实录》第二十五册《高宗实录》卷1345,乾隆五十四年十二月下,第1239页。
④ 《清实录》第二十七册《高宗实录》卷1428,乾隆五十八年四月下,第95页。

万觔，致于西安，兴炉冶铸钱"①。洋铜和滇铜都属于铜料中的"高铜"。只是"洋铜"的采办情况不大明晰。

陕西省采办"滇铜"由"官商"采办，每一次采办都很不容易。一方面，陕西省距离云南路途遥远，沿途道路崎岖难行；另一方面，当时的交通工具较为落后。这些都增加了采办的难度和成本。据研究，当时的采办和运输路径是：一路，也是主要路径，自云南省城（或大理）经竹园村、剥隘、百色、宣化、桂平、苍梧、桂林、全州、零陵、衡阳、长沙、岳阳、汉口、钟祥、襄阳、均州、淅川、商南、商州，然后抵达西安。另一条道路，途经四川，由"泸州兑领"，运抵陕西略阳，然后运至西安。《钦定大清会典事例》记载，"如领运泸州铜斤，自云南省城至泸州，限三十一日，在泸州兑领，每一十万斤，限五日运至泸州水次，至略阳限一百二十五日，自略阳运至省城，限二百四十日"②。如果将这些时间加起来足有一年多的时间，其艰难可想而知。

又，乾隆十六年（1751），"户部议覆陕甘总督行川陕总督事尹继善等疏称：陕省向因铜稀钱贵，领运川钱三万一千二百余串搭充兵饷，每串工本银一两零。若改拨川铜二十五万觔运陕，加以铅、锡，可铸钱四万八千余串，每串工本银九钱零，较之协陕钱数多一万六千余串。请自乾隆壬申年（十七年）正月川省停铸陕钱，改拨陕铜二十五万觔。先于乾隆十六年饬令川省厂员备贮，以待陕员赴领等语，事属可行，应如所奏办理。至陕省领运川铜，由厂运嘉定（今四川乐山），由嘉定至陕省，水陆脚费令川省布政使给发印簿，据实登填，运竣报销。及员役往返盘费，陕省添设炉座、配用铅锡、添搭兵饷各事宜，应令该督会同陕抚作速妥议，具题到日再议。得旨：依议行。"③ 由此得知，由于采办艰难，乾隆前期，陕西省所需钱项一度由四川省铸造。而这里提到的"改拨川铜二十五万觔"，"至陕省领运川铜"的路径，是"由（川）厂运嘉定（今四川乐山），由嘉定至陕省"，这些都是非常艰难的路段。

---

① （清）范启源重纂：《雒南县志》卷4《圖法》，《中国西北文献丛书·西北稀见方志文献》第15卷，第323页。

② 以上参见马琦《国家资源：清代滇铜黔铅开发研究》，第335—336页。

③ 《清实录》第十四册《高宗实录》卷389，乾隆十六年五月下，第111页。

总之，官铸钱币在很大程度上满足了本省官俸、兵饷和一定的民间所需，但因所需铜料主要来源于滇铜、川铜，尽管对这些铜料的采办主要由"官商"从事，但其费用往往由"地丁银"来摊付①，在一定程度上加重了人民的负担。

三　结语

以上论述可知，明代到清代初年的陕西织造局，明永乐时期已经开办，嘉靖、隆庆时期比较稳定地设立。织造所用的原材料，最初主要是驼绒，后来逐渐以羊绒为主。制造物主要供给宫室及诸王室使用，因此，织造要求甚严，甚至织造物品的样式、图案等都由朝廷专门请人设计，织造过程由太监监造，一些技术人员甚至由朝廷工匠挑选江南名匠来完成。明中期以降，不少朝臣及地方大员鉴于陕西地方社会经济凋敝，民生困难，加上粮饷供给太重，多次请求罢停，但亦是时停时兴。虽然，织造局最终于顺治八年罢停，但在这一漫长的时间里，加上各级官吏的盘剥，陕西人民承受了更加沉重的经济负担。陕西铸钱局在明代主要是供给官吏俸禄和兵饷而设立的，明代初年陕西铸钱局规模很大，有炉座39座半，数量位居全国10个铸钱布政司的第三位，每年造钱数也位居第三名，这样的规模可能与陕西境内分布有"三边四镇"，以及其当时管辖整个西北区域的实际情况有关。进入清代，陕西铸钱局依然活跃，其最初所用金属等料主要靠本地供给，康熙以后主要靠"滇铜"供给，后者由"官商"采办，运输费用巨大。这些费用后来多由编户农民的"地丁银"来承担，因此，它在一定程度上加重了陕西人民的负担。

（原刊《长安大学学报》（社会科学版）2016年第1期）

---

① 《清实录》第十四册《高宗实录》卷403，乾隆十六年十一月下，第291页。

沿革地理学向历史地理学的变革
——史念海先生的主要思想与实践

中国历史地理学是从沿革地理学发展而来的一门学科，这已是大家的共识。在沿革地理学向历史地理学变革的过程中，很多学人在各自认识和研究的实践中，结合时代风势的发展变化，都不同程度地做出了重要的贡献，史念海先生就是其中重要的一位。史念海先生1933年秋季开始比较系统地接触"沿革地理"这门课①，后来加入"禹贡学会"，并终其一生与这门学科结下了不解之缘。在67年的学习、教学和研究历史地理学的历程中，他不但见证了这门学科的形成和演变，而且以其研究实践推动了这门学科的现代转变。研究他的思想和实践不但有助于了解这门学科发展的历史，而且有助于进一步认识史念海先生在这一过程中的贡献。

一 沿革地理学：继承、实践与认识的变化

像很多前辈学者一样，史念海先生认识和从事历史地理的研究是从沿革地理开始的，而对于这门学科的认识及其变化却经历了相当长的时间。最初的认识大约形成于20世纪30年代。认识的来源有二：一是乾嘉考据学关于历史上地理事物的"史实"变迁的考证；二是顾颉刚、谭其骧等

---

① 史念海先生当时就读于辅仁大学历史系二年级，谭其骧先生为历史系讲授"中国历史时期的地理"课程（史念海："重排本前言"，载顾颉刚、史念海《中国疆域沿革史》，商务印书馆1999年版，第4页）。其学科属性是"沿革地理"。这应该是他系统接触这门课的开始。时下有不少著述称谭先生开设课程的名称是"中国地理沿革史"，包括顾颉刚先生、葛剑雄先生、王学典先生、顾潮先生和陈光中先生等都如是说，这些大概是一种泛义的说法。

先生所开设的"中国地理沿革史"等性质的课程。后者虽然直接和具体地与他的学习和研究实践有关,其实也是在前者这一基本理念下的产物。二者关系密切,也是当时主流学术思潮的特点,很少有人能够超越这一限制。就是1934年的禹贡学会成立和《禹贡半月刊》发行以后,虽然其研究宗旨对相关研究有比较系统的一些认识,但这些认识及其遵从此"宗旨"的研究实践,却仍然没有逸出"沿革地理学"的藩篱多少。因而,其实质仍是地理沿革史的内容,它是历史学的组成部分。正是在这样的学术背景下,整个30年代,史念海先生历史地理的研究主要集中在郡县增损、地志互勘、郡国及其疆域考证等内容上,这是对传统沿革地理学的继承和延续。这种工作,大约持续了十几年的时间。虽然,在随后的研究实践中,自觉和不自觉地出现了一些新的变化,但其研究主体仍然是沿革地理学。50年代中期当他反思其研究历程时说:"过去二十多年的岁月里,竟有十几年的时间是糊里糊涂地走着清代乾嘉学者的老路,只在考核地名的变迁、制度的沿革以及区划的分合上用功夫,这仅仅是替史料作出一些注释,使读史的人得着一些方便罢了。"①

史念海先生最初反思沿革地理学并尝试突破和发展沿革地理学始于抗日战争时期(约40年代初)。反思的实践基础是长期以来沿革地理的研究比较远离社会现实,并以历史时期的地理问题的较为单一的"考辨"为特点的事实。而直接造成这一反思的刺激则是抗日战争的全面爆发,以及由此引发的对本学科就此"有为"的自觉意识。他说:"七七事变发生,我身陷危城,辗转绕道,颇历艰辛,始得归来。当此大难之际,竟未能执干戈以为社稷,这样的文章究竟于世何所补益?可是如何有用于世,一时也难于说的具体。经过几年漂泊的生活,才又恢复到旧日的营生,到编译馆工作,因而能再与顾(颉刚)先生同处一地,时相晤面。我这次再见到顾先生,就提出我这几年的感受。顾先生也认为我的这些想法合乎道理,并且说欲求有用于世,应于沿革地理之外,兼治地理之学。"② 在

---

① 西鸿:《辛勤的园丁——先进工作者史念海教授二三事》,《人民教育》1956年第6期。按,这些话虽然是采访人所写,但应当是史念海先生说的话。

② 史念海:《我与中国历史地理学的不解之缘》,《史念海全集》第1卷,人民出版社2013年版,第5页。

此背景下,日渐形成"有用于世"的理念,并欲以此为方向实现对于传统沿革地理研究的"突破"和发展。所以他说:抗日战争时期,"我所能够探索到的,也只有下列这两点:其一,沿革地理学诚然在历史地理学中居有一定的地位,从事历史地理学的研究却不应仅限于沿革地理学的范围。如何才能超出这样的局限?由于当时对于历史地理学的学科性质和有关范畴尚未有明确的论定,还难说的具体。好在已经注意到事物的变化,应该以说明变化的缘由及其过程和影响。这样就可以稍稍轶出沿革地理学的旧规。其二,我逐渐体会到像历史地理学这样一门学科不仅应该为世所用,而且还应该争取能够应用到更多的方面。"① 其实,"有用于世"的理念,包括"经世致用"的思想,贯穿于我国古代历史著述的不少方面,就是在沿革地理学研究中的存在,也不乏一些代表性的经典性著述。元人胡三省的《通鉴胡注》自不必说,就是明末清初顾祖禹的《读史方舆纪要》以及顾炎武有关"经世致用"的众多沿革地理著述,总体上也都表现了这种思想。只是清代乾嘉考据学发展以来,学人渐渐远离了这样的著述目标,以至于逐渐相仍,为后世所沿袭。史念海先生试图通过"有用于世"的理念来突破传统沿革地理学研究,应该说是在这一特定的政治环境下,对于沿革地理学"有用于世"理念的自觉和重新发现。这样的"发现"及其研究实践,意在克服传统沿革地理研究比较远离"世事"的纯粹考证方向,强调重视和发展沿革地理直接服务于社会的功能的方向。这对突破传统沿革地理的研究是有积极意义的。事实上,史念海先生以前与顾颉刚先生合著的《中国疆域沿革史》已经鲜明地表现了这样的思想。但从历史地理学这门学科的发展来讲,这一"发现"及其实践并没有实现超越沿革地理学性质的范畴,当然也没有改变这一时期其相关研究仍然属于这门学科的属性。

在理念和突破方向基本明确以后,在实践层面的落实和突破工作却来自两个方面的实际工作:一是历史学方向的研究,这在很大程度上改变了较为单纯的考据沿革的做法;二是选择《中国的运河》一书的自觉尝试和从事《西汉地理图》编绘及其研究任务中的探索。在实践层面选择《中国的运河》一书进行有意识的或者说自觉的尝试性探索。据他说:

---

① 史念海:《中国的运河》"序",《史念海全集》第1卷,第289页。

"当时思想上也不无迷惘困惑之处","在困惑之余,我总想为这门学科打开一个新的局面。它(历史地理学)是不是独立发展,不再局限于历史学的一个辅助学科?我初步设想,既是历史地理学,就应该着眼于整个地理方面,使它能够和它的名称一样,是历史的地理学。由此出发,我就试写了一本《中国的运河》,着重探索运河变迁的原委,以作为开发水利的借鉴。"① 但这项研究,据他后来说,"还是由史学着眼和立论。固然也曾试图说明事物变化的缘由及其过程和影响,却往往是偏重于社会和人为的方面,自然的因素就显得极少。"② 而且在方法上,该书也"未能稍离考据的窠臼"。③ 就是说,其中的研究虽然也有一些改变,但在方法上没有超出考据学的范畴,在性质上仍属于历史学的研究。就"突破"沿革地理学和发展历史地理学而言,这样的尝试应该说总体上是不很成功的。

值得一提的是,这一时期先生遵从顾颉刚先生之命,编绘《西汉地理图》。"《西汉地理图》不以州郡图为限,举凡经济、交通、人口等只要能以图表示的,皆在编绘之列,现在所能记得的,大约有三十余幅。根据顾先生的指示,编绘的步骤,是在资料搜集具备之后,先行撰写有关论文,再进行制图"。这一工作虽然"还是离不开考证的",但"在政治地理图之外,兼绘制其他方面的人文地理图和一些自然地理图"。④ 由于《西汉地理图》"不以州郡图为限",这就在突破沿革地理方面迈出了第一步。其次,这些图幅又涉及经济、交通、人口等众多历史地理学分支学科的内容,从而在内容上也对以往沿革地理是一个重要的突破。再加上,对相关研究要"先行撰写有关论文",遂在这些分支学科上分别进行了一些程度不同的专题研究和拓展。这些研究就为历史地理学一些分支学科的发展进行了一些有益的探索。这一时期发表的论文,如《晋永嘉乱后中原流人及江左居民》(《西北论衡》第 7 卷第 15 期)、《晋永嘉流人及其所建的坞壁》(昆明《益世报·史学》第 18 期)、《保卫大西北外围地理形势》(《西北论衡》第 7 卷第 8 期)、《关中水利与西北盛衰之史的研究》

---

① 史念海:《史念海自述》,高曾德、丁东编《世纪学人自述》第四卷,北京十月文艺出版社 2000 年版,第 293—304 页。
② 史念海:《中国的运河》"序",《史念海全集》第 1 卷,第 289 页。
③ 史念海:《我与中国历史地理学的不解之缘》,《史念海全集》第 1 卷,第 6 页。
④ 同上书,第 3—5 页。

(《西北资源》第2卷第1期)、《永嘉乱后江左对于流人之安置》(《责善半月刊》第2卷第9期)、《汉代对于西北边郡的经营》(《文史杂志》第2卷第2期)、《论战国时代的国际关系及其所受地理环境的影响》(《文史杂志》第2卷第9、第10期)、《秦汉时代国内之交通路线》(《文史杂志》第3卷第1期、第2期)、《娄敬和汉朝的建都》(《东方杂志》第40卷第5期)、《晁错及其边防政策》(《政治家月刊》1944年创刊号)、《论诸葛亮的攻守策略》(《文史杂志》第6卷第2期),其中数篇收入后来出版的《河山集》初集和四集中,成为历史地理研究方面的代表性作品。而这些研究成果的共同特点,是关注历史上的人地关系、国家与地理的关系、地区盛衰等与地理环境的关系的研究,从而在很大程度上从沿革地理学传统的研究中走了出来,并逐步走向了新的历史地理学研究的大路上。史念海先生说"编译馆的四年则是我研究历史地理学的奠定基础的时期"①,大概就是从这一意义上说的。

史念海先生对沿革地理学的认识经历了一个较为曲折的变化过程。从最初的"跟着作",到后来的"困惑"、反思,再到"思欲改变"的尝试和最终有所突破。这期间有最初对乾嘉学派考据学的崇拜,有对沿革地理学长期作为史学附庸的狭隘的"注脚"性研究的批判,还有后来在对历史地理学比较明确认识以后而对沿革地理学的重新审视和客观看待,前前后后经历了数十年的时间。对乾嘉学派考据学的崇拜等自不必说,就是对沿革地理学的认识前后也各有不同:(1)抗战时期对沿革地理研究表现出"困惑""思欲改变"甚至不满,主要在于他认为沿革地理远离"有用于世"的功用。所以,他一直想用"有用于世"的目标来改造和发展沿革地理学。客观地讲,出于当时严酷的政治环境的考虑,这样的想法是可以理解的,并且《中国疆域沿革史》也做了一些初步的尝试。但"有用于世"的理念和方向不可能将沿革地理学引向历史地理学,这在逻辑关系上尚有一定的距离,所以,尽管说史念海先生后来在这些方面做了大量的工作,发表了非常高水平的研究论文。但就这一意义上对历史地理学这门学科发展的贡献似不宜有所夸大。(2)50年代,史念海先生一度对沿革地理学的评价较低,认为它"只在考核地名的变迁、制度的沿革以及

---

① 史念海:《史念海自述》,高曾德、丁东编《世纪学人自述》第4卷,第293—304页。

区划的分合上用功夫，这仅仅是替史料作出一些注释，使读史的人得着一些方便罢了"。就是说，它不是一门独立的学科，而是一门为历史学服务的"史料注释"和考辨的工作。这种认识带有一定的经验性特征，它不是较为系统地研究而得出的科学结论，但却反映了当事人对自己以往研究的深切感受。这样的研究内容与沿革地理学的内容和对象基本相同，所以也可以被认为是这一时期史念海先生对沿革地理学的基本认识。（3）80年代以后，随着历史地理学研究的日益成熟，史念海先生遂在研究和反思"沿革地理学"时，对沿革地理学进行了较为全面、科学的研究和认识。第一，沿革地理学的肇始应追溯到班固的《汉书·地理志》。"班固所首创的记载方式，尚未以沿革的名称相称。后来在方志的撰述中，始有以建置沿革为篇名的……遂成为这样一门学科的专称"。"《史记·河渠书》也应该是一篇沿革地理的著作"，"只是它仅记水道的沿革，不及《地理志》的等为全面"。① 第二，沿革地理学是早期的历史学范畴中的地理学的一个部分。不过，由于它实际上主要"考核一地的因袭废省，和人与地的关系初无干涉"，因而也是历史学范畴的一个部分。后来，随着沿革地理学不断发展，"由一个部分几乎取代（地理学）全体"，从而越来越远离早期地理学及其主题——人与地的关系问题，成为名副其实的历史学范畴的一个部分。第三，"沿革地理学是历史地理学的一部分，而不能代替整个的历史地理学"。第四，沿革地理学在以后的发展中形成自己的体系，"由这个体系扩大，就可以逐渐成为中国历史地理学中的历史政治地理部分的具体基础。而且沿革地理学的一些研究方法，也还可以在中国历史地理学的研究中斟酌运用"。② 应该说，这是 80 年代以前，中国历史地理学界在理论上对于沿革地理学所做的最为系统的研究和总结。③ 它不但论述了中国沿革地理学的历史和发展，而且澄清了沿革地理学与地理学的关系、与历史学的关系，以及与历史地理学的关系。最后指出，沿革地理学依然是历史地理学的一部分，它的一些研究方法"可以在中国历史地理

---

① 史念海：《班固对于历史地理学的创建性贡献》，《中国历史地理论丛》1989 年第 3 辑。
② 史念海：《中国历史地理学的渊源和发展》，《史念海全集》第 1 卷，第 56—70 页。
③ 1950 年 7 月侯仁之先生在《新建设》（第 2 卷第 11 期）上发表《"中国沿革地理"课程商榷》一文，指出当时各大学误将"中国沿革地理"混同为"中国历史地理"课，其中涉及沿革地理的内容等一些问题，但尚不是一种关于沿革地理学的较为全面系统的论述。

学的研究中斟酌运用"。按此认识,沿革地理学首先是历史地理学的基础研究部分,通过这样的研究,历史地理学可以获得坚实的资料基础,并在此基础上展开新历史地理学的相关问题的研究。其次,沿革地理学本身也在民国以来的研究实践中不断发展,在一些领域获得拓展或进一步发展,从而构成历史地理学的重要组成部分。这一点,他虽然没有展开论述,但从其文字表达中,我们依稀能够感受到这个"一个部分"中应当包含有这一内容。这样发展了的沿革地理学,可称为"新沿革地理学",它是现代历史地理学的重要组成部分。

"新沿革地理学"与旧沿革地理学的主要区别,是它不"只在考核地名的变迁、制度的沿革以及区划的分合上用功夫",不只"是替史料作出一些注释,使读史的人得着一些方便罢了",而且还探讨其中变迁的过程、规律,以及这些变迁与地理环境变化、社会经济发展乃至政治、军事条件等之间的关系及其原因。这样的变化应该说与时代学术思潮的发展、演变的历史过程密切相关,特别是受近代以来科学思想的日渐影响而逐步实现的。比如,在20世纪40年代,钱穆先生作《史记地名考》,"乃据三大原则互相会通",这三大原则,"一曰地名原始","二曰地名迁徙","三曰地名沿革"。① 这就贯穿着鲜明的科学精神和理论总结,也是与旧沿革地理学具有鲜明的区别。当然,这样的变化,也得助于新时代背景下一些学科的新发展,像音韵学、训诂学、地理学中"地理通名"与专名的认识,历史学、考古学中关于民族迁徙的研究,等等。这是传统的沿革地理学较少能做到的。史念海先生后来的一些研究,如《以陕西省为例探索古今县的命名的某些规律》(1979)、《论雁门关》(1983)、《函谷关与新函谷关》(1984)、《新秦中考》(1987)、《壶口杂考》(1989)和《论九原郡始置的年代》(1993)等,都不是"替史料作出一些注释"的简单工作,而是新的扎实系统的一种实证研究和规律探讨。这既是对以往沿革地理研究的发展,也是历史地理学的重要组成部分。就这一点讲,史念海先生是比较早地步入"新沿革地理学"研究队伍当中的成员之一,并且也是自觉探索和发展这门学科的先行者之一,实际上也是少数最有贡献的学者之一。

---

① 钱穆:《史记地名考》"自序",商务印书馆2001年版,第5—7页。

至此，史念海先生已经对沿革地理学及其与地理学、历史学和历史地理学之间的关系进行了全面的厘清，对它们各自研究的内容、地位等在理论上进行了清理，这就拨开了长期笼罩在这门学科中的几门学科相互纠缠的认识的迷雾，为后来者指明了清晰的研究方向。

二　向历史地理学的转变：理论、方法转变与学科体系的构建

如前所说，早在 20 世纪 30 年代中期，随着《禹贡半月刊》（1935）英译名改为《中国历史地理》（*The Chinese Historicai Geography*）的发布，一些学者就开始循名责实地质疑、思考和探讨"历史地理"的研究内容了。比如，杨效曾的《地理与历史的中心关系》① 一文发表在《禹贡半月刊》第一卷第十二期，文章内容虽未直接指向这一问题，但已经开始触及其中的一些方面。顾颉刚先生于本期"编后"有一个说明，其中讲："本期中，'地理与历史的中心关系'一文的作者希望我们把整理史实作为理解历史进化的初步手段，不要把考证看成终极的目标，这个意思当然很对。可是，我终觉得，学问应有全体的关联，有综合的目标，但个人的工作却不妨只为一部分的。"② 杨效曾所说的"把整理史实作为理解历史进化的初步手段，不要把考证看成终极的目标"的思想，实际上就是对禹贡学派众多学人所从事的"沿革地理学"的不满意，这也是史念海先生于 40 年代就"困惑"或探索"思欲突破"的沿革地理学的问题。顾颉刚先生一方面肯定了杨效曾的意见，同时却也从更宏阔的学术研究的认识意义上保留了自己的看法，实际上也就肯定了禹贡学人正在进行的沿革地理学的研究工作。不过，顾颉刚先生等并未故步自封，而是在沿革地理以外还在提倡"人文地理研究"。对此，史念海先生说，"这里提出所研究的人文地理，不论其含义如何，显然可见其所研究者已经不限于沿革地理了"。除此之外，《禹贡》半月刊的"发刊词"和"工作计划"还涉及自然地理以及一些超越沿革地理学领域的研究问题，"鼓励从事沿革地理研

---

① 杨效曾：《地理与历史的中心关系》，《禹贡半月刊》第 1 卷第 12 期，第 8—10 页。
② 顾颉刚：《禹贡半月刊》第 1 卷第 12 期"编后"，第 37 页。

究的学人，超迈到地理学的领域"，"这就是历史地理学所包含的内容"，"使沿革地理学逐渐向历史地理学发展"。① 就是说从禹贡学会成立开始，禹贡学人虽然已经开始探索历史地理学的一些问题，但这些问题主要集中在超越沿革地理学的方向上，而于"人文地理""自然地理"以及尚未明朗的历史地理学的基本理论、学科框架及其研究方法等都还没有明确地触及。

不过，在此以前或与此同一时期，德国学者赫特纳（Alfred Hettner）已于1927年明确提出"历史地理学"这一概念，并对其研究的对象做了较为明确的说明。② 随后，英国学者达比（Henry Clifford Darby）于1936年出版了《1800年以前的英格兰历史地理》、美国学者布朗（Ralph H. Brown）1948年出版了《美国历史地理》等专著。所以有学者称，"上述三部著作，从理论到实践，为历史地理学奠定了坚实的基础"，"它们标志着现代历史地理学的形成"。③ 其实，如果从历史地理作为历史时期的地理的观念这一点看，西方学者的认识可能还要更早。如美国学者哈特向说，"康德在区别'现在的地理'和'古老的地理'时早就说过了，以后马尔特和维默尔也谈到。赫特纳阐释得极其清楚，在1895年的第一次阐述中说得简略些，几年后就说得更详细"。④ 相比之下，我国学者在这方面的认识则比较晚，就是在20世纪40年代，亦还在困惑中探索着。直到1947年，侯仁之先生在成为达比的学生以前尚自称"还不知道有历史地理学"这门学科。⑤ 尽管如此，这不等于说我国学者就没有在实践层面从事属于历史地理学的研究工作。20世纪20—40年代，梁启超、丁文江、陈寅恪、顾颉刚、谭其骧、侯仁之、史念海等众多学者实际上都有一

---

① 史念海：《顾颉刚创立禹贡学会及其以后的二三事》，《史念海全集》第7卷，第824—825页。

② ［德］阿尔夫雷德·赫特纳：《地理学——它的历史、性质和方法》，王兰生译，商务印书馆1983年版，第193—195页。

③ 陈光中：《侯仁之》，生活·读书·新知三联书店2005年版，第127页；另，参见侯仁之《历史地理学概述》，载《历史地理学四论》，中国科学技术出版社1994年版，第129—131页。

④ ［美］理查·哈特向：《地理学的性质——当前地理学思想述评》，叶光庭译，商务印书馆1996年版，第215页。

⑤ 陈光中：《侯仁之》，生活·读书·新知三联书店2005年版，第128页。

些属于历史地理学性质的文章发表。再加上禹贡学会其他学人的探索，这就为我国历史地理学的出现和形成奠定了一定的实践基础。不过，要实现真正意义上的理论认识的突破以及在理论指导下的自觉性研究，却还不是那么容易。这期间还经历了若干年的探索。史念海先生说，"中国历史地理应该是属于地理学的范畴，但也可以作为历史学的辅助学科。这样的结论是经过中国历史地理的研究者较长时期的论证才得出来的。这样的结论得来是不易的"。① 很清楚，这一结论的前半部分是来自西方学者的观点，后半部分则是苏联历史地理学家雅尊斯基（V. K. Yatzunskiy）的观点。② 我国学者通过借鉴、吸收和充分论证，并在此基础上将二者结合起来，从而形成这一科学的结论。50年代史念海先生撰写《中国历史地理纲要》的讲义时已经明确了这一点，因此，这本书标志着史念海先生已经在理论上实现了由沿革地理学向历史地理学的转变，也标志着他的历史地理学研究已经进入自觉的整体思考和研究阶段。

应该说，在实现由沿革地理学向历史地理学的理论转变的过程中，包括史念海先生在内的不少学人都做出了自己的贡献，但关于这门学科系统的研究和理论体系建设的实践工作，史念海先生则是走在前面的。1953年他因教学之需而撰写《中国历史地理》讲义，虽然其中"只讲了三个部分，就是历史人口地理、历史经济地理和历史政治地理"。③ 但这已经为普通的"中国历史地理"的撰述提供了基本的思路和结构性方向，也就是按照历史地理学的分支学科来依次结构和撰述，以反映整体的中国历史时期地理的表现、演变及其规律。可以看出，当时的认识还主要是在历史人文地理诸领域，就是对历史人文地理的认识还是有一定的局限的，所以他说"这只能说是当时的理解"。其实，当时甚至在此以前，他和不少同仁已经认识到历史自然地理是历史地理的重要组成部分，它和历史人文地理居于同等的地位，并共同组成历史地理学的两大部分。但由于自身在地理学方面的天然的缺陷，以及同一时期诸同行关于这方面的研究较少，

---

① 史念海：《中国历史地理纲要》"序"，《史念海全集》第2卷，第4页。
② 侯仁之：《历史地理学概述》，载《历史地理学四论》，中国科学技术出版社1994年版，第131页。
③ 史念海：《中国历史地理纲要》"序"，《史念海全集》第2卷，第4页。

如何研究和系统讲解，尚没有形成系统而成熟的理解和撰写，因而就没有涉及这一部分内容。尽管如此，这部讲义还是产生了较为广泛的影响。因为《讲义》初稿写成后，"曾经打印了一些油印本"，"发给受业青年和有关师友和同行们"，"在相当长的时期中，一些讲授这门课的同行们，也都在历史人文地理方面只讲这三个部分"。① 大概由于这样的原因，1983年，教育部在陕西师范大学召开全国高等学校重点教材编写会议，会上决定并指派史念海先生编写《中国历史地理》教材，随后中央广播电视大学约他讲授这门课程，于是在这两股"力量"的催生下，他在原来"讲义"的基础上，对《中国历史地理纲要》进行了更为全面、系统的修改。这就是1991年至1992年由山西人民出版社出版的上下册《中国历史地理纲要》。借此机会，史念海先生对中国历史地理学进行了一次较为全面的思考和研究，进而成为我国第一部最为系统的现代历史地理学通论性著述，为中国历史地理学学科建设以及促进历史地理学研究的总体发展做出了重要的贡献。自此以后，不少历史地理教材虽然应运而出，但基本的理路却没有逸出这本书的框架和结构多少，只是在内容上各有千秋而已。辛德勇先生说："筱苏师的这部著作与时下一些综合各方面研究成果的同类著述是迥然相别、不可同日而语的。这部书不仅从头至尾都出自先生潜心研究，结论直接得自第一手资料（当时也基本上没有什么现成成果可以参考），且融汇自己的学术思想和风格于字里行间，质量和水平不是常人所易于企及的。更重要的是当时筱苏师通过这部书，事实上已经为新型的中国历史地理学勾勒了基本框架。"② 这样的评价是中肯的。

这部著述比较系统地反映了史念海先生关于历史地理学的思想和认识：（1）它以全新的形式实现了由沿革地理学向历史地理学的系统转变。在此，沿革地理学只是作为从事历史地理研究的手段和基础，为历史地理学的研究准备基础的资料工作。同时，一些"新沿革地理"的研究，成为历史地理学某些具体问题研究的组成部分。（2）人地关系是历史地理学的理论基石，人地关系及其相互作用规律的探讨是历史地理学的基本目

---

① 史念海：《中国历史地理纲要》"序"，《史念海全集》第2卷，第4页。
② 辛德勇：《开拓创新 用世益民——学习筱苏师治学业绩的体会》，上官鸿南、朱士光主编《史念海先生八十寿辰学术文集》，陕西师范大学出版社1996年版，第116页。

标,顺应或利用规律以利于人们更好地利用自然和改造自然是历史地理学的根本目的。所以,他提出中国历史地理学的定义是:"探索中国历史时期各种地理现象的演变及其和人们的生产劳动、社会活动的相互影响,并进而探索这样的演变和影响的规律,使其有利于人们的利用自然和改造自然的科学。"① 这里"历史时期各种地理现象的演变",既包含了历史自然地理,也包括了历史人文地理。其间的"演变"既包括自然力量所导致的地理现象的变化,也包含了人为力量(主要是生产劳动和社会活动)所导致的地理现象的变化。同时强调了这些力量相互作用、相互影响及其规律的探讨。而对于其根本意义的说明,则鲜明地体现了他一直以来所追求的这门学科"有用于世"的理念和深切的济世情怀。因此,这一定义融科学性与道义性为一体,在一定程度上反映了他的历史地理学的鲜明特色。(3)历史自然地理与历史人文地理作为历史地理学的两大分支具有同等的地位。在本书中,初步实现了在禹贡学会和抗战时期就已经困惑并试图探索的将历史自然地理纳入这门学科的愿望。当然,这种工作的实现,主要还是得力于历史地理学界多年来关于历史自然地理众多具体问题研究的积累,特别是1982年《中国自然地理》之"历史自然地理"的出版,为实现这一愿望奠定了坚实的基础。这其中史念海先生就是重要的参与者之一。他早年所著《中国的运河》,80年代初所著《河山集》二集,以及一系列其他相关论文,也成为实现这一工作的基本材料。所以在该书中专辟"历史自然地理"一章。虽然与历史人文地理诸内容相比较而言,这些内容还显得较为薄弱,但它已经奠定了一个良好的基础。(4)历史人文地理的分支学科是不断发展的。最初的"讲义"只列有历史人口地理、历史经济地理和历史政治地理三个分支,本着在此基础上又增加了历史民族地理和历史军事地理,但依然有历史聚落和城市地理、历史文化地理等没有写进去。所以他说,"随着这门学科的深入研究,也许还会有更多的增加"。就是说现有的分支学科只是这个时代的认识的反映,随着研究工作的不断深入,历史人文地理的分支学科将不断发展,并会增加新的人文地理分支学科。就是已有的分支学科,也可能分化出新的分支学科。如历史农业地理就是从历史经济地理中分化出来的分支学科。(5)实地

---

① 史念海:《中国历史地理纲要》,《史念海全集》第2卷,第6页。

考察与历史文献相结合是研究中国历史地理学较为有效的步骤。诚然，实地考察与历史文献相结合来研究历史地理问题在中国具有悠久的传统，从史学家司马迁到历史地理学家郦道元都在这方面进行了成功的实践，取得了巨大的成绩。禹贡学会成立以后，继续秉承这一思想和方法，进行了一系列的地理考察。但自觉地将这一思想和方法运用到现代历史地理学研究中，并且形成广泛影响的，则是侯仁之先生和史念海先生，他们的研究各有特色，成绩也最为突出。就是《中国历史地理纲要》这本书，其中相当一部分内容都"是用历史资料（包括文献与遗址遗物）与实地考察密切结合的研究成果。这就使中国历史地理开辟了一个新的阶段，其意义之重大，可不言而喻"。① 总之，这些基本思想及其在这些思想指导下的这部通论性历史地理著作，从理论到实践两个方面比较系统地建构了历史地理学研究的学科体系，总体上实现了由沿革地理学到历史地理学的全面而系统的转变。

在此转变过程及其以后的时间里，为了彻底澄清历史地理学发展过程中其他一些理论问题，他还提出和论证了一些新的认识：(1) 历史地理学与地理学的渊源不同。《禹贡》是我国历史上的第一篇系统的地理学著作，但不是第一篇历史地理学著作。历史地理学既然是研究历史时期的地理问题，那么，判断它的渊源就应该以最早时期的历史地理著作为起点，看它的内容是否是记述和探索它以前的历史时期的地理事物及其演变的，如果是这样，那么它就是历史地理学。如果仅仅是对它所在的时代的地理事物的记述和研究，则只能说是这一时期的地理学，扩展而言，就是说它是历史时期的地理学。基于此认识，他先后写成《历史地理学的形成因素》②《论班固以后迄于魏晋的地理学和历史地理学》③《中国历史地理学的渊源和发展》等论文，从理论到实践两个方面论证了自己的思想。(2) 历史地理学史与地理学史不同。这一观点虽没有明确述及，但从历史地理学与历史时期的地理学的不同可以推知。历史地理学史是关于历史时期历史地理学形成、发展的历史，而地理学史则是研究历史时期地理学

---

① 史念海：《河山集》四集"谭其骧教授序"，陕西师范大学出版社1991年版，第4页。
② 史念海：《史念海全集》第7卷，第120—139页。
③ 同上书，第140—167页。

形成、发展的历史。二者虽然有一定的关系，但具体的研究内容是不相同的。目前学界关于中国地理学史的著述基本上都是关于地理学的历史，而关于历史地理学史的专著则几乎没有，如果说尚有一些单篇著述的话，则以史念海先生上述几篇文章为代表。（3）倡导和积极发挥历史地理学"有用于世"的功能和作用[①]，形成自己历史地理研究的鲜明特点。其实，"有用于世"的功能本是历史地理学所具有的基本功能之一，但在史念海先生历史地理学研究中却特别重视和强调这一功能的发挥，甚至在他历史地理学的研究实践中长期坚持这一方向。这一思想观念主要来源于三个方面：一是明末清初以来"经世致用"的学术传统；二是抗日战争时期撰写《中国疆域沿革史》的时代需求和实践；三是走出沿革地理学长期远离社会现实需求的"困惑"的追求。早期的两部著作自不必说，就是这部《中国历史地理纲要》关于历史地理学的定义，也将其落脚点集中在"使其有利于人们的利用自然和改造自然"目的上。这是其他历史地理学著作较少特别强调的。正是在这一思想的指导下，史念海先生众多的历史地理研究著述，都不同程度地贯穿着人们"利用自然、改造自然"以及其研究有利于人们利用自然、改造自然的思想，贯穿着"有用于世"的思想。不过，我们不能因此而夸大这样的研究给予历史地理学这门学科本身的贡献，只能说他在发挥这门学科的这一功能方面的研究中做出的贡献是非常突出的。也正是基于这一点，在这一意义上的研究，形成了史念海先生历史地理学研究的鲜明特色之一。

三　余论

在从沿革地理学中走出来以后，史念海先生的历史地理学研究在历史自然地理和历史人文地理两个大的分支学科的众多领域全面展开，取得了多方面的研究成果，并因此而将中国历史地理学的研究推向了一个新阶段，这些实践性成绩在学术界已经有不少的总结和论述，在此不必再行赘述。下面仅就与此相关的几个问题提出来，以供讨论。

[①] 史念海：《发挥中国历史地理学有用于世的作用》，《河山集》第7集，陕西师范大学出版社1999年版，第1—13页。

（1）历史地理学定义中"历史时期各种地理现象"的问题。这个"地理现象"在史念海先生的研究中主要是"可视的物质现象"，包括各种地理现象之间的联系及其相互作用的结果，基本上都是"可视的"地理现象。就是我国历史地理学界，到现在为止，几乎所有的关于历史地理学的定义，虽然表述不尽相同，却几乎都在这一层面上来谈历史地理的主体对象。这就在一定程度上制约着历史地理的研究主要在这一层面展开，而对于不可视的隐藏在地理现象背后的相关地理问题及其演变等较少关注，或者缺乏自觉意义上的深切关注。比如，关于相关历史地理对象的结构、模式或者秩序等的有目的探讨就鲜有触及。如果说以前者为主的研究是史念海先生等老一代历史地理学家以及当代众多历史地理学家或重要工作者的研究特点的话，那么，对于后者的研究将是拓展和深化历史地理学研究的重要途径之一。见于这一点，历史地理研究的主体对象似应该改为"历史时期各种地理"，而不要用"现象"来排除地理的不可视的存在及其发展，这样才会更有助于历史地理研究的开放性发展。

（2）目前学界关于史念海先生历史地理学的研究尚存在一些认识上的分歧或者表述上的不确和混乱，应当立足史念海先生本人的认识过程、学术实践过程及其成就，以及当时中国国内历史地理学研究的学术背景来客观地看待这些问题。如有些人讲，1937年商务印书馆出版的《中国疆域沿革史》实际上已经突破了沿革地理学的范畴；又有人讲，1944年出版的《中国的运河》更是把"为世所用"的思想提到了这门学科生死存亡的高度；还有人讲，20世纪30—40年代的一系列论文，为历史地理学的研究打开了一个新的局面；甚至还有人说，《中国历史地理纲要》标志着历史地理这门新兴的学科不再作为历史学以及地理学的辅助学科，它以自己完整的理论体系彻底地从传统的沿革地理学脱胎出来；又有人说，历史文献与实地考察相结合的研究方法是史念海先生自己发明的；等等。如前所说，40年代以前，特别是《中国疆域沿革史》以降至50年代，史念海先生还处于对沿革地理学的"困惑"和"思欲改变"的探索期。1956年他自己就说："过去二十多年悠长的岁月里，竟有十几年的时间是糊里糊涂地走着清代乾嘉学者的老路，只在考核地名的变迁、制度的沿革以及区划的分合上用功夫，这仅仅是替史料作出一些注释，使读史的人得着一些方便罢了。"① 同时,他也多次谈到《中国疆域沿革史》是沿革地理学的研究,《中国的运河》虽然想突破,但仍是以考据为主,并且是以历史和社会等人事立论的,在突破上并不是很成功。至于说《中国历史地理纲要》标志着历史地理这门新兴的学科不再作为历史学以及地理学的辅助学科,更是不确。因为,史念海先生在这本书的绪论中明确提出,历史地理学是地理学的组成部分,是历史学的辅助学科,同时也指出了沿革地理是历史地理学的一个部分的观点。所以就不存在上述如此表述的意义。当然,这里提出的一些问题或表述只是表现于现有研究的一部分,还有一些类似的意见,都需要我们更加认真、客观地研究,这样才无愧于史念海先生,也才能更好地继承和发扬史念海先生的学术贡献和治学精神。

(原刊《陕西师范大学学报》(哲学社会科学版)2015 年第 4 期)

---

① 西鸿:《辛勤的园丁——先进生产者史念海教授二三事》,《人民教育》1956 年第 6 期。

历史军事地理采访问答

2015年5月上旬的一天,《中国社会科学报》记者马献忠先生给我发来一封电子信函,要我对历史军事地理学的几个问题谈点自己的意见。其信函原文如下:

刘老师:您好,《中国社会科学报》开设有交叉学科栏目,拟就历史军事地理学对您采访,请百忙之中予以支持为盼!

采访提纲:1. 什么叫历史军事地理学?研究领域包括哪些内容?2. 研究历史军事地理学有何理论和实践意义?3. 历史军事地理学研究现状如何?目前我国学界在历史军事地理学方面取得的成果和存在问题及解决建议?

以上问题多则几千字,少则几百字都可以。下周一上班前发给我即可。祝好!

中国社会科学报 马献忠

收悉此信函,我心里很是忐忑,回想自己对历史军事地理本没有什么研究,实在不敢于此妄言,但考虑到记者先生的胜意,又觉得决然推辞不大礼貌,遂就个人学习历史军事地理以来,对于这门学问的一点粗浅认识,按记者先生的要求,约略陈述如下,祈同行师长批评指正。

一 什么叫历史军事地理学?研究领域包括哪些内容?

历史军事地理学是研究历史时期的军事活动与地理环境之间的关系,以及这些军事活动的分布、演变及其规律的一门学问。它是历史地理学的一个分支学科,又是军事史学的组成部分。历史军事地理研究的范围很广泛,涉及的学科及其研究领域很多,但就其研究的主要内容而言,大致包括三个方面的问题:一是历史上的战争、国家防卫与地理环境的相互关系;二是战争本身的地理过程研究;三是军事历史地图的编绘与研究。

历史上的战争无不与当时的地理环境存在着密切的关系,一个最基本的事实是,不论交战双方是谁,不论战争的性质如何,战争本身要求争战双方充分地利用当时的地理环境,或者在一定程度上改造这样的地理环境,以谋求最大限度地实现各自的战争意图。中国春秋时代的《孙子兵法》早就注意到二者之间的关系,并在长期的战争实践总结的基础上形成了一些重要的理论和思想。如其中的《地形》篇,讲到行军中的六种地形:通、挂、支、险、隘、远;《九地》篇里提出作战中的九种军事地理概念:散地、轻地、争地、交地、衢地、重地、圮地、围地、死地等,并就此论述了将官相应的应对之道。所谓一定程度上改造地理环境,主要是指为了战争或防御的需要,在充分利用自然地理条件的基础上,对于其中不利于战争,或者能够更好地服务于战争的一些地理要素加以改造,如军事交通道路的修建,自然隙道中关隘的设置,长城的修建,新地方的军屯开发等。所以,利用自然环境、改造地理条件以获取战争或军事防御的胜利,是历史军事地理研究的一个重要内容,也是客观理解、认识历史上的战争并总结其经验教训的重要方面。至于国家防卫,主要是指防御外敌入侵或者国内的颠覆或反抗势力的军事活动。其重点是防卫布局,包括宏观和微观两个方面,其中涉及边疆、战略要地、长城修筑、关隘的分布与建设、河防、海防、物资供给以及不同等级的地区(如京师和不同等级的其他战略区域)的军事布防等。这一内容,也称"国防地理",也是军事地理的组成部分。不论是前者还是后者,都随着时间的变化和国家政权的变更不断地发生着改变,所以历史军事地理研究这些内容,不仅要研究相关军事活动与地理条件的关系,也要研究因时代变化、地理条件变化而造成的二者关系演变的历史,从而客观地反映战争与防卫的时空演变过程,总结其运行和演变的特点和规律。

战争本身的地理过程研究,有人也称"战争地理",包括两个方面:一是宏观研究,涉及不同时代战争的分布及其与自然环境、国家政治、经济、社会等之间关系的研究;二是微观研究,主要是关于不同时代具体战争或战役的地理过程的研究。举凡作战地点、军事交通路线、兵力布置、粮饷供给、行军路线、撤退路线、撤退地点,等等,就是说,与战争直接相关的地理问题都是需要研究的内容。现有研究中常见的战场地点、军事地名、关隘设施、行军路线等,多属于这方面的研究。

军事历史地图的编绘与研究也是历史军事地理研究的主要内容之一。著名历史地理学家史念海先生说:"论述军事地理是不能离开地图的,论述历史军事地理,地图的使用更是不可或缺的。"(《河山集》四集"自序")可见历史军事地图编绘和研究的重要性。以往的一些研究虽然也注意到这方面的内容,但除了史念海先生、辛德勇先生等少数学者外,大部分学者对此重视不够,更没有明确地将这一内容作为历史军事地理学的内容来看待,我在这里特别指出,当然,这一提法也可能不对,但可以讨论。

二 研究历史军事地理学有何理论和实践意义?

作为历史地理学的一个分支学科,历史军事地理学自然从属于历史地理学基础理论研究,或者说历史地理知识系统研究的性质和范畴。所不同的是,它的内容只是局限在历史时期的军事地理领域。所以对其研究意义的认识要从这一核心内容来考虑:(1)复原和揭示历史军事地理的史实,以获得正确的军事历史、军事地理的知识。这一点不仅对认识历史有辅助作用,而且对正确认识历史上的战争和国家防卫具有重要的意义。(2)了解和认识古人为了争取战争胜利和防卫国家安全而进行的军事地理设施建设的智慧和创造,以更好地保护这些历史遗产,鉴往知来,启迪后人。(3)对于现代战争或与国防安全相关的军事建设具有一定的借鉴意义。史念海先生曾说,20世纪70年代,兰州军区司令员皮定钧将军指示,要对陕甘两省的历史军事地理进行研究,由他领导的小组负责陕西部分的研究,但如何研究和撰写?研究些什么?他们曾就此请教皮定钧将军,得到的答复是:假定现在就要进行一场战争,战场及其他必要的部署都已就绪。在这时,将军要知道:以前在这个地区曾经发生过什么战争?战争的两方各是由什么地方进军的?又分别由哪些道路退却的?粮食是怎样运输的?战地用水又是怎样取得的?(《河山集》四集"自序"),就是说,皮定钧将军要充分了解战争相关地区历史时期的战争的地理情况。这个故事充分说明了历史军事地理研究对于现代战争可能的价值和意义。

三 历史军事地理学研究现状如何？目前我国学界在历史军事地理学方面取得的成果和存在问题及解决建议？

如前所述，我国古代关注军事地理问题的论著是很早的，后来明末清初顾祖禹所撰的《读史方舆纪要》，被认为是我国一部系统的历史军事地理名著。但现代意义上的研究，特别是将历史军事地理作为一门历史地理学分支学科的自觉的研究则起步较晚。20世纪70年代以来，以史念海先生为代表的研究，具有开创性的意义。其代表性成果，一是90年代初出版的《中国历史地理纲要》第七章"历史军事地理"，二是1991年出版的《河山集》（四集）。对于后者，著名历史地理学家谭其骧先生1987年8月写给该著的"序"中说："在数千百年的中国学术史上，并没有产生过一部能将历史文献和野外考察结合起来的历史军事地理著作。新中国成立以来，在马克思主义的指引下，历史地理研究的其他方面虽然取得了一些较胜于前人的成就，但在这一方面一直还是空白。"史念海先生的研究不但填补了这一空白，而且"使中国历史地理学开辟了一个新的阶段"。由于《河山集》（四集）是专门论述历史军事地理的，再结合《中国历史地理纲要》第七章的内容，可以说，他开辟了中国历史军事地理研究的新时代。

与此同时或者以后，国内一些学者，如李之勤、李健超、辛德勇、施和金、穆渭生、程龙等，也先后自觉地投入这方面的研究当中；还有少数学者从事历史气候变迁与历史上战争发生关系的研究。不过，这些研究中，除了个别属于专题形式的研究论著外，大多数研究还是以论文的形式出现的，其研究对象也主要是一些具体的历史军事地理问题。另有一部分学者，主要是从历史学或者军事史学方面不同程度地涉及了这方面的内容，这其中包括近些年较为活跃的边疆军事历史研究、长城军镇史研究、海防研究等，取得了一些专题性研究成果。这些成果对中国历史军事地理的研究也起到了积极的推动作用。

总体而言，随着历史军事地理这一学科的出现，自觉意义上的研究或者相关学科研究者不同程度地参与研究，都取得了明显的成就，但这些成就与历史军事地理这一学科及其发展的要求，应当说还有相当大的距离。

首先，历史军事地理学是历史地理学几个主要分支学科中研究最为薄弱的分支学科之一。不但研究人员少，系统的研究成果总体上也比较少。其次，研究本身也存在一些问题：（1）研究选题多较为零碎，研究方法比较传统。相当一部分选题还是集中在具体的战争事项及其活动场所上，如长城、战场地点、战役地点、军事交通路线、关隘、战争分布等上面。这在一定程度上反映了该学科研究的年轻和起步阶段的特点。（2）系统性、综合性研究较为薄弱。从现有的研究成果来看，无论是通论性、断代性还是区域性研究，都缺乏较为系统的研究论著。这不能不说是该学科发展较为滞后的表现。（3）理论研究不够。由此影响到研究视野、研究方法和研究选题的创新和突破。

要改变这样的现状，要解决这些问题，不是一件容易的事情，这不但取决于该学科学术研究本身的特点和规律，而且与时代思潮和人文学术趋向密切相关。尽管如此，有几个基本的方面还是应该重视和注意的：（1）要充分认识该学科的价值和意义，并在此基础上重视该学科的发展和研究。当年，如果没有兰州军区皮定钧将军的重视和需要，可能不会促成史念海先生等的研究，就能充分地说明这一点。（2）要重视历史军事地理以及与此相关的军事学、军事史理论的研究，只有理论的创新、成熟和突破，才能促使和实现该学科研究的新发展，尤其是系统性、综合性和理论性较强的研究成果的产出。实现这一点，对于推动该学科的新发展具有更为重要的意义。（3）有计划地组织相关研究，并在研究中自觉吸收和运用新的科技手段和方法，自觉借鉴相关学科新的研究方法和理论，以此推动这门学科的快速发展。

2015 年 5 月 11 日

后　　记

　　本集所收论文是我学习和研究秦国历史和中国历史地理学时对一些问题的思考和心得。1988年我从陕西师范大学历史系毕业，并于当年考取陕西师范大学历史系中国古代史专业研究生，追随何清谷教授学习"战国秦汉史"。那时，何清谷教授的研究重点有二，一是从事秦国历史与秦文化研究，二是在做《三辅黄图校注》的工作。在这一学术背景下，我们开设的课程也主要是与此相关的文献研读和考古调查等。当时，我比较系统地学习了春秋、战国以来秦国的历史，以及与此相关的一些前人的研究成果，自修了一些相关的考古学知识，并跟随何清谷先生实地考察了秦甘泉宫遗址、秦梁山宫遗址、秦东陵遗址、西汉长安城遗址、西汉集灵宫遗址、西汉华仓遗址等，初步积累了一点将历史文献与实地考察相结合以研究历史问题、历史地理问题的实践经验。硕士毕业前，我在一个内部期刊上发表了一篇名为《西汉集灵宫考察》的论文，虽然尚难脱初学者的稚嫩，但这样的学习过程却奠定了我研习战国秦汉历史的基础。留校任教以后，除了教课以外，我也利用课余时间从事一点秦国历史方面的研究。本集所收秦国历史研究的论文，就是在这一背景下写成的。因为是初入史学研究的大门，不少研究现在看起来还显得较为稚嫩甚至是很不成熟，但毕竟是自己成长历程的一个印记，故收录于此，以供当世贤哲检验、批评。

　　1998年以后，我追随史念海先生研习中国历史地理学，并在先生的指导下系统学习了历史地理学名著《汉书·地理志》。第二年，我考取了先生的博士研究生，从此我的研究方向逐渐转向中国历史地理学的学习和研究。史念海先生颇推崇历史上的地理学名著《尚书·禹贡》《汉书·地理志》和郦道元的《水经注》，所以我们开设了一门课叫"水经注研读"，由先生亲自上课。这门课除了要求我们一字一句地研读，有些部分要朗诵，有些部分要结合画图认真研习外，还要求我们每周要写读书札记。写读书札记实际上是一项较高的要求，除了写出的问题要有新意外，有时为了一个问题要查阅很多参考书。因此，这是一项扎实而有效的学术研究训练。正是有了这样的基础，才有本集所收的几篇关于《水经注》学习的札记或论文。

博士毕业后，我在陕西师范大学西北历史环境与经济社会发展研究中心（2012年改为研究院）从事教学和研究工作。研究中心是第一批教育部人文社会科学重点研究基地，其所依托的学科是中国历史地理学，而中国历史地理学又是我校的国家级重点学科。按照前者的研究目标，主要是研究西北地区历史环境与经济社会发展问题，也就是将历史研究和现实研究相对接的一种性质的研究，而后者又是纯粹的历史地理学性质的研究。从地域范围而言，前者要求研究的地域范围是现行行政区划背景下的西北五省区，而后者由其本身的性质所决定，是不分区域的整个历史时期的地理研究，如果强行局限一隅，则学科自身又会受到很大的削弱和影响，况且各研究人员又都有自己不同的学科渊源和背景。就是在这样的尴尬和纠结中，我们前行。所以，后来的研究论文，或以课题为中心，或因为参加学术会议而撰写，总体上显得较为分散。本集所收入的历史地理学的一些论文就是在这样的环境下形成的。

收入本集的论文，除了三篇未曾发表外，其余曾在不同的期刊或论文集上发表过，此次收入均在文后注明。由于不同书刊要求不同，过去论文的注释本不一致，收入本集后，一律按照现在的要求相统一。个别论文过去仅有"一""二"等不同部分的区分，为了保持本书形式上的统一，此次收集中加入了小标题，有的地方相应地简略补充了论文的"引言"部分。个别论文的题目有所简化，同时对于个别论文中因各种原因出现的明显错误，收集到本书后进行了必要的改正，并就个别处表述不清楚或表述不当的文字略作修正。至于文章的内容和观点，为保持原貌，一律不作改动。

最后，诚恳欢迎各位同仁、同好批评指正。

刘景纯谨识

2016年12月24日